高等学校水土保持与荒漠化防治特色专业建设教材

流域水文学

王　健　吴发启　主编

科学出版社
北　京

内 容 简 介

全书共9章。绪论、第一、二章为水文学基本原理部分，主要阐述水文循环基本过程、影响因素等。第四章为产汇流基本知识部分，主要从成因分析角度阐述产流机制、产流模式、产流计算、汇流计算。第五章为设计径流计算部分，主要从水文统计角度，利用水文频率计算确定设计年径流量，由流量资料推求设计洪水和由降雨资料推求设计洪水的基本方法，介绍小流域设计洪水方法。第三、六、七、八章为水土保持径流泥沙观测与估算部分，主要介绍通过水土保持径流泥沙观测获取径流泥沙资料的基本方法，借助流域水文模型对水文规律进行模拟，对未来一定时期的水文状态作出定性和定量的预测，分析水土保持措施对流域径流泥沙的影响。书后附有思考题，以巩固和加深对内容的理解。

本书主要是针对水土保持与荒漠化防治专业编写的，同时，也可供高职高专、成人教育及有关工程技术人员参考。

图书在版编目(CIP)数据

流域水文学/王健，吴发启主编.—北京：科学出版社，2014
高等学校水土保持与荒漠化防治特色专业建设教材
ISBN 978-7-03-040264-6

Ⅰ.①流… Ⅱ.①王… ②吴… Ⅲ.①流域-水文学-高等学校-教材 Ⅳ.①P343

中国版本图书馆CIP数据核字(2014)第052970号

责任编辑：王玉时 丛 楠 / 责任校对：李 影
责任印制：吴兆东 / 封面设计：华露天然设计工作工作室

科学出版社 出版
北京东黄城根北街16号
邮政编码：100717
http://www.sciencep.com
北京厚诚则铭印刷科技有限公司印刷
科学出版社发行 各地新华书店经销
*
2014年4月第 一 版 开本：787×1092 1/16
2025年1月第三次印刷 印张：17
字数：446 000

定价：59.00元

(如有印装质量问题，我社负责调换)

高等学校水土保持与荒漠化防治特色专业建设教材
编写指导委员会

吕家珑（西北农林科技大学资源环境学院，教授）
朱首军（西北农林科技大学资源环境学院，副教授）
刘　霞（山东农业大学林学院，教授）
刘增文（西北农林科技大学资源环境学院，教授）
孙向阳（北京林业大学水土保持学院，教授）
李凯荣（西北农林科技大学资源环境学院，教授）
吴丁丁（南昌工程学院环境工程系，教授）
吴祥云（辽宁工程技术大学资源与环境学院，教授）
宋松柏（西北农林科技大学水利与建筑工程学院，教授）
张光灿（山东农业大学林学院，教授）
张丽萍（浙江大学环境与资源学院，教授）
张胜利（西北农林科技大学资源环境学院，副教授）
陈祥伟（东北林业大学林学院，教授）
范昊明（沈阳农业大学水利学院，副教授）
屈建军（中国科学院寒区旱区环境与工程研究所，研究员）
孟　凯（黑龙江大学农业资源学院，教授）
郑子成（四川农业大学资源与环境学院，副教授）
郑粉莉（西北农林科技大学国际学院，研究员）
高　永（内蒙古农业大学生态环境学院，教授）
耿增超（西北农林科技大学资源环境学院，教授）
郭索彦（水利部水土保持监测中心，高级工程师）
黄炎和（福建农林大学，教授）
廖超英（西北农林科技大学资源环境学院，教授）
戴全厚（贵州大学林学院，教授）

《流域水文学》编写人员

主　编　王　健　吴发启

副主编　刘　丹　孟秦倩

编　委　（按姓氏笔画排序）

马　播（宁夏农林科学院）
王　健（西北农林科技大学）
刘　丹（沈阳农业大学）
吴发启（西北农林科技大学）
宋松柏（西北农林科技大学）
孟秦倩（西北农林科技大学）
何淑琴（四川农业大学）
张青峰（西北农林科技大学）
郑子成（四川农业大学）
高军侠（郑州航空工业管理学院）
党宏斌（郑州航空工业管理学院）

主　审　魏晓妹（西北农林科技大学）

序

我国水土保持教学可以追溯到20世纪的40年代，而系统的专业教育则始于20世纪五六十年代。目前在高等教育系统中，开设水土保持与荒漠化防治本科专业的院校已增加到了20所。这无疑对我国水土保持与荒漠化防治事业的发展做出了很大贡献。但由于水土保持既是一门边缘交叉学科，又是一门综合性很强的应用技术学科，因而各院校的教育培养目标、教学方案与课程体系及各门课程的教学内容，都存在着一定的差别。虽然已展现出了百花齐放的局面，但对教学管理和人才规格的衡量等造成了一定的困难。为了解决这一矛盾，并继续保持各院校的教学优势，就得在骨干课程上进行统一与规范。

21世纪初，中华人民共和国教育部启动了进一步提高本科专业教学质量的“质量工程”。西北农林科技大学资源环境学院水土保持系的全体教师有幸获批了“高等学校水土保持与荒漠化防治特色专业建设”的项目。他们结合专业特点与社会需求，在全国开展了较大范围的调查研究，初步确定了本专业的骨干课程，并以其中的专业基础课与专业课为对象，组织了全国百余名教师、研究人员和工程技术人员联合编写《土壤侵蚀学》等10余本教材，这套教材既充分吸纳了水土保持学科已有的成果，又反映了学科发展的现状与趋势；既注重理论教学，又考虑学生动手能力的培养；既注重了课程的内涵，又考虑了课程的系统组合，并减少了课程内容的重叠。可以说，它对实现学生厚基础、宽口径、强能力和高素质的培养很有帮助。

当前，防治水土流失与荒漠化已成为我国的一项基本国策，既是实现生态良性循环的主要内容，又是社会经济可持续发展的重要基础。因此，建设型人才的培养与训练至关重要。希望这套教材能为专业建设型人才的培养和水土保持与荒漠化防治高等教育做出应有的贡献。同时，也衷心祝愿我国水土保持与荒漠化防治的高等教学更为完臻。

国际欧亚科学院院士

中国科学院水利部水土保持研究所研究员

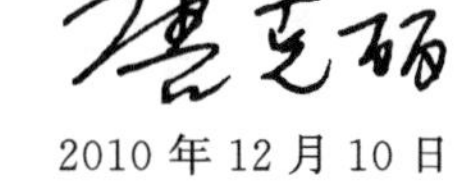

2010年12月10日

前　言

流域水文学是“水土保持与荒漠化防治专业”本科教学体系中重要的专业基础课之一。本教材是在水文学、水文学原理、工程水文学和水文与水资源学的基础上，借鉴水文学原理和工程水文学，调整了一些章节，结合水土保持水文学的特点，发展完善的一部教材。

本书论述了水文学的基本理论和工程水文学计算方法，内容包括：水循环、径流形成、水土保持径流泥沙测验、流域产汇流、水文分析与计算、流域泥沙、流域水文模型和水土保持措施对径流泥沙的影响。

《流域水文学》共分 9 部分，包括绪论、水循环与水资源、河川径流的形成及其影响因素、水土保持径流和泥沙测验、流域产汇流计算、水文分析计算、流域泥沙、流域水文模型和水土保持措施对径流泥沙的影响。由西北农林科技大学、沈阳农业大学、四川农业大学、郑州航空工业管理学院，宁夏农林科学院共同编写完成。各章分工如下。

绪论，王健；第一章，王健、吴发启；第二章，孟秦倩、王健、马璠；第三章，高军侠、党宏斌、刘丹；第四章，王健、吴发启；第五章，刘丹、高军侠、党宏斌；第六章，王健、宋松柏、马璠；第七章，孟秦倩、宋松柏、刘丹；第八章，何淑琴、郑子成。全书由王健、吴发启统稿，魏晓妹教授担任该书主审，刘秉正教授审阅了教材，提出了很多精辟意见，使本书得以完善。张鹏辉、刘旦旦校稿。

本教材可供大中专院校、科研院所、水土保持管理人员、水土保持工程技术人员参考。

值此本书完稿之际，特别感谢编写书稿的各位编委、主审书稿的魏晓妹教授、刘秉正教授和参加校稿工作的研究生，对文中引用的科技成果、论文、著作和教材的各位作者，以及科学出版社的同志等付出的辛勤劳动致以衷心感谢。

由于作者的知识水平和实践经验有限，书中的错误在所难免，恳请各位读者批评指正。

编　者

2013 年 12 月

目　录

绪　论

一、流域水文学研究的对象

地球上水的存在形式多种多样，它总是以气态、液态、固态的形式存在于地球的表面、地球的大气层中和地球的土壤岩层中。大气中的水汽、地面上的江河、湖沼、海洋和地下水等，统称为水体。水体是以一定形态存在于某一环境之中，且具有独特的水文规律和水文特征的水。气态、固态、液态的形式不断转化。地表水、大气水、地下水之间不断进行变换和转移，并在时空分布上不断发生变化，从而构成了复杂的水文现象。

水文学是研究地球上各种水体的形成、运动过程、分布规律及其相互联系和转化规律的科学，是在人类长期开发利用水资源，并与水旱灾害作斗争的生产实践中，通过观测、实验和分析计算，深入研究各种水文现象及其规律而形成的一门学科。流域作为一个封闭的地形单元，溪流或河川排泄某一断面以上全部面积的径流，流域也是一个水文单元。流域水文学主要研究一个流域内水体的形成、运动过程、分布规律及其相互转化、相互联系规律的科学。

我国是一个多山的国家，山地、丘陵面积约占国土总面积的 2/3，还是一个水土流失十分严重的国家。全国轻度侵蚀以上的水蚀面积为 179 万 km^2。水土流失不仅给当地人民的生产生活带来了极大影响，而且由于泥沙输移下泄，淤塞下游河道、水库，一遇洪水将给下游的工农业生产乃至人民生命财产的安全造成严重威胁。新中国成立以后，党中央、国务院对水土保持工作十分重视。为了充分发挥水土资源及其他自然资源的生态效益、经济效益、社会效益，以流域为单元，在全面规划的基础上，合理安排农、林、牧、副各业用地，因地制宜地布设综合治理措施，对水土资源及其他自然资源进行保护、改良和合理利用。以流域为单元的水土流失治理工作的发展促进了流域水文学的发展。

一个闭合小流域能较完整地反映从降雨引起的产流、产沙及汇流输沙的全部过程，针对流域水文的研究有利于了解和掌握水的运动、运行规律和各水文特征值的变化及其影响机制。

水土保持工作以小流域为单元进行综合治理，有利于按照客观规律和自然特点，合理地开发利用水土资源；有利于把治坡与治沟、生物措施与工程措施、长远利益与当前利益结合起来，最大限度地提高土地利用率和劳动生产率，从而加快了治理速度，提高了经济效益和生态效益。小流域治理已成为我国治理水土流失的主要形式。流域水文学是结合流域治理的需要，逐渐形成和发展的一门应用技术，即应用水文学知识于流域治理之中，是一门合理开发利用各种水资源，进行流域治理的基础学科。

流域水文学正是基于水土保持工作发展和实践的需要，并随着水文科学技术的进步及气象学、地貌学、土壤学、地质学、山坡水文学、农业水文学、森林水文学、土壤物理学等有关学科的渗透，而逐步发展形成的一门水文学的分支学科。

流域水文学是以闭合流域为模式，以水分循环和水量平衡原理为理论基础，河川径流形成及流域产汇流理论从成因分析角度论述了流域水的运动、运行规律、水与环境条件之间的相互依存、相互制约的关系，以及人类通过改变环境条件对径流的影响，为小流域水土流失的治理工作奠定理论基础。水文分析计算包括了设计年径流、多年平均年输沙量、设计洪水和枯水径流，是小流域水土保持工程规划设计的重要依据，通过水文计算，合理地确定工程措施的规模和标准，使工程既经济合理，又安全可靠。水土保持径流、泥沙观测和流域泥沙输移，是研究水土流失规律及小流域综合治理效益不可缺少的内容，它为学习者提供了研究方法和技能。

二、水文现象的特征

水文现象受气候和自然地理因素的综合影响，而这些因素的组合和变化决定了水文规律，时空分布变化上具有以下特点。

1. 时程上的周期性与随机性

所谓周期性是指水文现象的过程，大致以某一时段为循环周期。例如，河流的水量变化，在一年中有丰水期（汛期）和枯水期，尽管各年的总水量有大有小，但各年的丰枯交替过程是相似的。形成上述周期变化的原因主要是地球公转及自转，地球和月球的相对运动，以及太阳黑子的周期性运动所导致的昼夜、四季交替的影响所致。

水文现象的周期性，不像数学上的周期函数那样，各周期的变化过程和相应数值完全重复的出现，水文现象周期性只是表现在不同时期内，其数量在时程上的变化趋势大致相似。

虽然河流每年均会出现汛期或枯水期，但是每年汛期和枯水期出现的时间、水量和过程通常是不会完全重复的，即每年汛期出现的时间和量值具有随机性。各周期相应过程上的数值及各种水文特征值，具有偶然性。例如，一条河流在不同年份的流量过程，虽然都有相似的丰枯交替变化，但不会完全相同，这是因为影响水文现象的因素众多，各因素本身在时间上也在不断地变化，并且相互作用、相互制约。对于具有随机性特点的各种水文特征值，主要应用数理统计和概论理论来研究其变化规律。

因此，在时间上水文现象的周期性既是必然的，又是偶然的；有确定性的一面，又有随机性的一面。

2. 地区上的相似性与特殊性

水文现象在地区分布上既存在相似性，又存在特殊性。不同的流域，如果所处的地理位置（纬度、距海远近等）相似，由于纬度地带性的影响，水文现象也就具有一定程度的相似性。例如，我国南方湿润区的河流，水量充沛，年内分配较均匀，含沙量较小，而北方干旱地区的河流则水量不足，年内分配不均，含沙量大。地带相似性反映水文现象在空间变化上存在确定性的一面。

有些流域虽然所处的地理位置和气候条件相似，但流域的下垫面条件存在差异，水文现象就会有很大的差异，水文变化规律在某些方面具有各自的特殊性，这就是水文现象的特殊性。如同一气候地区，山区河流的洪水过程陡涨陡落，洪水历时短，而平原区河流的洪水过程，涨落平缓，洪水历时长；植被较好的流域，洪水过程平缓，径流年内分配均匀，河流泥沙较少，而植被较差的流域则相反。这种局部性的变化反映水文现象在空间变化上也存在不确定性的一面。

总的来说，水文现象与其他自然现象一样，无论在时间或空间上均同时存在确定性和不确定性。

三、研究方法

1. 水文学的研究特点

水文循环是自然界各种水体的存在条件和相互联系的纽带，是水的各种运动、变化形式的总和，是水文科学研究的主要对象和核心内容；而在水文循环过程中，水文现象所表现出的特点，决定了水文科学研究的特点。

首先，水文科学把各种水文现象作为一个整体，并把它们同大气圈、岩石圈、生物圈和人类活动对它们的影响结合起来进行研究。例如，在借助水量平衡方法研究某个流域的水量变化时，既要考虑流域周围大气中水汽输送，也要考虑流域上空大气中水分含量的变化；既要考虑降水，也要考虑蒸发；既要考虑流域的地面径流，也要考虑流域土壤含水量和流域内外地下水的交换，而且还要考虑流域内水利工程，以及其他人类活动的影响。

其次，水文科学主要根据已有的水文资料，预测或预估水文情势未来状况，直接为人类的生活和生产服务。例如，提供洪水预报和各种水情预报，对旱涝灾害的发生做出中长期预测，为水利工程在未来运转时期中可能遇到的特大洪水做出概率预估等。

同时，水文科学主要靠建立的水文观测站网，通过对自然界已发生的水文现象的观测进行分析和研究。各种水文实验，除少数在实验室内进行以外，主要是在自然界中，如在实验流域中进行。

2. 水文现象的研究方法

根据水文现象的基本特点，按不同的目的和要求，水文现象研究方法有 3 种。

1）*成因分析法*　根据实测的水文资料，对各种水文现象研究其发生和形成过程，揭露各物理环节间的内在联系，建立水文现象各要素间的定性与定量关系，即寻求各种水文现象的成因规律，这种方法称为成因分析法。

如对径流的成因研究，一般是选择有代表性的实验流域，通过对降雨、蒸发、下渗、径流等要素的观测，研究由降雨到径流过程间各环节的物理机制、定量转换规律，从而得出降雨与径流量之间以及降雨过程与径流过程之间的定量关系，这在水文计算和水文预报中有重大的应用价值。

成因分析法是建立在水文过程的物理基础之上，比单纯用经验方法或统计方法要完善的多，但目前对某些水文现象的认识还不是很清楚，特别是对水文过程各环节所有要素值不能全部通过观测得到，还缺乏合理的定量方法，所以即使采用成因分析法，仍不免把经验处理和统计分析作为辅助手段。

2）*统计分析法*　水文现象特征值的出现具有随机性，如年径流量、年降水量、年最大洪峰流量等，均可视为随机变量，对于长期的水文观测资料，可利用数理统计方法，求得水文特征的统计规律，从而对水文特征值做出超长期的概率预估，为工程设计、管理提供可靠依据，还可应用统计分析水文现象之间、水文现象与其影响因素之间的相关分析，据以建立经验相关关系。该方法广泛应用于水文分析计算、水文预报之中。

3）*地理综合法*　根据水文现象特征值具有地带性规律的特点，可以对各测站水文要素的特征值，在消除其非地带性因素后，绘制各种水文特征值的等值线图，此等值线图，可用来推求无实测资料区域的特征值，有时也可用各测站的水文特征值，与所在流域的自然地理特征值（如流域面积，河道平均坡度等）之间建立地区经验公式，推求无资料相似流域的水文特征值。

如甲乙两地区的气候和自然地理条件都相似，水文现象也相似，则可将甲地区的水文特征值直接移用到乙地区，这种方法通常称为水文比拟法，也属于地理综合法。

地理综合法特别适用于无资料（资料不全）地区的各种水文计算和水资源评价；另外在测站布设时，如果充分考虑水文现象的地带性规律的特点，则可以用最少的测站观测到的资料，去解决各种自然地理特点流域的水文计算问题。

四、课程性质及教学目的要求

水土保持学科是以水土流失成因为基础，以水土保持措施设计、布局为手段，实现防治水土流失、提高水土资源利用效率的目标，最终达到建立良好生态环境目的的一门应用技术学科。《流域水文学》课程，对学生理解土壤侵蚀过程，径流泥沙测验和水土保持措施规划设计与布设等，均有重要作用。故它一直是水土保持专业教学中的一门必修学科基础课。针对水土保持专业的《流域水文学》课程教学，应重点培养学生具备扎实的水文学理论基础和基本应用能力。

扎实的理论基础应包括水文学基本特点及研究方法、水文循环、河川径流的形成及其影响因素以及产汇流基本理论等；基本应用能力应包括水土保持水文信息收集、产、汇流计算、设计径流及设计洪水计算等。

《流域水文学》课程以坡面降雨径流、侵蚀产沙和水土保持措施水文效应为主线，要求学生重点掌握坡面产流规律、设计径流计算、小流域设计洪水计算和水土保持径流泥沙观测等，熟悉设计洪水的计算，了解水土保持措施的水文效应。基于以上几点教学内容，本教材由下列4部分组成。

(1) 水文学基本原理部分，主要阐述水文循环基本过程、影响因素，各要素的物理机制和分析计算方法，水量平衡原理及其应用，以及水文循环的作用、效应等。

(2) 产汇流基本知识部分，主要从成因分析角度阐述产流机制、产流模式、产流计算、汇流计算。

(3) 设计径流计算部分，主要从水文统计角度，利用水文频率计算确定设计年径流量，由流量资料推求设计洪水和由降雨资料推求设计洪水的基本方法，介绍小流域设计洪水方法。

(4) 水土保持径流泥沙观测与估算部分，主要介绍通过水土保持径流泥沙观测获取径流泥沙资料的基本方法，借助流域水文模型对水文规律进行模拟，对未来一定时期的水文状态做出定性和定量的预测；分析水土保持措施对流域径流泥沙的影响。

第一章　水循环与水资源

【内容提要】 自然界水体在太阳辐射作用下，蒸发进入大气，随气流输送，输送中，遇到适当的条件，形成降水，部分形成径流，以各种形式补给地球上的水体，使得地球上的各类水资源得以补充。本章主要介绍水循环现象、水量平衡原理和水资源基本概念。

第一节　自然界的水循环

一、地球上水的分布

水是地球上分布最为广泛的物质之一。它以气态、液态和固态三种形式存在于空气、地表与地下，成为大气水、海水和陆地水，并和存在于所有动、植物有机体内的生物水，组成了一个统一的相互联系的水圈。

地球上的水，水平分布面积很广，垂直分布则存在于大气圈、生物圈、岩石圈之中，其水量非常丰富，约为 $13.86\times10^8\,km^3$，所以地球有“水的行星”之称(表 1-1)。

表 1-1　全球的水储量

水体	水储量		咸水		淡水	
	$/10^3\,km^3$	/%	$/10^3\,km^3$	/%	$/10^3\,km^3$	/%
海洋水	1 338 000.0	96.54	1 338 000	99.04	—	—
冰川与永久雪盖	24 064.1	1.74	—	—	24 064.1	68.70
地下水	23 400.0	1.69	12 870	0.95	10 530.0	30.06
永冻土底冰	300.0	0.02	—	—	300.0	0.86
湖泊水	176.4	0.013	85.4	0.006	91.0	0.26
土壤水	16.5	0.001	—	—	16.5	0.047
大气水	12.9	0.000 9	—	—	12.9	0.037
沼泽水	11.5	0.000 8	—	—	11.5	0.033
河流水	2.12	0.000 2	—	—	2.12	0.006
生物水	1.12	0.000 1	—	—	1.12	0.003
总　计	1 385 984.6	100	1 350 955.4	100	35 029.2	100

资料来源：贺伟程．1992. 世界水资源//水利．中国水利大百科全书．北京：中国大百科全书出版社

海水：世界上海洋的面积为 $3.61\times10^8\,km^2$，占地球表面积的 71%。海水的体积为 $1.34\times10^8\,km^3$，占地球总储水量的 96.5%。

地下水：地下水通常是指储存在地壳含水层中的重力水。总储量为 $2.34\times10^7\,km^3$，其中地下淡水的储量为 $1.05\times10^7\,km^3$。

土壤水：土壤水是指储存于地表最上部约 2 m 厚土层内的水。当土层的平均湿度为 10%，相当于含水深度为 0.2 m，如果以陆地上土层覆盖总面积 8200 万 km^2 计算，那么土壤水的储量为 $1.65\times10^6\,km^3$。

冰雪水:陆地上现代冰川的总面积超过 $1.6\times10^7 km^2$,总体积为 $2.7\times10^7 km^3$。若以冰的密度 900 kg/m^3 计算,折合成液态水约为 $2.4\times10^7 km^3$,为地表河流、湖泊总储水量的127倍。

湖泊水:世界上大小湖泊多达数百万个,全球湖泊水总储量为 $1.76\times10^7 km^3$,其中淡水储量 $0.91\times10^7 km^3$。

沼泽水:沼泽水是一种特殊的水体,没有开阔的水域,只是陆地上层土壤中含有大量停滞水分的过湿地段。地球上沼泽的总面积约为 $2.68\times10^6 km^2$,总储水量约为 $1.15\times10^4 km^3$。

河流水:由于河水不停地流动,全世界河床静储水量为 $2120km^3$,占地球上总储水量的0.0002%。

生物水:生物水是指生物有机体中所含的水分。据计算,全球生物水的总量为 $1120km^3$,占地球总储水量的0.0001%。

大气水:地表之上大气中的水汽,来自地球表面各种水体水面的蒸发、土壤蒸发及植物散发,并借助空气的垂直交换向上输送。一般说来,空气中的水汽含量随高度的增大而减少。大气水在7km以内总量约有12 $900km^3$,折合成水深约为25mm,仅占地球总水量的0.001%。虽然数量不多,但活动能力却很强,是云、雨、雪、雹、霰、雷、闪电的根源。

二、水循环现象

(一)水循环基本过程

水循环是指地球上各种形态的水,在太阳辐射、地心引力等作用下,通过蒸发、水汽输送、凝结降水、下渗以及径流等环节,不断地发生相态转换和周而复始运动的过程。

从全球整体角度来说,水循环过程可以设想从海洋的蒸发开始,蒸发的水汽升入空中,并被气流输送至各地,其中大部分留在海洋上空,少部分深入内陆。在适当条件下,这些水汽凝结成为降水,海面上的降水直接回归海洋,而降落到陆地表面的雨、雪,除重新蒸发升入空中的水汽外,一部分成为地面径流补给江河、湖泊,另一部分渗入岩土层中,转化为壤中流与地下径流。地面径流、壤中流与地下径流,最后也流入海洋,构成全球性统一的,连续有序的动态大系统。

水循环广及整个水圈,并深入大气圈、岩石圈及生物圈。其循环路径并非单一的,而是通过无数条路线实现循环和相变的,所以水循环系统是由无数不同尺度、不同规模的局部水循环所组合而成的复杂系统。

图1-1为全球海陆间水循环过程的概化图。整个过程可分解为水汽蒸发、水汽输送、凝结降水、水分入渗、地表和地下径流等五个基本环节。这五个环节既相互联系、相互影响,又交错并存、相对独立,并在不同的环境条件下,呈现不同的组合,在全球各地形成一系列不同规模的地区水循环。

(二)水循环机理

地球上的水分在交替循环过程中,总是溶解并携带着某些物质一起运动,如溶于水中的各种化学元素、气体以及泥沙等固体杂质等,不过这些物质不可能像水分那样,构成完整的循环系统,所以通常意义上的水文循环仅指水分循环,简称水循环。

太阳辐射与重力作用是水循环的基本动力。此动力不消失,水循环将永恒存在,水的物理性质,在常温常压条件下液态、气态、固态三相变化的特性是水循环的前提条件;外部环境包括

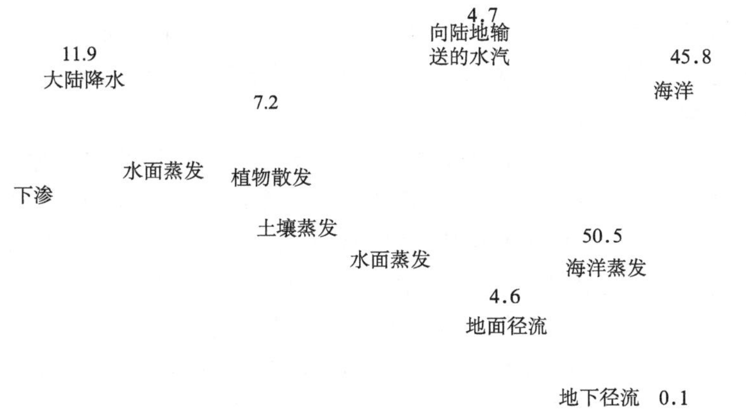

图 1-1 水循环示意图(图中数字为水循环各环节转化量,单位为 $10^4 km^3$)

地理纬度、海陆分布、地貌形态等则制约了水循环的路径、规模与强度。

水循环遵循质量守恒定律,整个循环过程保持着连续性。从实质上说,水循环是物质与能量的传输、储存和转化过程,而且存在于每一环节。在蒸发环节中,伴随液态水转化为气态水的是热能的消耗,伴随着凝结降水的是潜热的释放,所以蒸发与降水就是地面向大气输送热量的过程。据测算,全球海陆日平均蒸发量为 $1.58\times10^{13} m^3$,是长江全年入海径流量的 1.6 倍,蒸发这些水汽的总耗热量高达 3.878×10^{21}J,如折合电能为 10.77×10^{14} kW·h,所以地面潜热交换成为大气热量的主要来源。由降水转化为地面与地下径流的过程,则是势能转化为动能的过程。这些动能成为水流的动力,消耗于沿途的冲刷、搬运和堆积作用,直到注入海洋才消耗殆尽。

(三)流域水循环

在全球尺度上,水循环是一个闭合的系统。但是就流域的角度看,水循环则是多个环节有机耦合并外部开放的巨系统。对于流域大气系统,系统输入为流域外水汽输入,系统输出为流域内水汽输出,蓄变量为流域大气水汽蓄变量;对于流域地面系统而言,系统输入为流域降水,非闭合流域还有流域外地表水和地下水入流,系统输出为流域内径流和蒸发,蓄变量为流域地表水蓄变量;对于流域土壤系统而言,系统输入为流域土壤入渗,系统输出为流域土壤蒸发、植被散发、地下水上升蒸发、土壤渗入地下水的补给和壤中出流,蓄变量为流域土壤水蓄变量;对于流域地下水系统而言,系统输入为土壤渗入地下水的降水补给、河渠水的渗入、地表蓄水渗漏、越流补给、灌溉回归水补给、非闭合流域侧渗和区外含水层流入,系统输出为地下水上升蒸发、地下水河道排泄、地下出流和越流排泄,蓄变量为流域地下水蓄变量。

流域水循环作为水循环特定空间范围内的一种具体实现,是由一系列微观尺度的水循环过程嵌套而成的。同时作为陆地水循环和全球水循环的一个组成部分,流域水循环及其演变过程又受控于全球水循环的一般形势。但是,就流域水循环的结构看,则大多表现为一个多层嵌套的级联系统。总体上看,流域水循环包括降水、蒸发、下渗以及从上游到下游的产、汇流过程。但对流域的局部地区(如支流或蓄水体)而言,同时也是一个包含上述各水循环过程的开放系统。

三、影响水循环的因素

影响水循环的因素很多，一般可归纳为四大类：气象因素，如温度、湿度、风速、风向等；自然地理条件，如地形地貌、地质构造、土壤和植被情况等；人类活动，包括各种水利措施、农业措施和水土保持措施等；地理位置。

在这四类因素中，气象因素是主要的，起主导作用的。因为在水循环的四个环节中有三个（蒸发、水汽输送、降水）环节取决于气象条件。径流虽受地形地貌、地质构造、土壤和植被等下垫面条件的影响，但径流的形成及其时空变化在很大程度上仍取决于气象条件。自然地理条件主要是通过蒸发和径流来影响水分循环。有利于蒸发的地区，水循环活跃，而有利于径流的地区，则不利于水分循环。人类活动对水分循环的影响，主要表现在调节径流、影响蒸发和降水等水分循环环节上。总之，人类活动是通过改变下垫面条件来影响水分循环各环节的。

第二节 水量平衡

一、水量平衡原理

水量平衡是水文循环遵循物质不灭定律的具体体现，也是水循环得以存在的基础。根据物质不灭定律，在水循环过程中对于任意选择的区域（或水体），在任意时段内，其收入水量与支出水量之间的差额等于该时段区域（或水体）内蓄水量的变化量，即水在循环过程中，从总体上保持收支平衡。

水量平衡是研究水文现象的基本方法，通过水量平衡可对水循环建立定量概念，从而了解各循环要素之间的定量关系。

水量平衡的基本方程为

$$I - O = W_2 - W_1 = \Delta W \tag{1-1}$$

式中，I 为给定时段内输入区域（或水体）的水量（mm 或 m^3）；O 为给定时段内输出区域（或水体）的水量（mm 或 m^3）；W_1、W_2 为给定时段始末区域（或水体）的蓄水量（mm 或 m^3）；ΔW 为时段内蓄水量的变化量，$\Delta W>0$ 表示区域蓄水量增加，$\Delta W<0$ 表示蓄水量减少（mm 或 m^3）。

从本质上说，水量平衡是质量守恒原理在水循环过程中的具体体现，也是地球上水循环能够持续不断进行下去的基本前提。水循环是地球上客观存在的自然现象，水量平衡是水循环内在的规律，水量平衡方程式则是水循环的数学表达式。

二、通用水量平衡方程

基于水量平衡原理，以地面的某个部分作为研究对象，这部分地面具有湖泊、沼泽等水体，并交错许多进出水道。沿这部分地面的边界想象做出一个垂直的柱体，柱体底部为地面以下某一深度的水平面，并假设该水平面上下的水量不进行交换，根据水量平衡原理可知：在某一定时段内，进入该区域的水量，减去该柱体流出的水量，应当等于该柱体内的蓄水变化量。

该区域水量收入部分包括以下各项：①时段内的降水量 P；②时段内的凝结量 X，指水分蒸发至空中凝结，尚未变成降水的水分；③由河流流入的径流量 $\Sigma R_{地面,入}$；④由地下流入的径流量 $\Sigma R_{地下,入}$；⑤柱体内时段初始蓄水量 $W_{初}$。

该区域水量支出部分包括以下各项：①水分蒸发量 E；②由河流流出的径流量 $\Sigma R_{地面,出}$；

时段内的凝结量 X，指水分蒸发至空中凝结，尚未变成降水的水分；③由地下流出的径流 $\sum R_{地下,出}$；④柱体内时段末期蓄水量 $W_末$；⑤用水量 Y。

由此可列出任意区域在任意时段的通用水量平衡方程式为

$$P+X+\sum R_{地面,入}+\sum R_{地下,入}+W_初=E+\sum R_{地面,出}+\sum R_{地下,出}+W_末+Y \tag{1-2}$$

三、流域水量平衡方程

对于一个天然闭合流域，其地面分水线与地下分水线一致（分水线概念见第 2 章），则不可能有水从外流域经地表或地下流入，故通用水量平衡方程中 $\sum R_{地面,入}$ 和 $\sum R_{地下,入}$ 均为 0，凝结量 X 并入降水中计算，令流出的总水量为 R，即

$$R=\sum R_{地面,出}+\sum R_{地下,出} \tag{1-3}$$

则有

$$P=E+R+Y+\Delta W \tag{1-4}$$

式中，Y 为流域内国民经济的用水量，包括灌溉用水量、工业用水量、外区域引水量及其他用水量，其中灌溉耗水量消耗于蒸发，可计入流域总蒸发 E 之中，另一部分工业净耗水量消耗于蒸发，一部分是产品带水，消耗于蒸发也计入 E 之中，而带水产品数量则很小，可略去不计，所以闭合流域给定时段的水量平衡方程可写为

$$P=E+R+\Delta W \tag{1-5}$$

如果所取的计算时段为一年，则上式为闭合流域年水量平衡方程，ΔW 为年初与年终流域蓄水量的变化量，如 $\Delta W>0$ 则表示年内的降水一部分消耗于径流和蒸发，其余则储蓄在流域之内；$\Delta W<0$ 表示年内径流蒸发，不仅来自降水，还有一部分来自流域原有的蓄水量。

对于多年平均来说，流域内蓄水量变化量的均值近似为零，即 $\Delta W=0$，故闭合流域多年平均水量平衡方程为

$$\bar{P}=\bar{E}+\bar{R} \tag{1-6}$$

式中，$\bar{P}$ 为多年平均降水量（mm 或 m^3）；$\bar{R}$ 为多年平均径流量（mm 或 m^3）；$\bar{E}$ 为多年平均蒸发量（mm 或 m^3）。

可见对于闭合流域，多年平均流域的降水量等于多年平均径流量与多年平均蒸发量之和。P、E、R 是水量平衡中的三个基本要素，已知其中任意两项，据此即可推求第三项值。

对于非闭合流域或较小流域，地面与地下分水线不一致，有一部分水量以渗流方式流至外流域，这种情况，式(1-6)不成立，应改写为

$$P=E+R+\Delta R'+\Delta W \tag{1-7}$$

式中，$\Delta R'$ 为流域间水量交换量（mm 或 m^3）；其余符号同前。

有时也可以以径流量、蒸发量对降水量的相对值来反映流域的水文特性，式(1-6)两边除以 $\bar{P}$ 可得

$$\frac{\bar{E}}{\bar{P}}+\frac{\bar{R}}{\bar{P}}=1 \tag{1-8}$$

令

$$\frac{\bar{R}}{\bar{P}}=\alpha_0 \qquad \frac{\bar{E}}{\bar{P}}=\beta_0$$

则 $$\alpha_0+\beta_0=1 \tag{1-9}$$

式中，α_0 为多年平均径流系数；β_0 为多年平均蒸发系数。

α_0、β_0 反映了一个地区的气候和下垫面特性，对于湿润地区，α_0 较大，可大于 0.5，干旱地区 α_0 较小，有的只有百分之几，而 β_0 正好相反。

第三节 水 资 源

一、水资源的内涵

水是宝贵的自然资源，也是自然生态环境中最积极、最活跃的因素，同时，水又是人类生存和社会经济活动的基本条件，其应用价值表现为水量、水质及水能三个方面。

地球上的水资源，广义来说，是指水圈内所有水，包括海洋、河流、湖泊、沼泽、冰川、土壤水、地下水及大气水，都是人类宝贵的财富。但是对含盐量较高的海水和分布在南北两极的冰川，限于当前的经济技术条件，目前大规模开发利用还有许多困难。

狭义的水资源不同于自然界的水体，它仅仅指在一定时期内，能被人类直接或间接开发利用的那一部分动态水体。这种开发利用，不仅目前技术上可能，而且经济上合理，且对生态环境可能造成的影响也是可接受的。这种水资源主要指河流、湖泊、地下水和土壤水等淡水，一些区域还包括微咸水。

需要说明的是，土壤水虽然不能直接用于工业、城镇供水，但它是植物生长必不可少的条件，可以直接被植物吸收，所以土壤水也应属于水资源范畴。至于大气降水，它不仅是径流形成的最重要因素，也是淡水资源的最主要，甚至唯一的补给来源。

二、水资源特性

狭义而言，水资源主要指水循环周期内可以恢复再生的、能为人类直接利用的淡水资源，它具有如下特征。

(1) 水资源的可再生性。水资源与其他固体资源的本质区别在于其流动性，是在循环中形成的一种动态资源。水资源在开采利用后，能够得到大气降水的补给，处在不断地开采、补给和消耗、恢复的循环之中。

(2) 储量有限性。水资源处在不断地消耗和补充过程中，在某种意义上水资源具有“取之不尽”的特点，恢复性强。但实际上淡水资源储量是十分有限的，且淡水资源大部分储存在极地冰帽和冰川中，真正能够被人类直接利用的淡水资源仅占全球总水量的 0.007 68%。从水量动态平衡的观点来看，某一期间的水量消耗量应接近于该期间的水量补给量，否则将会破坏水平衡，造成一系列环境问题。可见，水资源过程是无限的，水资源储量是有限的，并非取之不尽、用之不竭。

(3) 时空分布不均匀性。水资源在自然界中具有一定的时间和空间分布特征，时空分布的不均匀性是水资源的又一特性。我国水资源在区域上分布极不均匀。总体来说，东南多，西北少，沿海多，内陆少，山区多，平原少；在同一地区中，不同时间分布差异性很大，一般是夏多冬少。

(4) 因果随机性。自然界中可更新的水资源主要来源于大气降水和融雪水，其循环转换具有因果关系。由于大气降水和融雪水在时空上存在随机性，导致水资源转化过程中有随机性。如某一区域既有丰、平、枯三种年型，又有连枯、连丰情况，一年当中还有枯水期和丰水期，这种变化都是随机的，具有一定统计规律。

(5) 用途广泛性。水资源是被人类在生产和生活中广泛利用的自然资源，广泛应用于农业、工业、生活和生态环境建设等。在各种不同的用途中有的是消耗性用水，有的则是非消耗性或是消耗性很小的用水，且不同目的的用水对水质的要求各不相同，这是水资源的一水多用、充分发挥其综合效益的有利条件。

(6) 不可替代性。水是人类及一切生物赖以生存的必不可少的重要物质，是工农业生产、经济发展和环境改善不可替代的极为宝贵的自然资源。

(7) 利害性双重性。水量过多容易造成洪涝灾害，水量过少则容易形成干旱。水资源的这种双重性质，要求在水资源开发利用过程中强调统筹规划和合理调控，以达到兴利除害的目的。

(8) 动态转化性。水资源动态转化既包括液态、固态水的气化，水汽凝结降水等过程，又包括降水在地球表面形成的地表水、土壤水、地下水的聚集及其相互转化。各种不同水体的边界并非完全封闭，而是与外界环境存在各种物质能量交换，是一种既相互联系又可相互转化的开放系统。例如，地表蓄水体，可以接受外界水溶解的化学盐类与泥沙，在重力与分子力作用下，发生的渗流、越流，可使地表水与地下水相互转换；在热力作用下，这些水体又可通过蒸发与凝结，与大气水分相互转化。因此，气候与下垫面变化都可能导致水资源量的变化。

(9) 地域变异性。受大气环流和重力作用，降水和融雪水在流域表面总是在一定地域从高处向低处流动，这就决定了水资源演变转化总是显现出明显的气候地域特征。受气候和地理位置等因素影响，水资源在流域之间和流域上、中、下游之间存在明显的差异，并随着社会经济发展状态不同而出现水资源量与质上的变化。

三、世界与我国水资源情况

(一) 世界水资源概况

世界各大洲的自然条件不同，降水和径流的差异也较大。以年降水和年径流的厚度计，大洋洲各岛(除澳大利亚外)水量最丰，多年平均年降水深达 2700mm，年径流深达 1500mm 以上，但大洋洲的澳大利亚大陆却是水量最少的地区，其平均年降水深只有 460mm，年径流深只有 40mm，有 2/3 的面积为荒漠和半荒漠。南美洲水量也比较丰富，降水深和径流深均为全球陆面平均值的两倍。欧洲、亚洲和北美洲的降水和径流都接近全球陆面的平均值，而非洲大陆则有大面积的大沙漠，气候炎热，虽年降水深接近世界平均值，但年径流深却不及世界平均值的一半。南极洲降水深虽然不多，只有全球陆面平均降水深的 20%，但全部降水以冰川的形态储存，总储存量相当于全球淡水总量的 62%。

(二) 中国水资源

我国水资源总量居世界第 6 位，仅次于巴西、加拿大、美国、俄罗斯、印尼。但是我国人口众多，因此人均占有水资源量却只有世界人均值的 1/4，仅相当于美国的 1/5，加拿大的 1/48。而且我国水资源分布不均衡，呈现东多西少、南多北少、夏多冬少的特点。这种不均衡使我国本来稀少的水资源显得更加短缺。

中国地势西高东低，从大趋势上看自西向东大体可分为三级阶梯：最高一级为青藏高原，地面高程多在 4000m 以上，大气稀薄，降水稀少，到靠近高原边缘地区降水才逐渐增多。第二级阶梯为青藏高原以北和以东地区，地面高程在 1000～2000m，由于夏季季风的北缘可以深入到第二级阶梯地区上空，年降水量明显比第一级阶梯地区增多。第三级阶梯是自大兴安岭、太行山、巫山和云贵高原以东的广大丘陵平原地区直到海边，大部山丘区高程在1000m以下，滨海平原高程在50m以下，第三级阶梯地区上空，夏季季风活动频繁，降水丰沛。

我国陆地表面水汽的输送受山脉阻挡的影响，降水的地理分布多呈带状。特别是在地形的第二级阶梯和第三级阶梯的分界地带，大致自东北的大兴安岭经太行山至西南的雪峰山一线，这些山脉阻挡了来自东南方海洋的水汽，山脉两侧降水量悬殊。我国河川径流主要依靠降水补给，所以径流分布与降水量分布一样，总的趋势是由南向北和由东向西递减；新疆、甘肃交界以西，则由西向东递减，具有明显的地域分布规律。按各地径流量的多少，并参照降水量与蒸发量的分布，全国大致可划分为丰水、多水、过渡、少水及缺水五个明显不同的地带。

1. 丰水带

年径流深大于800mm，包括东南和华南沿海地区、台湾、海南、云南西南部及西藏东南部。最大值在台湾中央山地和藏东南雅鲁藏布江下游靠近中印边界一带，可达1000～3000mm。东南沿海主要山地为1600～2000mm。年径流系数一般在0.5以上，部分山地超过0.8。

2. 多水带

年径流深为200～800mm，包括长江流域大部、淮河流域南部、西江上游、云南大部及黄河中下游一小部分地区。部分山地年径流深可达1000～2000mm。年径流系数为0.2～0.4。

3. 过渡带

年径流深为50～200mm，包括大兴安岭、松嫩平原一部分、三江平原、辽河下游平原、华北平原大部、燕山和太行山、青藏高原中部、祁连山山区及新疆西部山区。此带内平原地区年径流深大部分为50～100mm，年径流系数为0.1左右。山区径流深100～200mm，年径流系数为0.2～0.4。

4. 少水带

年径流深10～50mm，包括松辽平原中部、辽河上游地区，内蒙古高原南部、黄土高原大部、青藏高原北部及西部部分丘陵低山地区。本带内平原地区和黄土高原年径流深一般为10～50mm，部分山区可达50mm以上。年径流系数一般为0.1左右，个别地区小于0.05。

5. 缺水带

年径流深小于10mm，包括内蒙古高原、河西走廊、柴达木盆地、准格尔盆地、塔里木盆地、吐鲁番盆地。本带内很多地区基本不产流，年径流系数只有0.01～0.03。

由此可知，我国降水和地表径流分布极不均匀，水土资源组合很不平衡。

思 考 题

1. 简述自然界水循环现象。
2. 简要说明影响水循环的因素有哪些？
3. 将全球作为一个独立的单元系统，当已知全球海洋的多年平均蒸发量 $E_0=505\ 000\text{km}^3$、陆地的多年平均蒸发量 $E_c=72\ 000\text{km}^3$，试根据全球的水量平衡原理推算全球多年平均降水量为多少？
4. 某流域面积为 $21\ 901\text{km}^2$，多年平均年降水量为476.1mm，多年平均年径流深为66.1mm。试求多年平均年蒸发总量，并计算其多年平均径流系数及蒸发系数。
5. 何谓水资源？为什么说水资源是再生资源？
6. 有人认为水资源是取之不尽、用之不竭的，这种说法是否正确，为什么？为了使水资源能够长期可持续利用，你认为应当如何保护水资源？

第二章　河川径流的形成及其影响因素

【内容提要】　降水经流域蓄渗、坡地汇流、河网汇流后，部分形成流域出口径流；流域作为河川径流形成下垫面，直接影响着径流特征；降水、蒸散发、下渗等多种因素影响着降水蓄渗损失量，决定着径流特征。径流在时程上的变化、洪水和枯水等称作为河流的水情，河流的补给水源决定着河流的水情。

第一节　流域、水系和河流

汇集地面径流与地下径流的天然水道叫河流。供给河流地面径流和地下径流的集水区域称为流域。流域内由大小河流构成的脉络相通的水道系统叫水系或河系。

河流和流域特征是由一定的气候条件和地理环境决定的。气候条件影响河流的形成、发育和水情；而流域和河系是径流的补给源地和输送路线，其特征通称下垫面条件，它是影响径流形成和变化过程的重要因素。对河流及流域特征进行定性分析和定量计算的目的在于掌握河流与流域特征值与各水文要素间的关系，为解决径流形成和汇流计算等问题提供基本的资料。

一、流域特征

（一）分水线和流域

分水线是相邻两流域的分界线，又叫分水岭，在地形上它是分隔相邻两流域的山脊（或高地）的连线。分水线两侧的降水，分别汇集到两条不同的河流中。山丘地区，分水线一般是山峰岭脊的连线，在地形图上是比较容易勾绘的。勾绘分水线一般在较大比例尺的地形图上进行，勾绘方法如图 2-1 所示。图中虚线即为分水线，分水线与出口断面包围的闭合区域即为控制断面以上的流域。

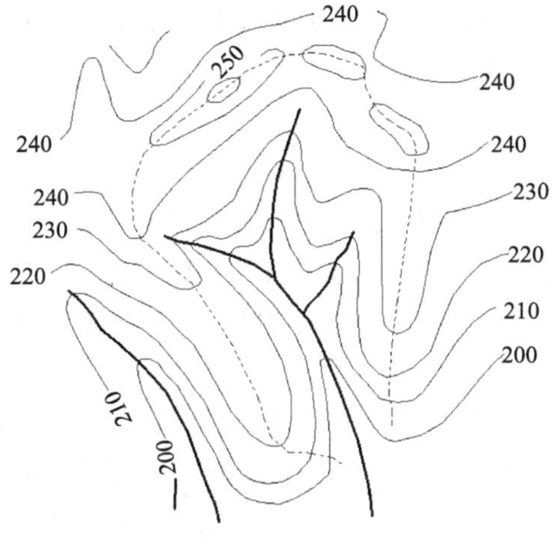

图 2-1　分水线的勾绘

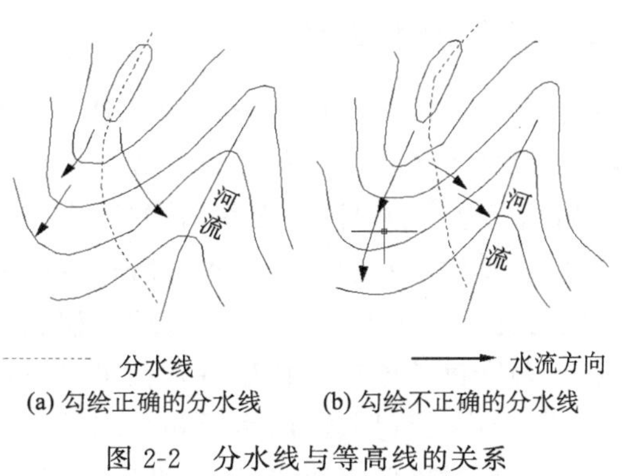

图 2-2　分水线与等高线的关系

勾绘分水线时要注意，分水线与每条等高线相交处要保持垂直，如图 2-2(a)所示。因为水流方向总是与等高线方向垂直，若分水线与等高线斜交，则意味着有水流穿过分水线，如图 2-2(b)所示，这与分水线的定义显然不符。应用这一法则可用来检验分水线的勾绘是否合理。

河水通常由地面水和地下水补给。受流域地貌特征和水文地质条件的影响，地面分水线和地下分水线常不一致，如图 2-3(a)所示。A、B 两河地面分水线在其中间山脊线 S 处，但地下不透水层的脊线在 G 处，因此两河间的地面分水线与地下分水线不一致，SG 范围的地表水流向 B 河，但该区域的地下水则流向 A 河。图 2-3(b)的地形和图 2-3(a)相同，但地下为透水层，由于 A 河水位高于 B 河水位，故两河之间的地下水位最高点为地下分水线，在靠近 A 河的 G 处。

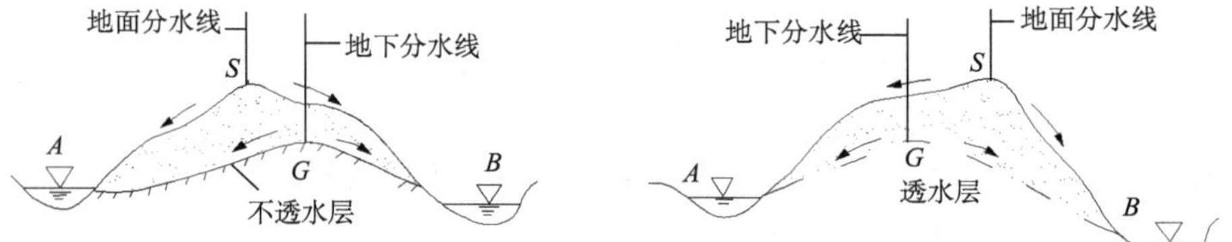

(a) 由地下不透水层决定的地下分水线　　(b) 由透水层中的地下水面决定的地下分水线

图 2-3　地面分水线与地下分水线

地面分水线与地下分水线重合的流域称为闭合流域，不重合的则称为非闭合流域，严格来说，完全闭合的流域是不存在的，非闭合流域相邻流域间会产生地下水量的交换，造成一个流域的地下补给区偏大，而另一个则偏小。对大、中流域，因为地面和地下集水区不一致而产生的相邻流域的水量交换，占流域总水量比重很小，故可用地面集水区代表流域面积。但对小流域，由于流域不闭合而产生的地下水量交换相当大，这时应通过水文地质调查，确定地下水的交换量，以便准确估算流域来水量。

流域的分水线并不是固定不变的。一是由于流域的向源侵蚀而发生的相邻流域的袭夺现象会改变分水线的位置；二是人工开挖新河、或跨流域引水等都会改变流域的实际汇水面积；三是平原河网地区由于地势平坦，河沟纵横交叉，再加上河道闸坝节制，造成水流方向不定，甚至在不同的季节，因水位高低不同而造成流向不一和集水面积不同。所以，确定分水线时，要结合查勘和调查，并注意采用最新的地形图，才能得出准确的成果。

（二）流域面积量算

如上所述，分水线有地面分水线与地下分水线之分，前者构成的地面集水区称为集雨面积，后者构成地下集水区。实际上一般流域面积所指的是河流某控制断面以上的地面集水区，单位为 km^2。为了确定流域面积，首先要在较大比例尺的地形图上勾绘出控制断面以上的分水线，然后量算控制断面以上分水线所包围的面积。

一般情况下流域形状不规则，流域面积通常用方格法或求积仪法量算，量算面积时应测量两次以上，两次读数差应不超过平均值的 0.5%。对于较大流域，求积仪不能一次围量，应将其划分为若干小块分别量算，然后相加求总面积。流域面积是水文计算中最基本最重要的资料之一，如应用过去已有成果，则需进行核实。

（三）流域特征

1. 流域形状特征

1）分水线延长系数　流域分水线的实际长度与同面积圆的周长之比，用下式计算。

$$K_d = 0.28 \frac{L}{\sqrt{A}} \tag{2-1}$$

式中，K_d 为分水线的延长系数，$K_d > 1$；L 为流域分水线的长度(km)；A 为流域面积(km^2)。

当流域形状接近于圆形时，则 K_d 接近于 1，水流汇集较集中，洪峰流量大，洪水历时短。K_d越大，流域形状越不规则，水流汇集较分散，洪峰流量小，洪水历时长。

2）流域长度和平均宽度　流域长度为流域从河源到河口的几何中心轴长。确定流域长度常用方法有以下三种，可依据研究目的选用：①从流域出口断面沿主河道到流域最远点的距离；②从流域出口断面至分水线的最大直线距离；③用流域平面图形几何中心轴的长度表示，即以流域出口断面为圆心，作若干不同半径的同心圆，每个圆与流域边界的两个交点连一割线，各割线中点的连线总长度即为流域几何轴长。

设流域长度为 L，流域面积为 A，则流域平均宽度 B 可按下式计算为

$$B = \frac{A}{L} \tag{2-2}$$

若流域形状越狭长，则 B 越小，洪水过程越平缓。若 B 接近 1，则流域形状近方形，洪水过程较集中。

2. 流域地形特征

1）流域平均高程　指流域范围内地表平均高程，可用下式计算

$$H_0 = \frac{a_1 h_1 + a_2 h_2 + \cdots + a_n h_n}{A} = \frac{\sum_{i=1}^{n} a_1 h_1}{A} \tag{2-3}$$

式中，H_0 为流域平均高程(m)；a_1 为相邻两等高线间的面积(km^2)；h_1 为相邻两等高线的平均高程(m)；A 为流域总面积(km^2)。

2）流域平均坡度　又称地面平均坡度，它是坡地漫流过程的一个影响因素，在小流域洪水汇流计算时，是一个重要参数。流域平均坡度按下式计算为

$$\bar{S} = \frac{1}{A}\left[\frac{\Delta h L_1}{2} + \frac{\Delta h (L_1 + L_2)}{2} + \cdots + \frac{\Delta h L_n}{2}\right] = \frac{\Delta h (0.5 L_1 + L_2 + \cdots + 0.5 L_n)}{A} \tag{2-4}$$

式中，$\bar{S}$ 为流域平均坡度；Δh 为等高线间的高程差值(m)；$L_1, L_2, \cdots, L_n$ 为各等高线在流域内的长度(m)；A 为流域面积(km^2)。

计算流域平均坡度的另一种方法是格点法，即将流域的地形图划分为 100 个以上的正方格，依次定出每个方格交叉点处与等高线正交方向的坡度，这些格点坡度的平均值即为流域平均坡度。

3）面积高程曲线　有些水文要素随高程改变，为了研究其对水文特征值的影响，需要了解流域面积随高程的分布情况。面积高程曲线可通过求积仪量算相邻两条等高线间的面积，并将高于一定高程的累积值与该高程作图而得，如图 2-4 所示。

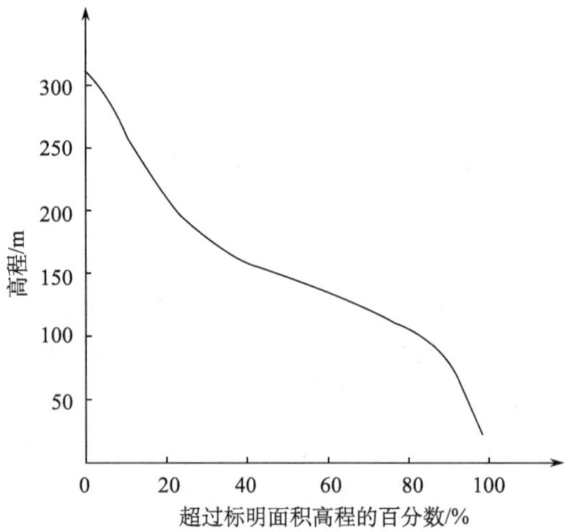

图 2-4　流域面积—高程曲线

3. 流域自然地理特征

1）*流域地理位置*　　流域地理位置是用流域中心和流域边界的地理坐标即经纬度来表示的。同时还必须说明它离开海洋的距离以及与其他流域和较大山岭的相对位置。由于同纬度地区气候比较一致，所以东西方向较长的流域，流域上各处的水文特征，有较大程度的相似性。流域距离海洋的远近和与较大山岭的相对位置，影响水汽的输送和降雨量的大小。如我国西北内陆地区与华北地区相比，虽纬度相同但前者较干旱；秦岭南北，因高山阻挡，致使南北的降雨量相差悬殊，秦岭南北河流的水文特征也有明显区别。

2）*流域气候条件*　　流域的气候要素包括降水、蒸发、气温、湿度、气压及风速等。河流的形成和发展主要受气候因素控制，俄罗斯著名气候学者沃耶科夫认为，河流是气候的产物。降水量的大小及分布直接影响径流的多少；蒸发量则对年、月径流量有重大影响。气温、湿度、风速、气压等主要通过影响降水和蒸发，从而对径流产生间接影响。

3）*流域土壤、岩石性质和地质构造*　　土壤、岩石性质主要指土壤结构和岩石水理性质，如水溶量、给水度、持水性、透水性等；地质构造指断层、褶皱、节理、新构造运动等，这些因素与下渗损失、地下水运动、流域侵蚀有关，并影响径流及泥沙情势。

4）*流域植被率*　　植被率是流域的植被面积 a 与总面积 A 的比值，通常以百分数表示。如果 K 表示植被率，则有

$$K = \frac{a}{A} \times 100\% \tag{2-5}$$

植被的存在，主要影响植物截留量，也影响下渗和蒸发，所以植被对径流的形成有直接影响。另外，植被也会影响流域的气候，从而对水分循环和径流情势产生间接影响。

植物截留对径流的形成是一种损失，但对一次洪水，特别是对大洪水的影响并不显著。据观测，一次降雨，植物最大截留量可达 5～20mm，对于年降水，当植被率较高时，年截留量可达全年降水量的 20%～30%。

5）*流域内湖泊、水库率*　　根据流域地形图或现场调查，可求得湖泊、水库、塘坝和沼泽总面积 a_B 与流域 A 之比，即为湖泊水库率 K_B，用下式表示为

$$K_B = \frac{a_B}{A} \times 100\% \tag{2-6}$$

K_B 越大，说明流域内湖泊、水库面积越大，对河川径流的调节作用也越大，也即对削减洪峰和提高枯水流量的作用越明显。

二、水系特征

（一）水系形状特征

水系形状主要可分为以下几种类型。

1. 扇形水系

支流的排列和分布呈扇形分布，干支流汇合点较为集中，如华北的水运、永定、大清、子牙、南运等五河，于天津汇入海河。

2. 羽形水系

支流从左右两岸相间汇入干流，呈羽状，如滦河水系。

3. 平行状水系

由几个近乎平行的支流至入海口附近汇入干流。如苏北的沂沭河，淮河蚌埠以上的涡河、颍河和洪河等支流。

4. 混合状水系

较大河流大多包括两种以上或两种的混合排列状态，叫混合水系。

河流的形态决定了流域形状，并对流域汇流有一定的影响。扇状水系汇流时间短，集流快，洪水往往表现为陡涨陡落，洪水历时短；平行状水系由于各支流汇集到流域出口断面的同时性强，所以产生较为尖瘦的洪水过程；羽毛状水系由于各支流汇集到流域出口断面的时间相互错开，所以产生较为矮胖的洪水过程；混合状水系产生的洪水过程则介于以上两者之间。

（二）河长和河网密度

河流各横断面最低点的连线叫溪线，又叫中泓线，从河口沿溪线量至河源的距离叫河长。在小比例尺地形图上河流不甚明显，可沿上游最长的溪线，沿垂直于等高线的方向向上量取，直至分水线。量算河长可用截规，从河口沿溪线逐段量取。应尽可能采用较大比例尺的最新地形图。

河网密度等于干支流总长度除以流域面积，即表示单位流域面积内河道的长度，计算式为

$$D=\frac{\sum L}{A} \tag{2-7}$$

式中，D 为河网密度（km/km^2）；$\sum L$ 为干支流总长度（km）；A 为流域面积（km^2）。

河网密度大，则流域切割程度大，径流汇集较快，河网密度小，则一定程度上反映流域排水不良，径流汇集较慢。

三、河流断面

（一）纵断面图及其特征

河流纵断面是从河源到河口的河床最低点的连线，它表示河槽或水位纵向坡度变化特征。纵断面图可通过实地测绘或在地形图上量算后绘制。图 2-5 为河流纵断面图，纵坐标为河底高程，横坐标为从河源向河口方向的河长。如以水位为纵坐标，也可绘出水面纵断面图。

河流纵断面的特征可用落差、比降和河底平均坡度表示。河段两端的河底或水面的高程差叫落差，河段水位落差与相应河长之比叫水面比降，河底落差与相应河长之比叫河底比降，河段的比降可用下式计算为

$$J=\frac{\Delta H}{L} \tag{2-8}$$

式中，J 为河底或水面比降（‰）；L 为河段长度（m）；ΔH 为 L 河段的落差（m）。

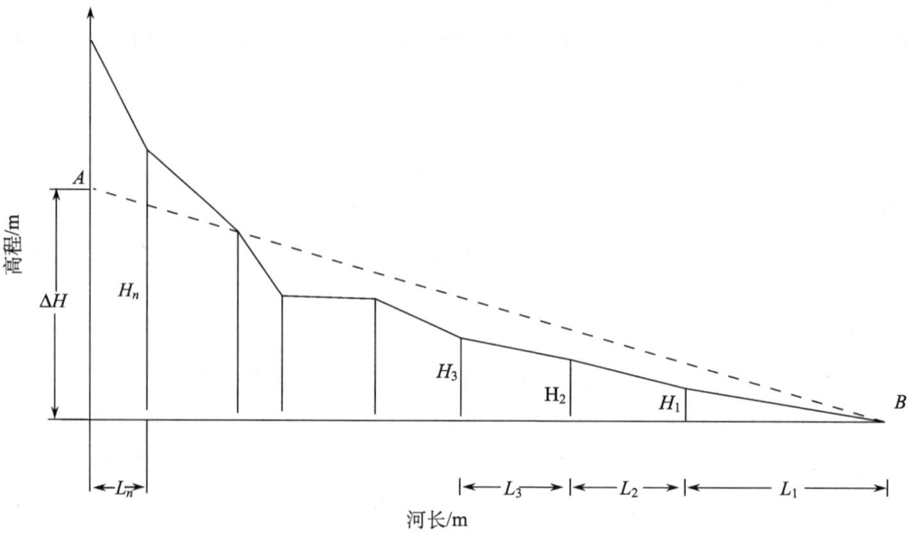

图 2-5 河流纵断面图

一条河流的不同河段，比降不同，一般上游比降大，下游比降小，通常用河底平均比降表示河流纵断面特征。为了说明平均比降的计算原理，在如图 2-5 所示的纵断面图上，从最低点 B 作斜线 AB，使 AOB 的面积恰等于纵断面与纵、横坐标轴所包围的面积，则 A 直线的坡度即为河流的平均坡度 $\bar{J}$，由图 2-5 可得

$$\bar{J} = \frac{AO}{L} = \frac{\Delta \bar{H}}{L} \tag{2-9}$$

式中，$\Delta \bar{H}$ 称为河长 L 的平均落差(m)；其余符号同前。

设 $L_1, L_2, L_3, \cdots, L_m$ 为各河段长度，$H_1, H_2, H_3, \cdots, H_n$ 为相应各段分界点的河底高程，则由平均比降的定义得

$$\frac{1}{2}\Delta HL = \frac{1}{2}(0 + H_1)L_1 + \frac{1}{2}(H_1 + H_2)L_2 + \cdots + \frac{1}{2}(H_{n-1}H_n)L_n \tag{2-10}$$

将 $\Delta \bar{H} = \bar{J}L$ 代入上式并整理得

$$\bar{J} = \frac{H_1L_1 + (H_1 + H_2)L_2 + \cdots + (H_{n-1} + H_n)L_n}{L^2} \tag{2-11}$$

式中，$H_1, H_2, H_3, \cdots, H_n$ 为以河口为零点的河底高程(m)。

（二）河流横断面

与河流平均流向或主流方向垂直的断面称为河流横断面。最高水位以下的断面叫大断面，某现时水位下的断面称为过水断面。

河流横断面是河流的平面形态与水流长期相互作用制约的结果，在顺直河段，弯曲河段和河流的上、下游河段都有其特定的横断面形态。按照水文特性，通常将横断面形态概括为单式断面和复式断面两大类，如图 2-6 所示。

1. 单式断面

河流的水面宽度随水位的变化是连续渐变的，称单式断面，如图 2-6(a)和图 2-6(b)所示。

其中图 2-6(a)为窄深式断面，一般山区河流的上游顺直段多属此类形状。图 2-6(b)为近似于抛物线形的单式断面，河流中、下游的顺直河段多属此类形状。单式断面的河床相对比较稳定，河槽无单一的冲淤变化，水位与断面各要素(水面宽、过水面积，水力半径等)间为单一的连续变化的关系。

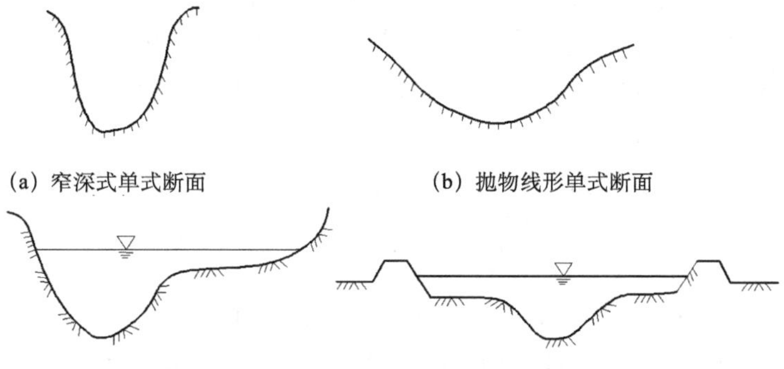

(a) 窄深式单式断面　　(b) 抛物线形单式断面

(c) 主槽不对称的复式断面　　(d) 主槽居中的复式断面

图 2-6　河流横断面类型

2. 复式断面

河槽水面宽度随水位的变化有突变者，称复式断面，如图 2-6(c)和图 2-6(d)所示。其中图 2-6(c)深槽偏向一侧，此类断面多出现在河流的弯曲段。图 2-6(d)为主槽居中，两边有近于对称的较宽的滩地，滩地两边均有人工河进入，此类断面多为人工排水河道和人工运河。复式断面洪枯水位相差悬殊，河床处于不稳定状态。水位与各水力因素间的关系呈不连续变化，特别是主槽与滩地部分水力条件悬殊。对于复式断面，河道流量演算时，应考虑高低水位时演算参数的差异。

第二节　降　　水

一、降水及其要素

大气中的水汽以液态或固态形式到达地面，称为降水。降水的主要形式是降雨和降雪，其他形式有雹、露、霰、霜等。降水是水文循环的重要环节，是陆地上各种水体的直接或间接补给源。因此，降水量与降水特征对各种水体的水文特征和水文规律具有决定性的作用。降水现象是水文学和气象学共同研究的对象。

(一) 降水成因及其分类

1. 降水成因

大气中的水分是从海洋、河流、湖泊、潮湿土壤和植物等表面蒸发而来的。水汽进入大气以后，由于它本身的分子扩散和气流的传递而分散于大气之中。空气中的水汽含量有一定的限度。在一定温度下，空气中最大的水汽含量称为饱和湿度。如果空气中的水汽含量达到饱和湿度，就说明空气达到了饱和状态，这时，空气中的水汽就要开始凝结；如果水汽含量超过了饱和湿度，就说空气达到了过饱和状态。水汽在过饱和状态下是不稳定的，多余的水汽很容易凝结成水。如果凝结现象发生在地面上，则成为露和霜；如果发生在地面附近的空气中则成雾;在高空则为云。由于水汽的继续凝结,水滴的相互碰撞合并,以及过冷水滴向冰晶转移等,云中的水滴或冰晶不断增大,直到不能被上升气流顶托时,在重力作用下就形成雨、雪、雹。

原为空气携带的水汽,后来由于空气达到饱和而产生凝结。空气达到饱和的原因是空气温度下降,致使空气的饱和湿度下降,若气温降至其露点温度以下时,空气就处于饱和或过饱和状态。可见空气冷却是形成降水的主要条件。较大范围气团的温度下降,是当这一气团受外力作用而绝热上升时发生的。低层的湿热空气受外力作用而上升,进入更高的大气层。那里的气压低,所以热空气要膨胀。当没有外界热量供给这团空气时,体积膨胀的结果必然导致气团温度下降,这称为动力冷却。

由此可见,气流上升产生动力冷却而凝结,是形成降水的先决条件,而水汽含量的大小及动力冷却程度则决定着降水量和降水强度的大小。

2. 降水类型

根据气流上升冷却原因的不同,可把降水划分为以下 4 种类型。

1) 气旋雨　　由气旋或低压过境而产生的雨称气旋雨,包括锋面雨和非锋面雨两种。非锋面雨是由于气旋向低压区辐合而引起的气流上升所致。冷、暖气团相遇的交界面叫锋面。锋面雨又分为冷锋雨和暖锋雨。当冷气团向暖气团推进时,比重较大的冷气团楔进暖气团的下方,暖气团则沿锋面爬升到冷气团的上方,上升后冷却凝结形成降雨,称冷锋雨,如图 2-7(a)所示。由于冷锋锋面接近地面部分坡度很大,暖空气几乎垂直上升,故在冷锋前形成巨大的积雨云。冷锋雨的特点是强度大、历时短,雨区面积小。

当暖气团向冷气团移动时,由于暖空气比重小,使其沿着锋面在冷气团上滑行,从而形成云系,并产生降雨,如图 2-7(b)所示。暖锋面较平缓,上升冷却较慢,所以,暖锋雨的特点是强度小、历时长、雨区面积大。我国大部分地区在温带,属南北气流交接地区,锋面雨较多,各地全年锋面雨都在 60%以上,华中和华北地区超过 80%,锋面雨是我国大多数河流洪水的主要水源。

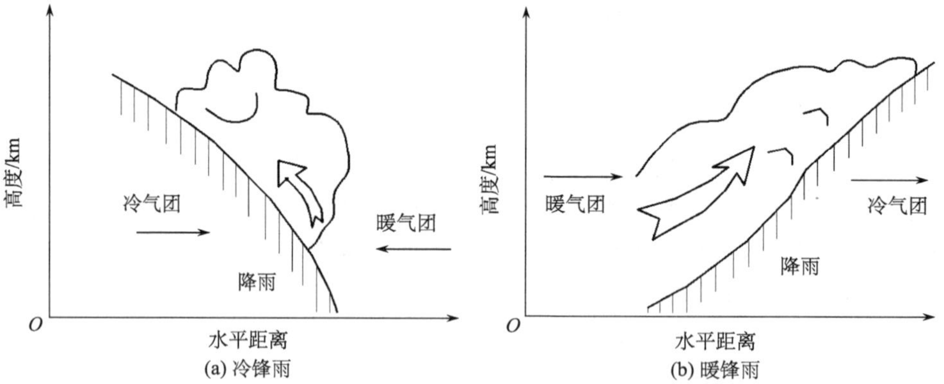

图 2-7　锋面雨示意

2) 对流雨　　夏季,当暖湿气团笼罩一个地区时,地面局部地区受热增温,下层空气膨胀上升,与上层冷空气产生热力对流,暖空气上升冷却而降雨,称对流雨。对流雨多发生在夏季酷热的午后,特点是强度大、历时短,降水面积小,常伴有雷电,故又称雷阵雨。

3) 地形雨　　当运动的暖湿气团遭遇到较高大的山岭障碍时,沿山坡上升,冷却而形成降水叫地形雨。地形雨主要降落在迎风面的山坡上,背风坡则雨较少。如我国的秦岭山脉南北坡、南岭山地的南北坡，年雨量和月雨量均有比较明显的差异。南岭南坡的7月降雨量约为北坡降雨量的两倍，这是因为夏季季风来自南方，南坡为迎风坡；相反，当冬季季风来自北方时，北坡又为迎风坡，又造成北坡雨量大于南坡雨量的现象。

4）台风雨　台风又叫热带风暴。当台风登陆后，将强大的海洋湿热气团带到大陆，形成狂风暴雨。我国东南沿海诸省，如广东、海南、台湾、福建、浙江等省，由台风造成的雨量占全年总雨量的20%～30%。发生台风雨时，一日暴雨可达数百毫米，易造成大洪水和洪灾。1975年8月，"7503号"台风登陆后，深入内地，在河南驻马店地区，降落了历史上罕见的特大暴雨。

（二）影响降水的因素

研究影响降水的因素对掌握降水特性、判断资料的合理性、分析不同地区河流径流的情势及洪水特点都具有重要意义。

1. 地理位置的影响

一般来说，低纬度地区由于空气中水汽含量大，故降水多。地球上降水总的分布趋势是由赤道向两极递减。

沿海地区雨量充沛，越向内地雨量越少。如我国青岛年降水量为646mm，济南为621mm，西安为566mm，兰州为325mm。华北地区因距热带海洋气团源地较远，降水量较华南较少。

2. 气旋、台风途经的影响

我国江淮地区，由于气旋于春夏之间东移，形成这一地区的持续阴雨——梅雨天气。7～8月间锋面北移，华北地区雨量增大。

台风对东南沿海诸省的降水影响较大，影响我国的台风多数从广东、福建、浙江、台湾等省登陆。登陆后，有的绕向北上，在江苏北部或山东沿海再进入东海，有的可深入到华中内陆地区，减弱后变为低气压。台风经常登陆或经过的地方，容易形成暴雨或大雨。

3. 地形的影响

山地地形有强迫抬升气流的作用，从而使降水量有随高程的增加而增加的趋势，降水增加的程度，则取决于水汽的含量。各地方降水随高程的增率（每升高100m，年降水量的增加量）是不相同的。

台湾、海南、广东、福建、浙江若干山地高雨区，就是山地抬升作用所造成的。西北内陆地区，由于水汽含量少，即使有山地抬升，降水随高程的增加也不显著。

山地抬升作用与坡度有关，坡度越陡，降水率越大，但当高程达到某一高度后，降水量达最大值，不再随之增加。在山顶，气流又变通畅，阻拦作用减弱，降水量有减小的趋势。

山脉的缺口和海峡是气流的通道，由于在这些地方有加速作用，水汽难以停留，降水机会少。如台湾海峡、琼州海峡两侧降水量减少很多。阴山山脉和贺兰山脉之间的缺口，使鄂尔多斯和陕北高原的降水量减少。

4. 森林和水面

森林可减小气流运动速度，使潮湿空气积聚，有利降水。海面和湖面上空，由于气流受到的阻力小而加速前进，减小了降水的机会。温暖季节，水面上空有逆温现象，使气团不易上升，也不易降水。海洋暖流所经之处，由于地面上空气团不稳定，则易降水。

（三）降水要素

1. 降水量

降水量是指在一定时段内降落在某一面积上的总水量，如日降水量是指在1d之内降落在某面积上的总水量。此外，还常用年降水量以及多少小时降水量等表示。次降水量是指某次降水开始到结束时连续一次降水的总量。降水量可以用体积(m^3)表示，但通常用降水深度(mm)表示，即在一定时段内降落在单位水平面积上的水深，各种水文资料中所指的降水量，除特别指明外，均指降水深度。

2. 降水历时

降水历时是每一次降水过程所经历的时间。其中，从降水开始时刻至降水结束时刻称为次降水历时，一般以min、h或d计。

3. 降水强度

降水强度是指单位时间内的降水量，以mm/min或mm/h计。

4. 降水面积

降水面积是指某次降水所笼罩的水平面积，以km^2计。

5. 暴雨中心

暴雨集中的较小的局部地区，称为暴雨中心。一般，在一次降雨过程中，暴雨中心会移动。

二、降水时空分布特征的表示方法

1. 降水量过程线

以时段降水量为纵坐标，时段顺序为横坐标绘制而成的柱状图(或曲线)为降水量过程线。它表示时段降水量的变化过程。如以日降水量为纵坐标，可绘制日降水量过程。在1d或1a之内并非每天都降水，故日降水过程线是不连续的。为了表示一次暴雨的变化过程，常用更短的时段降水量(如h、min等)来绘制暴雨过程线，如图2-8所示。

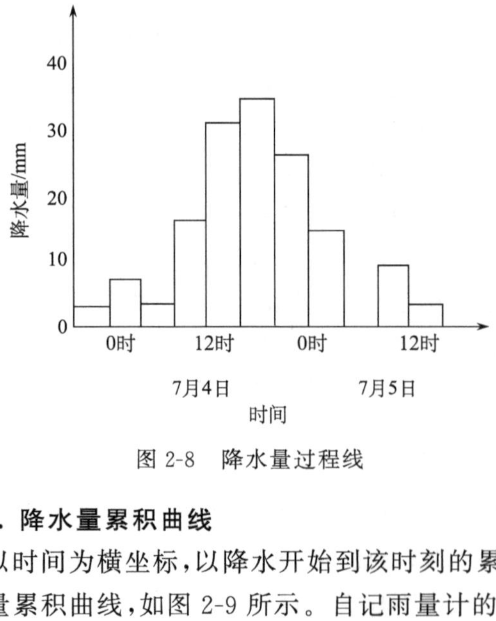

图2-8 降水量过程线

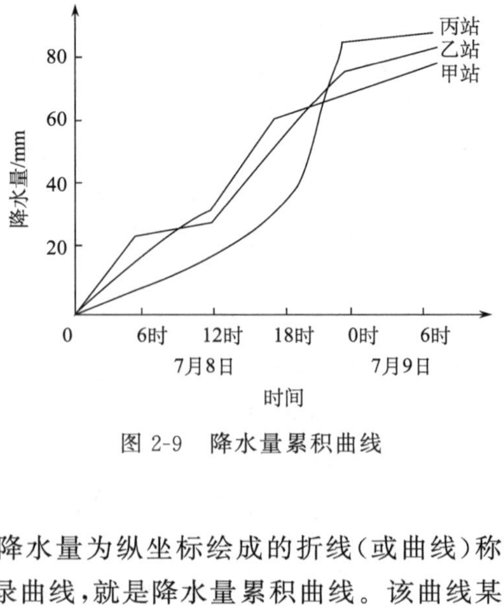

图2-9 降水量累积曲线

2. 降水量累积曲线

以时间为横坐标，以降水开始到该时刻的累积降水量为纵坐标绘成的折线(或曲线)称为降水量累积曲线，如图2-9所示。自记雨量计的记录曲线，就是降水量累积曲线。该曲线某段

的斜率，即为该时段的平均降水强度，即

$$\bar{i}=\frac{\Delta P}{\Delta t} \tag{2-12}$$

式中，$\bar{i}$ 为 Δt 时段的平均降水强度（mm/h 或 mm/min）；ΔP 为 Δt 时段的降水量（mm）；Δt 为降水时段长（h 或 min）。

如 Δt 很小，即当 $\Delta t\to 0$ 时，则可求得瞬时降水强度 i，即

$$i=\frac{\mathrm{d}P}{\mathrm{d}t} \tag{2-13}$$

降水量累积曲线上任一点的斜率即为该点相应时刻的降水强度。将同一流域各雨量站的同一次降雨的累积曲线绘在一起，可用来分析降雨在流域上的分布及各站降雨在时段上的变化，并可用来校验观测资料的合理性。

3. 等雨量线

对于面积较大的区域或流域，为了表示次、日、月、年降水量的空间分布状况，可绘制等雨量线图，如图 2-10 所示。该图的作法与地形等高线图的作法相似，首先将流域内各站雨量标注在相应位置上，然后根据其数值勾绘等值线。等雨量线能清晰地反映一次降雨的空间分布，按各时段顺序雨量绘制的等雨量线图，还能反映暴雨中心的移动路线；等雨量线图是确定流域平均雨量的有力工具，但在绘制等雨量线图时，要求有足够的、且控制较好的雨量站点，这样才能真实地反映降雨的空间分布，如测站稀少或控制性不好，不能反映暴雨中心的极大值和暴雨的低值点，则所绘等雨量线的真实性很差。地形和降水关系密切，在绘制等雨量线图时应加以考虑。也要考虑降水量随高程增加的规律，要考虑由于暴雨走向造成的迎风坡和背风坡的降水量的差异。

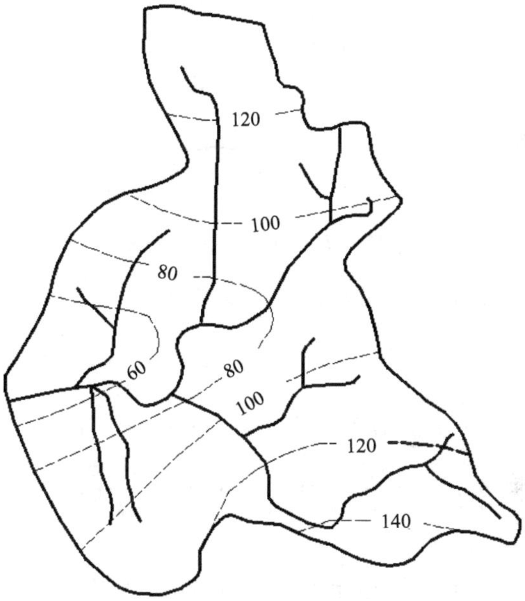

图 2-10 等雨量线

三、流域平均降水量计算

由雨量站观测的降水量，只表示流域中某点或小范围的降水情况，在水文计算时，需要计算全流域的平均降水量，其计算方法目前常用的有算术平均法、泰森多边形法和等雨量线法。

1. 算术平均法

算术平均法是以流域内各站降水量的算术平均值作为流域平均降水量，计算公式为

$$\bar{P}=\frac{1}{n}(P_1+P_2+\cdots+P_n) \tag{2-14}$$

式中，$\bar{P}$ 为流域平均降水量（mm）；n 为测站数；P_1、P_2，…，P_n 为各站同期降水量（mm）。

该法适用于流域内雨量站网密度较大，且雨量站分布均匀，流域内地形起伏变化不大的情况。

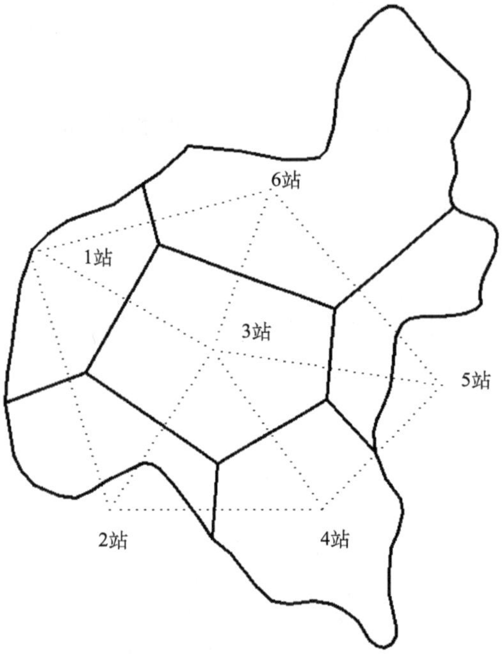

图 2-11 泰森多边形法示意图

2. 泰森多边形法(加权平均法)

如流域内雨量站分布不均,此时采用泰森多边形法较算术平均法更为合理和优越。其作法是在地形图上把各雨量站连成若干个不嵌套的三角形,并尽可能成锐角。在连三角形时,对本流域雨量起一定控制作用的邻近流域的测站也应包括进去。然后对每个三角形的各边作垂直平分线,这些垂直平分线与流域边界构成以每个站为核心的多边形,如图 2-11 所示。图中虚线为三角网,实线为每个测站控制的多边形面积。在流域边界,如果多边形的一部分跨越边界,则只取用本流域内的那部分多边形面积。用求积仪量算每个测站的控制面积 a_i,该值与流域总面积的比作为该站的权重 f_i,即

$$f_i = \frac{a_i}{A} \tag{2-15}$$

式中,a_i 为流域内某测站的控制面积(km^2);A 为流域总面积(km^2);f_i 为该测站的权重。

流域平均雨量按下式计算为

$$\bar{P} = f_1 P_1 + f_2 P_2 + \cdots + f_n P_n = \sum_{i=1}^{n} f_i P_i \tag{2-16}$$

式中,$\bar{P}$ 为流域平均降水量(mm);P_1、P_2,…,P_n 为各站同期雨量(mm);f_1,f_2,…,f_n 为各站权重,$f_1 = \frac{a_1}{A}$,$f_2 = \frac{a_2}{A}$,…,$f_n = \frac{a_n}{A}$;a_1,a_2,…,a_n 为各雨量站控制面积(km^2);A 为流域总面积(km^2)。

如果站网稳定不变,采用此法较好。如果某个时期因个别雨量站缺测或缺报数据或者雨量站位置变动,将改变各站权重,给计算带来麻烦。

泰森多边形法的原理是基于测站间的降水量是线性变化,这对于地形无较大起伏的流域是符合的,若流域内或两站间有高大山脉,则用此法会带来误差。

3. 等雨量线法

对于地形变化大,区域内又有足够多的雨量站,能够根据降水资料结合地形变化绘制出等雨量线图,则可采用本法计算流域平均降水量。先用求积仪量算各相邻等雨量线间的面积 a_i,然后用下式计算流域平均降水量。

$$\bar{P} = \frac{a_1}{A} P_1 + \frac{a_2}{A} P_2 + \cdots + \frac{a_n}{A} = \frac{1}{A} \sum_{i=1}^{n} a_i p_i \tag{2-17}$$

式中,$\bar{P}$ 为流域平均降水量(mm);a_1,a_2,…,a_n 为各相邻等雨量线间的面积(km^2);P_1,P_2,…,P_n 为各相邻等雨量线间的雨量平均值(mm);A 为流域总面积(km^2)。

等雨量线法理论上较完善,但要求有足够数量的雨量站,且每次降雨都必须绘制等雨量线图,并量算面积和计算权重,工作量相当大,故实际上应用不多,只有分析大面积的特殊暴雨洪水时使用。

四、我国年降水量的分布

我国年降水量的分布，大体上由东南向西北减少。这是因为我国西北地区伸入亚欧大陆的中心，东南濒临世界最大的海洋——太平洋，大部分地区盛行季风。因此，东南湿润，西北干旱(图 2-12)。台湾省的基隆年降水量曾达 3660mm；位于新疆塔里木盆地东南角的若羌年降水量仅 15.6mm。

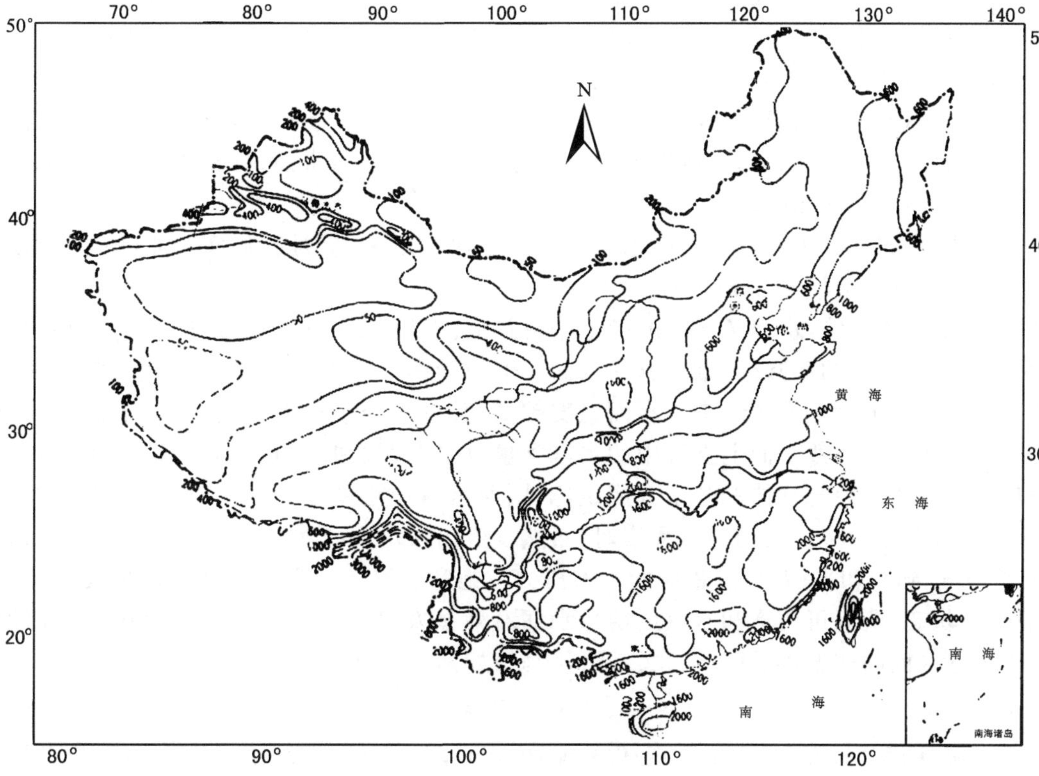

图 2-12　中国平均等降雨量线

我国降水量的季节特点是大部分地区集中在夏季，冬季降水量较少。雨热同季，为我国农业生产提供了良好的条件。长江以南地区，多雨期为 3～6 月或 4～7 月，正常年份 4 个月最大降水量占全年降水量的 50％～60％。华北和东北地区雨期为 6～9 月，正常年份 4 个月最大降水量占全年降水量的 70％～80％。西南地区雨季为 5～10 月，4 个月最大降水量占全年的 70％～80％。

第三节　蒸发与散发

蒸发是水循环中的重要环节之一，在研究流域的水量平衡、热量平衡、水资源估算中有着重要作用。蒸发是液态水或固态水表面的水分子速度足以超过分子间的吸力时，不断地从液态水表面逸出的现象。

自然界蒸发面的形态各种各样。蒸发面是水面，则称为水面蒸发，如蒸发面是裸露的土壤表面则称为土壤蒸发或称蒸腾。而一个流域表面通常由水面、土壤和植被所组成，如果把流域表面作为一个蒸发面，则称为流域蒸发面。

一、水面蒸发

所谓水面蒸发就是发生在水体（包括江、河、湖、海的地表水）表面的蒸发。

（一）水面蒸发的物理过程

对于一个自由水面，进入水体的热能增加了水分子的动能，当一些水分子所获得的动能大于水分子之间的内聚力时，就能突破水面而跃入空中。因此，只有那些动能大的水分子，才能逸出水面。这样，所剩下水分子的平均动能将减少，水温因而降低。单位水量从液态变为气态所吸收的热量称蒸发潜热或气化潜热，另一方面，也会有一些水分子由于水面上空气中的水汽分子受到水面水分子的吸力作用或本身受冷的作用从空中返回水面，称凝结。凝结时所产生的凝结潜热与蒸发潜热相同。

从水面跃出的水分子数量与返回水面的水分子数量之差，就是我们实际观测到的蒸发量或蒸发率，通常以 mm/d 或 mm/a 计。

对于一个封闭系统，水分子运动的能量来自热能。当一个水分子跃出水面时，其动能因分子间的吸力对它做负功而减少，难以返回水面。但当继续供给热能时，气化作用就能不断地进行，结果水分子在水面上累积起来。水面温度越高，其中水分子运动越活跃，从水面跃入空中的水分子也就越多，以致水面上空气中的水汽含量也越多。根据理想气体定律，在恒定的温度和体积下，气体的压力与气体的分子数成正比，因而水汽压也就越大。同时，空气中的水分子返回水面的机会也增多。当到一定程度时，必然发生出入水面的水汽分子数相等的情况，有效蒸发量为 0，达到饱和平衡状态，相应的水汽压力称饱和水汽压。水面温度若发生变化又会出现新的平衡状态，所以可用饱和水汽压衡量水面有效蒸发量的变化。饱和水汽压与水面温度有关（假定近水面的气温水温相等），关系可用马格奴斯（Magnus）经验公式表示为

$$e_s = e_0 \times 10^{\frac{7.45}{235+t}} \tag{2-18}$$

式中，e_s 为温度 t℃时纯水平面上的饱和水汽压（hPa）；e_0 为 0℃的纯水平面上的饱和水汽压，$e_0 = 6.1$hPa。

对于一个封闭系统，蒸发量仅与饱和水汽压有关。随着温度升高，饱和水汽压按指数规律而迅速增大。因而空气温度的变化，对蒸发和凝结有重要的影响。

实际应用时，经常使用水量平衡法、经验公式法和器测法等对水面蒸发进行观测和计算。

（二）影响水面蒸发的因素

1. 太阳辐射

由于水在气化时需要热能，因此蒸发过程中太阳辐射是非常重要的，是影响蒸发的主要因素，蒸发随不同时刻、季节、纬度及天气条件而变。

2. 饱和水汽压差

饱和水汽压差指水面温度的饱和水汽压与水面上空一定高度的实际水汽压之差。它反映着水汽温度梯度。饱和水汽压差越大，蒸发量越大；但当上层水汽压越高，水汽分子、密度大时，水分子的扩散受到抑制，蒸发也就变得缓慢了。

3. 风

风和气流能加强扩散作用，移走水面上的水分子，促进水汽交换，使水面上水汽饱和层变

薄并保持持续强大的输送率,因而风速越大,水面蒸发率也越高。如图 2-13 所示。当风速超过一定限度时,水层表面的水汽分子随时被风全部吹走,此后风速再大也不会影响蒸发强度。冷空气的到来,还会减少蒸发,甚至导致凝结。

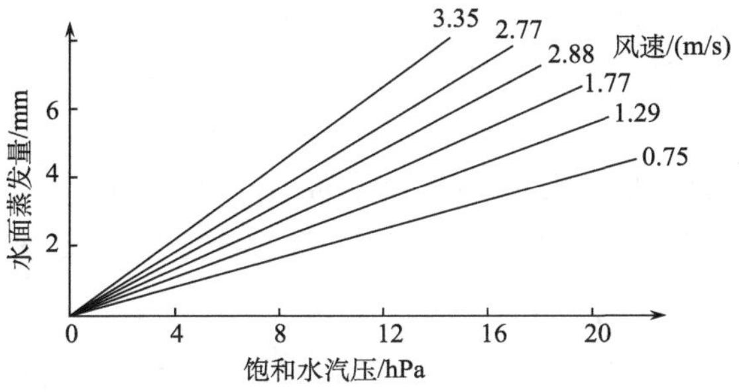

图 2-13 蒸发量和风速及饱和水汽压力差的关系

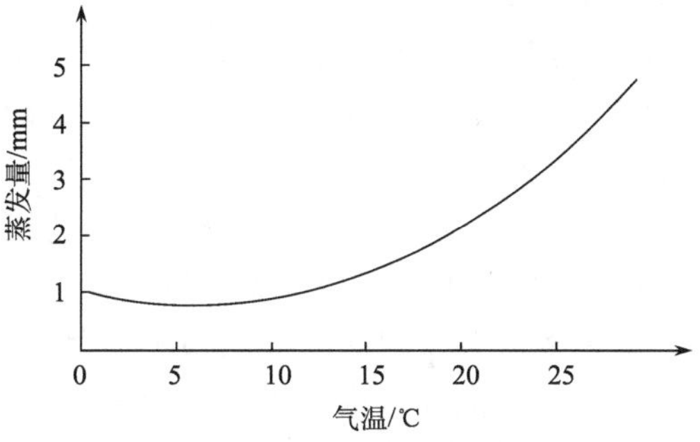

图 2-14 蒸发量与气温的关系

4. 气温

气温决定空气中水汽含量的多少和水汽分子扩散的速度。气温高时,蒸发面上的饱和水汽压比较大,易于蒸发;水温反映了水分子运动能量的大小,水温高时,水分子运动能量大,逸出水面的水分多,蒸发强。当风速等其他因素变化不大时,蒸发量随气温的变化一般呈指数关系,如图 2-14 所示。

5. 水质

因水质影响蒸发过程,水中的溶解质会减少蒸发。例如,含盐度每增加 1%,蒸发会减少 1%。混浊度(含沙量)会影响反射率,因而影响热量平衡和水温,间接影响蒸发。由于废水的颜色不同,吸收太阳辐射的热量也不一样,一般深色污水往往大于清水蒸发量 15%~20%。

6. 蒸发表面情况

蒸发表面是水分子在气化时必须经过的通道,若表面积大,则蒸发面大,蒸发作用进行得快。此外,水体的深浅对蒸发也有一定的影响,浅水水温变化较快,与水温关系密切,对蒸发的影响比较显著;深水水体则因水面受冷热影响时会产生对流作用,使整个水体的水温变化缓慢,落后于气温时间较长,深水水体中蕴藏的热量较多,对水温起一定的调节作用,因而蒸发量在时间上的变化比较稳定。

不同的地理位置、地形情况以及降水量、强度和时空分布都对水面蒸发过程有影响。

综上所述,可把影响水面蒸发的因素归纳为两类:①气象因素,如气压、温度、湿度和降水等;②水体自身及自然地理因素,如水质、水深、水面和地形等因素。

二、土壤蒸发

作为一种多孔介质,土壤不仅具有吸收水分的能力,而且具有保持水分和输送水分的能力,土壤水分的一切运动形式都与此相关。如果水分是从土壤表面向土层内部运动,就是下渗过程;如果水分是离开土壤表面向大气中逸散,就是土壤蒸发过程。

(一) 土壤蒸发过程

土壤的水分蒸发过程一般可分为 3 个阶段。

1. 第 1 阶段

土层土壤十分湿润，蒸发过程发生在土壤表面，蒸发速率与同样气象条件下水面的蒸发速率接近，而与土壤湿度无关。在这阶段中，蒸发速率主要受气候条件的影响。

2. 第 2 阶段

当土壤表面水分含量减小到临界含水量以后，蒸发速率随着表层土壤含水量的变小而变小。此时，蒸发速率与含水量有关，而气象因素对它的影响逐渐减小。

3. 第 3 阶段

沿土壤内毛细管上升的水分不能到达土壤的表层，因此，在地面形成一个干涸表面层，蒸发过程发生在土壤的深层中，蒸发形成的水汽由于扩散作用通过干涸层逸入空气中，在这阶段内，气象因素对蒸发速率的影响很不显著。

总之，土壤蒸发速率除了与影响蒸发的气象因素——温度、空气温度和风速等有关外，也和土壤水分含量和地层的物理特性有关。

有植被的地面，土壤本身的蒸发大为减小。但植物根系从土中吸收水分由叶片的气孔散发到空气中，大大增加了土壤中水分的消耗。

（二）影响土壤蒸发的因素

土壤蒸发取决于两个条件，一是土壤蒸发能力，二是土壤的供水条件。土壤蒸发量的大小决定于以上两个条件中较小的一个，并且大体上接近于这个较小值。影响土壤蒸发能力的是一系列的气象因子，如温度、湿度、风速等，其中温度影响最为主要。影响土壤供水条件的有土壤含水量和影响有效水分运动的土壤孔隙性、地下水位的高低和温度等。

三、植物蒸腾

植物根系从土壤中吸收的水分，只有微小部分存留在植物组织中，其余几乎全部水分都通过叶面转化为水汽逸入大气中，这就是蒸腾。可见蒸腾是主要发生在植物茎叶上的一种蒸发现象。它比水面蒸发和土壤蒸发复杂，因为植物蒸腾过程与土壤环境、植物生理和大气环境之间存在密切关系。

植物的根细胞液与土壤水分的浓度之差产生的渗透压，足以使土壤水分通过根膜流入根细胞内。水分一进入根内，即通过植物内部转移到树叶中的胞间腔。空气通过叶面气孔进入树叶，树叶内部的叶绿体利用空气中的二氧化碳和一小部分水来制造碳水化合物，供植物生产之需，此即光合作用。当空气进入树叶时，水分通过开放气孔逸出，此即散发过程。散发水分与形成植物物质所需水分之比很高，可达 800 以上。

由于光合作用与接收的辐射有关，大约 95%的日散发量在白昼发生，与此相比，白昼土壤蒸发量则只有 75%～95%。当气温降至 4℃，植物生长通常停止，而散发变得极小。

当可用土壤水分有限时，植物类型就变为控制散发的重要因素。当土层土壤干透，浅根树种得不到水而枯萎，深根树种则继续散发直到较深层土壤水分减到凋萎含水量为止。因此，深根植被在持续干旱期比浅根植被要散发更多的水量。单位面积的散发量还取决于植被密度，对于间隔较宽的植物（低植被密度），不是全部太阳辐射都到达植物那里，而是有一部分太阳辐射被土壤表面所吸收。

在干旱条件下，即使在特定的土壤水分时，植物类型也影响散发。旱生植物，即荒漠树种，单位面积气孔较少，且接受辐射的表面积也少，因而散发极少的水分。而地下水生植物，具有深达地下水位的根系，且散发的速率大多与通气层的含水量无关。所有植物都能控制气孔开口，即使是中生植物（湿带植物）也有一定能力在旱季减低散发。

四、流域蒸散发

流域内的蒸散发包括水面蒸发、土壤蒸发、植物截留蒸发及植物散发。一个地区只要气候条件一致，水面蒸发将大致相同，而土壤蒸发、截留蒸发和植物散发则受土壤条件及植被状况的影响。土壤条件及植被状况在流域内各处都不一样，要直接测出一个流域的总蒸散发量（体积）和流域平均蒸散发量（mm）几乎是不可能的，最好是用流域水量平衡方程间接计算。国外有一些推算正常（即多年平均）年蒸散量的经验公式，一般都是以正常年降水量及正常年平均气温为自变量，另有1～2个参数。

第四节　土壤水、下渗与地下水

地表水、土壤水、地下水是陆地上普遍存在的三种水体。在水文循环中，地表土层对降雨起着再分配的作用。降雨落到地表之后，一部分渗入土壤中，另一部分形成地表（面）水，地表水主要指河川径流，将在后面章节中介绍。渗入土层的水量，一部分被土壤吸收成为土壤水，而后通过直接蒸发或植物散发返回大气；另一部分渗入地下补给地下水，再以地下径流的形式进入河流。下渗和土壤水的运动是径流形成的重要环节，它们的变化直接影响径流的形成过程。本节着重阐述它们的形成、储存、运动等概念，并扼要介绍分析计算方法。

一、土壤水

地表土层为多孔介质，能吸收、储存和向任何方向输送水分。考察流域上沿垂直方向的土柱结构，地下水面以下，土壤处于饱和含水状态，是土壤颗粒和水分组成的二相系统，称为饱和带或饱水带；地下水面以上，土壤含水量未达饱和，是土壤颗粒、水分和空气同时存在的三相系统，称为包气带。包气带中，水压力小于大气压，饱和带则相反。地下水面处，水压力等于大气压。

水文学中把存于包气带中的水称为土壤水，而将饱和带中的水称为地下水，包括潜水和承压水。包气带的上界直接与大气接触，它既是大气降水的承受面，又是土壤蒸散发水分的逸出面。因此，包气带是土壤水分剧烈变化的土壤带。土壤含水量的大小直接影响到蒸发、下渗的大小，并决定了降雨量中产生径流（包括地面径流、表层流径流和地下径流）的比例，把降雨、下渗、蒸发及径流等水文要素在径流形成过程中有机地联系起来。因此，研究土壤水的运动和变化，对认识水文现象具有重要意义。

（一）土壤水分存在形式

土壤水是指吸附于土壤颗粒和存在于土壤孔隙中的水。当水分进入土壤后，在分子力、毛管力或重力的作用下，形成不同类型的土壤水。

1. 吸湿水

土粒表面的分子对水分子的吸引力称为分子力。由分子力所吸附的水分子称为吸湿水。吸湿水被紧紧地束缚在土粒表面，不能流动也不能被植物吸收利用。

2. 薄膜水

由土粒剩余分子力所吸附在吸湿水层外的水膜称为薄膜水。薄膜水受分子吸力作用，不受重力的影响，但能从水膜厚的土粒(分子引力小)向水膜薄的土粒(分子引力大)缓慢移动。

3. 毛管水

土壤孔隙中由毛管力所持有的水分称为毛管水。毛管水又分为支持毛管水和毛管悬着水。

(1) 支持毛管水(毛管上升水)是地下水面以上由毛管力所支持而存在于土壤孔隙中的水分。由于孔隙大小分布不均匀，毛管水上升高度也不相同。孔隙越细，毛管水上升高度越大。

(2) 毛管悬着水在土壤孔隙中，由于毛管孔径不同，毛管力的大小就不同。如果向上的毛管力大于向下的毛管力，其合力就能支持一部分水悬吊于孔隙之中而不与地下水面接触，称为毛管悬着水。

4. 重力水

当土壤水的含量超过土壤颗粒分子力和毛管力作用范围而不能被土壤所保持时，部分水在重力作用下将沿土壤孔隙流动，称为重力水。重力水能传递压力，在任何方向只要有静水压力差存在，就会产生水流运动。渗入土中的重力水，当到达不透水层时，就会聚集使一定厚度的土层饱和形成饱和带。当它到达地下水面时，补充了地下水使地下水面升高。重力水在水文学中有重要的意义。

(二) 土壤含水量和水分常数

土壤中的水分与周围介质中的水分不断地发生交换，土壤内部的水分也时刻处于运动中。这种水分的交换和变化不仅受土壤物理性质的制约，还受到降雨、下渗、蒸散发和其他水分运动的影响。为描述土壤水分随时间和空间的这种动态变化，通常用土壤含水量来表示它们的大小，用某些特征条件下的土壤含水量来反映它们的变化特性。这些特征土壤含水量称为土壤水分常数，它们是土壤水分的形态和性质发生明显变化时土壤含水量的特征值。

1. 土壤含水量(率)

土壤含水量(率)又称为土壤湿度，它表示一定量的土壤中所含水分的数量。实际工作中，为了便于同降雨、径流及蒸发量进行比较与计算，将某个土层所含的水量以相应水层深度来表示，以 mm 计。此外，还可用土壤重量含水率和土壤容积含水率表示土壤含水量。

2. 土壤水分常数

水文学中常用的土壤水分常数有以下几种。

(1) 最大吸湿量：在饱和空气中，土壤能够吸附的最大水汽量称为最大吸湿量。它表示土壤吸附气态水的能力。

(2) 最大分子持水量：由土粒分子力所结合的水分的最大量称为最大分子持水量。薄膜水厚度此时达到最大值。

(3) 凋萎含水量(凋萎系数)：植物根系无法从土壤中吸收水分，开始凋萎，即开始枯死时的土壤含水量称为凋萎含水量。植物根系的吸力为 15.19×10^5 Pa，约为 15 个标准大气压，所以，当土壤对水分的吸力等于 15.19×10^5 Pa 时的土壤含水量就是凋萎含水量。显然，只有大于凋萎含水量的水分才是参加水分交换的有效水量。

(4) 毛管断裂含水量：毛管悬着水的连续状态开始断裂时的含水量。当土壤含水量大于此值时，悬着水就能向土壤水分的消失点或消失面(被植物吸收或蒸发)运行。低于此值时，连续供水状态遭到破坏，这时，土壤水分只有吸湿水和薄膜水，水分交换将以薄膜水和水汽的形式进行。

(5) 田间持水量：指土壤中所能保持的最大毛管悬着水量。当土壤含水量超过这一限度时，多余的水分不能被土壤所保持，将以自由重力水的形式向下渗透。田间持水量是划分土壤持水量与向下渗透水量的重要依据，对水文学有重要意义。

(6) 饱和含水量：指土壤中所有孔隙都被水充满时的土壤含水量，它取决于土壤孔隙的大小。介于田间持水量到饱和含水量之间的水量，就是在重力作用下向下运动的自由重力水分。

二、下渗

下渗是指降落到地面上的雨水从地表渗入土壤内的运动过程。下渗不仅直接决定地面径流量的大小，同时也影响土壤水分的增长，以及表层流与地下径流的形成。因此，分析下渗的物理过程和规律，对认识径流形成的物理机制有重要的意义。

（一）下渗的物理过程

当降雨持续不断地落在干燥土层表面时，雨水将从包气带上界不断地渗入土壤。渗入土中的水分在分子力、毛管力和重力的作用下发生运动。按水分所受的力和运动特征，下渗可分为 3 个阶段。

1. 渗润阶段

下渗的水分主要受分子力的作用，被土壤颗粒吸收而成薄膜水。若土壤十分干燥，这一阶段十分明显。当土壤含水量达到最大分子持水量时，分子力不再起作用，这一阶段结束。

2. 渗漏阶段

下渗水分主要在毛管力、重力作用下，沿土壤孔隙向下作不稳定流动，并逐步充填土壤孔隙直至饱和，此时毛管力消失。

3. 渗透阶段

当土壤孔隙充满水达到饱和时，水分在重力作用下呈稳定流动。

一般将前两个阶段统称渗漏阶段。渗漏属于非饱和水流运动，而渗透则属于饱和水流的稳定运动。在实际下渗过程中，这两个阶段并无明显分界，各阶段是相互交错进行的。

（二）下渗率和下渗能力

单位时间内渗入单位面积土壤中的水量称为下渗率或下渗强度，记为 f，以 mm/min 或 mm/h 计。在充分供水条件下的下渗率则称为下渗能力。通常用下渗率或下渗能力随时间的变化过程来定量描述土壤下渗规律，如图 2-15 所示的下渗能力随时间的变化过程线称为下渗能力曲线，简称下渗曲线，并以 $f(t)\sim t$ 表示，图中 f_0 为起始下渗率。下渗最初阶段，下渗的水分被土壤颗粒吸收以及充填土壤孔隙，下渗率很大。随时间的增长，下渗水量越来越多，土壤含水量也逐渐增大，下渗率逐渐递减。当土壤孔隙充满水，下渗趋于稳定，此时的下渗率称为稳定下

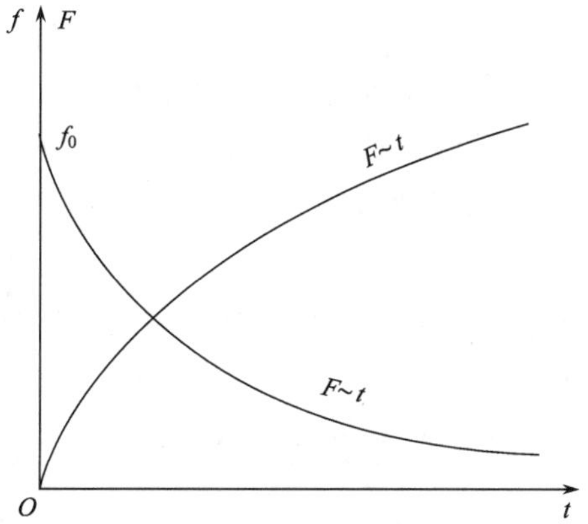

图 2-15　下渗曲线和下渗累积曲线

渗率，记为 f_c。这样把下渗曲线划分为不稳定下渗(渗漏阶段)和稳定下渗阶段(渗透阶段)。这种变化规律与下渗物理过程的机制是一致的。下渗的水量用累积下渗量 F 随时间的增长曲线来表示，如图 2-15 中 $F(t)\sim t$ 曲线。累积曲线上任一点切线的斜率即为该时刻的下渗率。

上述下渗率的变化规律，可用数学模式来表示，如霍顿(Horton)公式。霍顿根据均质单元土柱的下渗试验资料，认为当降雨持续进行时，下渗率逐渐减小，下渗过程是一个消退的过程，消退的速率与剩余量成正比。在下渗过程中，任一时刻 t 的下渗率 $f(t)$ 最终将变到稳定的下渗率 f_c，故在 t 时刻有待消退的量，即剩余量为 $f(t)-f_c$。而消退速度为 $\mathrm{d}f(t)/\mathrm{d}t$，由于在下渗过程中 $f(t)$ 随时间减小，所以 $\mathrm{d}f(t)/\mathrm{d}t$ 是负值。根据以上假定，得

$$-\frac{\mathrm{d}f(t)}{\mathrm{d}t}=\beta[f(t)-f_c] \tag{2-19}$$

式中，β 为系数。

对上式积分，且当 $t=0$ 时，$f(0)=f_0$，最后得

$$f(t)=f_c+(f_0-f_c)\mathrm{e}^{-\beta t} \tag{2-20}$$

式中，f_0、f_c 和 β 与土壤性质有关，需根据实测资料或实验资料分析确定。

(三) 积水下渗公式

重力在水分下渗过程中是经常起作用的力，它是一个常数，方向向下。当水分主要在重力作用下向下运行时，下渗强度逐渐趋于稳定。这种在充分供水条件下，下渗强度随时间增长的递减规律，由下渗实验可得到证实。下渗能力变化规律，可通过土壤水动力方程组推导得到，其数学公式除霍顿公式(2-20)外，还有

1. 菲利普公式

$$f(t)=\frac{1}{2}st^{-\frac{1}{2}}+f_c \tag{2-21}$$

式中，s 为吸着力；其余同前。

2. 科斯加科夫公式

$$f(t)=\sqrt{\frac{a}{2}}\,t^{-\frac{1}{3}} \tag{2-22}$$

式中，a 为经验系数；其余同前。

3. 霍尔坦公式

$$f(t)=f_c+\alpha(S-W)^n \tag{2-23}$$

式中，α 为经验系数，随季节变化，取值 0.2～0.8；S 为表层土壤可能的最大含水量(mm)；W 为累积下渗量或初始含水量(mm)；n 为指数，对某一特定假定为常数，常取 1.4；其余同前。

4. 史密斯公式

$$f(t)=f_\infty+A(t-t_0)^{-\alpha} \tag{2-24}$$

式中，f_∞ 理论上等于饱和水力传导度；A、t_0、α 分别为与土壤类型、初始含水量和雨强有关的参数。

(四) 自然条件下的下渗

1. 下渗与雨强的关系

在天然情况下，满足土壤下渗能力的必要条件是任一时刻的降雨强度 i 要大于或等于该

时刻的下渗能力，即 $i \geqslant f_p$，这时的下渗过程线就是下渗能力曲线。但天然状态下的降雨复杂且多变，实际降雨强度并不一定大于下渗能力，可能有如下 3 种情况：①当 $i_1 \geqslant f_p$ 时，此时相当于充分供水条件，各时刻均按下渗能力下渗，其过程如图 2-16 所示的 A 线。②当 $i_2 \leqslant f$，此时下渗率取决于降雨强度，下渗过程与降雨过程完全相同，如图 2-16 所示的 B 线。③当 $f_c < i_3 < f_p$，这种情况开始时，雨强小于下渗能力，全部降雨渗入土壤，如图 2-16 所示的 C 线。随着下渗水量增加，土壤含水量也增加，下渗率随之递减，到某时刻，雨强大于下渗率，此时将按下渗能力下渗，如图 2-16D 线所示。

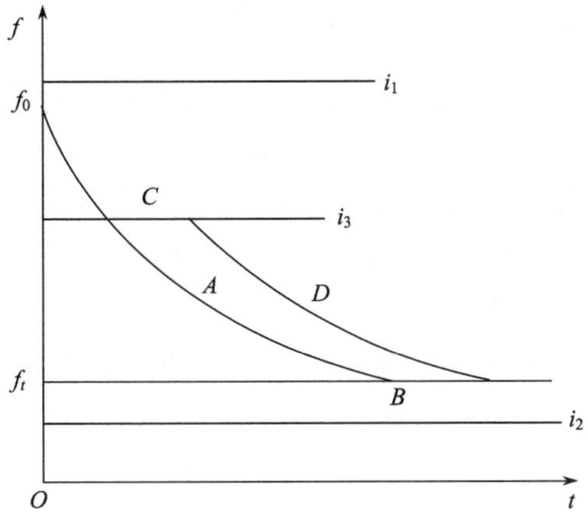

图 2-16　天然降雨条件下的下渗过程

以上为降雨强度均匀的理想情况，天然状态下的降雨过程千变万化，实际的下渗随降雨强度及该时刻的下渗能力而变。不同的降雨过程，其下渗过程和下渗总水量也不同，但任何雨型的下渗总水量都要比雨强均匀且 $i \geqslant f_p$ 时的下渗总水量要小。

2. 下渗的空间分布

对一个流域而言，其下渗过程要比单点复杂得多。首先，流域中土壤性质的空间分布不同，沿垂向的分布也常呈现非均匀结构，即使同类土壤，其地表坡度、植被和土地开发利用等情况也有差异；其次，降雨开始时流域内土壤含水量空间分布也不同；再次，一场降雨在空间和时间上分布是不均匀的；最后，流域内各处地下水位高低不一。以上这些因素，导致了流域的下渗在空间上分布的不均匀性。因此，一个流域的实际下渗过程是十分复杂的，在实际工作中又不可能设立许多观测点进行观测，所以多采用概化的方法来描述下渗的空间变化。

在实际下渗中，下渗率随时间的变化与降雨的时程分配、土壤性质、植被、微地形、前期土壤含水量等因素有关。天然情况下的下渗受多方面的影响，可归并为 4 类。

(1) 土壤的机械物理性质及水分物理性质。

(2) 降雨特性。

(3) 流域地表情况，包括地形、植被等。

(4) 人类活动因素。

（五）下渗实验与分析

天然条件下的下渗，可通过野外现场实验来确定。通常有两种途径：一是直接测定法，即在流域内选定若干具有代表性的场地，直接测定下渗过程；二是水文分析法，利用径流试验场或小流域实测的降雨径流资料分析下渗过程。前一种方法得到的结果是流域某些单点的下渗特性及定量规律，后一种方法的结果综合反映流域的平均下渗特性及定量规律。

1. 直接测定法

本法一般只适用于在极小面积上进行实验。按供水方式，可分为注水法和人工降雨法。

(1) 注水法：注水法一般采用同心环下渗仪。同心环下渗仪是由直径 30cm 和 60cm 的两个内外无底金属环组成，环高 15～20cm。实验时，将两环打入土中，然后向两环注水，内外两环保持相同的水深。内环控制实验的面积，外环的作用是防止内环下渗水流向旁侧渗透。注水后因下渗，水面降低，需继续加水，维持固定水深，注水的速率即为下渗率。求出各个时刻的下渗率即可求得下渗过程。

(2) 人工降雨法：此法需要一套模拟降雨的专门设备和一个小型试验场地，并配有测流设备。人工降雨设备应能模拟各种不同强度的降雨，雨滴分布均匀，雨滴能量与天然雨滴相似。试验时，按设计雨强控制人工降雨，并连续记录出流过程，直到流量出现稳定情势后即可停止供水，但流量需观测到出流停止时为止。选择不同的雨强和初始边界条件，即可模拟出不同的下渗情况。

从降雨开始到 t 时刻、累积下渗量为

$$F(t)=P(t)-R(t) \tag{2-25}$$

对上式求导数即得下渗率为

$$f(t)=i(t)-r(t) \tag{2-26}$$

式中，$F(t)$为降雨开始至 t 时刻的累积下渗量(mm)；$P(t)$为降雨开始至 t 时刻的累积降雨量(mm)；$R(t)$为降雨开始至 t 时刻的累积径流量(mm)；$f(t)$为 t 时刻的下渗率(mm/min)；$i(t)$为 t 时刻降雨强度(mm/min)；$r(t)$为 t 时刻径流率(mm/min)。

直接测定法的成果反映一定条件下单点的下渗特性，对了解不同土壤、植被条件和各种降雨强度下的下渗特性有重要作用。

2. 水文分析法

利用径流试验站或小流域实测的降雨及流量资料，根据流域水量平衡方程分析平均下渗过程。水量平衡方程为

$$F(t)=P(t)-R(t)-(S_s+S_v+S_d) \tag{2-27}$$

式中，S_s 为河槽蓄水量(mm)；S_v 为坡面滞蓄量(mm)；S_d 为填洼量(mm)。

记 $S(t)=S_s+S_v+S_d$，表示 t 时刻流域平均滞蓄水量，对上式求导数，得下渗率为

$$f(t)=i(t)-r(t)-\frac{\mathrm{d}S(t)}{\mathrm{d}t} \tag{2-28}$$

在进行计算时，$P(t)$、$R(t)$为实测值，$S(t)$需要用间接方法确定。

三、地下水类型及特征

广义的地下水指埋藏在地表以下各种状态的水。以地下水埋藏条件为依据可划分为 3 个基本类。

1. 包气带水

包气带水埋藏于地表以下、地下水面以上的包气带中，包括吸湿水、薄膜水、毛管水、渗透的重力水等。从实际应用角度，主要是土壤水和上层滞水。

土壤水是位于地表附近土壤层中的水，主要为结合水和毛细水。它主要靠降水入渗补给。降水向下渗透，通过土壤层，这时渗透水的一部分保持在土壤层中，多余部分呈重力水下渗补给潜水。土壤层中的水消耗一是直接蒸发，二是被植被根系吸收后再通过植物蒸发。

上层滞水是存在于包气带中局部隔水层或弱透水层之上的重力水。由于上层滞水的埋藏条件，决定了上层滞水具有以下特点：上层滞水的水面构成其顶界面，该水面仅承受大气压力而不承受静水压力，是一个自由涨落的自由水面。上层滞水分布范围不广，水量小，季节性变化剧烈，雨季水量大，旱季水量减少，甚至完全干枯。接受降水或地表水入渗补给，以蒸发或向

侧向散流排泄，分布区和补给区一致。一般矿化度低，由于直接与地表相通，易受污染。

2. 潜水

潜水赋存于地表以下第一个稳定隔水层之上，具有自由水面的含水层中的重力水称为潜水，水文中称为浅层地下水。由于潜水具有自由水面，通过包气带与大气连通，所以不承受静水压力。潜水面与地面之间的距离为潜水埋藏深度，潜水面与第一个不透水层层顶之间的距离称为潜水含水层厚度。潜水埋藏的深度及储量取决于地质、地貌、土壤、气候等条件。一般山区潜水埋藏较深，平原区较浅，有的甚至仅几米深。

潜水补给的主要来源是降水和地表水，干旱地区还有凝结水补给。当河流下游水位高于潜水位时，河水也可以成为潜水的补给源。干旱地区冲积、洪积平原中的潜水，主要靠山前河流补给，河水通过透水性强的河床垂直下渗大量补给潜水，有时水量较小的溪流甚至可全部潜入地下。潜水排泄有侧向和垂向两种方式。侧向排泄是指潜水在重力作用下沿水力坡度方向补给河流或其他水体，或者露出地表成为泉水；垂向排泄主要是潜水蒸发。

潜水与地表水之间相互补给和排泄的关系称为水力联系。以潜水与河水之间的关系为例，潜水可以补给河水，河水也可以补给潜水，两者之间的水力联系有下列几种类型，如图2-17 所示。

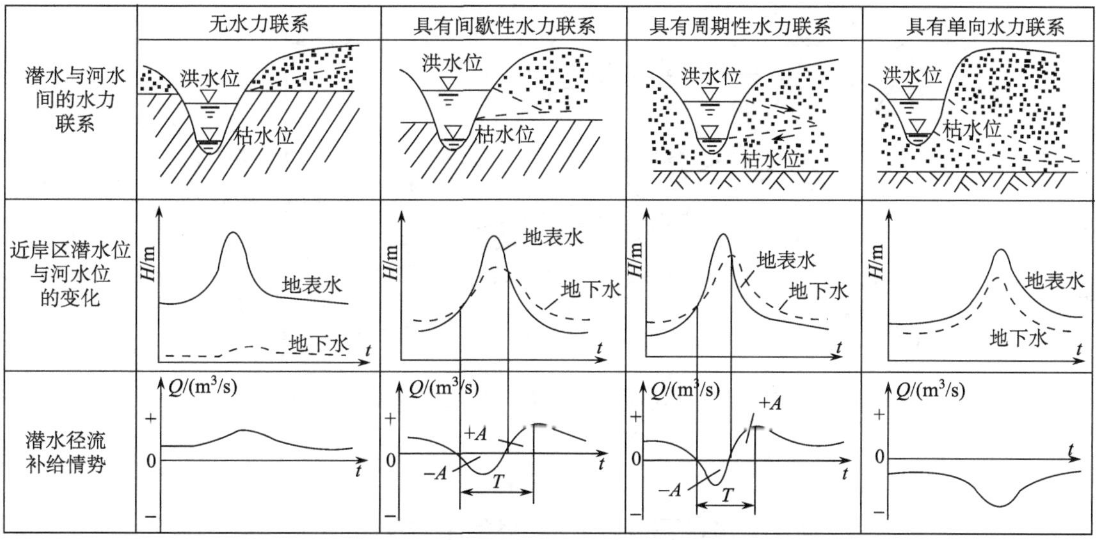

图 2-17　潜水与河水间水力联系及潜水径流补给情势

T 为雨洪期，*A* 为雨洪期潜水经流量

（1）无水力联系：在山区，基岩地区潜水含水层很薄，当潜水悬于崖壁上，或因潜水底部隔水层高于河流最高水位时，常以悬挂泉的形式出露地表，其潜水量虽不大，但稳定，山溪性河流是一种可靠的补给来源。

（2）间歇性水力联系：在丘陵及低山区，潜水含水层较厚，当隔水层介于河流洪、枯水位之间，则潜水与河水存在间歇性水力联系。洪水期二者有水力联系，河水成为潜水的间歇性补给源；枯水期两者脱离接触，成为无水力联系。

（3）周期性水力联系：大中河流的中下游段，第四纪沉积物较厚，隔水层低于槽底。洪水期河水补给潜水，部分洪水储存于河岸，削减了河槽洪水；枯水期潜水补给河水，原存蓄在河岸里的水量返回河中，起着调节径流的作用，这种作用的结果使得潜水的排泄量呈正负交替变化状态。

(4) 单向水力联系：常见于山前冲积扇地区、河网灌区或干旱沙漠地区。河流水位始终高于潜水位，河水入渗补给地下。潜水的排泄量总是呈负值。

3. 承压水

充满在两个稳定不透水层(或弱透水层)之间的含水层中的重力水，称为承压水。

承压水的主要特性是处在两个不透水层之间，具有压力水头，一般不直接受气象、水文因素的影响，具有动态变化较稳定的特点。承压水的水质不易遭受污染，水量较稳定，是河川枯水期水量的主要来源。

承压水含水层按水文地质特征可分为三个组成部分：补给区、承压区和排泄区，如图 2-18 所示。含水层出露于地表较高的部分为补给区，直接承受大气降水和地表水体的补给，实际上该区地下水仍具有潜水的性质，并主要由下渗补给。另一部分含水层位置较低，出露地表，为排泄区。在这两层之间的含水层为承压区。该区是指含水层被上覆盖隔水层所覆盖的地段，其主要特征是承受静水压力、具有压力水头。承压含水层的储量，主要与承压区分布的范围、含水层的厚度和透水性、储水区构造、补给区大小及补给量的多少有关。

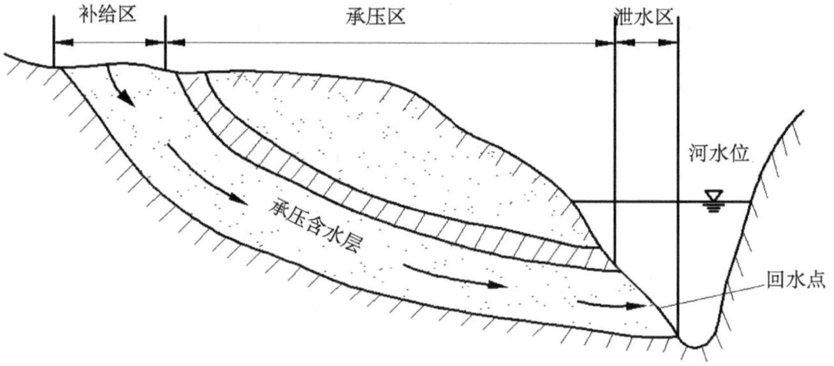

图 2-18　承压水含水层的补给与排泄示意图

第五节　径流的形成

径流是指由降水所形成的，在重力的作用下沿着一定的方向和路径流动的水流。其中，沿着地面流动的水流称为地表径流；在土壤中流动的水流称为壤中流；在饱和土层及岩石孔隙流动的水流称为地下径流；汇集到河流后，在重力作用下沿河床流动的水流统称为河川径流。径流因降水形式和补给水源的不同，可分为降雨径流和融雪径流，我国大部分河流以降雨径流为主。从雨降落到流域表面到水流汇集到河流出口断面的整个物理过程，称径流形成过程。径流形成过程是一个比较复杂的物理过程，流域水文学最重要的内容之一就是分析与研究径流形成过程的物理机制，从而为降雨径流计算奠定理论基础，本课程在后续章节中将深入讨论径流形成各环节的物理机制，本节概述径流形成过程，以便为讨论河流水情建立基础知识。

径流形成过程是一个复杂而连续的物理过程，根据各阶段的特点可以概括为以下 3 个阶段：流域蓄渗过程、坡地汇流过程和河网汇流过程。

一、流域蓄渗过程

降雨初期，除了一小部分落在河槽水面的降雨形成径流之外，其余大部分降雨并不立即产生径流，而是在满足植物截留、下渗和填洼之后才能产生地表和地下径流。

1. 植物截留

降雨被植物茎叶或建筑物拦截的现象，称为截留现象。截留现象自降雨开始时就发生。降雨开始植物枝叶最大限度地吸附雨水，当达到其最大截留能力时，降雨就落到地表，截留的水量最终消耗于蒸发。

2. 下渗

下渗是指降雨从地面渗入土壤中的现象。降雨初期，土壤干燥，下渗强度大，随着土壤含水量的增大，下渗强度逐渐减小。在降雨过程中，当降雨强度小于下渗强度时，雨水将全部渗入土中。渗入土中的水分，首先满足土壤吸水需要，滞蓄于土壤中，最终将消耗于蒸发。当下渗水量超出于土壤持水能力时，将在重力作用下继续向下运动。一直到达地下水面，并缓慢地向河槽汇集，以地下水的形式补给河流，称为地下径流 R_f。在有些坡地，由于表土层薄且疏松透水，下部有相对不透水层，渗入土壤中的水分，使表层达到饱和，部分水分沿相对不透水层流动，注入河槽，称为壤中流（R_g）。

3. 填洼

当降雨强度大于下渗强度时，超出下渗的降雨形成地面积水，沿坡面局部流动，蓄积于地面坑洼中，称为填洼。填洼的水量最终消耗于蒸发和下渗。

随着降雨的继续进行，满足填洼的地方将开始产生地面径流 R_s。在蓄渗阶段中，凡不形成径流的降雨部分，称损失量，包括植物截留，填洼和滞蓄于土壤中的下渗量。

在一个流域上，下垫面条件、土壤含水情况的分布是极不均匀的，所以在降雨过程中，流域各处的蓄渗量和蓄渗过程的发展也是不均匀的，造成流域各处产生径流的时间有前有后。

二、坡地汇流过程

当降雨强度超过下渗率或降雨满足了蓄渗损失量后，流域坡面上便有水流向河网汇集，这一汇集过程称坡地汇流，或称漫流过程。

坡地漫流首先是在满足了蓄渗量的地区发生，如透水性较差的地区（包括相对不透水地面），或较湿润的地区（如河边），随着降雨量的增加，满足蓄渗的面积逐渐扩大，坡面漫流面积也逐渐扩大，直至扩展到全流域。

坡地漫流是由无数股时分时合的细小水流组成，一般无明显的固定槽沟。只有在地形陡和降雨强度较大时，才有可能形成一些冲沟。当降雨强度很大且维持一定时间时，由于坡面径流量的增大，坡面漫流可能发展为片流。坡面流由于流程短、历时短，所以其汇流过程对大流域的汇流影响很小，但对汇流历时较小的小流域，坡面汇流却是不可忽视的阶段。

壤中流及地下径流也同样沿坡地土层汇集，壤中流汇流速度比地面径流慢，到达河槽也迟，壤中流在总径流中所占比例的多少，与流域土壤和地质条件有关。如表土疏松且较薄，下部又有相对不透水层，在遇有降雨量很大的中强度暴雨时，就可能产生大量的壤中流，从而使壤中流成为河流流量的主要组成部分。壤中流与地面径流有时相互转化，在坡地上流动的壤中流，在坡地下端流出地面，加入到地面径流中去，而部分地面径流在漫流过程中，也可渗入土壤中成为壤中流。汇流计算时，有时把壤中流划归于地面径流。

地下径流运动缓慢，它是河流枯水季节的主要补给水源，地下径流通常叫河川基流。

在降雨停止后，坡面漫流并不立即停止，要经过一段时间，即离河网最远一点的雨水进入河槽之后，漫流才停止。

降雨扣除损失量后的雨量称为净雨或有效雨量，坡面漫流在径流形成中对净雨在时程上起了第一次再分配的作用。

三、河网汇流过程

坡地漫流的各种径流成分注入河网后，沿河槽向流域出口断面的水流汇集过程，称为河网汇流。图 2-19 为坡地汇流及河网汇流示意图。河网汇流过程实质上是洪水波的形成和传播过程，断面上水位及流量的变化过程，是洪水波通过该断面的直接反映。

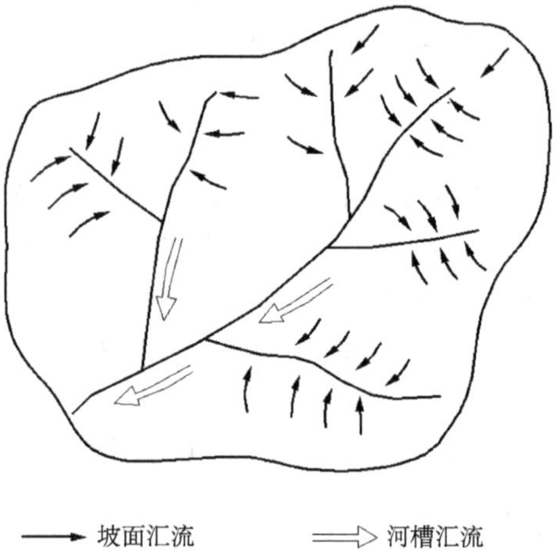

图 2-19　坡地汇流及河槽汇流示意图

坡地水流不断进入河网，使河槽水量增大，水位升高，流量增大，这就是河流洪水的涨水阶段。在涨水阶段，由于河槽储蓄一部分水量，所以对某河段，如区间无大量入流时，下断面的流量总是小于上断面的流量。随降雨和坡地漫流的逐渐减少而减少或完全停止，河槽水量减小，水位下降，流量减少，这就是落水阶段。河网汇流作用，使得下断面流量过程较上断面，洪峰减小，历时加长，过程变得平缓，这种现象称为河槽调蓄作用，由于河槽调蓄，使净雨在时程上进行了第二次再分配。

坡地汇流和河网汇流通常合称流域汇流过程，流域蓄渗的过程叫产流过程，那么降雨径流形成过程，就可概括为产流和汇流两个子过程。将径流形成过程概化为以上几个阶段，只是从水体运行特征及发生场所加以区分，以便于对现象分析研究，但不意味着可以将径流形成的全过程分割开来，特别是在时程上将它们截然分开，各阶段的发生与发展，在时程上是互相交错与重叠的。

径流形成过程，按照上述分析，可以用图 2-20 的框架，来表达其过程和各阶段的关系。

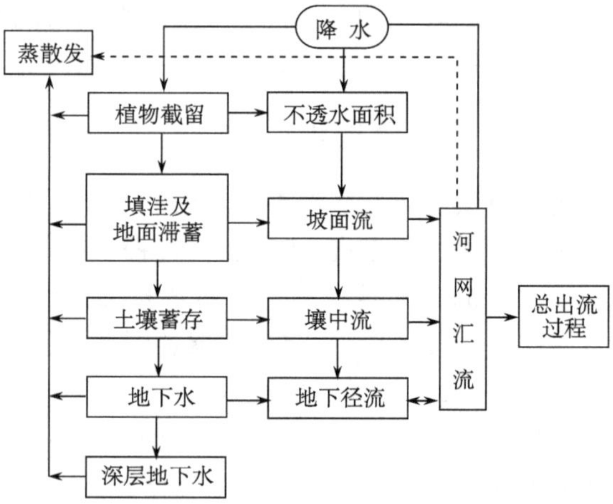

图 2-20　径流形成过程框图

四、流量过程线及其组成

1. 洪水过程线的特征点

一次降雨在出口断面形成的洪水流量过程线如图 2-21 所示。典型洪水过程线有 4 个较为明显的曲线变化点。A 点为起涨点，AB 为比较陡的涨水段，最高点 C 为峰值；退水段第一个反曲点 D，为坡面漫流注入河槽的终止时刻，此后，出口断面的流量，是依靠河网和流域的已有蓄水量逐渐排出来维持的。E 点为退水段上的第二个转折点，该点以后，退水过程更加平缓，该点标志着河槽退水的终止，此后的退水流量是靠缓慢流动的地下水对河槽的补给来维持的，因此 E 点也标志着地面径流的终止时刻。

流量过程线形状，综合反映了流域产流、汇流特征。

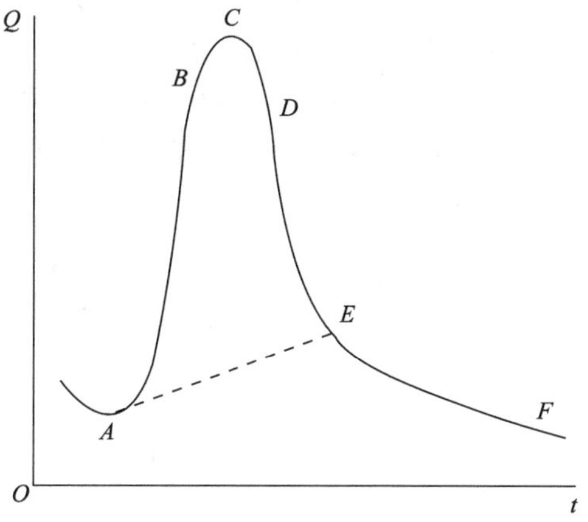

图 2-21　洪水过程线的特征点

2. 流量过程的水源组成

过去常把流量过程线的水源划分为地面径流和地下径流两种，后来，通过大量的实验和观测发现有些流域，有时壤中流占有很大的比例。由于壤中流汇流特点，并不完全与地面径流相同，为了更好地用数学方法模拟径流过程，对于壤中流占有较大比例的流域，把流量过程线的水源成分划分为三种，即直接地面径流、壤中流和地下径流。

近年来，对流量过程线的水源组成的研究更加深入，水源成分的划分也相应更为细致，根据对降雨响应的快慢，一般划分为以下 6 种成分。

1）*超渗坡面流*　其是当降雨强度大于下渗强度时，产生的地面径流。

2）*饱和坡面流*　在土壤已饱和的面积上，再有后继降雨，即发生饱和坡面流。

3）*回归流*　在暴雨期间，可回到地面的壤中流称为回归流。当壤中流遇到相对不透水层时，或透水层向下变薄时，都可能被迫回归到地面形成回归流。对洪水形成，不如饱和坡面流重要。

4）*饱和壤中流*　在表层土壤达到饱和后的壤中流称为饱和壤中流。除非表层有大的孔道，壤中流总是比坡面流慢，然而在上述各种水流较小和表层饱和的情况下，壤中流有可能成为洪峰流量的主要水源。

5）*非饱和壤中流*　当表层土壤尚未达到饱和时形成的壤中流叫非饱和壤中流。由于其出流较慢，一般不易成为洪峰的主要来源。

6）*地下径流*　由于地下水的水力坡度和透水率较壤中流小、渗流历时长，所以成为河流枯水的主要水源。根据其流动速度的差异，又可分为快速及慢速两种地下水径流。

第六节　河流水情

河流的水情包括水源补给，径流在时程上的变化、洪水、枯水和冰情等，本节重点介绍水源补给、径流时程变化、洪水和枯水。

一、河流的水位与流量

1. 水位

河流自由水面高出基面以上的高程叫水位。水位的基面有两种：绝对基面和假定基面。目前多采用绝对基面，它是以某海滨地区的多年平均海平面作为零点，我国通常用黄海基面。假定基面是基本特殊需要，自行采用一假定高程为零点的基面。

影响水位变化的因素是：①河流水量的增减；②河流横断面的变化（河床冲淤、人工改变）；

③水利工程的运用；④潮汐及干支流水位的变化等。

不同的河流水位变化特点不同。山区河流水位变化剧烈，洪水时常表现暴涨暴落，平原河流则相反。小流域水量调节能力差，水位升降快；大流域则相反。

为了研究水位变化规律，常将实测水位经过整理，绘成水位过程线、水位历时曲线或统计出各水位特征值。

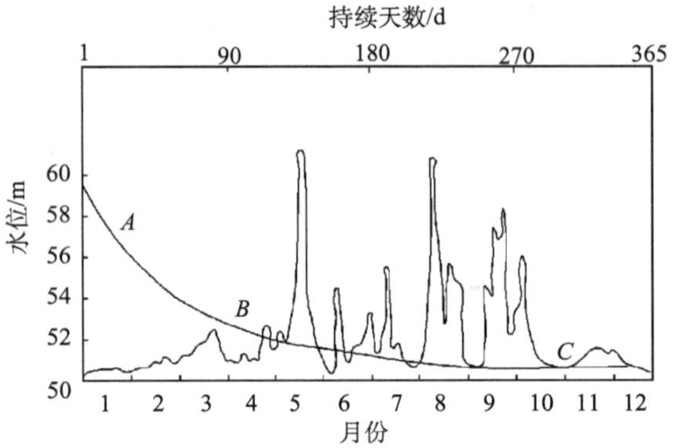

图 2-22　年水位过程线及水位历时曲线

水位过程线是将水位按时间顺序点绘成的曲线。通常绘制用日平均水位点绘的年水位过程线，如图 2-22 所示。还有用逐时水位点绘的瞬时水位过程线，应用水位过程线可以分析水位随时间的变化规律，还可分析水位与其影响因素（如降雨、融雪、气温）间的对应关系。

水位历时曲线是为了表达一年内等于或大于某一水位出现的总天数（历时）而绘制的曲线（图 2-22 中的 ABC 曲线）。该图纵坐标为水位，横坐标为大于等于该水位的天数。图 2-22 中曲线 B 点水位为 52m，相应横坐标持续天数为 90d，表示大于等于 52m 的水位，全年可持续 90d。水位历时曲线是引河灌区设计的重要依据。

特征水位包括最高水位、最低水位和平均水位等。最高水位、最低水位是指研究期内出现的瞬时最高值、最低值，如年最高水位、月最高水位等。平均水位是指研究期内水位的平均值，如年平均水位，月平均水位等。

2. 流量

流量是指在单位时间内通过河流断面的水体体积，以 m^3/s 计，各种水利工程、供水、排水工程的设计、管理运行都要应用流量资料。流量与水位一样，也应将实测资料加以整理、统计，通常也绘出流量过程线、历时曲线，统计其各种特征值，其意义和统计特征值项目同水位，不再重述。

二、径流的计量

1. 流量 Q

单位为 m^3/s，因计算时段不同，有瞬时流量、日平均流量、月平均流量、年平均流量及多年平均流量等。多年平均流量又叫正常流量，以 $\bar{Q}$ 表示，它是反映一条河流水量多少的指标，是径流的重要特征值。

2. 径流总量 W

某一时段 T 内通过某断面的总水量叫径流总量，以 m^3、万 m^3 或亿 m^3 计。它与平均流量的关系为

$$W=\bar{Q}T \tag{2-29}$$

式中，T 为时段长(s)；$\bar{Q}$ 为时段平均流量(m^3/s)；W 为径流总量(m^3)。

如 T 为一年的秒数，$\bar{Q}$ 为年平均流量，则 W 为年径流总量。

3. 径流模数 M

研究期内，单位面积上的平均流量叫径流模数，以 $m^3/(s \cdot km^2)$ 或 $L/(s \cdot km^2)$ 计，M 与平均流量 $\bar{Q}$ 和流域面积 A 的关系为

$$M = \frac{\bar{Q}}{A} \tag{2-30}$$

式中，M 为径流模数$[m^3/(s \cdot km^2)]$；$\bar{Q}$ 为研究期的平均流量(m^3/s)；A 为流域面积(km^2)。

若 $\bar{Q}$ 为多年平均流量，则 M 为正常径流模数；若 $\bar{Q}$ 为年平均流量，则 M 为年平均径流模数。

4. 径流深 R

将计算时段的径流总量，均匀地平铺在流域面积上，其相应的水层深度，即为径流深度，即

$$R = \frac{W}{1000A} \tag{2-31}$$

式中，W 以 m^3 计，A 以 km^2 计，R 以 mm 计，若时段为一年，则叫年径流深，若 W 为一次洪水的径流量，则 R 叫次洪径流深。

5. 径流系数 α

时段内的径流深 R 与同时段内降水深度 P 之比，即

$$\alpha = \frac{R}{P} \tag{2-32}$$

α 的大小，说明降水量中形成径流部分的大小。

6. 径流变率 K

某一年的年平均流量 Q_i 和多年平均流量 $\bar{Q}$ 之比，即

$$K_i = \frac{Q_i}{\bar{Q}} \tag{2-33}$$

由于$\frac{Q_i}{\bar{Q}} = \frac{R_i}{\bar{R}}$，所以

$$K_i = \frac{Q_i}{\bar{Q}} = \frac{R_i}{\bar{R}} \tag{2-34}$$

式中，R_i 为某年的径流深(mm)；$\bar{R}$ 为多年平均径流深(mm)。

K_i 为年径流量大小的相对指标，若 $K_i > 1.0$，说明该年径流量大于多年平均径流量；若 $K_i < 1.0$，则相反。

根据上述特征值的表达式，还可推出径流总量 W 与径流模数 M 之间的关系。因一年的秒数为 31.54×10^3s，所以

$$W = QT = \frac{MA}{1000} \times 31.54 \times 10^3 = 31.54 \times 10^3 MA \tag{2-35}$$

径流深 R 与 M 的关系为

$$R = \frac{W}{1000A} = \frac{31.54 \times 10^3 MA}{1000A} = 31.54M \tag{2-36}$$

由上可知，Q、W、R、M 4 个特征值，是同一径流量的不同表达方式，只要已知其中 1 个（流域面积 A 也已知），其余 3 个就可求得。

三、河流的水源补给

河流的水源补给是指河流径流的来源，河流的水文特性在很大程度上取决于水源补给类型，我国河流的水源补给可分为雨水补给、冰雪补给及地下水补给等类型。

1. 雨水补给

雨水是我国河流补给的最主要的水源。但由于各地气候条件的差异，致使雨水在不同区域的河流中所占比例差别较大。

我国河流雨水补给量的分布，基本上同降水的分布一致，即由东南向西北减少。淮河、秦岭以南、青藏高原以东地区，雨量充沛，这些地区的河流以雨水补给为主，冬季虽可降雨，但一般不能形成径流。雨水补给量一般占年径流的60%～80%。

东北、华北地区的河流虽有季节积雪融水补给，但这部分水源占次要地位，雨水仍然是各河的主要补给来源；黄淮海平原诸河的雨水补给比重大，占年径流的80%～90%；东北和黄土高原诸河较少，约占50%～60%。

西北内陆地区雨量少，河流以高山冰雪融水补给为主，雨水补给居次要地位，一般只占径流的5%～30%。

以雨水补给为主的河流的水情特点是降雨与流量的增减变化，在时程上有较好的响应关系。由于雨量年内分配不均匀，年际变化大，因此，径流年内分配也不均匀，年际水量变化大，丰、枯悬殊。

2. 冰雪融水补给

冰雪融水包括冰川和永久积雪融水及季节积雪融水。

季节性积雪融水补给主要发生在东北、华北地区的河流，补给时间主要在春季。华北地区积雪不多，季节积雪融水在年径流中占的比重很小，但春季融水有时可以形成不甚明显的春汛。东北地区漫长的冬季，全部是固态的降水，大、小兴安岭和长白山地区，积雪厚度在0.2m以上，最厚可超时0.4～0.5m以上，春季融雪水形成的春汛，可占年径流量的15%左右。季节性积雪融水补给河流的水量变化，在融化期与气温变化一致，其径流过程比雨水形成要来得平缓。

冰川和永久积雪补给的河流，主要分布在我国西北内陆地区的高山地区。位于盆地边缘面临水汽来向的高山地区，相对较湿润，雨雪较多，不仅有季节雪，而且还有永久积雪和冰川，因此高山冰雪融水成为河流的重要补给来源。在某些地区，甚至成为河流水量的唯一源泉。

冰雪融水补给主要发生在气温最高的夏季。其水文特点是具有明显的日变化和年变化，且其水量的年际变化幅度比雨水补给的河流小。这是因为融水量主要与太阳辐射、气温变化一致，且气温的年际变化比降雨量年际变化小。

3. 地下水补给

地下水补给也是我国河流补给的一种普遍形式，特别是在冬季和少雨、无雨的季节，大部分河流的水量基本上来自地下水。地下水在年径流组成中所占的比例，随各流域和河道本身水文地质条件的差异，悬殊甚大。如东部湿润地区一般不超过40%，西部干旱地区可超过40%。地下水补给较大的地区有：①黄土高原沟壑区，其量可达50%，这是深厚的黄土层透水性强的缘故；②青藏高原地带，因地处高寒带、寒冻风化严重、岩石破碎利于下渗，此外还有大量的冰碛物和冰水沉积物分布，故使河流获得大量的地下水补给。如狮泉河水地下水占年径流的60%以上。

我国广大的西南岩溶地区，由于具有发达的地下水系，暗河和明河交替出现，成为特殊的地下水补给区。

以地下水补给为主的河流，其年内分配和年际变化均较稳定。

同一河流在不同的季节，各种水源补给所占比例也有明显差异。例如，以雨水补给为主的河流，在雨季，径流的绝大部分为降雨所形成，而枯水期则基本靠地下水维持。东北的河流在春汛径流中，大部分为季节融水；而雨季的径流主要由降雨形成，枯水季节则以地下水为主。西北和西南高山地区的河流补给最复杂，这里积雪和冰川在暖季融化，而雨水也集中在同期降落，因此冰雪融水和雨水补给或者交替发生，或者同时到来。

四、河流的径流情势

河流径流情势指径流的时程变化特征，包括径流的年内变化，年际变化，洪、枯水特征及水温、冰情等，以下先讨论径流的年内变化和年际变化。

河川径流在一年内的时程变化过程及特性称年内分配；径流在多年期间的变化特性称年际变化。

1. 径流的年内分配

逐日平均流量过程线，实际上表示了径流年内的变化，但这种方法由于所取时段太短（以 d 表示），不便于定量表示径流年内分配特征。目前常用以下两种方法表示径流分配特征。

(1) 以月(季)或旬的径流量占年径流量的百分比表示。

(2) 以综合反映河川径流年内分配不均的特征值表示。如年内分配不均匀系数 C'_{vy}，计算式为

$$C'_{vy}=\sqrt{\frac{1}{12}\sum_{i=1}^{12}(K_i-1)^2} \tag{2-37}$$

式中，K_i 为各月径流的模比系数，$K_i=\dfrac{Q_i}{\bar{Q}}$；Q_i 为月平均流量；$\bar{Q}$ 为年平均流量。

在研究径流年内分配及进行水利计算时，常采用水文年度。水文年度一般是按照洪、枯水期在一年内的周期变化特点来划分的，它的开始时间是枯水期结束(汛期开始)之日。如淮河流域从 6 月 1 日开始，东北地区从 5 月 1 日开始，南方各地从 3 月 1 日或 4 月 1 日开始。

径流的年内分配特征主要取决于补给水源，可以根据各个不同地区代表站的典型流量过程线，综合分析得出各地区的年内分配特征。我国大部分河流以雨水补给为主，由于降雨的年内分配不均，且全年降水主要集中在夏秋季，所以我国大部分河流的夏秋季水量占全年总水量的 70%以上，我国河川径流的年内分配总的特点是：夏季丰水、冬季枯水，春秋过渡。北方地区年内分配的不均匀性，一般大于南方。华北地区相当多的河流汛期 4 个月的水量占全年总水量的 80%左右。径流年内分配的不均匀性，给水资源开发利用带来很大困难。

2. 径流的年际变化

径流的年际变化指年径流量的年际变化幅度和多年变化过程两个方面，年际变幅通常用年径流变差系数 C_v 以及实测最大年平均流量与最小年平均流量比值(年际极值比)来表示，多年变化过程则包括丰、平、枯水年组的特征及其周期规律。

年径流变差系数 C_v，可用下式计算

$$C_v=\sqrt{\frac{\sum_{i=1}^{n}(K_i-1)^2}{n-1}} \tag{2-38}$$

式中，K_i 为年径流变率；n 为观测年数。

年径流 C_v 值反映年径流在年际间的相对变化程度。C_v 大，表明年径流的年际变化剧烈，不利于水资源的开发利用，也易于发生洪涝灾害；C_v 小，表明年际变化平缓，有利于水资源的开发利用。

影响 C_v 值大小的因素主要有 3 个。①径流量的多少：一般 C_v 值随径流量增大而减小。②补给来源：以雨水补给为主的河流，C_v 大；以地下水补给为主或以高山冰雪融水补给为主的河流，C_v 小。③流域面积：流域面积越大，径流成分越复杂，各支流之间、干支流之间的径流丰枯变化可以相互调节，同时，河床切割较深，地下水补给丰富而稳定，C_v 小。我国年径流 C_v 值分布具有明显的地带性规律，表现出从东南向西北增大的趋势。长江以南一般在 0.4 以上，淮河、海河可达 1.0 以上，其中平原又大于山区。干旱地区、盆地间歇性河流在 0.8 以上，但西北内陆，以冰雪融水或地下水补给为主的河流 C_v 较小，一般在 0.1～0.3。

径流的年际变化中还存在着连续丰水和连续干旱的周期变化趋势，但周期长度和变幅是不相等的，即在周期性趋势下，仍然表现出年径流变化的随机性。

五、洪水

当大量径流短时间内汇入河网，河水流量迅速增加，水位急剧上涨，然后随着径流汇入量的减少和停止，河道水位、流量又逐渐减少，这一过程就是河道洪水。河道洪水是各类建筑物，如淤地坝、排洪渠和各类桥涵设计和管理运行的依据。研究洪水形成及其运动规律是水文学的重要任务，本课程在以后章节中将深入分析洪水形成及运动，以下只对洪水要素和影响洪水的因素作简要介绍。

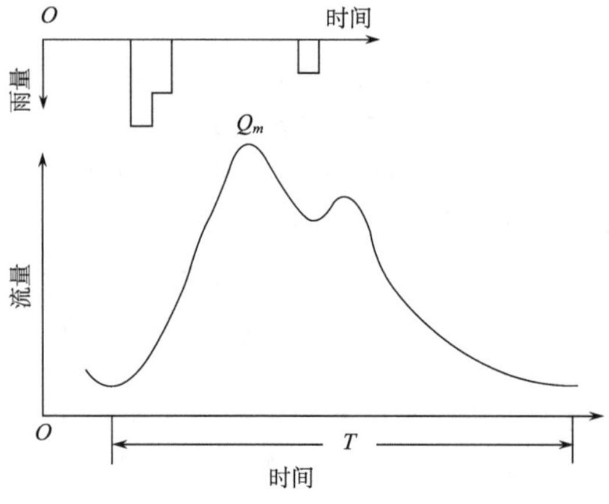

图 2-23　洪水过程线示意图

（一）洪水要素

通常用洪峰流量、洪水总量和洪水总历时表示洪水特性的 3 个要素。图 2-23 为洪水过程线。洪峰流量 Q_m 与洪水历时 T 的含义如图 2-23 所示，洪水总量 W 指在一次洪水过程中通过断面的总水量，以 m^3 计。则有

$$W=\sum_{i=1}^{n}\bar{Q}_i\Delta t_i \tag{2-39}$$

式中，$\bar{Q}_i$ 为第 i 时段流量的均值，$\bar{Q}_i=\frac{1}{2}(Q_{i-1}+Q_i)$（$m^3/s$）；$\Delta t_i$ 为第 i 时段的时段长（s）；n 为洪水时段数。

若取等时段，且一般起涨流量和终止流量相对较小，并近似相等，则洪量计算式为

$$W=\Delta t\sum_{i=1}^{n}Q_i \tag{2-40}$$

式中，W 为洪量（m^3）；Δt 为时段长（s）；Q_i 为各时段初始时刻的流量（m^3/s）；n 为统计时段数。

洪水总量也可用求积仪量算洪水过程线与横坐标所包围的面积得到。

（二）影响洪水的因素

1. 天气因素

我国河流的大洪水主要是由暴雨形成的，而一次暴雨总量、暴雨强度及其时、空分布，决定了一个流域的洪水及其特征。决定暴雨特性的天气因素，主要是气流上升运动的强弱及持续性，另外还有水汽输送情况，有利于上述天气因素的天气系统，如气旋波、静止锋、台风等的出现，就易于形成暴雨洪水。

2. 流域下垫面因素

流域坡度大，植被稀少，土壤透水性差的流域，易造成暴涨暴落的大洪水。大流域洪水过程较平缓，而小流域则反之。流域内高大的山脉，对气流有抬升作用，易形成地形雨，通常迎风坡雨量大，背风坡雨量小。

六、枯水

河流在一段较长的时间中维持着较小的流量，这段时间的径流称为枯水径流，枯水径流所经历的时间长度就是枯水期。枯水期发生在少雨或无雨季节，河流水量主要依赖流域的地下和地面蓄水来补给。

枯水期的起止时间和历时取决于河流的补给情况。长江以南的河流，枯水期在冬季，历时较短，枯水流量较大。华北地区河流，枯水期在冬春季，有些河流一直延续到 6 月初，甚至到 6 月中旬，枯水期长，枯水流量甚小，以至断流。

（一）枯水径流的消退规律

枯水径流主要由流域蓄水量的消退形成，若消退期无降雨补给，可以认为流域蓄水量 W 与出流量 Q 存在着线性关系，即

$$W = KQ \tag{2-41}$$

式中，K 为消退系数，量纲为时间。

当退水期无其他水源补给，则流域蓄水量和出流量之间存在着以下水量平衡关系

$$\mathrm{d}W = -Q\,\mathrm{d}t \tag{2-42}$$

对式(2-41)微分

$$\mathrm{d}W = K\,\mathrm{d}Q \tag{2-43}$$

代入式(2-42)，则有

$$\frac{\mathrm{d}Q}{Q} = -\frac{1}{K}\mathrm{d}t \tag{2-44}$$

积分之，得

$$Q_t = Q_0 \mathrm{e}^{-\frac{1}{K}t} = Q_0 \mathrm{e}^{-\alpha t} \tag{2-45}$$

式中，Q_t 为退水期 t 时刻的流量（m^3/s）；Q_0 为退水期开始（$t=0$）的流量（m^3/s）；t 为时刻(s)；α 为退水参数，$\alpha=\dfrac{1}{K}$。

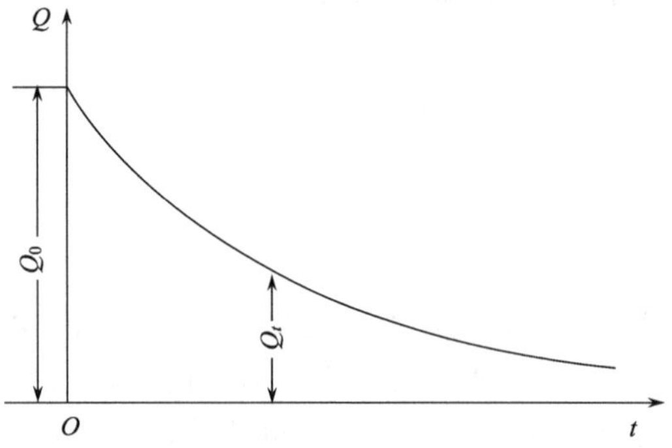

图 2-24 退水规律示意图

式(2-45)的意义如图 2-24 所示。式(2-45)反映了当退水期无降水补给情况时流域的退水规律。对一个流域而言,若 α 为常数,则流域退水曲线是不变的。对实际退水规律分析表明,各次退水虽基本相似,但退水曲线存在着差异。这说明 α 值并非常数。这是由于:①当流域蓄水量大时,流量大,流速快,所以 α 大,流域退水快;②蓄水量集中在上游,则流程长,消退慢,α 小;③水源比例不同,退水规律不同,地面水补给量大时,α 大;地下水补给大的退水慢,α 小。实用上对一个流域常取 α 的平均值,或以前期流量大小为参数,确定不同的 α 值。

为了得到退水曲线,关键是确定 α,通常应用的方法有下述两种。

1. 相邻时段流量相关法

选择退水期无降水的流量过程的退水段,每隔相等时段 Δt 读取一个流量值,即 $Q_1, Q_2, Q_3, \cdots, Q_n$,点绘 Q_t 与 Q_{t+1} 的相关图,并定出平均关系线(图 2-25)。当 $\Delta t=1$(即一个单位时段),则由式(2-45)可知

$$\frac{Q_{t+1}}{Q_t}=\mathrm{e}^{-\alpha t} \tag{2-46}$$

若 Q_t-Q_{t+1} 为直线,则比值为常数,即 α 值为常数。当 Q_t-Q_{t+1} 为曲线,可在该曲线流量变化范围内,求得若干个 α 值,然后取其平均值。

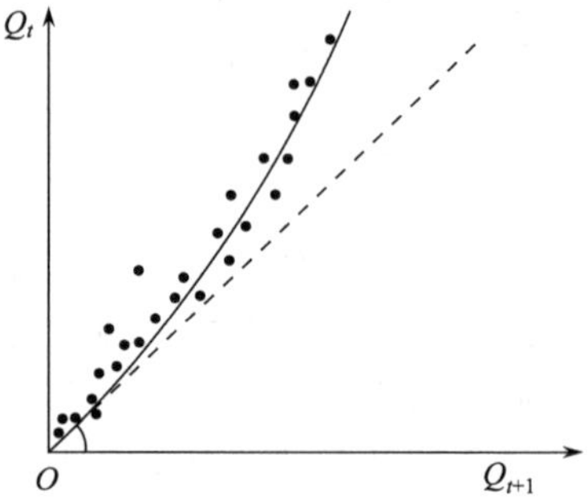

图 2-25 $Q_t \sim Q_{t+1}$ 相关图

2. 标准退水曲线法

将各次流量过程线的退水段,采用相同的纵横比例尺,绘在透明纸上,沿横坐标左右移动,使各次退水段的尾部相互重合,如图 2-26 所示,在图上作各退水线的下包线,即为标准退水曲线。标准退水曲线,之所以取尾部重合的下包线,是因为上部的各线是由于不同水源比例造成的。地面径流、壤中流多,则退水快,曲线偏于上部。如果是单一的地下水补给,其退水规律就是下包线。所以标准退水曲线,表示了流域纯地下蓄水量的消退过程。

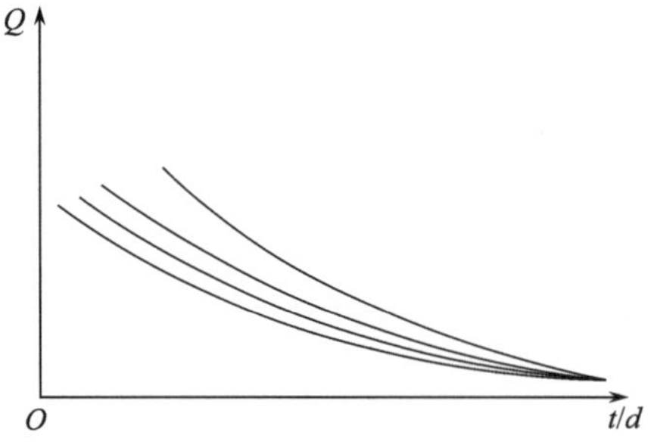

图 2-26 标准退水曲线的推求

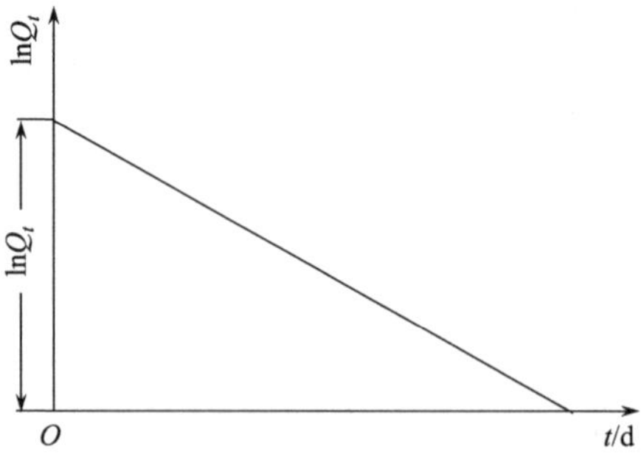

图 2-27 由标准退水曲线求 α 值

有了标准退水曲线后,即可用图解法求 α 值。由式(2-40),两边取对数得

$$\ln Q_{t+1}-\ln Q_t=-\alpha t \tag{2-47}$$

式(2-47)中，$\ln Q_t$ 与 t 为直线方程，故可从标准退水曲线上摘取点据，并将其点绘在半对数纸上，直线的斜率为 α，如图 2-27 所示。

（二）地面和地下径流的分割

在流域水资源评价、水文计算和水文预报中，需要将组成河川径流的地面径流和地下径流区别开来，这样做，称为流量过程线的分割。常用的分割方法有以下几种。

1. 水平直线分割

从流量过程线的起涨点 A 引一水平线与退水段交于 B 点，AB 以上为地面径流，以下为地下径流，如图 2-28 所示。这样分割，由于没考虑到地下水在洪水过程中的增长，所得地下径流比实际偏小。

2. 斜直线分割法

从起涨点 A 到退水段地面径流停止点 C 连一斜直线 AC，AC 以下为地下径流，以上为地面径流。此法的关键在于确定 C 点，C 点可理解为地面径流(包括壤中流)的终止时刻，C 点以后为地下水补给。C 点的确定方法有：①目估法，由于地面地下退水规律不同，C 点以上过程线较陡，以下较缓，据此可在退水段上找出较为明显的曲度转折点，即为 C 点，也可将流量过程线绘在半对数格纸上，以便于判断；②标准退水曲线法，将已制作的标准退水曲线，以其尾部与退水段重合(横坐标重合)，上部两线的交叉点即为 C 点；③经验公式法，C 点至洪峰的时距 N(图 2-28)与流域面积 A 有一定关系，可参考下列公式计算的 N 值，确定 C 点为

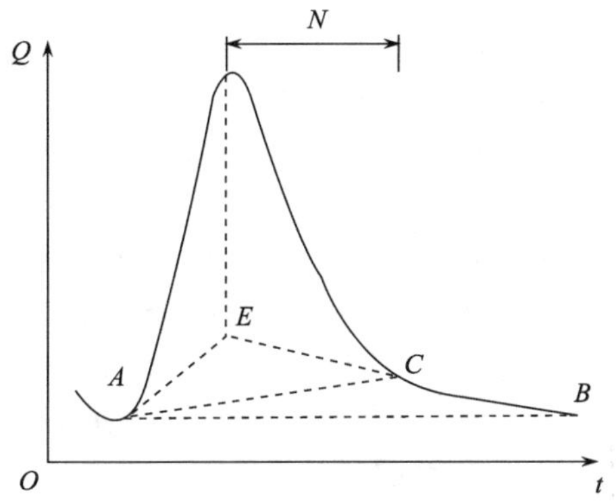

图 2-28　水平直线分割与斜直线分割地下径流

$$N = 0.8A^{0.2} \tag{2-48}$$

式中，A 为流域面积(km^2)；N 为洪峰时距(d)。

考虑到地下水实际过程的起伏变化，还有其他一些联结 AC 的方法。如图 2-28 所示，将地下水退水曲线沿 BC 方向反向延伸至峰现时间，得 E 点，连 AEC 得地下径流分割线，此法适用于地下水丰富，补给速度较快的流域。

上述各种分割线都有较大的任意性，特别是 C 点的确定，主观因素大。实际中最常用的方法是斜直线分割法。

（三）影响枯水径流的因素

河流的枯水径流，是由流域蓄水量的消退形成的，因此影响枯水径流的因素与影响流域蓄水量的因素是密切相关的。

1. 枯水期前期降水情况

前期降水充沛，则枯水期初流域的地表和地下蓄水量就大，可形成较大的枯水流量；反之，若前期降水较少，则枯水流量小，甚至枯水期断流。枯水期的降雨可以增加枯水径流量，若降雨较大，则枯水期可提前结束，转入平水或汛期。

2. 流域地质和水文地质条件

如土壤岩石特性、地质构造，裂隙及岩溶等决定了地下水储量及补给河流的条件。土壤疏松、岩石裂隙发育，断层破碎带多，有利于储存地下水。地下含水层多而厚，也有利于储存地下

水，含水层浅，且被河流切割，则河流可获得较大的地下水补给量。

3. 流域面积、河网密度、森林植被和湖泊沼泽面积

大流域蓄水量大，枯水流量大，河网密度大，则河槽蓄水量也大，且有利于地下水补给，枯水径流丰富。湖泊、沼泽面积大，增加流域蓄水，可提高枯水流量，森林植被多，有利于下渗，增加流域蓄水，可削减洪峰增加枯水。

思　考　题

1. 如何确定河流某一指定断面控制的流域面积？

2. 分析说明毁林开荒为什么会加剧下游的洪水灾害？围垦湖泊为什么会使洪水加剧？

3. 形成降水的充分必要条件是什么？

4. 点雨量与面雨量有何区别？如何计算流域的面雨量？

5. 什么是多年平均径流系数？多年平均蒸发系数？他们之间的关系？

6. 累积雨量过程线与降雨强度过程线有何联系？

7. 简述下渗的物理过程。说明影响土壤下渗的因素主要有哪些？

8. 一次降雨过程中，下渗是否总按下渗能力进行？为什么？

9. 简述常用的基流分割方法？

10. 径流形成包括哪几个过程？每个过程的主要内容是什么？

11. 某流域面积为1600km^2，流域多年平均降水量为1050mm，多年平均流量为22.3m^3/s。问该流域多年平均蒸发量为多少？现在该流域内修建一水库，水库水面面积多年平均值为15km^2，当地实测水面蒸发量的多年平均值为970mm，蒸发器的折算系数为0.87，问建库后该流域的多年平均径流量有何变化？

12. 潜水和承压水各具有哪些特征？

13. 一个地点的土壤蒸发过程可大致分为三个阶段，各阶段蒸发率的变化主要与什么因素有关？

14. 某站控制流域面积$F=600\text{km}^2$，多年平均流量$Q=9.0\text{m}^3/\text{s}$，多年平均降水量$P=700.0\text{mm}$。试求此流域的年径流总量、径流模数、径流深与径流系数。

15. 某流域面积$F=600\text{km}^2$，7月10日有一次暴雨洪水，测得其流域平均雨量$\bar{P}_1=190\text{mm}$，径流深$R_1=126\text{mm}$，该次降雨前较长时间没有降雨；7月14日又有一次暴雨，其流域平均雨量$\bar{P}_2=160\text{mm}$，径流深$R_2=135.0\text{mm}$；试计算这两次暴雨的径流系数各为多少？并分析二者不同的主要原因是什么？

第三章 水土保持径流和泥沙测验

【内容提要】 进行水文分析计算时，需要收集水文资料，水文资料一般是通过设立水文测站进行长期定位观测获得。本章对河道、小流域及径流场水文测验与水文资料整编的基本概念、原理和操作方法等作系统介绍，为水文预报、水文计算提供基础。

第一节 水土保持径流、泥沙观测站的布设

一、水土保持径流、泥沙测验的特点

与一般水文测验相比，水土保持径流泥沙测验具有如下特点。

(1) 水文站的观测研究对象是大中河流；水土保持径流泥沙的监测研究对象则是坡地各类径流场及流域面积在 $100km^2$ 以下的各级小流域。

(2) 水文站的观测是在固定断面上进行的，主要观测了解某一河段或断面上的长期水文现象及演变趋势，对广大流域范围内人类活动的影响关注甚少；而水土保持径流泥沙测验，不仅要了解断面上的水文要素变化，更重要的是通过各种手段，了解各水文要素变化的原因与相互依存、相互制约的关系。

(3) 水文站的观测着眼于宏观过程的了解；水土保持径流泥沙测验除了解宏观变化外，还要了解影响水土流失因素的微观物理过程，监测研究的内容尤为丰富。

(4) 水文站观测的水文情势比较平稳，已有一套完整的测验理论体系和比较成熟的观测仪器设备；水土保持径流泥沙在监测过程中水文情势变化极为剧烈，而且多是高浓度输沙，监测的理论基础及监测的设备、监测手段都无成熟经验可借鉴，探索研究性更强。

除此之外，水土保持径流泥沙测验受多种自然因素和人为因素影响，各因素在同一地区内的变化大且十分复杂；在不同区域内，各因素的作用主次位置及交互作用、作用过程表现不同。再者，水土保持径流泥沙测验如果没有一系列的观测资料，就难以反映客观实际。从统计学要求来看，只有大样本才接近总体，才能得出统计规律，而短期观测所得的小样本，有时会导致错误的发生。因此，水土保持径流泥沙测验还具有复杂性、长期性和综合性的特点。

二、观测站布设的基本要求

1. 代表性

代表性包括环境条件和试验条件两个方面。环境条件指地面观测区的各种自然条件(气候、土壤、地形等)要与所服务的小流域相适应。试验条件是指地面观测设施的布设、面积大小、测试方法等试验设计(含调查方法、路线等)要有代表性。

2. 合理性

合理观测是指观测结果与试验所规定的任务和要解决的问题相适应。通常不合理的观测是观测设计和观测条件不合理造成的，究其原因在于对需观测的环境缺乏充分的了解，或对观测过程不熟悉，缺乏周密细致的考虑。如植被郁闭度的影响，当郁闭度小时(<0.30)或大时

(＞0.80)侵蚀模数变化小，当郁闭度居中时(0.30～0.80)，侵蚀模数随郁闭度变化明显。

3. 精确性

无论何种观测数据，都应准确的反映客观实际，即试验与实际相适应，这就是精确试验；相反，则为不精确试验，这就丧失了试验的意义。影响试验观测精确性主要有两个方面的原因：①错误。水土保持试验观测可能出现的错误有测量错误、取样错误、计算错误；在数据采集中常有漏测、错测、误测等。错误的发生多是人为不慎造成的，也有对仪器设备不了解，或测试手段方法不当造成的，这就需加以提高、改进。②误差。由不可预测的偶然原因(随机原因)引起，导致观测值与实际值之间的差异和每次重复观测之间的差异，称为误差。一般来说，试验误差是不可避免的，因而从布设试验到观测、分析、计算，每个环节都要严格要求、反复校正，以减小误差。

4. 重演性和可比性

严格地说，在相同环境和条件下，任何试验都可以重演，并能获得相同的结果，这是试验的必备条件，只有这样才能推广应用，获得预期效果。水土保持径流泥沙试验观测，试验条件有变化的特点，所以要有充分准备，尽量减少变化，以获得重演近似结果。同时，从试验开始观测就真实、完整的及时做出观测记录，分析这些变化，通过多年的重复试验，也可得出与重演同样的结果。试验应有可比性，一方面在试验中要包含比较的因素，这是最常用的；另一方面指试验环境和试验条件的一部分或全部，按一定比例缩小或放大进行试验，其观测数据与未改变的试验观测值存在一个比例关系，通过可比试验，仍然达到预期目的。人工模拟实验就属此类试验。

三、观测站网的布设

水文测站是在河流上或流域内设立的，按一定技术标准经常收集和提供水文要素的各种水文观测现场的总称。把收集某一项资料的水文测站组合在一起，则构成该项目的站网。如流量站网、水位站网、泥沙站网和雨量站网等。通常所称的水文站网就是这些单项观测站网的总称，有时也简称为“站网”。按其目的和作用分为基本站、实验站、专用站和辅助站。

基本站是为综合需要的公用目的，经统一规划而设立的水文测站。基本站应保持相对稳定，在规定的时期内连续进行观测，收集的资料应刊入水文年鉴或存入数据库长期保存。

实验站是为深入研究某些专门问题而设立的一个或一组水文测站，实验站也可兼作基本站。

专用站是为特定的目的而设立的水文测站。不具备或不完全具备基本站的特点。

辅助站是为了帮助某些基本站正确控制水文情势变化而设立的一个或一组站点。辅助站是基本站的补充，弥补基本站观测资料的不足。计算站网密度时，辅助站不参加统计。

1. 基本流量站网的布设

由于河流有大小、干支流的区分，因此流量站网的布设原则也不同。流域控制面积为 3000km^2 以上的大河干流流量站，称为大河控制站。干旱区在 500km^2 以下，湿润区在 300km^2 以下的河流上设立的流量站称为小河站。其余天然河流上设立的流量站，称为区域代表站。

大河控制站是为江河治理、防汛抗旱、制定大规模水资源开发规划以及重大工程的兴建，系统地收集资料。在整个站网布局中，居首要地位。大河控制站按线的原则布设。

小河站主要任务是为研究暴雨洪水、产流、汇流，产沙、输沙的规律而收集资料。在大中河流水文站之间的空白地区，往往也需要小河站来补充，满足地理内插和资料移用的需要。因此，小河站是整个水文站网中不可缺少的组成部分。小河站按分类原则布设。

区域代表站是控制流量特征值的空间分布，探索径流资料的移用技术，解决任何水文分区内任一地点流量特征值，或流量过程资料的内插与计算问题。区域代表站按照区域原则布设。

2. 基本泥沙站网的布设

在泥沙站网上进行测验，是为小流域规划、淤地坝设计、防洪与河道整治、灌溉放淤、流域侵蚀模数确定、水土保持效益的估计、探索泥沙对污染物的解吸与迁移作用以及有关的科学研究提供基本资料。

泥沙站也分为大河控制站、区域代表站和小河站。

大河控制站以控制多年平均输沙量的沿程变化为主要目标，按直线原则确定布站数量，并选择相应的流量站观测泥沙。

区域代表站和小河站，以控制输沙模数的空间分布，按一定精度标准内插任一地点的输沙模数为主要目标，采用与流量站网布设相类似的区域原则，确定布站数量；并考虑河流要有代表性，面上分布要均匀，不遗漏输沙模数的高值区和低值区，从而选择相应的流量站观测泥沙。

四、测站控制

天然河道中水文现象十分复杂，水位流量的关系在许多情况下是不稳定的。这是因为流量不仅随水位的变化而变化，它还受比降、河床糙率、水力因素的影响。而同一水位下，这些水力因素往往又是在变化的。因此，表现出水位流量关系的复杂性。但我们在天然河道中还能够找到一些河段，其水力因素在同一水位下保持不变或虽有变化但可以相互补偿，随水位的变化而变化，从而保持单一性。

假如在测站附近(通常在其下游)有一个断面或一段河槽，其水力特性能够使得测站的水位流量保持单一关系，则这个断面或河段便称为测站控制。如测站控制作用发生在一个横断面上，则称为断面控制。如测站控制作用靠一段河槽的底坡、糙率、断面形状等因素的共同作用来实现，称为河槽控制。

显然，选择测站最好能设在形成测站控制的地点或其上游附近。

天然河道中一些河段为什么会形成测站控制呢？下面我们从水力学原理加以分析。

(一) 断面控制

天然河道中，如有突起的石梁、急滩、卡口、人工堰坝等，当水流通过该处时，将使水面曲线发生明显转折，形成临界流，出现临界水深，构成断面控制。

以石梁为例，当水流行近石梁处，水流被石梁抬升，过水断面显著缩小，石梁上游形成壅水。当水流通过石梁后，断面扩大，水流跌落。所以石梁处水面线由壅水曲线变为跌水曲线。由水力学知，在此产生临界流，出现临界流深 d_k，此时佛洛德数 F_r 等于 1，即

$$F_r^2 = \frac{\alpha Q^2}{gA^3}B = 1 \tag{3-1}$$

式中，Q 为断面流量(m^3/s)；A 为断面面积(m^2)；B 为水面宽(m)；g 为重力加速度(m/s^2)；α 为动能校正系数。

若 $\alpha=1$ 变换上式，则写为

$$Q=\sqrt{\frac{gA^3}{B}}=(B\sqrt{g})d_k^{\frac{3}{2}} \tag{3-2}$$

式中，d_k为临界水深(m)，等于$\frac{A}{B}$。

A 和 d_k是水位 Z 和断面因素 Ω 的函数，即 $\Omega=f(Z,\Omega)$。在断面稳定，无冲淤变化的情况下，断面因素 Ω 是水位的函数，即 $\Omega=\varphi(Z)=f(Z)$。

上式表明，在石梁处，流量仅是水位的函数。因此，水位流量关系呈单一关系。

但必须指出，由于石梁、急滩等都是靠河槽特殊地形产生临界流来维持水位流量关系为单一关系。一旦产生临界流条件消失，则它们的控制作用也随之消失。所以低水时有控制作用，高水时则不然。

卡口、弯道及堰坝等在高水时，也能造成水面曲线的转折，产生临界流，从而形成测站控制作用。

由此可见，选择水文测站，最理想的是选在高水、低水都有测站控制的河段上。

(二) 河槽控制

一般情况下，天然河道的河流可近似看作稳定非均匀流，其断面平均流速可由曼宁公式表示为

$$V=\frac{1}{n}R^{\frac{2}{3}}S_e^{\frac{1}{2}} \tag{3-3}$$

式中，n 为糙率；R 为水力半径(m)；S_e为能面比降，可用水面比降 S 代替。

于是，曼宁公式可写为

$$V=\frac{1}{n}R^{\frac{2}{3}}S^{\frac{1}{2}} \tag{3-4}$$

通过断面的流量为

$$Q=\frac{1}{n}AR^{\frac{2}{3}}S^{\frac{1}{2}} \tag{3-5}$$

式中，A 为断面面积(m^2)。

A、R 决定于断面因素 Ω 和水位 Z，故上式可写成 $Q=f(Z,\Omega,n,S)$。表明天然河道决定流量大小的基本水力因素有 4 个：水位、断面因素、糙率、水面比降。因此，要使水位流量呈单一关系，需满足下列条件之一：①在同水位下，断面因素、糙率、水面比降维持不变；②在同水位下，断面因素、糙率、水面比降虽然有所变动，但它们对流量大小的影响恰好互相补偿。选择水文测站，最理想的是选择在既有低水控制，又有高水控制的河段。

第二节 径流观测

一、河道流量测验

(一) 概述

流量是反映流域水资源和江河、湖泊、水库等水量变化的基本资料，也是河流最重要的水文要素之一。流量测验的目的是取得天然河流的各种径流资料。

要求在设立的水文站上，根据河流水情变化的特点，采用适当的测流方法进行流量测验。

目前，国内外采用的测流方法和手段很多，按测流的工作原理，可分为下列几种类型：①流速面积法：通过实测断面上的流速和过水断面面积来推求流量。常用的有流速仪测流法、浮标测流法、航空摄影测流法、遥感测流法、动船法、比降法等。②水力学法：通过测量水工建筑物的水力因素，代入相应的水力学公式算出流量。包括量水建筑物测流和水工建筑测流。③化学法：根据质量守恒定律，将一定浓度已知量的指示剂注入河水中，利用扩散稀释后的浓度与水流的流量成反比，测定水中指示剂的浓度即可推算。包括溶液法、稀释法、混合法等。④物理法：利用某种物理量在水中的变化来测定流速，并推算流量。有超声波法、电磁法和光学法测流等。⑤直接法测流：包括容积法和重量法，适用于流量极小的山涧小沟和实验室模型测流。

实际测流时，在保证资料精度和测验安全的前提下，根据具体情况，因时因地选用不同的测流方法。

（二）流速仪法测流

流速仪法测流是目前国内外使用的最广泛的方法，也是最基本的测流方法。同时也是评定和衡量各种测流新方法精度的标准。近年来，尽管测流新技术得到了迅速的发展，但在今后相当长的时间内还不可能完全取代流速仪法测流。

1. 流速仪法测流原理

流速仪是一种专门测定水流速度的仪器，目前我国使用最多的是旋杯式流速仪和旋桨式流速仪，如图 3-1 和图 3-2 所示。流速仪测速是利用水流推动流速仪的旋杯或旋桨转动，在装有信号的电路上发出讯号，便可知道在一定时间内的旋转次数，流速越大，转轴转得越快，流速与转速之间有一定的关系，这种关系是由厂家在仪器出厂之前，把流速仪放在特定的检定水槽里，通过实验方法来确定流速与转速间的函数关系。

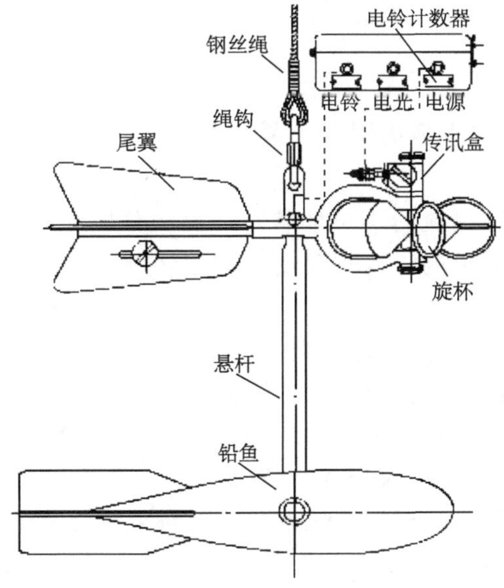

图 3-1　旋杯式流速仪

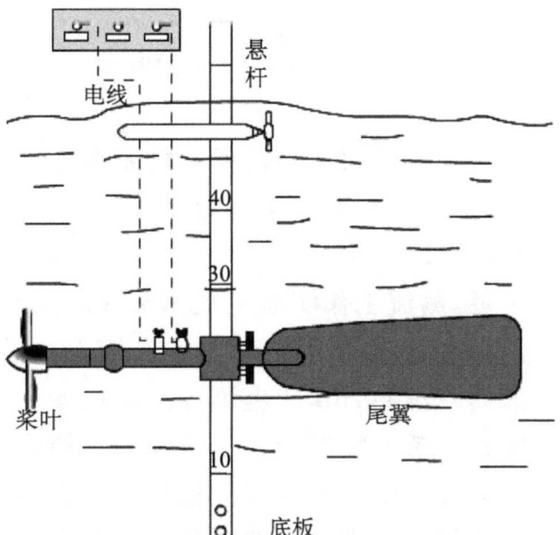

图 3-2　旋桨式流速仪

流速仪测得的是某点的流速。河流横断面上的流速分布是不均匀的。以 h 代表水深，B 代表水面宽，横断面上流速分布可用函数式 $v=f(h,B)$ 表示，则通过全断面的流量可用积分法求得

$$Q=\int_0^F v\,\mathrm{d}F=\int_0^B\int_0^h v\,\mathrm{d}h\,\mathrm{d}B \tag{3-6}$$

用上式计算的流量，相当于流量模型的总体积。因 $v=f(h,B)$ 的关系比较复杂，一般很少用积分式推算流量。实际上是把积分式变成有限差的形式推算流量，如图 3-3 所示，用若干个垂直于横断面的平面将流量横切成 n 块体积，每一体积即为一部分流量 q，只要在各测速垂线上测深、测速，q 是容易计算的。全断面的流量 Q 即为

$$Q=\sum_{i=1}^{k} q_i \tag{3-7}$$

式中，q_i 为第 i 部分的部分流量（$\mathrm{m^3/s}$）；k 为部分个数。

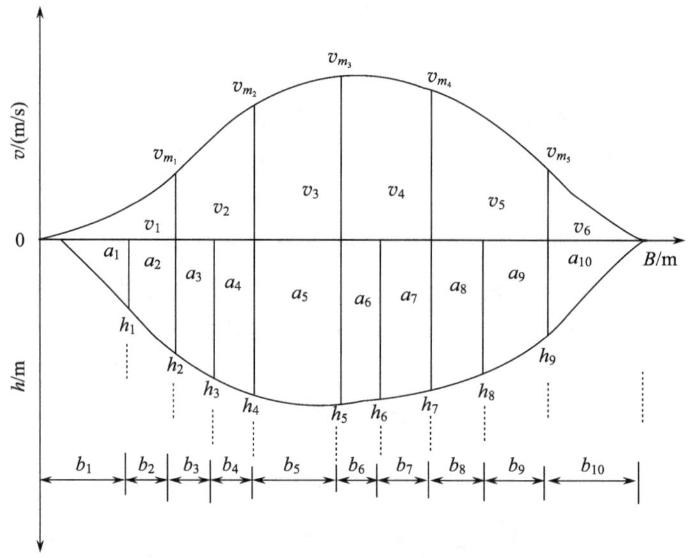

图 3-3 部分面积 A_i、部分流速 V_i 及部分流量 q_i 计算示意图

以上是流速仪法测流所用的基本原理。实际测流时不可能将部分面积分成无限多，而是分成有限个部分，所以实测流速只是逼近真值；河道测流需时间较长，不能在瞬时完成，因此实测流量是时段的平均值。

可见，测流工作实质上是测量横断面及流速两部分工作的组合。

河道水道断面的测量，是在断面上布设一定数量的测深垂线，施测各条测深垂线的起点距和水深，并观测水位，用施测时的水位减去水深，即得各测深垂线处的河底高程。测深垂线的位置应根据断面情况布设于河床变化转折处，并且主槽较密，滩地较稀。

天然河道中一般采用流速仪法测定水流的流速。根据测速方法的不同又可分为积点法和积深法两种。积点法测速就是在断面的各条线上将流速仪放在许多不同的水深点处逐点测速，然后计算流速、流量。这是目前最常用的测速方法。积深法测速不是流速仪停留在某点上测速，而是流速仪沿垂线均匀升降而测得流速。该方法可直接测得垂线平均流速，减少测速历时，是简捷的测速方法，故用常测法、简测法测流时，可用积深法测速。积深法测速历时比常测

法缩短了 1/2～4/5，使用方便，因此许多国家都采用，积深法测速适用于水深为 1～20m，垂线平均流速为 0.15～2.5m/s 的水流。

2. 流量计算的方法

流量计算的方法有图解法、分析法及流速等值线法等。图解法和流速等值线法只适用于多线多点的测流资料；分析法适用于各种方法的测流资料，应用最广。

分析法可随测随算，及时检查成果，工作简便迅速。分析法依据相关公式通过垂线平均流速计算，部分面积(平均流速、流量)计算，断面面积、断面流量及断面平均流速计算等求算流量。

1) 垂线平均流速的计算　根据垂线流速分布曲线，令 $v_{0.0}$，$v_{0.2}$，$v_{0.6}$，$v_{0.8}$，$v_{1.0}$分别代表水面、相对水深为 0.2h、0.6h、0.8h 及河底的测点流速。垂线平均流速等于垂线流速分布曲线所包围的面积除以水深，即

$$v_m = \frac{1}{h}\int_0^h v\,\mathrm{d}h \tag{3-8}$$

假设两测点流速之间呈直线变化，将垂线流速曲线所包围的面积视为若干梯形面积之和(图 3-3)。可按梯形面积计算出垂线平均流速。

五点法的垂线平均流速 v_m 为

$$v_m = \frac{1}{10}(v_{0.0} + 3v_{0.2} + 3v_{0.6} + 2v_{0.8} + v_{1.0}) \tag{3-9}$$

三点法的垂线平均流速 v_m 为

$$v_m = \frac{1}{3}(v_{0.2} + v_{0.6} + v_{0.8}) \tag{3-10}$$

或

$$v_m = \frac{1}{4}(v_{0.2} + 2v_{0.6} + v_{0.8}) \tag{3-11}$$

二点法的垂线平均流速 v_m 为

$$v_m = \frac{1}{2}(v_{0.2} + v_{0.8}) \tag{3-12}$$

一点法的垂线平均流速 v_m 为

$$v_m = v_{0.6} \tag{3-13}$$

在水流湍急或流冰时，只测水面附近一点流速的计算公式为

$$\begin{cases} V_m = K_1 v_{0.0} \\ V_m = K_2 v_{0.2} \end{cases} \tag{3-14}$$

式中，K_1、K_2分别为水面及相对水深 0.2 的流速系数。各站的流速系数，可用多点法实测资料分析确定。

2) 部分面积、部分平均流速和部分流量的计算　以测速垂线作为分界线，相邻垂线之间的间距为部分宽，乘以相邻垂线水深的平均值，得部分面积。

相邻两测速垂线之间的部分平均流速为两垂线平均流速的算术平均值，即

$$v_i = \frac{1}{2}(v_{m_i-1} + v_{m_i}) \tag{3-15}$$

式中，v_i 为两测速垂线间的部分平均流速（m/s）；$v_{m_{i}-1}$、v_{m_i} 分别为相邻两测速垂线的垂线平均流速（m/s）。

岸边部分的平均流速 v_1 为自岸边起第一条（最末一条）垂线平均流速 v_{m_1}（v_{m_n}）乘以岸边流速系数 α。

$$v_1 = \alpha v_{m_1} \quad 或 \quad v_n = \alpha v_{m_n} \tag{3-16}$$

岸边流速系数可通过试验资料确定，也可按计算方法确定。通常斜坡岸边的流速系数 $\alpha = 0.67 \sim 0.75$，可取 $\alpha = 0.70$。在陡岸边取流速系数 $\alpha = 0.80$；光滑的陡岸边取 $\alpha = 0.90$；死水与流水交界处的死水边取 $\alpha = 0.6$。

部分流量为部分面积乘以部分平均流速，可用下式表示为

$$q = \left(\frac{v_{m_1} + v_{m_2}}{2}\right)\left(\frac{h_1 + h_2}{2}\right) b \tag{3-17}$$

式中，q 为部分流量（m^3/s）；v_{m_1}、v_{m_2} 分别为相邻两垂线的垂线平均流速（m/s）；h_1、h_2 分别为相邻两垂线的水深（m）；b 为相邻两垂线的水平距离（m）。

3）断面面积、断面流量及断面平均流速的计算　断面面积 F 为各部分面积 f_i 之和，即

$$F = \sum_1^n f_i \tag{3-18}$$

断面流量 Q 为断面上各部分流量的代数和，其公式如为

$$Q = q_1 + q_2 + \cdots + q_n = \sum_1^n q_i \tag{3-19}$$

断面平均流速 $\bar{v}$ 为

$$\bar{v} = \frac{Q}{F} \tag{3-20}$$

某站施测流量，岸边系数 α 取 0.7，按以上方法计算，成果见表 3-1。

表 3-1　××站测深测速记载及流量计算表（畅流期流速仪法）

施测时间 2000 年 5 月 10 日 8 时 00 分至 8 时 30 分								流速仪牌号及公式			LS251 型　$v=0.2557N/T+0.0068$				
垂线号数		起点距/m	水深/m	仪器位置		测速记录		流速/(m/s)			测深垂线间		断面面积/m^2		部分流量/(m^3/s)
测深	测速			相对水深	测点深/m	总历时/s	总转数	测点	垂线平均	部分平均	平均水深/m	间距/m	测深垂线间	部分	
左水边		10.0	0.00												
										0.69	0.50	15	7.50	7.50	5.18
1	1	25.0	1.00	0.6	0.6	126	480	0.99	0.99						
										1.04	1.40	20	28.00	28.00	29.12
2	2	45.0	1.80	0.2	0.36	116	560	1.24	1.10						
				0.8	1.44	128	480	0.97							
										1.17	2.00	20	40.00	40.00	46.80
3	3	65.0	2.21	0.2	0.44	104	560	1.38	1.24						
				0.6	1.33	118	570	1.24							
				0.8	1.77	111	480	1.11							
										1.14	1.90	15	28.50	35.25	40.18
4		80.0	1.60												
											1.35	5	6.75		
5	4	85.0	1.10	0.6	0.66	110	440	1.03	1.03						
										0.72	0.55	18	9.90	9.90	7.13
右水边		103.0	0.00												
断面流量 128m^3/s				断面面积 120.7m^2				平均流速 1.06m/s			水面宽 93.0m			平均水深 1.30m	

（三）浮标测流法

浮标测流法包括水面浮标法、深水浮标法、浮杆法和小浮标法，浮标法适用于流速仪测流困难或超出流速仪测速范围的高流速、低流速、小水深等情况的流量测验。在这些方法中原理和操作方法基本相同，主要因采用的浮标不同而异。

1. 浮标测流原理

在流速仪测流原理中指出，通过全断面的流量可写为

$$Q=\int_0^B\int_0^h v\,\mathrm{d}h\,\mathrm{d}B \tag{3-21}$$

如用对数流速分布曲线方程 $v=v_{\max}+\dfrac{v_*}{K}$

则断面流量为

$$Q=\int_0^B v_m h\,\mathrm{d}B=\int_0^B\left(v_{\max}-\frac{v_*}{K}\right)h\,\mathrm{d}B=Q_f-\frac{v_*}{K}F \tag{3-22}$$

式中，v_* 为动力流速(m/s)；按普朗德的紊流假定，$v_*=Ky\dfrac{\mathrm{d}v}{\mathrm{d}y}$，其中 v 为流速脉动强度。K 为卡尔曼常数；在管流中，$K=0.40$；在河流中，前苏联热烈兹拿柯夫研究 K 近似取 0.54，但实际变化很大，有人建议卵石河床 $K=0.65$，沙质床 $K=0.50$；Q_f 为最大流速 $v_{\max}$ 计算出的流量，称虚流量(m^3/s)；其他符号同前。

虚流量 Q_f 与断面流量 Q 存在一定关系，通常用下式表示为

$$Q=K_f Q_f \tag{3-23}$$

式中，K_f 为浮标系数。

上述关系便是浮标测流的基本原理。可见浮标测流的主要工作是测定虚流量和决定浮标系数。浮标系数 K_f 值的确定有实验比测法、经验公式法和水位流量关系曲线法，在未取得浮标系数试验数据之前，可根据下列范围选用浮标系数：一般湿润地区可取 0.85～0.90；小河取 0.75～0.85；干旱地区大、中河流可取 0.8～0.85，小河取 0.7～0.80。

2. 浮标测流的方法

凡能漂浮之物都可做成浮标，为了节约，宜就地取材。浮标测流的主要工作是测量浮标流速，测量水道横断面。在测流河段上游沿河宽均匀投放浮标，观测各浮标流经上、下浮标断面间的运行历时 T，测定各浮标流经中断面的位置。投放浮标的数目大致与流速仪测流的测速垂线数目相当。如遇特大洪水，可只在中泓投浮标或选用天然漂浮物作浮标。

3. 浮标测流的流量计算

均匀投放水面浮标时流量的计算采用图解分析法，具体步骤如下。

第一步，绘制横断面图：用算术平均法计算相应水位。根据测深资料或借用断面计算各垂线的河底高程和水深，在方格纸上以横坐标为起点距，纵坐标为水深，绘出相应水位下的横断面图。

第二步，计算各浮标的虚流速为

$$V_f=\frac{L}{T} \tag{3-24}$$

式中，V_f 为浮标虚流速(m/s)；L 为浮标上下断面的间距(m)；T 为各浮标经上下辅助断面间

的历时(s)。

第三步,绘制虚流速横向分布曲线:在水面线向上纵坐标表示虚流速,以各浮标虚流速值及对应的起点距点绘于图 3-4 中(图中小旗的点),通过各点和水边点连成平滑曲线(绘图时应结合测站特性,参考横断面图)。

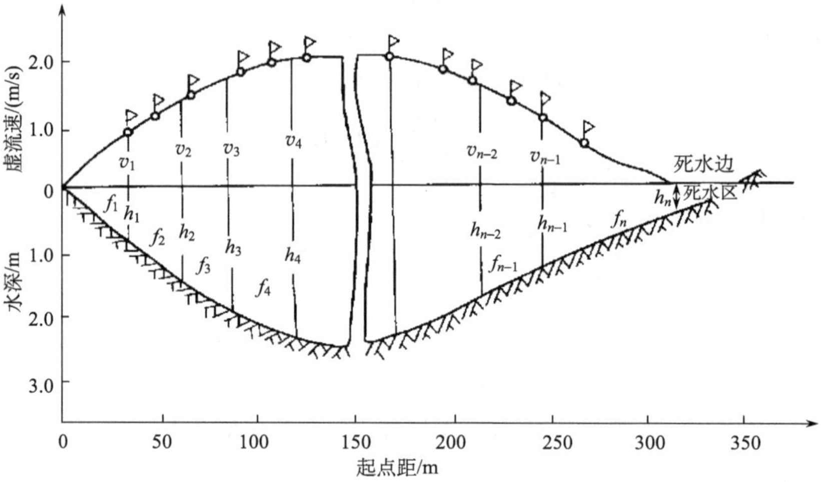

图 3-4 虚流速横向分布曲线

第四步,计算断面虚流量:在虚流速横向分布曲线图上查得各条测深垂线所对应的虚流速,计算两测深垂线之间的部分面积 f_i 和部分平均虚流速 V_{f_i},则部分虚流量为 $q_{f_i}=V_{f_i}\cdot f_i$。全断面的虚流量 Q_f 为

$$Q_f=\sum_1^n q_{f_i} \tag{3-25}$$

计算方法与流速仪测流法相同,差别仅是部分面积的计算是以相邻两测深垂线来划分而不是测速垂线划分的。

第五步,断面流量的计算:断面流量 Q 为断面虚流量 Q_f 乘以浮标系数 K_f,即由式(3-28)确定。

(四) 比降面积测流法

比降面积测流法也是流速面积法的一种,它是测量比降,用水力学公式计算河段平均流速 $\bar{v}$,测量河段的平均断面面积 $\bar{A}$,平均流速与平均断面面积的乘积即得流量,即

$$Q=\bar{A}\cdot\bar{v} \tag{3-26}$$

河段平均流速 $\bar{v}$ 用下式计算,即

$$\bar{v}=\frac{1}{n}\bar{R}^{2/3}I_e^{1/2} \tag{3-27}$$

$\bar{v}$ 的精度取决于能面比降 I_e 和糙率系数 n 的精度。对于不均匀河段,必须用能面比降 I_e,动能沿程变化不可忽略。只有当河槽沿程变化不大的情况下,能面比降可以近似地等于水面比降,即 $I_e=I_0$。为了提高水面比降观测的精度,在测验河段内不少于 3 个横断面的河谷两岸设立 6 组水尺,以便验证整个河段的水面比降是否均匀一致和消除横比降的影响。

糙率系数应尽量通过实验资料确定。

横断面测量应尽可能和水位观测同时进行，在测验河段内一般不少于3个断面。

河段平均断面面积 $\bar{A}$ 的计算式为

$$\bar{A}=\frac{A_1+2A_2+\cdots+2A_{m-1}+A_m}{2(m-1)} \tag{3-28}$$

河段平均湿周 $\bar{\chi}$ 的计算式为

$$\bar{\chi}=\frac{\chi_1+2\chi_2+\cdots+2\chi_{m-1}+\chi_m}{2(m-1)}$$

则

$$\bar{R}=\frac{\bar{A}}{\bar{\chi}} \tag{3-29}$$

式中，A_1、A_2，…，A_m 为各断面测量的断面面积（m^2）；$\bar{\chi}_1$、$\bar{\chi}_2$，…，$\bar{\chi}_m$ 为每一断面面积对应的湿周（m）；m 为施测断面数；$\bar{R}$ 为河段平均水力半径（m）。

河段选择的条件，必须满足测站布设中比降水尺河段选择的条件，为了保证精度，河段水面落差至少要是落差观测误差的10倍。河段内要求河槽稳定，糙率稳定，精度较高。

比降面积法是适用于河流不能采用精度较高的测流方法施测流量时的近似计算方法。

（五）超声波测流

超声波测流方法是利用超声波传播具有很强的方向性的特点，超声波传播速度与水流流速成正比例变化，以及超声波的多普勒效应。在实际应用中可分为三大类：第一类是利用超声波在水中传播的时间变化来反映水流速度的变化，包括时差法、频差法和相位差法；第二类是利用声波波束偏移的方法，即声束偏移法；第三类是用多普勒原理，即多普勒法。超声波测流能够测得全段面的瞬时流速、流量及其连续变化的过程，方法简单，内业工作量小。

二、小流域径流的观测

小流域径流变化快、变化大，一般用测流建筑物量测和断面量测，再配以必要的附属建筑物构成观测站，所以又称径流站观测。对于未设站的小流域，可通过调查得到径流资料。

量水建筑物测流属于水力学法测流。它是由测得的水位或水深、水头等，代入水力学公式计算出流量，该方法比流速仪法测流简单，观测人员少，量测精度较高，使用方便，主要用于小流量的测定。而且容易实现遥测和便于电子计算机处理数据。常用的量水建筑物有量水槽、量水堰等。量水建筑物类型的选择主要根据流量大小、河床特性及排沙情况而定。下面介绍几种量水建筑物及其适用条件。

（一）巴歇尔量水槽

巴歇尔量水槽，是我国采用的量水建筑物之一，最适于在含沙量大的河流或渠道上使用，测定流量的范围最小至0.006m^3/s，最大可达90 m^3/s。

标准的量水槽是一个特制的水槽，由进水段、出水段和喉道三部分组成（图3-5）。进口呈漏斗形，逐渐缩小后形成平行的喉道，然后再逐渐扩散。水流经过量水槽的两壁和起伏不一的槽底时，使水流在喉道以上产生了降落和壅水现象。出喉道后水流下降，上下游之间有明显的水位差，在上、下游水尺观测水位，根据水位和不同喉道宽就可以代入流量公式求出流量。

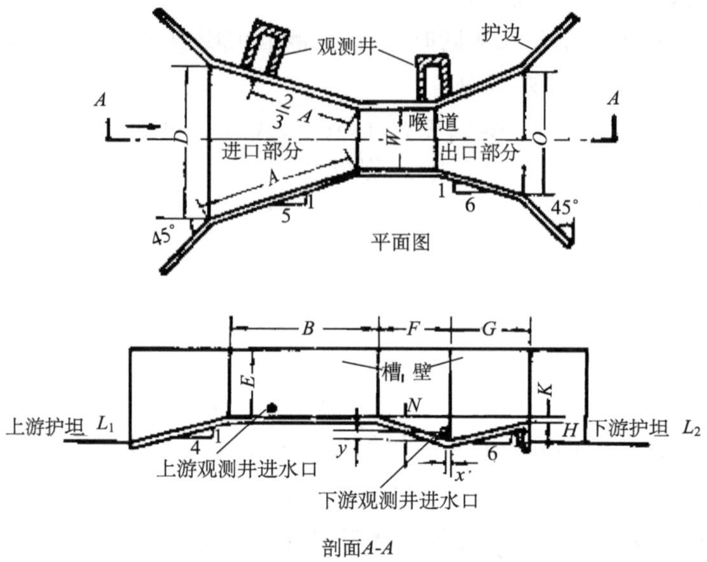

图 3-5 巴歇尔量水槽结构示意图

量水槽的各部分尺寸，由试验研究求出，它们大致保持一定的比例，各部分尺寸主要由喉道宽度 W 决定，分别为：$A=0.51W+122\text{cm}$，$B=0.5W+120\text{cm}$，$C=W+30\text{cm}$，$D=1.2W+48\text{cm}$，$F=60\text{cm}$，$G=90\text{cm}$，$K=8\text{cm}$，$N=23\text{cm}$，$x=5\text{cm}$，$y=8\text{cm}$。

量水槽的流量计算公式为

当水流为自由出流时，即$\dfrac{h_{下}}{h_{上}}\leqslant 0.677$

$$Q=0.372\omega\left(\frac{h_{上}}{0.315}\right)^{1.569\omega^{0.026}} \tag{3-30}$$

式中，$h_{上}$、$h_{下}$为上下游观测点水位（m）。其余符号同上。

上式计算很麻烦，陕西省洛惠渠实地试验，将公式简化为

$$Q=2.4\omega h_{上}^{1.57} \tag{3-31}$$

可获得同样良好的结果。

当 $\omega=2.44\sim15.24\text{m}$ 时，美国使用的简化式为

$$Q=(3.688\omega+2.5)h_{上}^{1.6} \tag{3-32}$$

当水流为淹没出流时，即 $0.677\leqslant\dfrac{h_{下}}{h_{上}}<0.95$，按自由出流公式计算出来的流量，再减去按下式计算出来的改正值 ΔQ 为

$$\Delta Q=\left\{0.07\left[\frac{h_{上}}{\left[\left(\frac{1.8}{K}\right)^{1.8}-2.45\right]\times0.305}\right]^{4.57-3.14K}+0.007\right\}\omega^{0.815} \tag{3-33}$$

式中，$K=\dfrac{h_{下}}{h_{上}}$为淹没度，故淹没出流时的流量 Q' 为

$$Q'=Q-\Delta Q \tag{3-34}$$

鉴于淹没出流采用上式计算十分麻烦，应用中将其简化，不论自由出流或淹没出流都统一采用下式为

$$Q=6.25K\sqrt{1-K}\omega h_{上}^{1.57} \tag{3-35}$$

式中，K 为淹没度。当 $K>0.677$ 时，以实际值代入计算；当 $K\leqslant 0.677$ 时，均以 $K=0.677$ 代入计算。根据实际资料验证，不仅计算大为简化，而且精度也提高。

当$\frac{h_{下}}{h_{上}}>0.95$ 时，量水槽已失去测流作用，此时就要用其他方法进行测流。量水槽处于淹没出流时，观测资料的整理工作大为复杂，而且测流精度显著降低。因此，在决定量水槽高程时，应尽量使测流范围内处于自由出流状态。

（二）量水堰

水力学中将堰顶厚度 $\delta<0.67H$（H 为堰上水头）时的测流堰称为薄壁堰。薄壁堰是实验中用来测定小流量的一种装置，一般在 $0.0001\sim1.0m^3/s$，测流精度高。由于堰前容易淤沙，所以适用于含沙量小的小河上。量水堰由溢流堰板、堰前引水渠及护底等组成。按出口形状不同，量水堰可分为三角形、矩形、梯形、抛物线形等。常用的有矩形堰、三角形堰（顶角 90°），这两种堰最好选择在比降较大的河道上建造。

矩形堰的流量公式为

$$Q=m_0 b\sqrt{2g}H^{\frac{3}{2}} \tag{3-36}$$

式中，b 为堰顶宽度（m）；g 为重力加速度（m/s^2）；H 为水头（m）；m_0 为流量系数，由公式算出或试验求得；Q 为流量（m^3/s）。

在实际应用中，根据矩形堰堰顶宽度 b 及侧向收缩系数，制成不同水头与过堰流量关系表，以备查用。

三角形堰的流量公式为

$$Q=\frac{4}{5}m_0\operatorname{tg}\frac{\theta}{2}\sqrt{2g}H^{\frac{5}{2}} \tag{3-37}$$

式中，θ 为三角形堰顶角。

如 $\theta=90°$，流量公式可简化为

$$Q=1.4H^{\frac{5}{2}} \tag{3-38}$$

（三）三角形量水槽

在以上量水堰无法应用的较小沟道中，洪水流量不大的情况下，可用三角形量水槽。它由西峰站试用成功。

流量率定计算式为

$$Q=1.078-4.54H+7.96H^2 \tag{3-39}$$

式中，H 为过堰水深（m）；Q 为流量（m^3/s）。

该量水槽适于高含沙、比降大的小流域，不产生淤积，低水头也可观测，缺点是水面波动大，虽改进用观测井观测水位，但有水头损失，因而误差大。据实测洪水计算误差大到 20%，因而还需用其他方法校正。

（四）三角形剖面堰

对于洪峰流量大的小流域（超过 $100m^3/s$），尤其我国南方面积较大的小流域，上述量水建筑物已不能满足，需要采用其他方式。除了各地已有测流精度高且普遍应用的测流堰外，这里推荐国际上常用的三角形剖面堰。

该剖面堰纵剖面为三角形，横断面为矩形。堰由引水渠、测流建筑物和下游渠道三部分组成。三角形剖面其上游坡降为 1∶2，下游坡降为 1∶5，一般用砌砖或混凝土建成。它的测流范围大，在 $0.1\sim630m^3/s$，堰不淤积，适用含沙量大、流量变化大的沟道。

三角形剖面堰的流量公式为

$$Q=\left(\frac{2}{3}\right)^{1.5}C_dC_v\sqrt{g}bh^{1.5}=1.705C_dC_vbh^{1.5} \tag{3-40}$$

式中，C_d 为流量系数；C_v 为考虑行进流速 $\left(\frac{H}{h}\right)^{1.5}$ 影响的系数；H 为总水头（m）；b 为堰宽（m）；g 为重力加速度（m/s^2）；h 为实测水头（m）。

系数 C_v 由 C_v-$C_db\,\frac{h}{A}$ 曲线图查得。系数 C_d 一般不随 h 而变，当 $h=0.15$ 时，$C_d=1.150$；当 $h<0.15$ 时，C_d 由下式计算为

$$C_d=1.150\left(1-\frac{0.003}{h}\right)^{1.5} \tag{3-41}$$

第三节 泥沙观测

一、河流泥沙特征

（一）几何特性

泥沙的几何特性指泥沙颗粒的形状、粒径及其组成。泥沙的形状棱角峥嵘、极不规则，常可近似地视为球体或椭球体。

泥沙粒径常用等容粒径来表述。对于较大颗粒的卵石、砾石，可以通过称重求其等容粒径。所谓等容粒径，就是体积 V 与泥沙颗粒体积相等的球体的直径，即 $d=(6V/\pi)^{1/3}$。或者，通过量出颗粒的长轴 a、中轴 b、短轴 c，算其几何平均粒径 $d=\sqrt[3]{abc}$，这实际上是将泥沙颗粒视为椭球体而求得的椭球体的等容粒径。对于较细颗粒的泥沙，实际工作中，通常采取筛分析法或沉降分析法求其粒径。筛分析法的作法是将孔径不同的公制标准筛按孔径上大下小的原则叠置在一起，放在振动机上，将沙样倒在最上一级筛上，把经振动后通过的筛孔孔径作为该颗粒的粒径，并称此粒径为筛径。采用沉降法求其粒径并称为沉降粒径，其原理是通过测量沙粒在静水中的沉降速度，按照粒径与沉速的关系式反算出粒径。

泥沙的组成常用粒配曲线表示。即通过沙样颗粒分析，求出其中各粒径级泥沙的重量及小于某粒径泥沙的总重量，算出小于某粒径的泥沙占总沙样的重量百分数，在半对数纸上绘制泥沙粒配曲线。据此粒配曲线，可反映沙样粒径的粗细及其组成的均匀性，如图 3-6 所示，Ⅰ、Ⅱ两组沙样相比较，沙样Ⅰ的组成要粗些、均匀些；沙样Ⅱ的组成要细些、不均匀些。

根据图 3-6 所示粒配曲线，易于确知沙样的中值粒径 d_{50}。它的意义是，沙样中大于和小

于这一粒径的泥沙重量各占50%。在实际工作中,通常可以中值粒径 d_{50} 作为沙样的代表粒径。

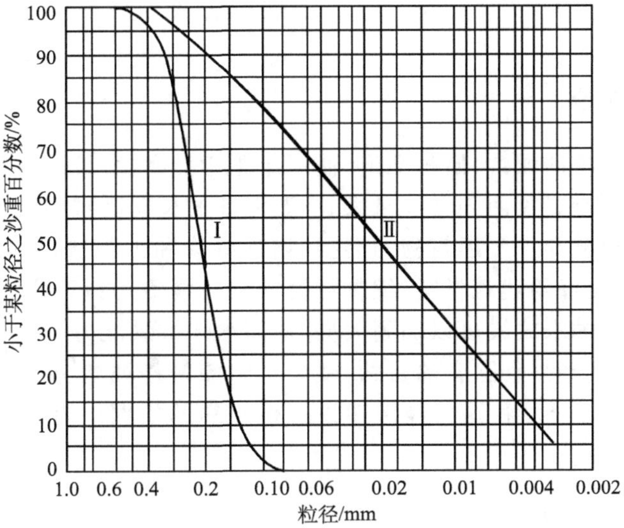

图 3-6　半对数纸上的泥沙粒配曲线

（二）重力特性

泥沙颗粒实有重量与实有体积的比值称为泥沙的容重 γ_s,单位为 N/m^3。泥沙颗粒实有质量与实有体积的比值,称为泥沙的密度 ρ_s,单位为 t/m^3 或 kg/m^3。

泥沙的容重 γ_s 与密度 ρ_s 的关系:$\gamma_s=\rho_s \cdot g$。这里 g 为重力加速度。工程上,泥沙密度常取 $\rho_s=2.65t/m^3=2650kg/m^3$。

由于河流泥沙处在水中运动,其实际容重应为($\gamma_s-\gamma$),因此在工作中,常采用有效容重系数 a 表示其重力特性。

$$a=\frac{\gamma_s-\gamma}{\gamma}=\frac{\rho_s-\rho}{\rho} \tag{3-42}$$

式中,γ 为水的容重(N/m^3);ρ 为水的密度(kg/m^3)。

沙样经100~105℃温度烘干后,其重量与原状沙样整个体积的比值称为泥沙的干容重 γ,单位为 N/m^3。其质量与原状沙样整个体积的比值称为泥沙的干密度 ρ,单位为 t/m^3 或 kg/m^3。干密度 ρ 与干容重 γ 的关系:$\rho=\gamma/g$。

研究泥沙干容重的理论意义在于,在河床冲淤变化分析中,冲淤泥沙的重量 G 与体积 V 的关系,需通过干容重 γ 换算,即 $G=\gamma \cdot V$。

（三）沉降特性

泥沙的沉降特性是指泥沙在水中下沉时的状态及其沉降速度。泥沙沉速的定义为,泥沙在静止的清水中等速下沉时的速度。泥沙沉速常用符号 ω 表示,单位 cm/s。

研究得知,球体沉速一般公式为

$$\omega=\sqrt{\frac{4}{3C_d}}\sqrt{\frac{\gamma_s-\gamma}{\gamma}gd} \tag{3-43}$$

式中，C_d为阻力系数，由试验确定。其他符号同前。

对于泥沙来说，虽然其颗粒形状与球体不同，但其沉降的物理特性理应一致。因此，上述球体的沉速公式同样适用于泥沙。只是由于泥沙的形状不规则，阻力系数 C_d应该较球体略大。

二、河流泥沙测验

河流中挟带不同数量的泥沙，淤积河道，使河床逐年抬高，容易造成河流的泛滥和游荡，给河道治理带来很大的困难。黄河因含沙量大，下游泥沙的长期沉积形成了举世闻名的"悬河"；泥沙还可以加剧水力机械和水工建筑物的磨损，增加维修和工程造价的费用等。泥沙也有其有利的一面，粗颗粒是良好的建筑材料；细颗粒泥沙进行灌溉可以改良土壤，使盐碱沙荒地变为良田；可以淤地造田；抽水放淤可以加固大堤，从而增强抗洪能力等。

对一个流域，为了达到兴利除害的目的，就要了解流域侵蚀状况、泥沙的特性、来源、数量及其时空变化，为流域的开发和国民经济建设提供可靠的依据。为此，必须开展泥沙测验工作，系统地搜集泥沙资料。

（一）河流泥沙的分类

泥沙分类形式很多，这里主要从泥沙测验方面来讲，主要考虑泥沙的运动形式和在河床上的位移。

河流泥沙按其运动形式可分为悬移质、推移质、河床质。悬移质是指悬浮于水中，随水流一起运动的泥沙；推移质是指在河底床表面，以滑动、滚动或跳跃形式前进的泥沙；河床质是组成河床活动层，处于相对静止的泥沙。

因为泥沙运动受到本身特性和水力条件的影响，各种泥沙之间没有严格的界限。当流速小时，悬移质中一部分粗颗粒可能沉积下来成为推移质或河床质。反之，推移质或河床质中的一部分在水流的作用下悬浮起来成为悬移质。随着水力条件的不同，它们之间可以相互转化，这也是泥沙治理困难的关键所在。

河流泥沙测验的内容包括悬移质、推移质的数量和颗粒级配，以及河床质的颗粒级配。

（二）悬移质泥沙测验

河流中悬移质的多少及其变化过程通过测定水流中的含沙量和输沙率来确定。

含沙量是指单位体积水样中所含干沙的重量。

$$\rho_s = \frac{W_s}{V} \tag{3-44}$$

式中，ρ_s为含沙量（kg/m^3或 g/m^3）；W_s为水样中干沙的重量（g 或 kg）；V 为水样的体积（m^3）。

含沙量是一个泛指名词，它可以是瞬时、日、月、年平均，也可以是单沙、相应单沙、测点、垂线平均、部分及断面平均含沙量，视所处的条件而定，单位都是一样的。

输沙率是指单位时间内通过某一过水断面的干沙重量。是断面流量与断面平均含沙量（简称断沙）的乘积，即

$$Q_s = Q \cdot \rho_s \tag{3-45}$$

式中，Q_s为断面悬移质输沙率（t/s 或 kg/s）；Q 为断面流量（m^3/s）。

悬移质泥沙测验的目的在于测得通过河流测验断面悬移质输沙率及变化过程。由于输沙

率随时间变化，要直接测获连续变化过程无疑是困难的。通常是利用输沙率(或断面平均含沙量)和其他水文要素建立相关关系，有其他水文要素变化过程的资料可通过相关关系求得输沙率变化过程。我国绝大部分测站的实测资料分析表明，一般断面平均含沙量与断面上有代表性的某垂线或测点含沙量(即单位含沙量，简称单沙)存在着较好的相关关系。测断面输沙率的工作量大，测单沙简单。可用施测单沙以控制河流的含沙量随时间的变化过程。以较精确的方法，在全年施测一定数量的断面输沙率，建立相应的单沙断沙关系，然后通过相关关系由单沙过程资料推求断沙过程资料，进而计算悬移质的各种统计特征值。因此，悬移质测验的主要内容除了测定流量外，还必须测定水流含沙量。悬移质泥沙测验包括断面输沙率测验和单沙测验。

1. 悬移质泥沙测验常用仪器

1）横式采样器　　横式采样器属于瞬时采样器，器身为一园管制成，容积为 500～3000mL，两端有筒盖，筒盖关闭后，仪器密封(图 3-7)。取样时张开两盖，将采样器下放至测点位置，水样自然的从筒内流过，操纵开关。

横式采样器的优点是仪器的进口流速等于天然流速，结构简单，操作方便，适用于各种情况下的逐点法或混合法取样。其缺点是不能克服泥沙的脉动影响，且在取样时，严重干扰天然水流，采样器关闭时口门击闭影响水流，加之器壁粘沙，使测取的含沙量系统偏小，据有关单位试验，其偏小程度为 0.41%～11.0%。

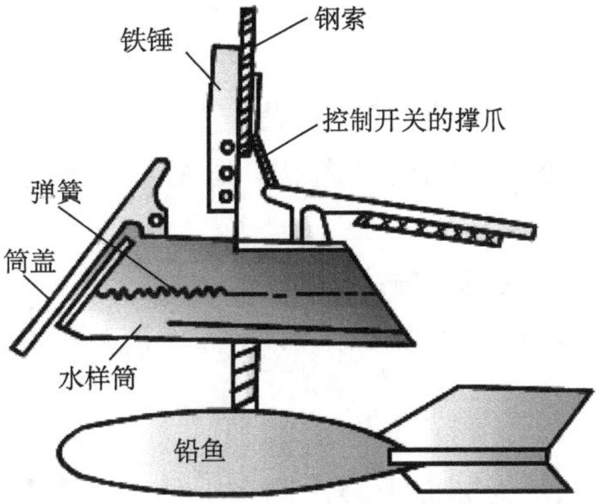

图 3-7　横式采样器

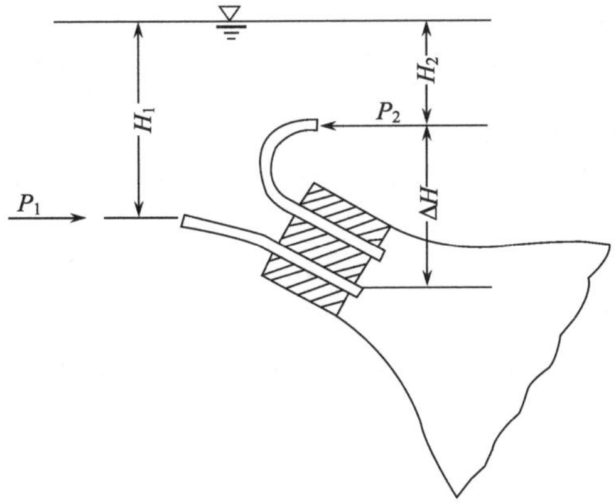

图 3-8　普通瓶式采样器

2）普通瓶式采样器　　普通瓶式采样器是用容积为 500～2000mL 的玻璃瓶制成的，瓶口加有橡皮塞，塞上装有进水管和出水管(如图 3-8)，调整进水管和出水管出口的高差 ΔH，选用粗细不同进水管和出水管，可以调整进口流速。采样器最好设置有开关装置，否则不适于逐点法取样。

3）调压积时式采样器　　该仪器适用于缆道上同时进行测流、取沙。在一次行车过程中，测量断面内每个预定测点的流速，同时用全断面混合法一次完成悬移质泥沙的断面平均含沙量测验。皮囊式采样器，作为一种调压积时式采样器，借助皮囊容器的柔性以传导和调整仪器内压力与仪器外静水压力使其平衡，不另设调压系统。主要由取水系统和铅鱼体壳两大部分组成。取水系统包括管嘴、进水管、电磁开关和皮囊。铅鱼体壳侧面设有弧形活门和若干进水小孔。其形式如图 3-9 所示。取样前，将皮囊内空气排出，并由电磁铁将管道封闭。取样时，电磁铁通一电流，开启管道，水样在动水作用下即可通过管道注入可以张开的皮囊容器内，皮囊内外始终保持压力平衡。是利用柔性极强的乳胶皮囊作盛水容器，仪器本身可保证内外静水压强相等，设有排气孔，也不需要设置调压舱就可达到瞬时调压的目的。

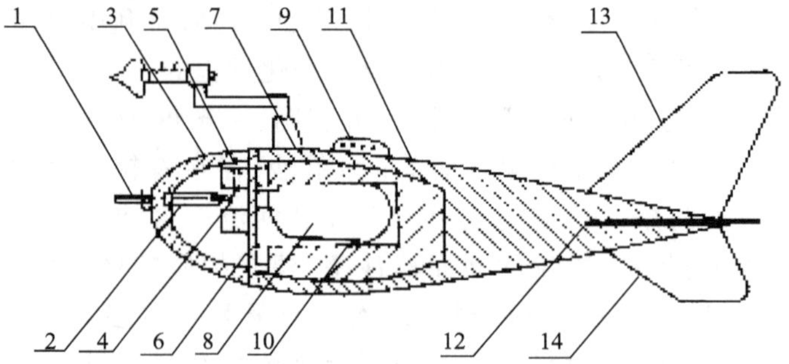

图 3-9 皮囊式采样器

1. 管嘴;2. 进水管;3. 头舱;4. 滑阀;5. 电磁铁;6. 阀座;7. 悬杆;8. 皮囊;9. 挂钣;10. 皮囊门;11. 配重;12. 横尾;13. 上纵尾;14. 下纵尾

该仪器结构简单,操作方便,同调压积时式一样能克服脉动影响,不干扰天然水流,进口流速接近天然流速等优点。适用于高流速,大含沙量和不同水深条件下的积点法、垂线混合法和积深法取样等。

2. 悬移质输沙率测验

理论上的悬移质输沙率用下式表示为

$$Q_s = \int_0^B \int_0^h \rho_s V \mathrm{d}h\,\mathrm{d}B \tag{3-46}$$

式中,ρ_s为断面上某一测点上的含沙量(g/m^3);V 为断面上某一测点上的流速(m/s);h、B 为垂线水深和水面宽(m);Q_s为过水断面内的悬移质输沙率(t/s 或 kg/s)。

$V\mathrm{d}h$ 表示单宽 dh 水层内每秒钟通过的水流体积,由于 $\rho_s V$ 在断面内的函数关系不易找到,所以在测验中一般用有限差的形式表示为

$$Q_s = \sum \rho_s V \Delta A \tag{3-47}$$

式中把过水断面划分成许多小块,在每块面积上测速、测沙,$\rho_s V\Delta A$ 表示通过每块小面积上的输沙率,全断面内的各小块输沙率之和即为断面输沙率。

实际测验时仍采取与流量法相同的概念,将断面分割成许多平行的垂直部分块,计算每部分块的输沙率,然后累加得断面输沙率。公式为

$$Q_s = \sum \bar{\rho}_{sb} q \tag{3-48}$$

式中,$\bar{\rho}_{sb}$、q 分别代表某一部分块的平均含沙量(kg/m^{3}或 g/m^3)和流量(m^3/s),二者之积得部分块的输沙率(t/s 或 kg/s)。

3. 测沙垂线的布置

断面内测沙垂线应根据含沙量横向分布的规律布设,一般情况下,其分布应大致均匀,中泓密,两边疏,以能控制含沙量横向变化转折,正确测定断面输沙率为原则。测沙垂线数目,一般应根据试验资料分析确定:一类站不少于 10 条,二类站不少于 7 条,三类站不少于 3 条。

断面与水流稳定的测站,测沙垂线应该随测速垂线一起固定下来。用全断面混合法测输沙率时,测沙垂线的数目和位置应按全断面混合法的要求布置。

4. 垂线上取样方法

垂线上取样的目的,在于推求垂线平均含沙量和分析研究含沙量沿垂线的分布规律,其取样方法有选点法、积深法和垂线混合法三种。

1）选点法　在测沙垂线有代表性的相对位置上，逐点测取水样，同时测流速，按流量加权的原理计算垂线平均含沙量。选点法有以下几种。

a. 畅流期

一点法：在水面下 0.6 相对深处测速取沙。

二点法：在水面下 0.2 和 0.8 相对水深处，测速取沙。

三点法：在 0.2、0.6、0.8 相对深处测速取沙。

五点法：在水面 0.2、0.6、0.8 相对水深和河底附近测速取沙。

b. 封冻期

一点法：在水面下 0.5 相对深处测速取沙。

二点法：在水面下 0.15、0.85 有效相对水深处测速取沙。

六点法：在冰底或冰花底、0.2、0.4、0.6、0.8 有效相对水深及河底附近测速取沙。

2）垂线混合法　在测沙垂线的有关测点上，按规定的要求分别取样，混合成一个水样，处理后的含沙量即为垂线平均含沙量。根据仪器的不同，有以下两种取样方法。

积时式采样器取样：使用此种仪器，可根据不同的测点，列出的取样历时比例取样，然后进行混合。

横式采样器取样：可按一定容积比例取样，进行垂线混合。在畅流期用 2∶1∶1 或 1∶1 混合法；封冻期用 1∶1 混合法等，此类方法不太符合流量加权的原理，粗沙部分常产生较大误差，应通过试验分析确定。

3）积深法　用积时式采样器在垂线上匀速提放，采取整个垂线上的水样，经处理求得的含沙量即为垂线平均含沙量。当不宜用选点法，且有 1m 以上水深时，可用此法。为避免采样器进口流向偏斜过大，提放速度应不超过垂线平均流速的 1/3，取样时，可单程取样，也可以双程取样，在双程取样时，下放和上提的速度可以不同，但无论用何种方法取样，采样器均不得装满。

5. 实测悬移质输沙率计算

1）垂线平均输沙率　在实际应用中计算垂线平均输沙率的方法有直接测量法和间接测量法两种。

直接测量法

$$\bar{q}_s = \frac{1}{n}\sum_{i=1}^{n}\frac{\bar{q}_{si}}{\alpha_i} \tag{3-49}$$

间接测量法

$$\bar{q}_s = \frac{1}{n}\sum_{i=1}^{n}\frac{\bar{\rho}_{si}V_i}{\alpha_i} \tag{3-50}$$

式中，$\bar{q}_s$ 为垂线平均输沙率（t/s 或 kg/s）；α_i 为比例系数，等于 $\frac{\bar{q}_{si}}{\bar{q}_s}$ 的值；$\bar{q}_{si}$ 为测点时均输沙率（t/s 或 kg/s）；$\bar{\rho}_{si}$ 为测点时均含沙量（kg/m^3 或 g/m^3）；V_i 为测点时均流速（m/s）。

2）断面输沙率　目前计算断面输沙率的方法是：先求出各测沙垂线平均含沙量，然后求两测沙垂线间部分平均含沙量，再与部分流量相乘，得部分输沙率，累加后得断面输沙率。在计算方法上，又分为分析法和图解法两种，因图解法不常用，下面只对分析法进行介绍。

a. 垂线平均含沙量的计算

用积深法或垂线混合法取样时，经处理求得的含沙量即为垂线平均含沙量。用逐点法取样时，均需用流速加权法计算垂线平均含沙量。

畅流期常用的计算法有多点取样时的面积包围法和简易的算术平均法两种。以下是面积包围法的计算公式。

五点法：

$$\rho_{sm}=\frac{1}{10V_m}(\rho_{s0.0}V_{0.0}+3\rho_{s0.2}V_{0.2}+3\rho_{s0.6}V_{0.6}+2\rho_{s0.8}V_{0.8}+\rho_{s1.0}V_{1.0}) \tag{3-51}$$

三点法：

$$\rho_{sm}=\frac{\rho_{s0.2}V_{0.2}+\rho_{s0.6}V_{0.6}+\rho_{s0.8}V_{0.8}}{V_{0.2}+V_{0.6}+V_{0.8}} \tag{3-52}$$

二点法：

$$\rho_{sm}=\frac{\rho_{s0.2}V_{0.2}+\rho_{s0.8}V_{0.8}}{V_{0.2}+V_{0.8}} \tag{3-53}$$

一点法：

$$\rho_{sm}=\eta_1\rho_{s0.6} \tag{3-54}$$

式中，ρ_{sm}为垂线平均含沙量（kg/m^3或 g/m）；$\rho_{s0.0}$、$\rho_{s0.2}$、…、$\rho_{s1.0}$为垂线中各取样点的含沙量（kg/m^3或 g/m）；$V_{0.0}$、$V_{0.2}$、…、$V_{1.0}$为垂线中各取样点的流速（m/s）；η_1为一点法系数。应根据多点法实测资料分析确定，无试验资料时可采用 1.0。

b. 断面输沙率和断面平均含沙量的计算

采用选点法、垂线混合法与积深法测定垂线平均含沙量，并使用流速仪法测流时，断面输沙率和断面平均含沙量计算步骤是：首先要计算部分输沙率，然后进行断面输沙率和断面平均含沙量计算。其中部分输沙率是以测沙垂线为分界，计算垂线间部分平均含沙量和部分流量。部分面积的计算是以测深垂线为分界，部分流量是以测速垂线为分界。图 3-10 为测沙、测速、测深垂线示意图。

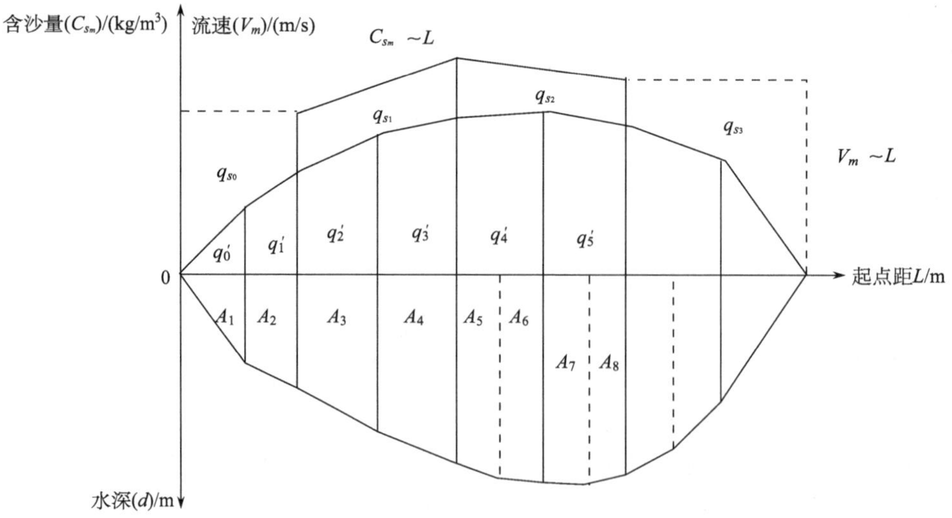

图 3-10 测沙、测速、测深垂线示意图

(1) 部分平均含沙量计算。岸边部分因含沙量不为零,且横向变化不大,故以第1根与末根测沙垂线的垂线平均含沙量代替之,如

$$\bar{\rho}_{sb0}=\rho_{sm1},\quad \bar{\rho}_{sbn}=\rho_{smn} \tag{3-55}$$

其余部分采用两测沙垂线的算术平均值

$$\bar{\rho}_{sb1}=\frac{\rho_{sm1}+\rho_{sm2}}{2},\quad \bar{\rho}_{sb2}=\frac{\rho_{sm2}+\rho_{sm3}}{2} \tag{3-56}$$

(2) 部分流量的计算。以测沙垂线为分界,累计各部分流量之和,如第一部分为 $q_0=q'_0+q'_1$,$q_1=q'_1+q'_2$,…等。

(3) 部分输沙率的计算。以上两者相乘得

$$\text{第一部分}\quad q_{s0}=\bar{\rho}_{sb0}q_0=\rho_{sm1}(q'_0+q'_1) \tag{3-57}$$

$$\text{第二部分}\quad q_{s1}=\bar{\rho}_{sb1}q_1=\frac{\rho_{sm1}+\rho_{sm2}}{2}(q'_2+q'_3) \tag{3-58}$$

(4) 断面输沙率计算。各部分输沙率累计和为

$$Q_s=\rho_{sm1}q_0+\frac{\rho_{sm1}+\rho_{sm2}}{2}q_1+\frac{\rho_{sm2}+\rho_{sm3}}{2}q_2+\cdots+\frac{\rho_{smn-1}+\rho_{smn}}{2}q_{n-1}+\rho_{smn}q_n \tag{3-59}$$

(5) 断面平均含沙量为

$$\bar{C}_s=\frac{Q_s}{Q} \tag{3-60}$$

式中,Q_s 为断面输沙率(t/s 或 kg/s);ρ_{sm1}、ρ_{sm2}、…、ρ_{smn} 为各取样垂线的垂线平均含沙量(kg/m^{3}或 g/m^3);q_0、q_1、…、q_n 为以取样垂线为分界的部分流量(m^3/s);$\bar{\rho}_s$ 为断面平均含沙量(kg/m^{3}或 g/m^3);Q 为断面流量(m^3/s)。

(三) 推移质泥沙测验

1. 推移质泥沙测验常用仪器

推移质采样器按用途分为卵石采样器和沙质采样器两类。

卵石推移质采样器包括64型卵石推移质采样器、80型卵石推移质采样器和大卵石推移质采样器。其中64型卵石推移质采样器适用于中等粒径的卵石,取样效率系数为10%。80型卵石推移质采样器平均取样效率系数为55%。大卵石推移质采样器适用于粒径较大的卵石(粒径在10~300mm)推移质测验,取样效率系数为30%。

沙质推移质采样器有黄河59型推移质采样器和长江大型沙质推移质采样器(Y78-1型)。后者目前被国内外一致认为是一种较理想的性能良好的沙质推移质采样器。

除了用采样器施测推移质外,还有坑测法、沙波观测法等其他方法。

2. 推移质输沙率测验

用采样器施测推移质,因仪器不够完善,测验工作还缺乏可靠的基础,而且,测沙垂线的布设、取样历时,测次等尚无成熟经验。现只能根据少数站开展推移质测验的情况,提出一些基本要求。

1) 测次与取样垂线　推移质输沙率的测次主要布设在汛期,应能控制洪峰过程的转折

变化，并尽可能与悬移质、流量、河床质测验同时进行，以便于资料的整理、比较和分析。

取样垂线应布设在有推移质的范围内，以能控制推移质输沙率横向变化，准确计算断面推移质输沙率为原则。推移质取样垂线最好与悬移质输沙率取样垂线相重合。

2）取样历时与重复取样次数　为消除推移质脉动影响，需要有足够的取样历时并应重复取样。对沙质推移质，每条垂线需重复取样 3 次以上，每次取样历时少于 3～5min，推移量甚大时，也不应少于 30s。对卵石推移质强烈推移带，每条垂线重复取样 2～5 次，累积取样历时不少于 10min，其余垂线可只取样一次，历时 3～5min。

每次取样数量以不装满采样器最大容积的 2/3 为宜。

3）采取单位推移输沙率　为建立单位推移质输沙率与断面推移质输沙率的相关关系，以便用较简单的方法来控制断面推移质输沙率的变化过程，可在断面靠近中泓处选取 1～2 条垂线，作为单位推移质取样垂线，该垂线最好与断面推移质取样垂线相重合，这样，在进行推移质测验时，可不再另取单位推移质沙样。

3. 实测推移质输沙率的计算

用采样器测定推移质，输沙率的计算方法分为图解法与分析法两种。这两种方法均须首先计算各取样垂线的单位宽度推移质输沙率，也叫做推移质基本输沙率。

1）垂线基本输沙率的计算公式为

$$q_b = \frac{100W_b}{tb_k} \tag{3-61}$$

式中，q_b 为垂线基本输沙率[g/(s·m)]；W_b 为干沙重(g)；t 为取样历时(s)；b_k 为取样器口门宽度(cm)。

2）断面输沙率的计算　先按下式计算修正前断面推移质输沙率为

$$Q'_b = 0.001\left(\frac{q_{b1}}{2}b_0 + \frac{q_{b1}+q_{b2}}{2}b_1 + \cdots + \frac{q_{bn-1}+q_{bn}}{2}b_{n-1} + \frac{q_{bn}}{2}b_n\right) \tag{3-62}$$

式中，Q'_b 为修正前断面推移质输沙率(kg/s)；q_{b1}、q_{b2}、…、q_{bn} 为各垂线基本输沙率[g/(s·m)]；b_1、b_2、…、b_{n-1} 为各取样垂线间距(m)；b_0、b_n 为两端取样垂线与推移质移动地带边界的距离(m)。

实际断面推移质输沙率按下式计算为

$$Q_b = k \cdot Q'_b \tag{3-63}$$

式中，Q_b 为断面推移质输沙率(kg/s 或 t/s)；Q'_b 为修正前断面推移质输沙率(kg/s 或 t/s)；k 为修正系数，采样器采样效率的倒数，通过率定样器效率系数求得。如果修正系数 k 未知时，可先不加修正，但在资料中应加以说明。

三、小流域泥沙的观测

小流域泥沙的常规观测包括悬移质测验和推移质测验。

悬移质测验方法有泥沙采样器测定法、含沙量光度测量法、放射性同位素测量法、放射性同位素示踪法，最为常用的是泥沙采样器测定法(采样器法)，用采样器法测定泥沙的步骤包括：①用采样器在预先设定好的垂线和测点上取泥水样，取样时应同时观测水位及取样处的水深，并测定取样垂线的起点距。取水样可与测流同时进行。②用过滤法或比重瓶法处理泥水样；测定含沙量。③获得断面输沙率即含沙量和流量的乘积。断面输沙率的测定一般与测流同时进行，即在测流的同时用采样器取泥水样。取样垂线可在测速垂线中选取，取样垂线的数目应不少于测速垂线的一半，河宽大于 50m 时不少于 5 条，小于 50m 时不少于 3 条。

推移质的测定目前仍处于探索阶段，没有一定之规，最为常用的推移质测定方法有采样器法和沉沙池法。采样器法是沿河道放置一定体积的推移质采样器，每隔一定时间测定采样器中的泥沙量，按一定比例换算成河流中推移质的输沙量。沉沙池法是测流槽前面修建沉沙池，每次洪水过后沉沙池中的泥沙量就是推移质的量。

四、径流场径流泥沙观测

（一）径流量观测

径流场常进行径流过程观测，小型量水堰（槽）的水位观读可通过自记水位计进行，要求能读至毫米，并配合三角堰流量查算径流量，确定径流过程。

径流量观测的仪器是自记式水位计，在观测水位的同时，在三角堰的下部采取水样，进行编号，最后根据水位曲线和三角堰查算求出径流总量。

1. 自记式水位计的使用

（1）自记钟快慢的调节。

（2）清洗：一般每年要清洗一次。

（3）换记录纸：根据水尺读数，对准水位，并紧水位轮螺钉。每天换一次记录纸，并标上日期。

（4）对时：每天换纸时，转动微动轮，使记录笔尖对准记录纸上的相应时间。

2. 三角堰安置及流量计算

三角堰一般设在人工静水池出口处。普通简易的三角堰可用木板或木板堰口外包铁皮制成。口缘注意保持在一个平面内。堰前渐近水池的宽度 B 随通过最大流量时的最大水头 H_{max} 值和堰顶角而变。其关系可参阅中华人民共和国行业标准《径流实验观测整编暂行规定》。

径流量的计算是根据率定的水位流量关系曲线来推求的。从自记水位和容积曲线推求径流过程和径流量，然后结合三角堰查算表计算出径流总量。

1）自由流（下游水位低于堰口）

$$Q=\frac{8}{15}\mu\sqrt{2g}\,\mathrm{tg}\,\frac{\theta}{2}H^{\frac{5}{2}} \tag{3-64}$$

式中，Q 为过堰流量（m^3/s）；θ 为三角堰顶角；H 为堰顶水头（m）；g 为重力加速度 $9.8m/s^2$；μ 为流量系数，约等于 0.6。

当 $\theta=90°$时，$Q=1.4H^{\frac{5}{2}}$

2）淹没流（下游水位高于堰口）　一般情况下不使用，但因流速过小，用其他方法无法施测时，可暂时使用。

$$Q=\frac{8}{15}\delta\mu\sqrt{2g}\,\mathrm{tg}\,\frac{\theta}{2}H^{\frac{5}{2}} \tag{3-65}$$

当 $\theta=90°$时，三角堰流量简化式为：$Q=1.4\delta H^{\frac{5}{2}}$

式中，δ 为淹没系数，其计算公式为

$$\delta=\sqrt{0.756-\left(\frac{h}{H}-0.13\right)^2}+0.145 \tag{3-66}$$

式中，H 为上游水头(m)；h 为下游水头(m)。

用三角堰计算流量时，对于不同水头 H 都有固定流量 Q 值相对应，编制 H-Q 关系曲线查算径流量。

（二）泥沙量观测

1. 泥沙总量观测

当径流终止之后，将引水槽淤泥扫入径流池，将水搅拌均匀，在池中采取柱状水样2～3个(总量1000～3000cm^3)，混合在一起，再从中取出500～1000cm^3的水样，作为径流场本次径流泥沙的总代表水样。在取到样品后，写上对应小区号，按时间顺序编号，标上样品体积，标明取样日期。封闭后分类保存，然后进行水样泥沙总量分析处理。

2. 泥沙过程量观测

产生径流后，根据试验要求和精度用塑料桶或其他取样器对各小区适时进行采样(若精度要求高时，可0.5h或1h取一样)，在每个三角堰口取水样2～3个(总量1000～3000cm^3)，混合在一起，再从中取出500～1000cm^3的水样，作为每个径流场本次径流泥沙的过程量代表水样。在取到样品后，做上标记，封闭后分类保存，待水样泥沙过程分析处理。

3. 泥沙样处理

泥沙样采集后，要对其进行处理和计算分析，求得其泥沙含量。常见的处理方法有：过滤法(适用于含沙量较大时期，沙重应不小于1g)、烘干法(适用于含沙量较小时期)、置换法(适用于大含沙量时期，使用1/100g天平，沙重应大于2g)。在径流场泥沙样分析中多采用过滤法和烘干法相结合的方法。

过滤法的工作内容为：①量水样容积；②水样多时可使泥沙沉淀，浓缩水样；③将水样过滤，析出泥沙。过滤纸必须在100～110℃的烘箱中烘2h，在干燥器内冷却，逐张称重并记于滤纸上；④烘箱烘干，温度控制在100～110℃，保持5h；⑤烘干后，应放在干燥器内冷却后称重，同滤纸一起称重后减去滤纸重量，即得干沙重量。

烘干法的工作内容为：①量水样体积；②使泥沙沉淀，浓缩水样；③将浓缩水样倒入烘杯烘干、冷却；④称重。其他规定同过滤法。

4. 泥沙量分析计算

泥沙重量计算为

$$W_s = K(W_{\omega s} - W_\omega) \tag{3-67}$$

式中，W_s 为泥沙重量(g)；$W_{\omega s}$ 为瓶加浑水重(g)；W_ω 为同温度下瓶加清水重(g)，由曲线查得；K 为置换系数，$K=\dfrac{\gamma_s}{\gamma_s-\gamma_\omega}$，其中，$\gamma_s$ 为泥沙容重(g/cm^3)，由试验确定，无试验资料时可采用2.65；γ_ω 为水的比重(g/cm^3)，根据当时浑水温度 T，自《水文测定手册》查取。

经过对水样的处理记载、检查、校核后，即可按下式计算实测含沙量为

$$\rho = \frac{W_s}{V} \times 1000 \tag{3-68}$$

式中，ρ 为实测含沙量(kg/m^3)；W_s 为水样中干沙重(g)；V 为水样容积(cm^3)。

第四节 其他观测项目

一、降水观测

(一)降水观测仪器

常用测量降水的仪器有雨量器、虹吸式雨量计、翻斗式雨量计等。雨量器如图3-11所示,是最基本的测雨器,分时段人工观测。虹吸式自记雨量计如图3-12所示,承雨器将雨量导入浮子室,浮子随注入雨水的增加而上升,带动自记笔在附有时钟的转筒上的记录纸上连续记录随时间累积增加的雨量。当累积雨量达10mm时,自行进行虹吸,使自记笔立即垂直下落到记录纸上纵坐标的零点,以后又开始记录。翻斗式自记雨量计如图3-13所示,承雨器接受的雨水流入对称的翻斗的一侧,当接满0.1mm雨量时,翻斗倾于一侧把雨水全部泼掉,另一翻斗则处于进水状态,每次翻转将发出一个脉冲信号,由记录设备记下这些信号并换算为雨量。另外,雷达探测利用云、雨、雪等对无线电波的反射现象,随时探测降水的位置、移动速度、方向和变化情况,进行降水预报。目前为止,此种方法属于定性预报,还未能达到定量预报的程度。

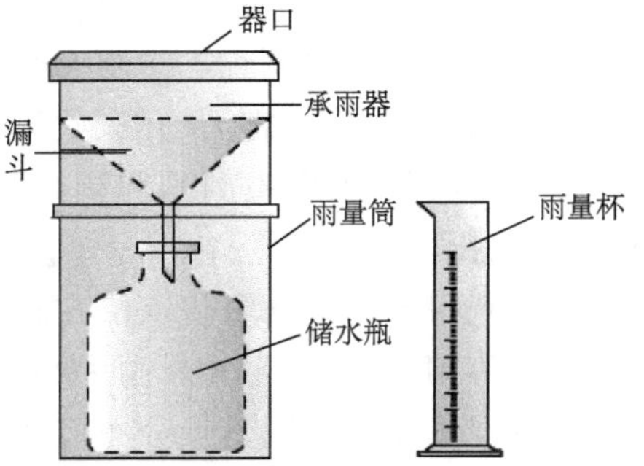

图3-11 雨量器示意图

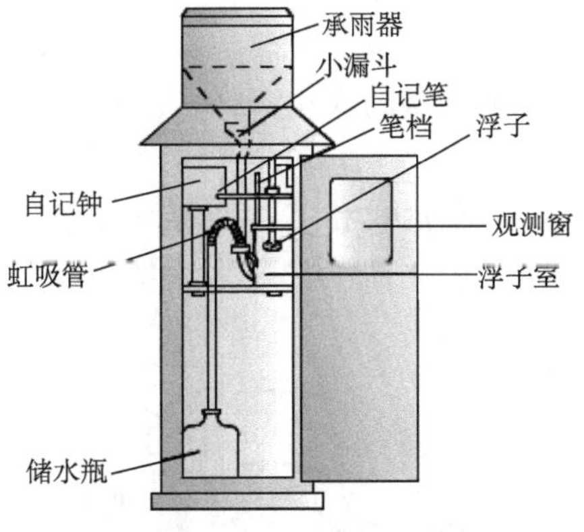

图3-12 虹吸式自记雨量计示意图

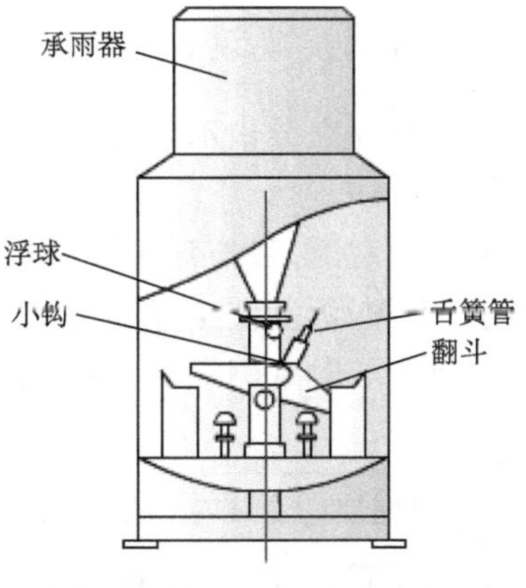

图3-13 翻斗式自记雨量计示意图

(二)量雨筒雨量观测

1. 观测时段及基本要求

每天量雨筒观测的次数及其包含的时间称观测时段。水保部门多采用2时段和4时段观测。即每天早8时和晚20时(2时段)观测,或晚上2时,早8时,午14时,晚20时(4时段)观测。若遇少雨或无雨天也可在早8时观测一次。

按气象部分规定,降水过程中有间歇时,当间歇时间超过15min后,间歇前后作为两次降水记录；若间歇时间等于或小于 15min，则作为一次降水记录。

为防止蒸发损失提高精度，应在降雨结束后及时观测。在记录降水量时，还应记录降雨起止时间。若观测时降雨未结束，则应带备用储水瓶换取，此种情况只记降水量，不记降水起止时段。

2. 暴雨观测与调查

暴雨是产生水土流失的重要降水形式，水土保持工作者都十分重视。一般都采用加测的办法，采集雨量数据或巡视，以防降水溢出储水桶。当特大暴雨出现，无法进行正常观测时，应尽可能及时进行暴雨调查。暴雨调查应组织好人力分头进行。在雨区先要选择好被调查人和被调查承雨器，如设在露天的缸、盆等，且雨前无蓄水，雨中无溢流，雨后损失小的器具。通过量积（或称重）及承雨口面积，和调查降雨起止时间、降雨过程雨情变化及时间变化等资料，掌握雨型，测出降雨量。

将调查得出的降雨量值点绘在较大比例尺平面图上（1/1000 地形图最好），可以绘制暴雨分布图和等雨量线图，得知暴雨中心及衰减变化，也可推求出观测区的暴雨和分布。

区域暴雨调查的雨量点分布应较均匀，且应有一定数量。调查点越多，暴雨分布图越能反映真实情况，调查点越稀少，相对精度越低。一般大范围暴雨调查，$1km^2$ 面积不少于一个调查点，对于靠近观测区的范围，$1km^2$ 不少于两个调查点。

二、蒸散发观测

蒸散发根据蒸发面的不同，可分为：水面蒸发、土壤蒸发和植物散发。通常测量蒸发的水层深度，以 mm 计。

（一）水面蒸发观测

水面蒸发是在充分供水条件下的蒸发。确定水面蒸发量的大小，通常有两种途径：器测法和间接计算法。

水面蒸发的观测，目前常用的设备有 Φ-20 型、Φ-80 套盆式和 E_{601} 型蒸发器。E_{601} 型蒸发器性能稳定、可靠，器测值接近实际的大水体蒸发量，是水文部门普遍采用的设备，如图 3-14 所示。一般每天 8 时观测一次，每天观测日蒸发量。

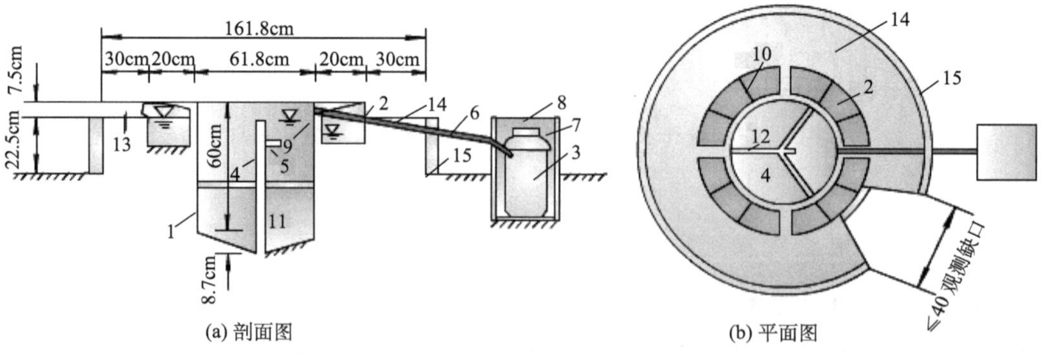

图 3-14 E_{601} 型蒸发器

1. 蒸发器；2. 水圈；3. 溢流桶；4. 测深桩；5. 器内水面指示针；6. 胶管；7. 放桶箱；8. 箱盖；9. 溢流嘴；10. 支持挡；11. 直管；12. 管架；13. 排水孔；14. 土圈；15. 防坍设施

将水面蒸发器的观测值 $E_{器}$ 转换为水面的蒸发量 E，计算式为

$$E = K \cdot E_{器} \tag{3-69}$$

式中，K 为蒸发器的折算系数，随水面蒸发器类型和季节的变化而变化。

间接计算法是利用气象或水文观测资料间接推算蒸发量，方法有：水汽输送法、热量平衡法、彭曼法、水量平衡法、经验公式等。如彭曼的水面蒸发公式为

$$E = \frac{1}{\Delta + \gamma}(Q_n \Delta + \gamma E_a) \tag{3-70}$$

式中，E 为蒸发率(mm/d)；Δ 为气温与饱和水汽压关系曲线的坡度(kPa/℃)；γ 为温度计常数(kPa/℃)；Q_n 为净辐射量[MJ/(m^2 · d)]；E_a 为水面温度等于气温时的水面蒸发(mm/d)。

我国水文计算规范推荐的经验公式为

$$E = A\sqrt{1 + Bw_{1.5}^2}(e_s - e_{1.5}) \tag{3-71}$$

式中，E 为大水体的蒸发率(mm/d)；$e_{1.5}$、e_s 分别为水面上方 1.5m 处的实际水汽压和水面上的饱和水汽压(hPa)；$w_{1.5}$ 为水面上方 1.5m 处的风速(m/s)；A、B 为系数，我国东北、华北、华中、华东、华南地区分别为 0.22 和 0.32；内蒙古、新疆、西藏、青海地区分别为 0.30 和 0.27。

$$e_s = 6.1 \times 10^{\frac{7.45T_s}{235+T_s}} \tag{3-72}$$

式中，T_s 为水面温度(℃)。

另外，其他的经验公式如迈耶(Mayer)1942 年建议的经验公式为

$$E = C(e_{ws} - e_a)\left(1 + \frac{u}{10}\right) \tag{3-73}$$

式中，E 为水面蒸发(in/d)；e_{ws} 为水面温度下的饱和水汽压(in)；e_a 为空气水汽压(in)；u 为风速(mile/h)；C 为经验系数，一般取 0.36。

(二) 土壤蒸发的观测

确定土壤蒸发量的方法有器测法、经验公式法、水量平衡法、热量平衡法等。

用以测定土壤蒸发量的仪器很多。常用的有前苏联 ГГИ-500 型土壤蒸发器，该蒸发器有内外两个铁筒。内筒用来切割土样和装填土样，内径 25.2cm，面积 500cm^2，高 50cm，筒下有一个多孔活动底，以便装填土样。外筒内径 26.7cm，高 60cm，筒底封闭，埋入地面以下，供置入内筒用。内筒下有一集水器承受蒸发器内土样渗漏的水量。内筒上接一排水管与径流筒相通，以接纳蒸发器上面所产生的径流量。另设地面雨量器，器口面积 500cm^2，以观测降雨量。定期对土样称重，再按下式推算时段蒸发量为

$$E = 0.02(G_1 - G_2) - (R + q) + P \tag{3-74}$$

式中，E 为观测时段内土壤蒸发量(mm)；G_1、G_2 为时段初始和时段末筒内土样的重量(g)；R 为观测时段内产生的径流量(mm)；q 为观测时段内渗漏的水量(mm)；P 为观测时段内产生的降雨量(mm)。

另有一种负压计，又称张力计，是利用土壤含水量与土壤水吸力的关系来测定土壤的含水量变化，从而确定土壤的蒸发量。除此之外，还有应用 γ 射线和中子等核物理手段测定土壤含水量的变化。

由于器测时土壤本身的热力条件与天然情况不同，其水分交换与实际情况差别较大，并且

器测法只适用于单点，所以，观测结果只能在某些条件下应用或参考。对于较大面积的情况，因流域下垫面条件复杂，难以分清土壤蒸发和植物散发，因此器测法很少在生产上具体应用，多用于蒸发规律的研究。

土壤蒸发经验公式为

$$E_{土}=A_s(e'_0-e_a) \tag{3-75}$$

式中，$E_{土}$为土壤蒸发量(mm)；A_s为反映气温、湿度、风等外界条件的质量交换系数；e'_0为土壤表面水汽压，当表土饱和时e'_0等于饱和水汽压(hPa)；e_a为大气水汽压(hPa)。

（三）植物散发测定

植物散发是植物根系从土壤等吸收的水分，通过叶面、枝干蒸发到大气中的一种生理过程，散发量的确定用实测法和计算法。实测法有器测法，确定旱作物散发的器测法是用不漏水圆筒，装满足够植物生长的土，种上植物，视植物生长需水，随时灌水。测定实验时段始末重量和注水重量求散发量。此外，还有坑测法和棵枝称重法等。计算方法有：①水量平衡法，根据一块样地或流域的整片植物群落生长期始末的土壤含水量、土壤蒸发量、渗漏量和径流量的收支状况来确定散发量。②热量平衡法，测定植物生长期间落在单位面积上热量卡数，然后算出 1hm^2 植物叶子所拦蓄的热量卡数，除以在 20℃时 1kg 水变为水汽所需的卡数，即得出 1hm^2 植物散发水量千克数。③散发模型，有确定根系吸水强度的根系模型和确定树冠散发的气孔模型。

三、土壤入渗观测

入渗又称下渗，是指水从地表渗入土壤和地下的运动过程。天然条件下的下渗，可通过野外现场试验来确定。通常有直接测定法和分析法两种途径。

直接测定法是在流域内选定若干具有代表性的场地，采用注水法或人工降雨法直接测定下渗过程。前者是将同心环下渗仪安置在选定的地点，通过不断地向环内注水，记录各时段的下渗量，计算下渗率随时间的变化；后者是在选定的地点安置人工降雨器，按能够超过下渗能力的雨强对实验小区进行人工降雨，同时观测小区的累积雨量过程 $P(t)$ 和累积地面径流过程 $R(t)$，二者之差即可获得累积下渗量过程 $F(t)$，进而求得下渗过程 $f(t)$。

根据流域水量平衡原理，由实测的降雨和径流资料分析下渗过程。该法求得的是流域平均下渗过程，综合反映流域的平均下渗特性及定量规律。

第五节 水文调查与水文遥感

一、流量资料整编

流量资料整编中最关键的部分是绘制水位流量关系曲线，然后用水位在水位流量关系曲线上推求流量，再计算日、月、年平均流量及挑选各种特征流量。水位流量关系是指基本水尺断面的水位与通过该断面的流量之间建立的关系，有的表现为稳定的关系，有的则为不稳定的关系。

（一）稳定的水位流量关系

稳定的水位流量关系，是指一个水位对应的流量变化不大，它们之间呈现单一关系。稳定的水位流量关系曲线的绘制步骤如下。

(1) 将各次测流时实测水位、流量的成果加以审查,列出实测流量成果表,见表 3-2。

表 3-2 ××河××站 1982 年实测流量成果表(摘录)

测次	日期			水位	流量	流量	断面面积	平均流速	水面比降	水面宽	备注
	月	日	时:分	/m	/(m^3/s)	测法	/m^2	/(m/s)	/%	/m	
121	8	12	7:50～8:20	102.59	137	流速仪	98.6	1.39	—	83.6	—
122	8	13	7:30～8:20	102.48	121	流速仪	92.3	1.52	—	83.1	—
123	—	—	15:00～15:30	104.15	851	水面浮标	312	2.73	0.24	157	—
124	8	14	7:00～7:30	104.42	1050	水面浮标	361	2.92	0.27	168	西北风 2～3 级
125	—	—	18:00～18:20	104.17	944	水面浮标	315	3.00	0.27	157	西北风 2～3 级

(2) 根据表中数据,同时绘制 $Z \sim A$、$Z \sim V$、$Z \sim Q$ 关系曲线。以水位为纵坐标,横坐标用 3 种比例尺,分别代表 Q、A、V。如果采用不同方法测流,则相应的点用不同符号表示。如果水位流量关系点密集,分布成一带状,就可以通过点群中间,目估一条单一的水位流量关系曲线,如图 3-15 所示。

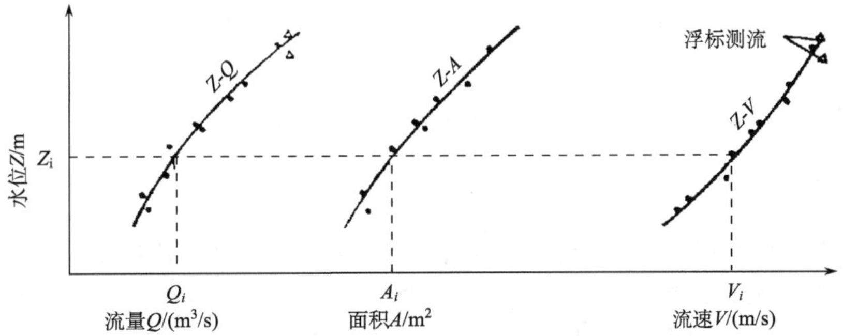

图 3-15 稳定情况下 $Z \sim Q$、$Z \sim A$、$Z \sim V$ 曲线的绘制

(3) $Z \sim Q$ 曲线定出后,应与 $Z \sim A$、$Z \sim V$ 曲线对照检查,使各种水位情况下的 $Q = AV$。

(二) 不稳定的水位流量关系

不稳定的水位流量关系,是指先后测得的水位虽然相同,但流量差别很大。在同一水位时,引起流量变化的原因很多,如断面冲刷或淤积、洪水涨落、变动回水等。

不稳定的水位流量关系曲线的处理方法很多,经常使用的有以下两种。

1. 临时曲线法

若水位流量关系受不经常的冲淤影响或比较稳定的结冰影响,在一定时期内关系点子密集成一带状,能符合定单一线的要求时,可以分期绘出 $Z \sim Q$ 曲线,称为临时曲线法,图 3-16 中曲线 1、2、3 分别反映 1 月 1 日～1 月 7 日、1 月 7 日～2 月 15 日和 2 月 15 日～3 月 9 日的水位流量关系。

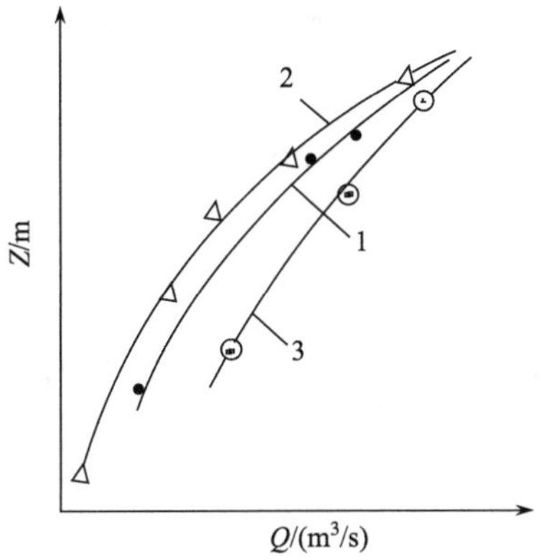

图 3-16 临时曲线法的 $Z \sim Q$ 曲线

2. 连时序法

当测流次数较多,能控制水位流量关系变化的转折点时,一般多用连时序法。其绘制过程如下。①根据实测资料绘出水位过程线 $Z=f(t)$,并在过程线上按顺序注上测次号码,如图 3-17 所示。②根据实测流量和相应水位,点绘 $Z\sim Q$ 相关点,并在点旁依次注明测次号码及实测日期。③参照水位过程线的起伏变化,目估依测次号码连成圆滑曲线,即为水位流量关系曲线。这种情况的 $Z\sim Q$ 曲线一般为绳套形,使用时按水位发生时间在 $Z\sim Q$ 曲线的相应位置查读流量。

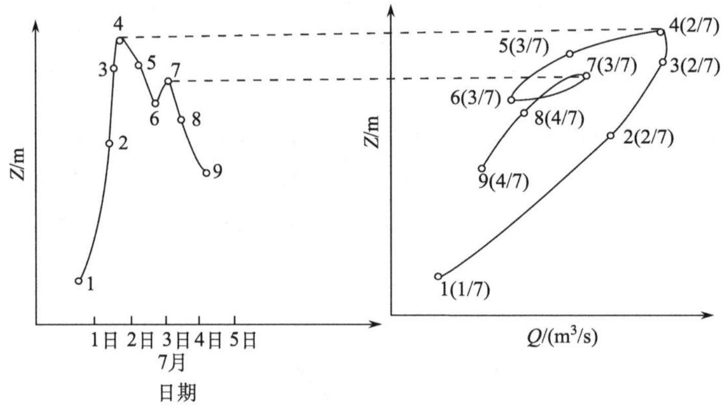

图 3-17 连时序法绘制 $Z\sim Q$ 曲线

(三)流量资料整编

定出水位流量关系曲线后,就可将水位资料转换为流量资料,并进行各种统计及整理工作。

1. 逐日平均流量的推求

当流量变化平稳时,根据水位观测资料,经整理计算求得逐日平均水位。然后根据逐日平均水位资料,在 $Z\sim Q$ 曲线上查得逐日平均流量,并列成表格形式,即得逐日平均流量表。

2. 洪水水文要素摘录表

在进行水文分析计算时,应了解全年各次主要洪水的流量过程。表 3-3 是赣江吉安站 1983 年洪水水文要素摘录表。

表 3-3 1983 年赣江吉安站 4 月 19 日洪水水文要素摘录表(部分)

时间	水位/m	流量/(m^3/s)
0:00	48.05	5650
2:00	33	5780
8:00	63	6280
14:00	89	6720
16:00	94	6810
18:00	99	6890
19:00	49.00	6910
20:00	02	6940
22:00	04	6980
1:00	04	6980
2:00	03	6960
3:00	01	6930

二、水文调查

目前收集水文资料的主要途径是定位观测，由于定位观测受到时间、空间的限制，收集的资料往往不能满足生产需要，因此必须通过水文调查来补充定位观测的不足，使水文资料更加系统完整，更好满足水资源开发利用、水利水电建设及其他国民经济建设的需要。

水文调查的内容分为4大类：流域调查、水量调查、洪水与暴雨调查、其他专项调查。本节主要介绍洪水与暴雨调查。

（一）洪水调查

洪水调查工作包括：调查洪水痕迹、洪水发生的时间、灾情测量、洪水痕迹的高程、了解调查河段的河槽情况；了解流域自然地理情况；测量调查河段的纵横断面；必要时应在调查河段进行简易地形测量；对调查成果进行分析，推算洪水总量、洪峰流量、洪水过程及重现期，最后写出调查报告。

计算洪峰流量时，若调查的洪痕靠近某一水文站，可先求水文站基本水尺断面处的洪水位高程，通过延长该站的水位流量关系曲线，推求洪峰流量。

在新调查的河段无水文站情况下，洪水调查的洪峰流量，可采用下列公式估算。

1. 用比降法计算洪峰流量

匀直河段洪峰流量计算公式为

$$Q_m = K \cdot S^{\frac{1}{2}} = A \cdot S^{\frac{1}{2}} \cdot R^{\frac{2}{3}}/n = A \cdot V \text{（曼宁公式）} \tag{3-76}$$

$$\left(S_f = n^2Q^2/A^2R^{\frac{4}{3}} \quad Q = AR^{\frac{2}{3}}S^{\frac{1}{2}}/n = KS^{\frac{1}{2}}\right)$$

式中，Q_m为洪峰流量（m^3/s）；S 为水面比降（测压管坡度）（‰）；S_f为摩阻比降（‰），恒定均匀流（稳定流）时水面比降 S＝河底坡 S_0＝能坡 S_f；K 为河段平均输水率（m/s），$K = AR^{\frac{2}{3}}/n$；n 为糙率；A 为河段平均断面积（m^2）；R 为河段平均水力半径（m）。

非匀直河段洪峰流量计算公式为

$$Q_m = K \cdot S_e^{1/2} \tag{3-77}$$

$$s_e = \frac{h_f}{L} = \frac{h + \left(\frac{\bar{v}_{上}^2}{2g} - \frac{\bar{v}_{下}^2}{2g}\right)}{L} \tag{3-78}$$

式中，S_e为能面比降；h_f为两断面间的摩阻损失，h 为上、下两断面的水面落差（m）；$v_上$、$v_下$分别为上下两断面的平均流速（m/s）；L 为两断面间距（m）。

若考虑扩散及弯曲损失时洪峰流量推算公式为

$$Q_m = K\sqrt{\frac{h + (1-\alpha)\left(\frac{\bar{v}_{上}^2}{2g} - \frac{\bar{v}_{下}^2}{2g}\right)}{L}} \tag{3-79}$$

式中，α 为扩散、弯曲损失系数，一般取0.5。

视不同情况，选用以上公式估算洪峰流量。糙率 n 确定，可根据实测成果绘水位糙率曲线备查，或查糙率表，或参考附近水文站的糙率资料。

2. 用水面曲线推算洪峰流量

当所调查的河段较长且洪痕较少，各河段河底坡降及断面变化、洪水水面曲线比较曲折时，不宜用比降法计算，可用水面曲线法推求洪峰流量。

水面曲线法的工作原理是：假定一流量 Q，由所估定的各段河道糙率 n，自下游一已知的洪水水面点起，向上游逐段推算水面线，然后检查该水面线与各洪痕的符合程度。如大部分符合，表明所假定流量正确；否则，重新修订 Q 值，再推算水面线直至大部分洪痕符合为止。

河道设计水面线分析计算采用水力学公式和试算法确定。水力学公式采用水位沿程变化的关系式：

$$\frac{\mathrm{d}z}{\mathrm{d}s}=(\alpha+\xi)\frac{\mathrm{d}}{\mathrm{d}s}\left(\frac{v^2}{2g}\right)+\frac{Q^2}{K^2}$$

$$=\text{流速水头和局部水头损失的沿程变化}+\text{水力坡度} \quad (3\text{-}80)$$

特征流量为

$$K^2=C^2A^2R=C^2h^3b^2$$

将式(3-79)微分方程改写成差分形式再移项可得

$$z_v+(\alpha+\xi)\frac{Q^2}{2gA_v^2}-\frac{\Delta s}{2}\frac{Q^2}{k_v^2}=z_d+(\alpha+\xi)\frac{Q^2}{2gA_d^2}-\frac{\Delta s}{2}\frac{Q^2}{k_d^2} \quad (3\text{-}81)$$

式中，z_v、z_d 为上下游断面水位(m)；A 为动能修正系数；$\alpha=1.15$；ξ 为局部阻力系数，逐渐扩散段可取 $\xi=-0.33\sim0.55$，急剧扩散段可取 $\xi=-0.5\sim1.0$；Q 为流量(m^3/s)；A 为过水面积(m^2)；g 为重力加速度(m/s^2)；K 为流量模数[$L/(s\cdot km^2)$]；Δs 为上下游断面间距(m)。

（二）暴雨调查

以降雨为洪水成因的地区，洪水的大小与暴雨大小密切相关，暴雨调查资料对洪水调查成果起旁证作用。洪水过程线的绘制、洪水的地区组成，也需要组合面上暴雨资料进行分析。

暴雨调查的主要内容有：暴雨成因、暴雨量、暴雨起讫时间、暴雨变化过程及前期雨量情况、暴雨走向及当时主要风向风力变化等。

对历史暴雨的调查，一般通过群众对当时雨势的回忆或与近期发生的某次大暴雨对比，得出定性概念；也可通过群众对当时地面坑塘积水、露天水缸或其他器皿承接雨量作定量估计，并对一些雨量记录进行复核，对降雨的时、空分布作出估计。

三、水文遥感

遥感技术，特别是航天遥感的发展，使人们能从宇宙空间的高度上，大范围、快速、周期性地探测地球上各种现象及其变化。遥感技术在水文科学领域的应用称为水文遥感。水文遥感的特点是感测范围广、获得信息量大、动态监测和信息传递迅速等。

近 20 多年来，遥感技术在水文水资源领域得到广泛应用并已成为收集水文信息的一种重要手段，尤其在水文水资源调查的应用上更为显著。概括起来，列举如下几方面。

(1) 流域调查：根据卫星影像可以准确查清流域范围、流域面积、流域覆盖类型、河长、河网密度、河流弯曲度等。

(2) 水资源调查：使用不同波段、不同类型的遥感资料，容易判读各类地表水，如河流、湖泊、水库、沼泽、冰川、冻土和积雪的分布；还可分析饱和土壤面积、含水层分布以估算地下水储量。

(3) 水质监测：遥感资料进行水质监测可包括分析识别热水污染、油污染、工业废水及生活污水污染、农药化肥污染以及悬移质泥沙、藻类繁殖等情况。

(4) 洪涝灾害的监测：包括洪水淹没范围的确定，决口、滞洪、积涝的情况，泥石流及滑坡的情况。

(5) 河口、湖泊、水库的泥沙淤积及河床演变，古河道的变迁等。

(6) 降水量的测定及水情预报：通过气象卫星传播器获取的高温和湿度间接推求降水量或根据卫片的灰度，定量估算降水量；根据卫星云图与天气图配合预报洪水及旱情监测。

此外，还可利用遥感资料分析处理测定某些水文要素如水深、悬移质含沙量等。利用卫星传输地面自动遥测水文站资料，具有投资低，维护量少，使用方便的优点，且在恶劣天气下安全可靠，不易中断。对大面积人烟稀少地区更加适合。

思 考 题

1. 在水利工程规划设计时，怎样收集相关的水文资料？
2. 流速仪测流的原理是什么？
3. 什么是水位流量关系？它有什么用途？水位流量关系不稳定的原因是什么？
4. 河流泥沙主要分为几大类？以哪类为主？
5. 含沙量和输沙率的本质区别是什么？
6. 洪水调查包括哪些内容？洪水调查应在何时进行？
7. 按图 3-18 和表 3-4 的测流记录进行计算，并将计算成果填入表 3-4。岸边系数 $\alpha=0.7$，测流起讫水位为 28.31m。

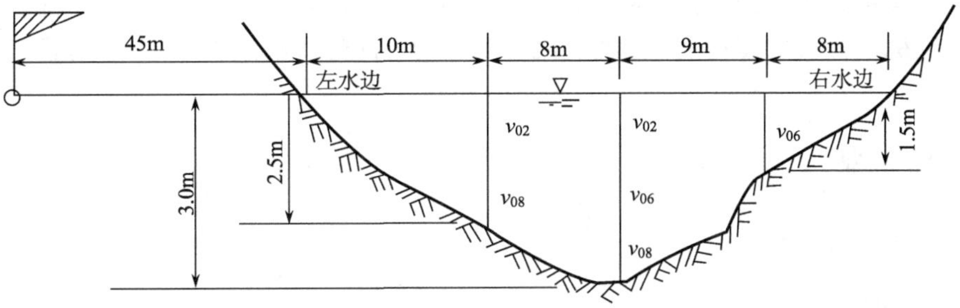

图 3-18 测流断面示意图

表 3-4 某站测深、测速记载及流量计算表

施测时间 2000 年 5 月 10 日 8 时 00 分至 8 时 20 分								流速仪牌号及公式			LS251 型 $v=0.702N/T+0.015$				
垂线号数		起点距/m	水深/m	仪器位置		测速记录		流速/(m/s)			测深垂线间		断面面积/m²		部分流量/(m³/s)
测深	测速			相对水深	测点深/m	总历时/s	总转数	测点	垂线平均	部分平均	平均水深/m	间距/m	测深垂线间	部分	
左水边		45.0	0.0												
1	1	55.0	2.5	0.2		150	210								
				0.8		132	150								
2	2	63.0	3.0	0.2		105	160								
				0.6		110	150								
				0.8		115	140								
3	3	72.0	1.5	0.6		120	150								
右水边		80.0	0.0												
断面流量/(m³/s)				断面面积/m²				平均流速/(m/s)			水面宽/m		平均水深/m		

第四章　流域产汇流计算

【内容提要】　流域上降雨扣除植物截留、补充土壤缺水量、填洼、蒸发等损失，转化为净雨过程的计算方法即为产流计算，不同下垫面和不同降雨特征构成了流域不同产流模式，将其概化为蓄满产流和超渗产流，用以推求流域净雨。净雨沿地表和地下汇入河网，并经河网汇集形成流域出口断面径流过程的计算方法即为汇流计算，常用方法主要有单位线法、瞬时单位线、地貌单位线等方法。

第一节　流域产流计算

第二章中，对径流形成过程作了简要描述，根据径流形成过程中不同阶段性质的差异和特点可将其划分为：流域蓄渗、坡地汇流和河网汇流 3 个过程。流域蓄渗过程实质是流域各处雨水在逐步满足了各项损失后形成径流的过程，也就是产流过程。一次降水经历坡面蓄渗转化为坡面漫流及壤中径流，在经过河网汇流才形成流域出口断面的径流过程，也就是汇流过程。本章对产汇流机制做进一步分析，归纳总结流域面上的产流规律，简要介绍流域产流、汇流计算方法。

一、产流机制

（一）包气带水分的补排

1. 包气带和饱和带

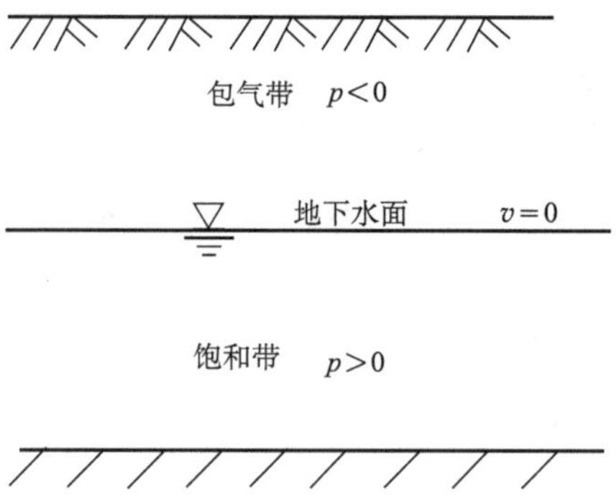

图 4-1　包气带和饱和带

在母质、气候、生物、地形等主要成土因素的共同作用下，通过长时间的反复地质循环，产生了土壤发育层次，形成了特定的土壤形态，并导致了不同的土壤及土壤剖面。在土壤剖面上，以地下水面为界，可划分为两个不同的土壤含水量剖面：地下水面以下，土壤处于饱和含水状态，是土壤颗粒和水分组成的二相系统，称为饱和带或饱水带；地下水面以上，土壤含水量未达到饱和，是土壤颗粒、水分和空气同时存在的三相系统，称为包气带或非饱和带（图 4-1）。在包气带中，水压力小于大气压力，而在饱和带中则相反，只有在地下水面处，水压力才等于大气压力。

包气带又可划分为三带（图 4-2）：接近地下水面处存在毛管上升带；接近地面处，存在悬着毛管水带；位于两者之间的为中间带。在毛管上升带中，水压力虽然也小于大气压力，但由于毛管力和重力正好相抵消，故毛管上升带中的水一般不能流入地下水中。毛管上升带在包气带中的位置随地下水位的变动而变化。悬着毛管水带只有在地面供水时才出现，并伴随地面饱和含水层的增厚而下移。

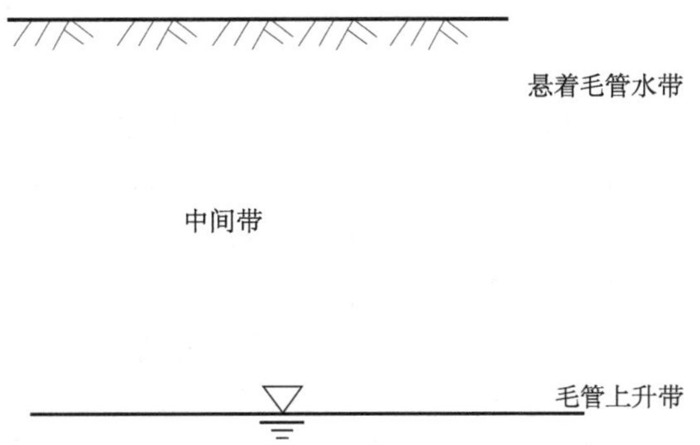

图 4-2 包气带的分带

包气带的上界直接与大气接触，它既是大气降水的承受面，又是土壤蒸散发水分的逸出面。因此，包气带是土壤水分剧烈变化的土壤带。它的特点之一是直接或间接与外界进行水分交换。在降水和下渗过程中，土壤在分子力作用下首先吸附水分产生吸湿水和薄膜水，然后形成毛管悬着水。土壤孔隙中的毛管水在毛管力作用下可作垂直运动，当毛管悬着水达到饱和(即达到田间持水量)时，过剩的水分在重力作用下沿孔隙向下渗透。重力水在渗透过程中，若包气带中有局部相对不透水层，则下渗的水流可在层面上聚积，形成侧向水流溢出地表，形成表层流或称壤中流；重力水在下渗过程中，若遇到第一个不透水层，则可在其上聚积形成具有自由水面的潜水；当重力水埋藏于两个不透水层之间，并具有压力水头时即为承压水。在一般情况下，土壤水分的增长主要来源于降水的下渗，而土壤水分的消退主要耗于土壤蒸发和植物散发。在特殊情况下，即当悬着水带与地下水有水力联系时，饱和带参与水分的增长与消退活动。水文上，通常称悬着水带为影响土层，因为它直接参与和影响径流循环。包气带中的土壤孔隙和岩石裂隙具有吸收、储存和输送水分的功能。这种功能导致包气带对降雨有再分配作用。

在地下水面以上，由于土壤毛管力的作用，一部分水分沿着土壤孔隙侵入地下水面以上的土壤中，形成一个水分带称为毛管水上升带或支持毛管水带，简称毛管水带。毛管水带内的水分分布具有独有的特征：一般在毛管水带最大活动范围内，土壤含水量自下而上逐渐减小，由饱和含水量减至与中间包气带下端相衔接的含水量。对干旱的土壤则以最大分子持水量为下限。而且对给定的土壤，这种分布具有相对稳定的性质。由于毛管水带下端与地下水面相接，有充分的水分来源，故其分布较稳定。但它的位置却随地下水位的升降而变化，由此决定了包气带的厚度和变化。

中间带是处于悬着水带和毛管水带之间的水分过渡带，它本身不直接与外界进行水分交换，而是水分蓄存及输送带。它的水分沿深度变化小，且时程上也具有相对稳定的性质。在地下水埋藏很深，年降水量较少地区，中间带的含水量一般在毛管断裂含水量及最大分子持水量附近；中等降水，透水性较好的土壤层，中间带的水分大致在毛管断裂含水量与田间持水量之间。当地下水面较浅时，中间带往往消失。

包气带的水分分布规律受气候和地下水埋深条件的制约，由于不同地区的气候和地下水埋深条件存在差异，所以，各地的包气带厚度和水分分布特征有很大不同。例如，陕北黄土高原子洲实验流域属干旱地区，流域地下水埋藏较深，田间持水量约在 18%～20%，毛管断裂含水量约为 12%，1m 以下的土壤含水量通常约为 10%。而处在降雨较多地区的淮北青沟实验流域，地下水埋深为 0～2m，悬着水带经常为支持毛管水带所掩盖，不存在中间包气带。

2. 包气带水分的增长和消退

包气带与外界发生水分交换是在其上、下界面进行的，上界面为地面，下界面为饱和地下水水面。包气带水分的增长，上界面来源于降水，下界面来源于饱和带的水分补给。由上界面补充的水分是包气带水分增长量的主要来源，包气带补给强度 f_d 取决于下渗能力 f 与降雨强度 i 的对比，即

$$i > f \text{ 时}, f_d = f \tag{4-1}$$

$$i \leqslant f \text{ 时}, f_d = i \tag{4-2}$$

在天然情况下，一次降水的下渗量在几毫米到几十毫米之间，下渗锋面所及土层深度不大，使土壤达到饱和的深度更小。干旱地区透水较差的土壤，通常一次降雨过程中下渗深度在20cm以内；长历时、低强度雨量在40～80mm的降水，下渗锋面可达60～80cm。在湿润地区，地下水埋深较浅，土壤透水性较强，一次中等降雨，下渗锋面可达到0.5m。

包气带上界面水分的消退方式是土壤蒸发和植物散发，下界面水分消退过程主要是内排水过程，即包气带的水分到达地下水面、转化为地下径流的过程，或经由相对不透水层、从坡脚流入河槽的过程。但内排水过程，只有当包气带含水量达到田间持水量以上，土壤中出现自由重力水时才能出现。所以土壤蒸发和植物散发是包气带水分消退的经常性方式，表层悬着水带是水分的主要消退区。

3. 包气带水量平衡方程

在给定时段 Δt 内，包气带的水量平衡方程为

$$\Delta W = F - E - R_{sb} - F_c, \quad \Delta W = W_{末} - W_{始} \tag{4-3}$$

式中，ΔW 为时段内包气带的蓄水增量(mm)；$W_{始}$、$W_{末}$ 为时段始、末包气带蓄水量(mm)；F、E 为时段内包气带的下渗量及蒸发量(mm)；R_{sb} 为时段内壤中流侧向出流量(mm)；F_c 为时段内包气带深层渗漏量(mm)。

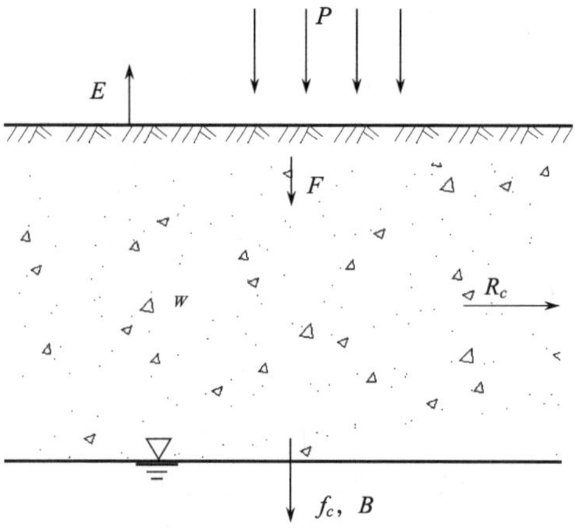

图 4-3 包气带水量平衡示意图

包气带水量平衡示意图如图4-3所示。降雨期 $\Delta W>0$，是包气带水分增长期。在无雨期，$\Delta W<0$，是包气带水分消退期。当 $R_{sb}=0$ 及 $F_c=0$ 时，$\Delta W=-E$，这时水分的消退只消耗于蒸发。式(4-3)的下渗量，可由包气带上界面以上的大气系统的水量平衡方程计算，为

$$F = P - I_n - R_s - U \tag{4-4}$$

式中，P 为时段降水量(mm)；I_n 为时段植物截留量(mm)；U 为时段填洼水量(mm)；R_s 为地面径流量(mm)。

忽略 I_n 及 U，或将其合并在下渗量中，则上式可写为 $F=P-R_s$，代入式(4-3)，则有

$$\Delta W = P - R_s - E - R_{sb} - F_c \tag{4-5}$$

上式为大气—土壤系统的水量平衡方程式，它说明在降雨期间，如果已知 E、P，则时段产流量(R_s+R_{sb})主要取决于土壤含水量及包气带渗漏量。

4. 包气带在产流中的作用

包气带的土壤孔隙构成的蓄水体，具有吸水、持水特性，故对降水起着调节与再分配的作用。水分在垂向运行过程中，包气带对降雨过程进行了两次再分配：第一次再分配发生在土壤表面，在降雨强度大于下渗强度时，降雨的部分水分形成地面径流，部分水分则渗入土壤；第二次再分配发生在包气带内部，它是对渗入土壤中的水分进行分配，主要分配为土壤蓄存部分和地下内排水部分。

包气带在一次降雨径流过程中蓄存的水量 S 取决于包气带始末含水量 $W_{始}$ 和 $W_{末}$。当

$W_{末}$小于田间持水量$W_{田}$时，$S=W_{末}-W_{始}$；当$W_{末}$大于田间持水量$W_{田}$时，$S=W_{田}-W_{始}$。包气带土壤含水量超过田间持水量以后，多余部分水分以自由水形式排出包气带。一次降雨包气带输出的自由重力水在适当条件下，经再分配而成为壤中流R_{sb}和地下径流R_g。显然，当S小于包气带蓄水容量时，全部水量蓄存于包气带中，此时$R_{sb}=0$，$R_g=0$。

对地下水埋深较大的地区，一次降水后的下渗锋面一般不可能达到地下水面（长期连续降雨除外），这时蓄存量应等于下渗水量，即$S=F$。

由上可知，以包气带为核心对降水的再分配，决定了径流的形成及不同径流成分的分配，包气带是径流的发生场和分配场，所以包气带的特征决定了流域产流特征和产流过程。

（二）超渗地面径流产流机制

产流机制指径流的产生原理，单点的产流机制指在流域内一个微小单位面积上的径流产生的原理。

自降雨开始至任一时刻的地面径流产流量R_s，可用下列水量平衡方程来表达：

$$R_s=P-E-F-I_n-U \tag{4-6}$$

式中，P、E、F为自降雨开始至t时刻的累积降雨量、蒸发量、下渗量(mm)；I_n、U为植物截留量和填洼量(mm)。

在一次降雨径流过程中，植物截留量一般不大，只有几毫米，森林茂密地区，也只能达到十几毫米。填洼量对一固定流域来说，变化不大。雨期蒸发E甚小，而I_n和U数量不大，且其数量比较稳定，是一个缓变因素，同时截留和填洼水量最终消耗于蒸发和下渗，所以雨期蒸发、截留和填洼在地面径流的产生过程中不起支配作用，对产流量的计算影响不大。下渗量F则是一个多变的因素，下渗量随降雨特性、前期土壤湿润情况的不同而不同，其数值可占一次降雨量的百分之几到百分之百，其绝对量从几毫米到近百毫米。下渗在超渗地面产流过程中，具有决定性的意义。式(4-6)在忽略E、I_n和U后，得

$$R_s=P-F \tag{4-7}$$

若以产流强度表示，则

$$r_s=i-f \tag{4-8}$$

式中，r_s为地面径流的产流强度(mm/h)；i为降雨强度(mm/h)；f为下渗强度(mm/h)。

由于降雨强度及下渗强度均是时间的函数，所以r_s也是随时间而变的量。

只有当$i>f$时，才有地面径流的发生，即有$r_s>0$，所以R_s或r_s又称超渗地面径流；当$i\leqslant f$时，则无地面径流产生，即$r_s=0$，此时降水将全部耗于下渗，且$f=i$。

（三）壤中流产流机制

壤中流发生在非均质或层次性土壤中的易透水层与相对不透水层的交界面上，表层流净雨沿坡面表层土壤空隙界面上流动即形成壤中流。这种具有层理的土层界面，在自然界中广泛的存在，如森林地区的腐殖层，山区的表土风化层、土壤的耕作层等，其透水性均比下层密实结构土壤的透水性强得多，它们构成了包气带土壤的相对不透水层。壤中流显然比地面径流运动缓慢，但在有些地区，其量可能比地面径流大许多，特别是在森林流域，中强度暴雨情况下，壤中流数量更为突出，它几乎是洪水的主要径流成分。

设土层由两种不同质地的土壤构成，上层为粗粒土，下层为细粒土，如图4-4所示。在这

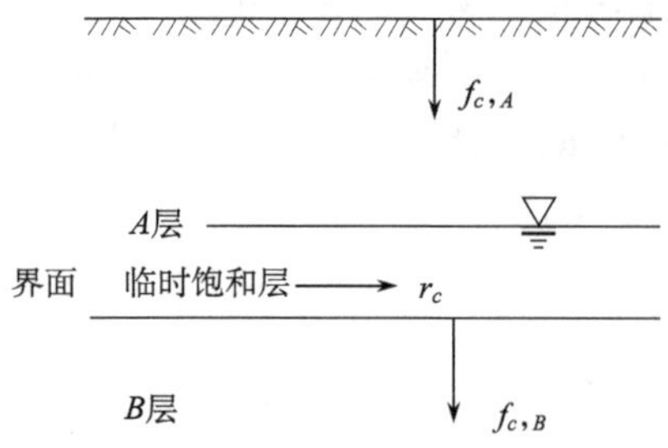

图 4-4 壤中流产流示意图

种土层中，上层下渗率 f_A 大于下层下渗率 f_B，即 $f_A > f_B$。显然上层稳定下渗率 $f_{c,A}$ 也大于下层稳定下渗率 $f_{c,B}$。在降雨下渗的过程中，土层土壤含水量逐渐增加，由于 $f_A > f_B$，上层土壤含水量增加快于下层，当上层土壤达到田间持水量后，$f_{c,A}$ 就成为上下土层界面的供水强度，后续降雨如果满足条件：

$$f_B < i \leqslant f_{c,A} \text{ 或 } f_B < f_{c,A} \leqslant i \tag{4-9}$$

则必然在上下土层界面附近，$i - f_B$ 或 $f_{c,A} - f_B$ 这部分水量在上层一侧成为自由重力水，即形成一层临时饱和层。在适当的地形坡度条件下，临时饱和层中的自由重力水将沿上下土层界面侧向运动，排入附近河槽，成为壤中流径流。

由上所述，壤中流产生的条件可概括为以下几个方面。

(1) 包气带中存在相对不透水层，上层透水能力大于下层。

(2) 上层向界面上的供水强度大于下层下渗强度。

(3) 界面上产生积水，形成临时饱和带，界面还需具备一定的坡度。

国内外许多径流实验及小流域观测资料表明，壤中流相当广泛地存在着，特别是在植被覆盖率比较大的山坡流域更为明显。

(四) 饱和地面径流与回归流产流机制

饱和地面径流与回归产流机制在具备壤中流产生条件的界面上，当降雨过程中某段时间有

$$f_B < i \leqslant f_{c.A} \tag{4-10}$$

则上下土层界面(相对不透水界面)上会出现临时饱和层，由于 $i \leqslant f_{c.A}$，地面不会出现超渗地面径流。如果后续降雨满足 $i - f_B - r_{sb} > 0$(r_{sb} 为壤中流产流强度)，则后续降雨会使界面积水不断增加，最终将达到地面，这时不透水界面以上的土层含水量达到饱和，整个土层的下渗受制于 f_B 和 r_{sb}，后续降雨中 $i - f_B - r_{sb}$ 部分水量将直接形成地面径流；为了有别于前述超渗地面径流，把它称之为饱和地面径流。不难看出，饱和地面径流的生成条件不是取决于上层土层本身的或表面的下渗能力，而是取决于土层内部相对不透水层界面的下渗能力、壤中流的产流强度和上层土层水分饱和容量。饱和地面径流的产流率为

$$r_{sat} = i - r_s - f_B \tag{4-11}$$

式中，r_{sat} 为饱和地面径流；其余符号意义同前。

饱和地面径流的产流条件，可概括为如下几个方面。

(1) 包气带中存在相对不透水层，上层透水能力大于下层。

(2) 上层向相对不透水层界面上的供水强度大于下层下渗强度。

(3) 上层土壤含水量达到饱和含水量。

河槽两岸的天然坡地，一般具有一定坡度。随着降雨的进行，饱和积水层的水流将沿坡地侧向运动，而坡脚处，由于不断接受上部壤中流，饱和积水层向上发展达到地面，饱和带达到地面的那部分坡地，后续降雨便产生饱和地面径流。还有部分地面以下的壤中流，有一部分在已饱和的坡面上渗出地面，以地面径流的形式加入坡面流注入河槽，这种水流称为回归流。回归流是壤中流派生的一种径流成分，一般只在极小的山坡流域，且在壤中流比较发育的情况下才

能显示出对流量过程线形状的影响，从而作为一种独立的径流成分而存在。对于 3～5km² 以下的流域，很难作为一种独立的径流成分。一般说来，在壤中流比较发育并有饱和地面径流发生的坡地，必然也同时伴随着回归流，如图 4-5 所示。

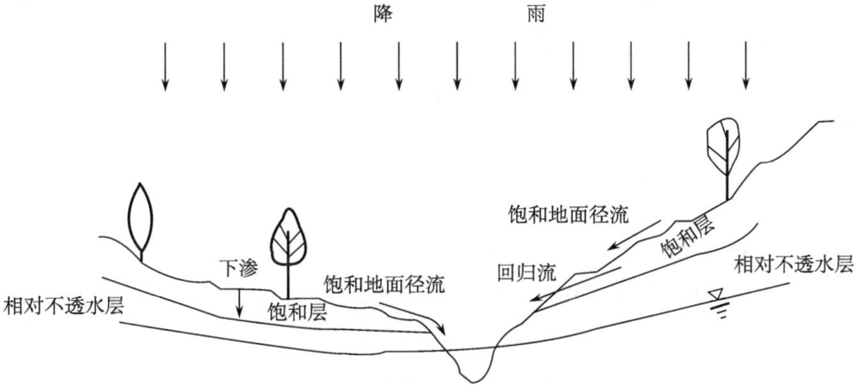

图 4-5 饱和地面径流和回归流示意图

（五）地下径流产流机制

当地下水埋藏较浅，包气带厚度不大，土壤透水性较强，在持续降雨过程中，下渗锋面到达支持毛管水带上缘，这时表层影响土层将与地下水建立水力联系。如果后续降雨使包气带含水量继续增加，包气带含水量超过田间持水量后，产生自由重力水补给地下水，于是便产生了地下径流。

1）均质土壤　由于不存在相对不透水层，包气带的土壤含水量达到最大持水量，下渗水量必然会全部转化为地下径流 r_g：

$$r_g = f \tag{4-12}$$

如果包气带含水量达到饱和含水量，这时土壤下渗率达到饱和下渗率 f_c。由水量平衡原理，此时的下渗率 f_c 应等于地下径流的产流率 r_g，即

$$r_g = f_c \tag{4-13}$$

2）非均质层土壤　包气带含水量达到田间持水量而小于饱和含水量，由于土层内部产生了侧向流动的壤中流 r_{sb}，故地下径流产流率为

$$r_g = f_c - r_{sb} \tag{4-14}$$

如果包气带含水量达到饱和含水量，则地下径流产流率为

$$r_g = f_c - r_{sb} \tag{4-15}$$

可见地下径流的产流也同样取决于供水与下渗强度的对比，其产流条件基本与壤中流相同，只是其发生的界面是包气带的下界面。

在天然条件下，地下水位较高时，壤中径流与地下径流实际上难以分开，通常将两者合并作为地下径流考虑。在有些地区，土层较厚，相对不透水层不止一个，可能会形成近地表的快速壤中流和下层的慢速壤中流，从实际的角度出发，视情况和要求，有时把快速壤中流并入地面径流计算，并称之为直接径流；慢速壤中流并入地下径流计算，并称之为地下径流。只有在壤中流丰富的流域，为了提高径流模拟的精度，才有必要将壤中流单独划分出来。

二、流域产流模式

微小单元面积的产流机制有超渗地面径流产流机制、地下水径流产流机制、壤中流产流机制和饱和地面径流产流机制等4种形式。在自然界中，由于流域下垫面及土层结构的差异，加之降雨特性的复杂多变，不同地点的组合情况可能不同，流域同一地点一般会出现一种或数种不同径流成分的组合。这种一种或几种产流机制的可能组合称为产流类型，一种产流类型一般具有几种径流成分。

产流类型主要有以下9种产流类型。

(1) R_s 型：超渗地面径流型。

(2) (R_s+R_{int}) 型：超渗地面径流和壤中流组合型。

(3) $(R_{sat}+R_{int})$ 型：饱和地面径流和壤中流组合型。

(4) (R_s+R_g) 型：超渗地面径流和地下水径流组合型。

(5) $(R_{int}+R_g)$ 型：壤中流和地下水径流组合型。

(6) R_{int} 型：壤中流型。

(7) $(R_s+R_{int}+R_g)$ 型：超渗地面径流、壤中流和地下水径流组合型。

(8) $(R_{sat}+R_{int}+R_g)$ 型：饱和地面径流、壤中流和地下水径流组合型。

(9) R_g 型：地下水径流型。

决定产流类型的根本因素是包气带土壤的质地和结构、地下水位和植被状况、地质结构和降雨特性等。具体表现为降雨量 P、降雨强度 i、蒸散发量 E、土壤初始含水量 W_0 以及分层土壤中上层和下层土壤的初始含水量 W_{0A}、W_{0B} 等。每种产流类型都有自己发生的基本条件和影响总径流量的因素。表4-1中列出的关于影响总径流的因素是由包气带水量平衡方程分析求得。

表4-1 组合产流类型、发生条件及影响总径流的因素

编号	总径流组成	发生的基本条件	影响径流的因素
(1)	$R=R_s$	包气带很厚，土湿小，透水性差。雨强相对较大；包气带虽不很厚，但久旱以后遇到大强度暴雨	P,i,W_0,E
(2)	$R=R_s+R_{int}$	相对不透水层很浅，但下层很厚，上层透水性差，下层更差，雨强相对较大；久旱以后遇到大强度暴雨	P,i,W_{0A},E
(3)	$R=R_{sat}+R_{int}$	相对不透水层很浅，但下层很厚，上层透水性极好，下层透水性很差，雨强几乎不能超过地面下渗容量，久雨之后	P,i,W_{0A},W_{0B},E
(4)	$R=R_s+R_g$	包气带不厚，均质土壤，地面透水性一般，降雨历时较长	P,W,E
(5)	$R=R_{int}+R_g$	包气带不厚，但相对不透水层较深，上层极易透水，下层略次。雨强相对不大，几乎不超过地面下渗容量	P,W_0,E
(6)	$R=R_{int}$	包气带厚，相对不透水层浅，上层极易透水，下层透水性很差，雨强几乎不超过地面下渗容量	P,i,W_{0A},W_{0B},E
(7)	$R=R_s+R_{int}+R_g$	包气带不厚，存在相对不透水层，地面透水性差，下层更差，雨强大，雨时长	P,W_0,E
(8)	$R=R_{sat}+R_{int}+R_g$	包气带不厚，存在相对不透水层，地面极易透水，下层次之，雨强小，雨时长	P,W_0,E
(9)	$R=R_g$	包气带不厚，均质土壤，极易透水，雨强几乎不超过地面下渗容量，雨时长	P,W_0,E

对流域产流而言，用产流类型的分布就能描述流域的产流特征，但流域产流类型分布十分复杂，很难找出流域产流类型的分布并进行应用，考虑到流域产流特征决定于占主导地位的产流类型，对产流类型进一步概化为产流模式。从次降雨-径流关系出发考察产流类型及影响因素，上述 9 种产流类型，根据其与降雨强度的关系是否密切，可以概括为两种产流模式。

1. 蓄满产流模式 $R=f(P,W_0,E)$

次降雨与总径流的关系不受雨强的影响或与雨强关系不密切，径流总量 R 主要取决于降雨总量 P 和包气带土壤初始含水量 W_0。

蓄满产流模式主要发生在包气带较薄、植被良好、土壤透水性强的地区。这些地区的特点是土壤经常比较湿润，地下水位埋藏浅，毛管水带接近地面，土壤缺水量小，一次降雨的下渗锋面极易与毛管水带建立联系，包气带缺水量极易得到满足。一次降雨后的土壤水分剖面如图 4-6 所示。在这种产流条件下，由于一次降雨后的土壤蓄水量可以达到极限值 W_m，故可以根据水量平衡原理，得出一次降雨的产流量计算公式为

$$R=R_{\text{sat}}+R_{\text{int}}+R_g=P-(W_m-W_0) \tag{4-16}$$

由上式可知，此种产流模式的产流量，只与降雨量和流域前期缺水量有关，而与降雨强度无关。

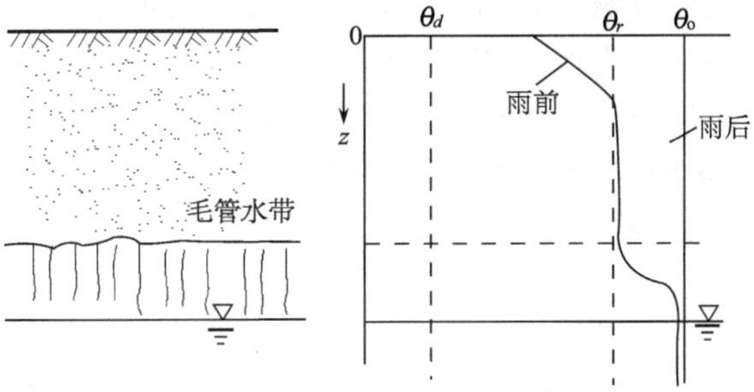

(a) 剖面图 (b) 水分剖面

图 4-6 R_{sat}型产流的雨前、雨后土壤水分分布

我国南方湿润地区的产流和东北北部森林地区的产流，基本上属于此类产流模式。

2. 超渗产流模式 $R=f(P,i,W_0,E)$

次降雨与总径流的关系受雨强的影响或与雨强关系密切，径流总量 R 除受降雨总量 P 和包气带土壤初始含水量 W_0 影响外，还受降雨强度影响。次降雨后的土壤水分剖面如图 4-7 所示。

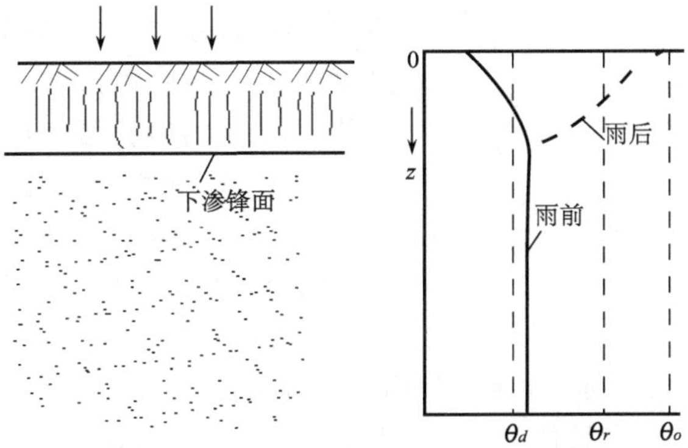

(a) 雨后下渗锋面位置 (b) 水分剖面

图 4-7 R_s 型产流的雨前、雨后土壤水分分布

超渗产流模式中产流以地面径流为主，产流过程取决于一次降雨强度过程和下渗强度过程的对比关系，其产流量为

$$R_s = \sum_{t=0}^{n} r_{s,t} = \sum_{t=0}^{n} (i - f)_t \tag{4-17}$$

$$R_s = P - F \tag{4-18}$$

式中，R_s 为地面径流量(mm)；$r_{s,t}$ 为 t 时段地面产流量(mm)；i、f 分别为 t 时段的雨量和下渗量(mm)；P 为降雨量(mm)；F 为累积下渗量(mm)。

当起始土壤含水量已知时，则

$$F = W_s - W_0 \tag{4-19}$$

式中，W_s、W_0 分别为降雨末及雨前的土壤含水量。

我国西北、华北、东北南部等地区的产流都属于超渗产流。

三、流域产流面积变化

流域产生径流的面积在一次降雨过程中是不断变化的。由于降雨、下渗和土壤含水量在流域上分布的不均一性，造成流域各处的产流在时间和发展过程上不是同步和均一的。在降雨之初，在满足产流条件的地方先产流，随着降雨的持续，其余地方则陆续产流。产流面积的空间分布和发展，直接影响流域产流过程的发展和产流量的大小，目前要揭示不同产流机制的产流面积变化规律还有许多困难，为此采用统计模式法，即应用流域蓄水容量面积分配曲线和流域下渗能力面积分配曲线来研究流域产流面积的发展。

（一）蓄水容量面积分配曲线

蓄满产流主要是以饱和地面径流形式产生，径流首先产生于具有较大土壤含水量和容易达到饱和的地方，如沟边和坡脚等处，土壤含水量较高，降雨后较容易达到饱和，易产生蓄满产流。随着降雨的继续，饱和面积不断由坡脚向上延伸和扩展，产流面积不断扩大。流域中饱和面积的扩展与流域地形、土壤、初期土壤含水量及地下水埋深有关，初期土壤越湿润，地下水埋深越浅，饱和面积发展速度越迅速，发展范围越大。

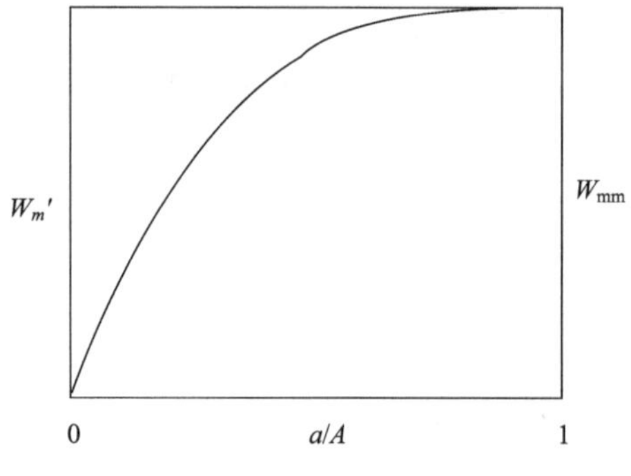

图 4-8 流域蓄水容量面积分配曲线

流域上各处因包气带的厚度不均一，各处都有一个蓄水容量值 W'_m（土壤所能持有的最大水量，约为田间持水量，可用单位 mm 表示）。对湿润地区，地下水埋深较浅，当包气带含水量达到其蓄水容量，就会产流。一次降雨过程中，产流面积的增长，将随包气带含水量的增长而变化。若把流域划分为若干微小单元面积，每个单元面积 a 对应一个蓄水容量值 W'_m，根据单元面积蓄水容量由小到大顺序排列，以蓄水容量 W'_m 为纵坐标，以小于等于该蓄水容量 W'_m 所占流域面积比重 α 为横坐标，则可得到一曲线，该曲线称为流域蓄水容量面积曲线，简称蓄水容量曲线。也就是流域内蓄水容量小于给定值 W'_m 的面积比重 α 与蓄水容量值 W'_m 的关系曲线。如图 4-8 所示。

蓄满产流方式受控于包气带是否达到了田间持水量，当流域某处包气带达到田间持水量，

该处就产流；否则就不产流。蓄水容量曲线具有以下特点。

(1) 蓄水容量曲线是一条单调递增曲线，W'_m 最小值为流域微单元蓄水容量最小值，通常假定为 0，最大值为流域中蓄水容量最大的微单元的蓄水容量值，计为 W'_{mm}。

(2) 曲线上某点的横坐标代表流域中小于等于某一个 W'_m 值的流域面积占全流域面积的比重。

(3) 整条曲线与横坐标所围面积代表的水量，等于流域各点达到田间持水量时的总蓄水容量 WM，由于横坐标使用了相对面积，所以该值是以流域平均深度表示的水量。

由于不可能通过测量或实验得到流域蓄水容量曲线，实际工作中一般是通过假定曲线的方程形式，再用实际的降雨径流资料进行校验。我国常采用指数曲线或抛物线形式的曲线，其函数形式为

$$\alpha = \varphi(W'_m) = 1 - \left(1 - \frac{W'_m}{W'_{mm}}\right)^b \quad \text{（抛物线）} \tag{4-20}$$

$$\alpha = \varphi(W'_m) = 1 - e^{-bW'_m} \quad \text{（指数曲线）} \tag{4-21}$$

式中，α 为部分面积，$\alpha = a/A$；W'_m 为蓄水容量值(mm)；W'_{mm} 为流域中蓄水容量最大的微单元的蓄水容量值(mm)；b 为反映面积分配情况的指数。

蓄满产流的总径流量受控于包气带田间持水量，假设降雨开始时，流域是干燥的，即 $W_0 = 0$，则蓄满产流的产流面积变化有如下特点。

(1) 随着降雨量的不断增加，产流面积不断增大。

(2) 产流面积的变化与降雨强度无关。

(3) 全流域发生蓄满产流的条件是 $\sum(P - E) \geqslant W'_{mm}$。

（二）流域下渗能力面积分配曲线

当流域是以超渗地面径流为主导机制时，其产流过程的发展则受下渗规律的支配。流域各点因土壤性质不均一，土壤含水率各异，因而各点下渗能力不同。在一定的流域初始土壤含水量 W_0(即使其空间分布是均匀的)情况下，流域各处的地面下渗容量是不相同的，这取决于流域上土壤、植物和包气带中土壤含水量及其垂线分布。设想按流域上各处的下渗特性，将流域划分为许多单元面积，每一单元面积都有相应的下渗能力曲线，根据这些曲线，对于给定的前期土壤含水量，可求出各单元的相应下渗能力，如果以地面下渗能力 f_n 为纵坐标，以小于等于该地面下渗容量所占的流域面积比重为横坐标，则所得的曲线称为流域下渗能力面积分配曲线，如图 4-9 所示。

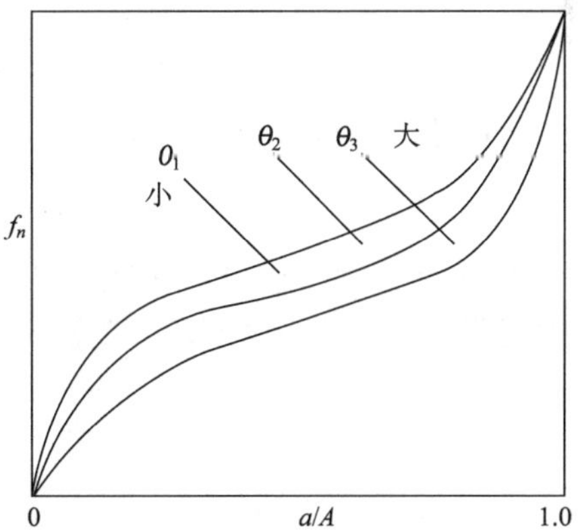

图 4-9 流域下渗能力面积分配曲线

流域下渗能力分配曲线的基本性质如下。

(1) 对于一个流域来说，流域下渗容量分配曲线不是唯一的，而是一组以初始流域土壤含水量 W_0 为参变数的曲线。这组曲线的上包线是流域完全干燥情况下的下渗能力面积分配曲线，下包线是全流域土壤包气带达到田间持水量状况下的下渗能力面积分配曲线，即流域稳定

下渗率分配曲线。

(2) 下渗能力面积分配曲线不能给出流域某点的下渗能力，只能给出下渗能力小于某一下渗值的面积。

超渗地面径流产生的条件是雨强大于地面下渗容量，因此，在超渗产流过程中，产流面积变化具有下述特点。

(1) 随着降雨历时的增加，产流面积有时增大，有时减小。

(2) 产流面积的大小与降雨强度和初始土壤含水量有关。

(3) 一次降雨过程中，全流域超渗产流与局部流域超渗产流可能是交替出现的。

四、蓄满产流模式的产流计算

在湿润地区，当包气带缺水量得到满足后才可能产流，包气带缺水量是指包气带蓄水容量 W'_m 与包气带初始蓄水量 W'_0 的差值。因此，流域中某点包气带土壤蓄水量达到蓄水容量后即产流，反之不产流。有以下 3 种产流可能的情况。

(1) 如果包气带土壤蓄水量不但达到了蓄水容量，而且达到了饱和蓄水量，此时，由于土壤下渗能力下降至稳定下渗率，后续降雨强度超过稳定下渗率时，一定会发生饱和地面径流(产流类型：$R_{sat}+R_{sb}+R_g$ 型或 $R_{sat}+R_{sb}$ 型)。

(2) 包气带土壤含水量达到蓄水容量，但未达到饱和含水量，一定不会产生地面径流。后续降雨强度一定不会超过表土层的下渗能力，但是却可能超过下层的下渗能力。土壤的下渗水量转换成的径流包含壤中流和地下径流，或仅有壤中流(产流类型：$R_{sb}+R_g$ 型或 R_{sb} 型)。

(3) 包气带土壤含水量达到蓄水容量，但未达到饱和含水量，一定不会产生地面径流。后续降雨强度未超过下层的下渗能力。土壤的下渗水量转换成的径流仅有地下径流(产流类型：R_g 型)。

对于蓄满产流，根据流域蓄水容量曲线，即可求出流域蓄满产流的降雨径流关系。若 $W_0=0$ 时(图 4-10)一降雨量 P，则产生的总径流量为

$$R=(P-E)-\int_0^{P-E}[1-\varphi(W'_m)]\mathrm{d}W'_m \tag{4-22}$$

而流域土壤含水量的增加量为

$$\Delta W=\int_0^{P-E}[1-\varphi(W'_m)]\mathrm{d}W'_m \tag{4-23}$$

当 $W_0\neq 0$ 时(图 4-11)，图中面积 $oabco$ 代表的水量就是 W_0，有效降雨产生的径流量 R 为图中面积 $adhga$ 代表的水量，面积 $abfda$ 代表的水量为流域包气带的蓄水量增量 ΔW。

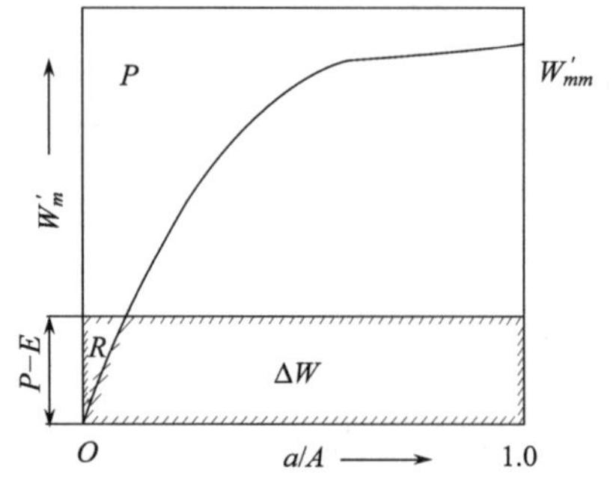

图 4-10 $W_0=0$ 时蓄满产流总径流量的计算

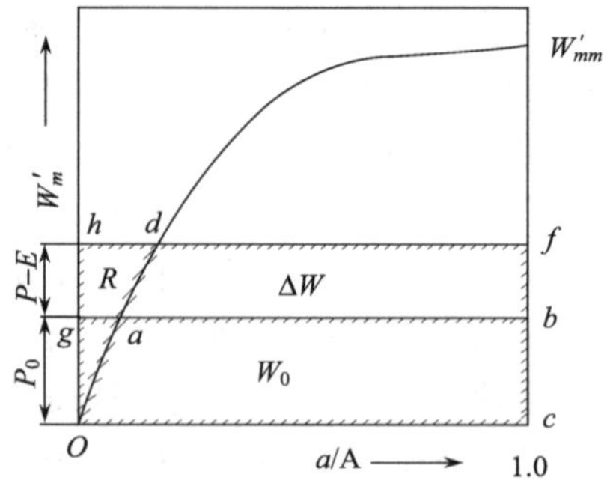

图 4-11 $W_0\neq 0$ 时蓄满产流总径流量的计算

$$W_0=\int_0^{P_0}[1-\phi(W'_m)]\mathrm{d}W'_m \tag{4-24}$$

式中 W_0 已知，可以解出对应前期影响雨量 P_0，由此计算蓄满产流总径流量和流域土壤含水量增量的公式分别为

$$R=(P-E)-\int_A^{P-E+P_0}[1-\phi(W'_m)]\mathrm{d}W'_m \tag{4-25}$$

和

$$\Delta W=\int_A^{P-E+P_0}[1-\phi(W'_m)]\mathrm{d}W'_m \tag{4-26}$$

由上式可以看出，当 $P-E+P_0<W'_{\mathrm{mm}}$ 时，流域上只有局部面积产流。只有当 $P-E+P_0\geqslant W'_{\mathrm{mm}}$ 时，才是全流域面积发生蓄满产流的情况，这时式(4-25)可简化为

$$R=(P-E)-(W_m-W_0) \tag{4-27}$$

式(4-27)即为确定蓄满产流总径流量的基本公式。

实践表明，对于闭合流域，流域蓄水容量曲线采用抛物线线型为宜。此时可求得下列一组关系：

$$WM=\frac{1}{1+b}W'_{\mathrm{mm}} \tag{4-28}$$

或

$$W'_{\mathrm{mm}}=WM(1+b) \tag{4-29}$$

$$P_0=W'_{\mathrm{mm}}\left[1-\left(1-\frac{W_0}{WM}\right)^{\frac{1}{1+b}}\right] \tag{4-30}$$

当 $P-E+P_0<W'_{\mathrm{mm}}$，即局部产流时，有

$$R=(P-E)-WM\left[\left(1-\frac{P_0}{W'_{\mathrm{mm}}}\right)^{1+b}-\left(1-\frac{P_0+P-E}{W'_{\mathrm{mm}}}\right)^{1+b}\right] \tag{4-31}$$

当 $P-E+P_0\geqslant W'_{\mathrm{mm}}$，即全流域产流时

$$R=(P-E)-(WM-W_0) \tag{4-32}$$

在蓄满产流模式下，总径流量只是降雨量 P、雨期蒸散发 E 和初始流域蓄水量 W_0 的函数。如果流域蓄水容量曲线采用抛物线线型表达，只需给定流域蓄水容量 WM 和抛物线指数 b，就可获得流域降雨－径流关系。产流计算过程中，需确定出各时段初的流域蓄水量，设一场暴雨起始流域蓄水量为 W_0，他就是第一时段初的流域蓄水量，第一时段末的流域蓄水量就是第二时段初的流域蓄水量，依此类推，即可求出流域的蓄水过程。时段末流域蓄水量计算公式为

$$W_{t+\Delta t}=W_t+P_{\Delta t}-E_{\Delta t}-R_{\Delta t} \tag{4-33}$$

如果已知逐时段降雨量 P_i、蒸发量 E_i、和此降雨开始时的流域蓄水量 W_0，应用以上公式可逐时段计算出流域产流量 R_i 和流域蓄水增量 ΔW_i。其步骤如下。

(1) 由蓄水容量 WM 和指数 b，利用式(4-29)计算 W'_{mm}。

(2) 由已知流域初始蓄水量 W_0，利用式(4-30)计算 P_0。

(3) 判别 $P-E+P_0$ 与 W'_{mm} 关系，当 $P-E+P_0<W'_{\mathrm{mm}}$，采用式(4-31)计算产流量，当 $P-E+P_0\geqslant W'_{\mathrm{mm}}$ 时采用式(4-32)计算。

(4) 利用式(4-33)计算时段末包气带土壤蓄水量,即为下一时段初的流域蓄水量。

(5) 转入下一时段,重复上述步骤。即可计算出降雨径流过程中各时段的产流量。

【例 4-1】 某流域属典型湿润地区,试用蓄满产流模型计算一次降雨过程对应的产流量。采用蓄水容量曲线参数为:流域蓄水容量 $WM=130\text{mm}$;蓄水容量曲线指数 $b=0.46$。流域初始蓄水量 $W_0=119.88\text{mm}$。

【解】 本例根据蓄水容量参数,求得流域 $W'_{mm}=189.8\text{mm}$;由流域初始蓄水量 $W_0=119.88\text{mm}$ 计算出对应前期影响雨量 $P_0=156.78\text{mm}$;判别 $P-E+P_0$ 与 W'_{mm} 关系,根据情况分别计算出产流量,计算出补充包气带土壤水量,得到第 1 时段末流域蓄水量;以第 1 时段末流域蓄水量作为第 2 时段初流域蓄水量,进行下一时段计算,依次类推,计算出流域产流量,计算结果见表 4-2 的第(5)、(6)、(7)列。

表 4-2 某流域蓄满产流的产流量计算表

计算时段 Δt /3h	面雨量 P /mm	流域蒸发 E /mm	有效降雨 PE /mm	前期影响雨量 P_0 /mm	流域蓄水量 W /mm	产流量 R /mm
(1)	(2)	(3)	(4)	(5)	(6)	(7)
0	0	—	—	—	119.88	0
1	0.1	0.03	0.07	156.78	119.91	0.04
2	4.9	0.18	4.72	156.85	121.95	2.68
3	5.3	0.20	5.10	161.57	123.98	3.07
4	2.1	0.28	1.82	166.68	124.66	1.14
5	1.4	0.28	1.12	168.50	125.07	0.71
6	1.2	0.20	1.00	169.62	125.42	0.64
7	1.1	0.09	1.01	170.62	125.77	0.66
8	1.9	0.02	1.88	171.63	126.39	1.25
9	7.4	0.02	7.38	173.51	128.50	5.27
10	24.0	0.09	23.91	180.89	130.00	22.41
11	3.5	0.09	3.41	189.80	130.00	3.41
12	1.7	0.13	1.57	189.80	130.00	1.57
13	0	—	—	—	—	0

五、超渗产流模式的产流计算

根据超渗地面径流形成机制,超渗地面径流量可按下式确定为

$$R_s=\sum_{i>f_p}(i-f_p)\Delta t \tag{4-34}$$

因此,只要确定了一场降雨过程中每一时刻的雨强 i 和下渗容量 f_p 的对比关系,就能求得这场降雨的超渗地面径流量。因雨强是实测的,故问题就在于如何求得任一时刻的地面下渗容量了。

由下渗理论可知,任何时刻的地面下渗容量取决于该时刻的土壤含水量及其垂线分布。因此,要精确地求出任一时刻的地面下渗容量并非易事。但如果假设地面下渗容量只与土壤含水量有关,而与土壤含水量的垂线分布无关,或者说,土壤含水量的垂线分布总是均匀的,则根据流域最干旱($W_0=0$)情况下的那条下渗曲线就可以求出降雨过程中任何时刻的地面下渗

容量。事实上，若某时刻土壤含水量为 W_t，则按照上述假设，就可求得该时刻的地面下渗容量，如图 4-12 中 f_{pt} 所示。这个假设基本上是合理的，因为控制地面下渗容量的主要是地面以下不太深的一个土层，在降雨下渗过程中，这层土壤的含水量的垂线分布是近似均匀的。

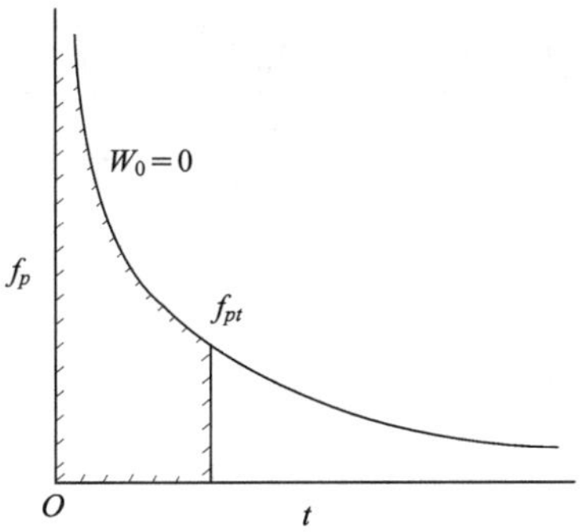

图 4-12 任一时刻地面下渗容量的确定

如果只用一条下渗曲线来计算流域的超渗地面径流量，那么前提应当是流域上土质均匀，包气带厚度大体一致，而且降雨强度的空间分布均匀。可见用一条下渗曲线，只能计算小流域的超渗地面径流量。若要处理大一些流域的超渗地面径流量的计算问题，就必须把流域划分成许多小单元，并最好使用流域下渗容量分配曲线来计算超渗地面径流量。

只应用一条下渗曲线计算流域超渗地面径流量的具体方法有列表计算法、试算法和图解计算法。

1. 列表计算法

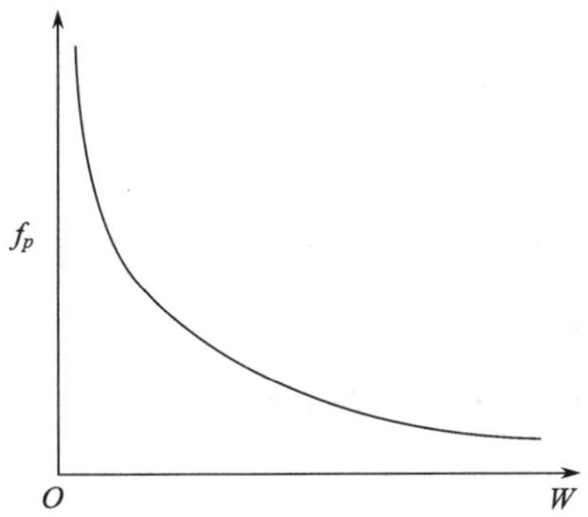

图 4-13 f_p-W 关系曲线

将 f_p-t 形式的下渗曲线转换成 f_p-F_p 形式的曲线，则由于到某一时刻的累积下渗量 F_p 就是该时刻的土壤含水量减去初始土壤含水量，所以 f_p-F_p 曲线实际上就是 f_p 与土壤含水量 W 的关系曲线，如图 4-13 所示。

应用 f_p-W 曲线分析计算超渗地面径流量的步骤如下。

(1) 设下渗能力只与土壤含水量有关，与其垂向分布无关，即 F-f_p 关系单一，由 $f_p(t)$ 函数确定 F-f_p 关系。

(2) 根据 F_0 查 f_{p_1}，i_1 与 f_{p_1} 对比，确定第 1 时段的实际下渗量 f_1 与超渗产流量 r_{s_1}，$F_1=F_0+f_1$。

(3) 根据 F_1 查 f_{p_2}，i_2 与 f_{p_2} 对比，确定第 2 时段的实际下渗量 f_2 与超渗产流量 r_{s_2}，$F_2=F_0+f_1$ 逐时段重复以上步骤就可求出一场降雨产生的超渗地面径流量及其时程分配。

为了保证这种算法的精度，计算时段不宜取得太大，原则上越小越好，因为时段取小了，不仅可以保证时段内下渗容量呈线性变化，同时也可忽略蒸散发量对计算的影响。

【例 4-2】 西北黄土高原某流域，流域面积为 310km²，产流方式为超渗产流，流域下渗曲线采用霍尔坦公式 $f_p=0.1+0.02(50-W)^{1.4}$ 来描述，已知 $W_0=25$mm，试计算 11 日 16 时开始一场降雨过程见表第(2)列，采用列表法求该流域产流过程。

【解】 上述计算可列表进行。示例见表 4-3。

表 4-3 某流域超渗产流地面径流量列表计算法

日．时．分	有效降雨量/mm	流域蓄水量 W/mm	f_p/(mm/min)	R/mm	入渗量/mm
(1)	(2)	(3)	(4)	(5)	(6)
11.16.8	0.3	25.00	1.91	0	0.30
11.16.9	0.3	25.30	1.88	0	0.30

续表

日.时.分	有效降雨量/mm	流域蓄水量 W/mm	f_p/(mm/min)	R/mm	入渗量/mm
(1)	(2)	(3)	(4)	(5)	(6)
11.16.10	0.3	25.60	1.85	0	0.30
11.16.11	0.3	25.90	1.82	0	0.30
11.16.12	1	26.20	1.79	0	1.00
11.16.13	1	27.20	1.69	0	1.00
11.16.14	1.9	28.20	1.60	0.30	1.60
11.16.15	1.9	29.80	1.44	0.46	1.44
11.16.16	1.9	31.24	1.31	0.59	1.31
11.16.17	1.9	32.55	1.20	0.70	1.20
11.16.18	3.3	33.75	1.09	2.21	1.09
11.16.19	3.3	34.84	1.00	2.30	1.00
11.16.20	3.4	35.84	0.92	2.48	0.92
⋮	⋮	⋮	⋮	⋮	⋮

2. 试算法

当计算时段 Δt 不大时，由 f_{p_1} 代替时段流域平均下渗能力，不会造成明显误差。如果计算时段 Δt 较大，要提高计算精度，应采用试算法。其计算步骤如下。

(1) 根据降雨开始时的土壤含水量 W_0 查 f_p-W 曲线，得降雨开始时的地面下渗容量 f_{p_0}。

(2) 假设时段内下渗容量呈直线变化，假定第一时段末的下渗容量 f_{p_1}。

(3) 计算第一时段平均下渗容量为

$$\bar{f}_{p_1}=\frac{1}{2}(f_{p_0}+f_{p_1}) \tag{4-35}$$

(4) 将第一时段平均雨强 $\bar{i}_1$ 与第一时段平均下渗容量进行比较。如果 $\bar{f}_{p_1}\geqslant\bar{i}_1$，则不产生地面径流，全部降雨渗入土中，成为土壤含水量的增加量；如果 $\bar{f}_{p_1}<\bar{i}_1$，则得超渗地面径流量为 $(\bar{i}_1-\bar{f}_{p_1})\Delta t$，而下渗量为 $\bar{f}_{p_1}\Delta t$。时段内下渗水量为

$$I_1=\begin{cases}\bar{i}_1\times\Delta t & \bar{f}_{p_1}\geqslant\bar{i}_1\\ \bar{f}_{p_1}\Delta t & \bar{f}_{p_1}<\bar{i}_1\end{cases} \tag{4-36}$$

(5) 计算第一时段末的土壤含水量为

$$W_1=W_0+I_1-E_1 \tag{4-37}$$

(6) 据此查 f_p-W 曲线，得降雨开始时的地面下渗容量 f'_{p_1}，如果 $f_{p_1}-f'_{p_1}$ 的绝对值小于给定精度，则试算成功，否则，需重新假定直至满足给定精度为止。

(7) 转入第二个时段计算。逐时段重复以上步骤就可求出一场降雨产生的超渗地面径流量及其时程分配。

3. 图解计算法

图解法是直接应用累积下渗曲线 F_p-t 在图上确定超渗地面径流量的方法，具体图解步骤如图 4-14 所示。

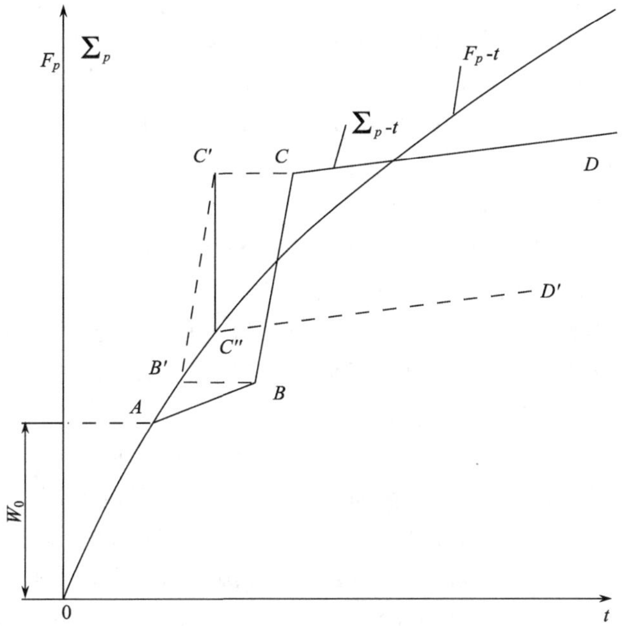

图 4-14　图解法确定超渗地面径流

（1）作出累积下渗曲线 F_p-t。

（2）在 F_p-t 曲线上，根据降雨开始时的土壤含水量 W_0 找出 A 点。

（3）从 A 点开始作累积降雨量过程线 $\sum_p$-t。

（4）因累积下渗曲线的坡度和累积雨量过程线的坡度分别表示下渗容量和降雨强度，因此比较这两条曲线的坡度就可以判断是否有超渗地面径流产生。例如，在图 4-14 中 AB 段不超渗，但 BC 段超渗。因此将 BC 段平行移至 $B'C'$，于是 C' 点到累积下渗曲线的垂直距离 $C'C''$ 就是 BC 段降雨产生的超渗地面径流。再将 CD 段平行移至 $C''D'$，则因其坡度小于累积下渗曲线的坡度，故 CD 段降雨也不产生超渗地面径流。这样就可以求得一场降雨的超渗地面径流量及其时程分配。

第二节　流域汇流计算

一、概述

流域汇流指降落在流域内各处的雨水沿一定方向和路线演变成为出口断面流量的过程。降雨扣除截留、填洼、下渗、蒸发等损失之后，剩下的部分称为净雨，在数量上等于它所形成的径流深。降雨转化为净雨的过程为产流过程，关于净雨的计算称为产流计算。净雨沿着地面和地下汇入河网，然后经河网汇流形成流域出口的径流过程，包括坡地汇流和河网汇流两个阶段。关于流域汇流过程的计算称为汇流计算。

在坡地汇流阶段，雨水经过产流阶段扣除损失后形成净雨，净雨在坡地汇流过程中，有的沿着坡面注入河网成为地面径流，有的下渗形成表层流（壤中流）和地下径流后再流入河网。地面径流流速较大且流程短，因而汇流时间较短；地下径流要通过土层中各种孔隙再汇入河网，流速小，汇流时间较长；表层流则介于二者之间。值得一提的是，地面径流在坡面流动过程中，有一部分会渗入土层中成为表层流；而表层流在流动过程中，部分水流又会回归地面成为地面径流。各种水源的径流进入河网后，即开始河网汇流阶段。在这一阶段，各种水源的径流汇集在一起，从低一级河流汇入高一级河流，从上游到下游，最后汇集到流域出口断面。河网中水流的汇流速度比坡地大得多，但因汇流路径长，所以，汇流时间也较长。上述两个汇流阶段，在实际降雨过程中并没有完全分开，而是交错进行的。

流域汇流是研究流域上的地面净雨、表层流净雨和地下净雨如何转化为流域出口断面的流量过程。由于地面径流和表层流具有一些共同的特性，且不易划分，实际工作中常把二者合并为直接径流，一般仍称为地面径流。所以，流域汇流过程分为地面径流汇流过程和地下径流汇流过程，计算时由地面净雨和地下净雨分别进行汇流计算，求得流域出口断面各自的流量过程，二者叠加，即为流域出口断面的流量过程。

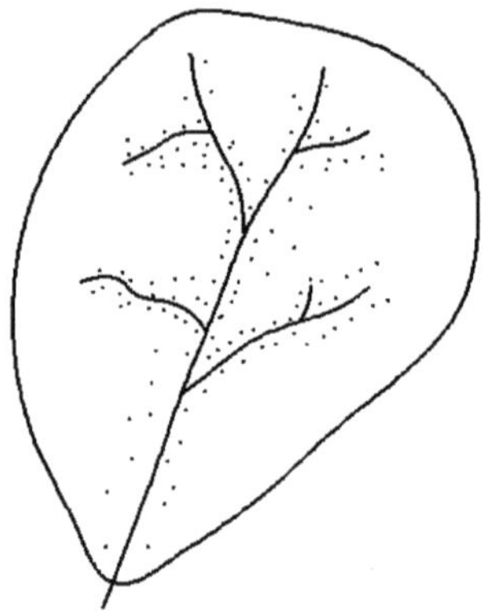

图 4-15 等流时面积分布示意图

同一时刻在流域各处形成的净雨距流域出口断面有远有近，流速也不一定相同，所以不可能全部在同一时刻到达流域出口断面，距离流域出口断面较远和流速较慢的雨水必然暂时滞留在流域内，引起流域蓄水量的变化。但是，不同时刻在流域内不同地点产生的净雨，却可以在同一时刻流到流域的出口断面。如图 4-15 所示，设图中黑点表示在这些点上同一时刻产生的净雨能够在同一时刻流到流域出口断面，流到时间称为汇流时间，记为 τ。所有黑点面积的总和称为等流时面积，记为 $dF(\tau)$。等流时面积上 $t-\tau$ 时刻形成的净雨 $i(t-\tau)$ 正好在 t 时刻到达流域出口断面，所形成的出口断面的流量为

$$\mathrm{d}Q(t)=i(t-\tau)\mathrm{d}F(\tau) \tag{4-38}$$

而流域出口断面 t 时刻的流量 $Q(t)$，是各种不同的等流时面积在 t 时刻到达出口断面的流量之和，即

$$Q(t)=\int_0^t \mathrm{d}Q(t)=\int_0^t i(t-\tau)\mathrm{d}F(\tau) \tag{4-39}$$

又因为等流时面积是汇流时间 τ 的函数，因此有 $\mathrm{d}F(\tau)=\frac{\partial F(\tau)}{\partial\tau}\mathrm{d}\tau$，代入上式得

$$Q(t)=\int_0^t i(t-\tau)\frac{\partial F(\tau)}{\partial\tau}\mathrm{d}\tau \tag{4-40}$$

上式即为地面径流的成因公式。式中，$\frac{\partial F(\tau)}{\partial\tau}$ 称为流域的汇流曲线，记 $\frac{\partial F(\tau)}{\partial\tau}=u(\tau)$，则式(4-40)可以写为

$$Q(t)=\int_0^t i(t-\tau)u(\tau)\mathrm{d}\tau=\int_0^t i(\tau)u(t-\tau)\mathrm{d}\tau \tag{4-41}$$

式(4-40)和式(4-41)也称为卷积公式。由这两式可知，流域出口断面的流量过程取决于

流域内的产流过程和汇流曲线。当已知流域内降雨形成的净雨过程，则汇流计算的关键就是确定流域的汇流曲线。因此，只要确定出流域的汇流曲线，就可以推求流域出口断面的流量过程。实际工作中常用的汇流曲线有等流时线、单位线、瞬时单位线、地貌单位线等。

二、单位线法

（一）单位线的基本概念

在给定的流域上，单位时段内均匀分布的单位地面（直接）净雨量，在流域出口断面形成的地面（直接）径流过程线称为单位线，如图 4-16(a) 所示。单位净雨量（径流深）一般取 10mm，单位时段可取 1h、3h、6h、12h、24h 等，依流域大小而定。

由于实际的净雨量不一定正好是一个单位或一个时段，所以分析使用时有如下两条假定。

1. 倍比假定

如果单位时段内的净雨不是一个单位而是 k 个单位，则形成的流量过程是单位线纵标的 k 倍，如图 4-16(b)～(d)所示。

2. 叠加假定

如果净雨不是一个时段而是 m 个时段，则形成的流量过程是各时段净雨形成的部分流量过程错开时段叠加如图 4-16(e)所示。

根据上述假定，将式(4-41)积分式写为如下求和式，即流域出口断面流量过程线的表达式为

$$Q_i = \sum_{j=1}^{m} \frac{h_j}{10} q_{i-j+1} \qquad \begin{cases} i = 1,2,\cdots,l \\ j = 1,2,\cdots,m \\ i - j + 1 = 1,2,\cdots,n \end{cases} \tag{4-42}$$

式中，Q_i 为流域出口断面各时刻流量值(m^3/s)；h_j 为各时段净雨量(mm)；q_{i-j+1} 为单位线各时刻纵坐标(m^3/s)；l 为流域出口断面流量过程线时段数；m 为净雨时段数；n 为单位线时段数。

由此可见，单位线就是以流量过程线形式所表示的流域的汇流曲线。

（二）单位线的推求

单位线可利用实测的降雨径流资料来推求，一般选择时空分布较均匀，历时较短的降雨形成的单峰洪水来分析。在分析之前，要先求出出口断面的地面径流过程和净雨过程。若流域为蓄满产流型，从实测流量过程线割去地下径流即得地面（直接）径流流量过程线；若流域为超渗产流型，实测流量过程线即为地面径流流量过程线。再利用降雨资料，按第一节的方法推求出地面净雨过程，推算的净雨量应与实测地面径流量相等。根据地面净雨过程及对应的地面径流流量过程线，就可推算单位线，常用的方法有分析法、最小二乘法等。

1. 分析法

设出口断面的地面流量过程为 $Q_1, Q_2, \cdots, Q_1$，流域的净雨过程为 $h_1, h_2, \cdots, h_m$，由式(4-42)构成一个以 $q_1, q_2, \cdots, q_n$ 为未知数的线性代数方程组，解之即可得单位线，这就是单位线的直接分析法，由式(4-42)得

$$q_i = \frac{Q_i - \sum_{j=2}^{m} \frac{h_j}{10} q_{i-j+1}}{\frac{h_j}{10}} \begin{cases} i = 1,2,\cdots,n \\ j = 2,\cdots,m \end{cases} \tag{4-43}$$

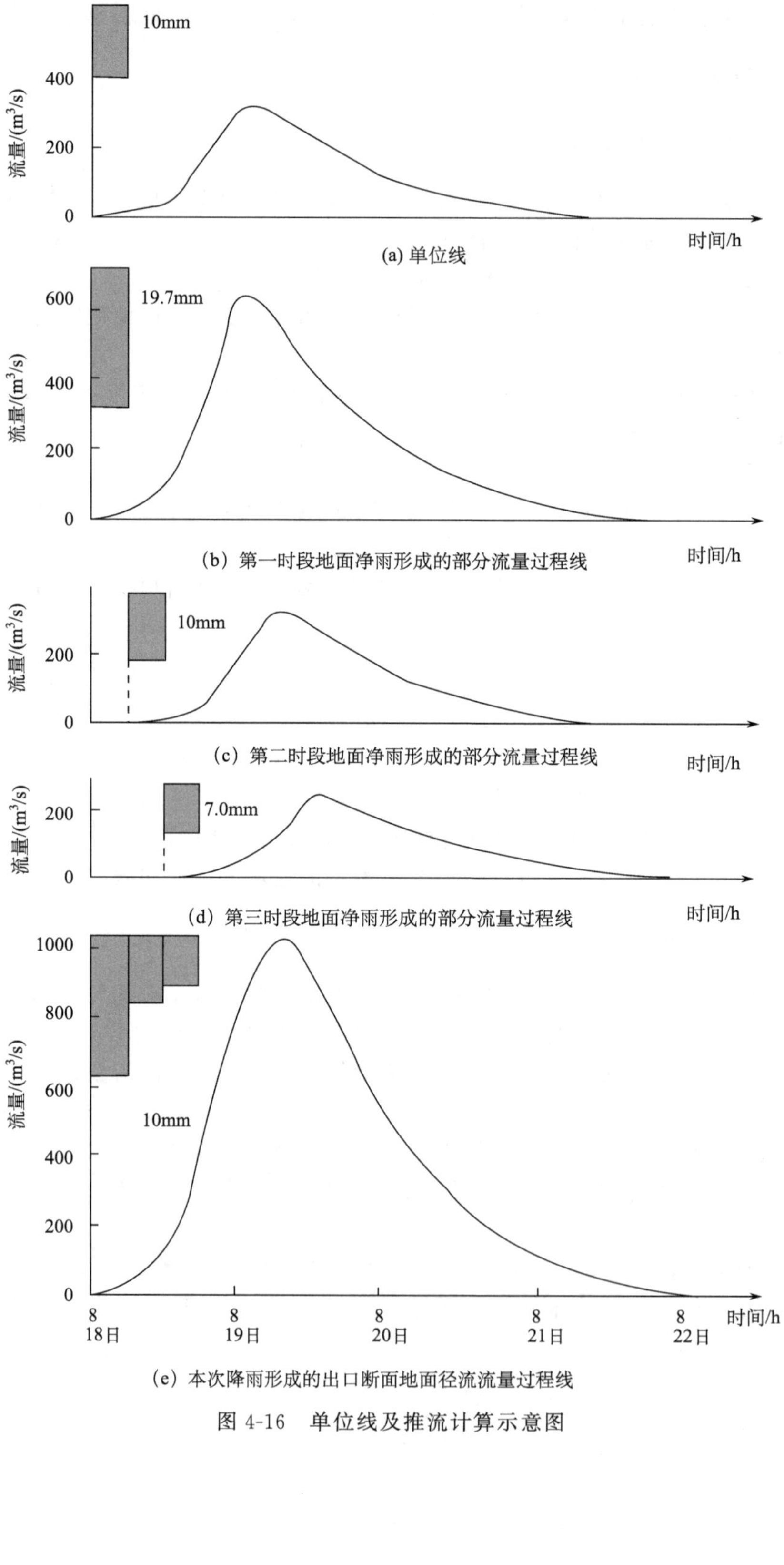

图 4-16 单位线及推流计算示意图

式中，n 为单位线的时段数，$n=l-m+1$。

【例 4-3】 某流域实测流量资料分割地下径流后的地面径流过程以及推算出的地面净雨过程见表 4-4 的前 3 列，试分析单位线。

【解】 本例净雨时段数 $m=2$，地面流量过程时段数 $l=20$，计算时段 $\Delta t=12\text{h}$。由式(4-43)得

$$q_1=\frac{Q_1}{h_1/10}=\frac{120}{15.7/10}=76.4\text{m}^3/\text{s}$$

$$q_2=\frac{Q_2-\dfrac{h_2}{10}q_1}{h_1/10}=\frac{275-\dfrac{5.9}{10}\times 76.4}{15.7/10}=146\text{m}^3/\text{s}$$

$$q_3=\frac{Q_3-\dfrac{h_2}{10}q_2}{h_1/10}=\frac{737-\dfrac{5.9}{10}\times 146}{15.7/10}=415\text{m}^3/\text{s}$$

……

即可推出单位线纵标，见表 4-4。

表 4-4 单位线分析计算表

时间/(月.日.时)	地面径流量 Q/(m^3/s)	净雨 h/mm	净雨 15.7mm 产生的径流量/(m^3/s)	净雨 5.9mm 产生的径流量/(m^3/s)	单位线纵标 q/(m^3/s)	修正后单位线纵标 q/(m^3/s)	单位线时段数(Δt=12h)
9.24.9	0	—	0	—	0	0	—
9.24.21	120	15.7	120	0	76	76	1
9.25.9	275	5.9	230	45	146	146	2
9.25.21	737	—	651	86	415	415	3
9.26.9	1065	—	821	244	523	523	4
9.26.21	840	—	532	308	339	345	5
9.27.9	575	—	376	199	240	241	6
9.27.21	389	—	248	141	158	157	7
9.28.9	261	—	168	93	107	110	8
9.28.21	180	—	117	63	75	73	9
9.29.9	128	—	84	44	53	52	10
9.29.21	95	—	63	32	40	42	11
9.30.9	73	—	49	24	31	37	12
9.30.21	55	—	37	18	24	31	13
10.1.9	40	—	26	14	17	26	14
10.1.21	29	—	19	10	12	21	15
10.2.9	19	—	12	7	8	16	16
10.2.21	12	—	7	5	5	10	17
10.3.9	6	—	3	3	2	5	18
10.3.21	1	—	0	1	0	0	19
10.4.9	0	—	—	0	—	—	20
总计					2271	2326	

实际上，流域汇流并非严格遵循倍比和叠加假定，实测资料及推算的净雨量也具有一定的误差。所以，分析法求出的单位线纵标有时会呈现锯齿状，甚至出现负值。此时可从后向前逆时序推算，或对推算出的单位线作光滑修正，但应保持单位线的总量为 10mm。该流域 $A=10\ 048\text{km}^2$，修正前单位线径流深 $h=\frac{1}{A}\sum q\Delta t=\frac{1000}{10\ 048\times 1000^2}\times 2271\times 12\times 3600=9.8\text{mm}$。修正后单位线见表 4-4，径流深 $h=\frac{1000}{10\ 048\times 1000^2}\times 2326\times 12\times 3600=10\text{mm}$。

2. 最小二乘法

令实测地面流量为 Q，由单位线推算的流量为 Q'，记误差 $\varepsilon=Q-Q'$。若取 $\sum\varepsilon^2=\sum(Q-Q')^2=\min$，可将式(4-42)变为方程个数与待求变量个数相等的正规方程组，然后解在最小二乘意义下 q 的最优估计值。

将式(4-42)写成矩的形式为

$$hq=Q \quad \text{（为书写方便单位净雨深取 1mm）} \tag{4-42'}$$

式中，$h=\begin{bmatrix} h_1\ddots & \\ h_2 & h_1 \\ \vdots & h_2 \\ h_m\ddots & \vdots \\ & h_m \end{bmatrix}$，$q=\begin{bmatrix} q_1 \\ q_2 \\ \vdots \\ \vdots \\ q_n \end{bmatrix}$，$Q=\begin{bmatrix} Q_1 \\ Q_2 \\ \vdots \\ \vdots \\ Q_l \end{bmatrix}$

由上式可知，单位线的时段数 n 为

$$n=l-m+1$$

所以，只有当 $m=1$ 时，$n=l$，可由上式直接解得各 q 值。若 $m>1$，则 $n<l$，上式所列方程数就多于待求未知数 q 的个数，或为矛盾方程组。

为使上述矛盾方程成为正规方程，以转置矩阵 h^T 左乘式(4-42′)两端，移项得

$$q=(h^Th)^{-1}h^TQ \tag{4-44}$$

将已知的 $h_1,h_2,\cdots,h_m$ 及 $Q_1,Q_2,\cdots,Q_m$ 代入式(4-44)，就可解出在最小二乘意义下的最优解 $q_1,q_2,\cdots,q_n$。

以 $m=3,l=6$ 为例说明如下：

根据式(4-42′)且 $n=l-m+1=6-3+1=4$，有

$$\begin{aligned}
h_1q_1 &= Q_1 \\
h_2q_1+h_1q_2 &= Q_2 \\
h_3q_1+h_2q_2+h_1q_3 &= Q_3 \\
h_3q_2+h_2q_3+h_1q_4 &= Q_4 \\
h_3q_3+h_3q_4 &= Q_5 \\
h_3q_4 &= Q_6
\end{aligned}$$

按最小二乘法有

$$\begin{aligned}
\sum\varepsilon^2 &= (Q_1-h_1q_1)^2+(Q_2-h_2q_1-h_1q_2)^2+(Q_3-h_3q_1-h_2q_2-h_1q_3)^2 \\
&\quad +(Q_4-h_3q_2-h_2q_3-h_1q_4)^2+(Q_5-h_3q_3-h_2q_4)^2+(Q_6-h_3q_4)^2 \\
&= \min
\end{aligned}$$

令$\dfrac{\partial(\sum\varepsilon^2)}{\partial q_1}=0$，整理后得

$$q_1(h_1^2+h_2^2+h_3^2)+q_2(h_1h_2+h_2h_3)+q_3(h_1h_3)=Q_1h_1+Q_2h_2+Q_3h_3$$

同理，对 q_2、q_3、q_4 求偏导数并令等于零，共得四个方程组，该方程组即正规方程组，写成矩阵的形式为

$$\begin{bmatrix} h_1^2+h_2^2+h_3^2 & h_1h_2+h_2h_3 & h_1h_3 & 0 \\ h_1h_2+h_2h_3 & h_1^2+h_2^2+h_3^2 & h_1h_2+h_2h_3 & h_1h_3 \\ h_1h_3 & h_1h_2+h_2h_3 & h_1^2+h_2^2+h_3^2 & h_1h_2+h_2h_3 \\ 0 & h_1h_3 & h_1h_2+h_2h_3 & h_1^2+h_2^2+h_3^2 \end{bmatrix}\begin{bmatrix} q_1 \\ q_2 \\ q_3 \\ q_4 \end{bmatrix}=\begin{bmatrix} Q_1h_1+Q_2h_2+Q_3h_3 \\ Q_2h_1+Q_3h_2+Q_4h_3 \\ Q_3h_1+Q_4h_2+Q_5h_3 \\ Q_4h_1+Q_5h_2+Q_6h_3 \end{bmatrix}$$

上式展开为

$$\begin{bmatrix} h_1 & h_2 & h_3 & 0 & 0 & 0 \\ 0 & h_1 & h_2 & h_3 & 0 & 0 \\ 0 & 0 & h_1 & h_2 & h_3 & 0 \\ 0 & 0 & 0 & h_1 & h_2 & h_3 \end{bmatrix}\begin{bmatrix} h_1 & 0 & 0 & 0 \\ h_2 & h_1 & 0 & 0 \\ h_3 & h_2 & h_1 & 0 \\ 0 & h_3 & h_2 & h_1 \\ 0 & 0 & h_3 & h_2 \\ 0 & 0 & 0 & h_3 \end{bmatrix}\begin{bmatrix} q_1 \\ q_2 \\ q_3 \\ q_4 \end{bmatrix}=\begin{bmatrix} h_1 & h_2 & h_3 & 0 & 0 & 0 \\ 0 & h_1 & h_2 & h_3 & 0 & 0 \\ 0 & 0 & h_1 & h_2 & h_3 & 0 \\ 0 & 0 & 0 & h_1 & h_2 & h_3 \end{bmatrix}\begin{bmatrix} q_1 \\ q_2 \\ q_3 \\ q_4 \\ q_5 \\ q_6 \end{bmatrix}$$

$$h^{\mathrm{T}}hq=h^{\mathrm{T}}Q \tag{4-45}$$

移项即为式(4-44)。

用上述方法求解单位线应用了一次雨洪的全部流量资料，原理上比较完善，但所得的结果有时仍会出现锯齿状振荡或负值。为此，可在此基础上加一些约束条件再行求解，如推求单位线的约束线性系统模型等。

（三）单位线的时段转换

单位线应用时，往往因实际降雨历时和已知单位线的时段长不相符合，不能进行移用；另外，在对不同流域的单位线进行地区综合时，各流域的单位线也应取相同的时段长才能综合，解决上述问题的方法就是进行单位线的时段转换。具体方法如下。

假定流域上净雨持续不断，且每一时段净雨均为一个单位，在流域出口断面形成的流量过程线，如图 4-17(a)中虚线所示。该曲线称为 S 曲线。显然，S 曲线在某时刻的纵坐标就等于连续若干个 10mm 净雨所形成的单位线在该时刻的纵坐标值之和，或者说，S 曲线的纵坐标就是单位线纵坐标沿时程的累积曲线，即

$$S(t)=\sum_{j=1}^{k}q_i(\Delta t,t) \tag{4-46}$$

式中，$S(t)$为第 k 个时段末($t=k\Delta t$)S 曲线的纵坐标($\mathrm{m^3/s}$)；q_j 为时段为 Δt 的单位线第 j 个时段末的纵坐标($\mathrm{m^3/s}$)；Δt 为单位线时段(h)。

若已有某时段的单位线，就可以用式(4-46)求 S 曲线，见表 4-5 示例。

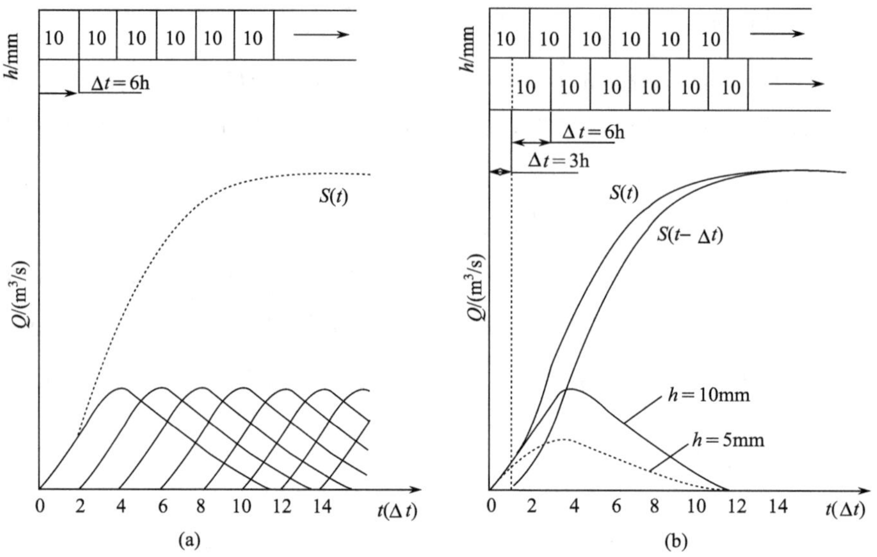

图 4-17 单位线的时段转换

表 4-5 单位线时段转换计算表

时间 t/h	原单位线 ($\Delta t_0=6$h)		$S(t)$（含内插）	$S(t-3)$	$S(t)-S(t-3)$	单位线 ($\Delta t=3$h)		$S(t-9)$	$S(t)-S(t-9)$	单位线 ($\Delta t=9$h)	
	时序	$q(t)$				时序	$q(t)$			时序	$q(t)$
0	0	0	0	—	0	0	0	—	—	0	0
3	—	—	25	0	25	1	50	—	—	—	—
6	1	76	76	25	51	2	102	—	—	—	—
9	—	—	155	76	79	3	158	0	155	1	103
12	2	209	285	155	130	4	260	—	—	—	—
15	—	—	500	285	215	5	430	—	—	—	—
18	3	616	901	500	401	6	802	155	746	2	497
21	—	—	1161	901	260	7	520	—	—	—	—
24	4	489	1390	1161	229	8	458	—	—	—	—
27	—	—	1585	1390	195	9	390	901	684	3	456
30	5	356	1746	1585	161	10	322	—	—	—	—
33	—	—	1883	1746	137	11	274	—	—	—	—
36	6	235	1981	1883	98	12	196	1585	396	4	264
39	—	—	2066	1981	85	13	170	—	—	—	—
42	7	160	2141	2066	75	14	150	—	—	—	—
45	—	—	2204	2141	63	15	126	1981	223	5	149
48	8	110	2251	2204	47	16	94	—	—	—	—
51	—	—	2296	2251	45	17	90	—	—	—	—
54	9	78	2329	2296	33	18	66	2204	125	6	83
57	—	—	2358	2329	29	19	58	—	—	—	—
60	10	50	2379	2358	21	20	42	—	—	—	—

续表

时间 t/h	原单位线（$\Delta t_0=6$h）		$S(t)$（含内插）	$S(t-3)$	$S(t)-S(t-3)$	单位线（$\Delta t=3$h）		$S(t-9)$	$S(t)-S(t-9)$	单位线（$\Delta t=9$h）	
	时序	$q(t)$				时序	$q(t)$			时序	$q(t)$
63	—	—	2400	2379	21	21	42	2329	71	7	47
66	11	35	2414	2400	14	22	28	—	—	—	—
69	—	—	2428	2414	14	23	28	—	—	—	—
72	12	23	2437	2428	9	24	18	2400	37	8	25
75	—	—	2445	2437	8	25	16	—	—	—	—
78	13	12	2449	2445	4	26	8	—	—	—	—
81	—	—	2449	2449	0	27	0	2437	12	9	8
84	14	0	2449	2449	0	—	—	—	—	—	—
87	—	—	2449	—	—	—	—	—	—	—	—
90	—	—	2449	—	—	—	—	2449	0	10	0

有了 S 曲线，就可以进行单位线不同时段的转换。例如，要将已知时段为 Δt_0 的单位线 $q(\Delta t_0,t)$ 转换成时段为 Δt 的单位线 $q(\Delta t,t)$，只需要将 $S(t)$ 曲线向右平移 Δt，得另一条起始时刻迟 Δt 的 $S(t-\Delta t)$ 曲线，如图 4-17(b)所示。这两条 S 曲线的纵坐标差 $S(t)-S(t-\Delta t)$，代表 Δt 时段内强度为 $\frac{10}{\Delta t_0}$ 的净雨所形成的流量过程线。由单位线的倍比假定，有

$$\frac{q(\Delta t,t)}{S(t)-S(t-\Delta t)}=\frac{10/\Delta t}{10/\Delta t_0}$$

所以，转换后的单位线为

$$q(\Delta t,t)=\frac{\Delta t_0}{\Delta t}[S(t)-S(t-\Delta t)] \tag{4-47}$$

式中，$q(\Delta t,t)$ 为转换后时段为 Δt 的单位线；Δt_0 为原单位线时段长；$S(t)$ 为时段为 Δt_0 的 S 曲线；$S(t-\Delta t)$ 为后移 Δt 的 S 曲线。

（四）单位线的应用

一个流域根据多次实测雨洪资料求得多条单位线后，经过分类综合，就可以确定出该流域实用的单位线，即汇流计算方案。当流域内降了一场雨后，先用第一节介绍的产流计算方法推求净雨过程，再用单位线推求出流过程。

【例 4-4】 某流域一场降雨产生三个时段净雨，且已知流域 $\Delta t=6$h 的单位线，见表 4-6。试推求流域出口断面流量过程。

表 4-6 单位线法推流计算表（$F=3391\text{km}^2$）

时间 /(日.时)	地面净雨 h/mm	单位线 $q(t)$ /(m^3/s)	部分地面径流 $\frac{h}{10}q(t)$			地面径流 $Q_s(t)$ /(m^3/s)	地下径流 $Q_g(t)$ /(m^3/s)	出口断面流量过程 $Q(t)$ /(m^3/s)
			$h_1=19.7$	$h_2=9.0$	$h_3=7.0$			
23.8	—	0	0	—	—	0	20	20
23.14	19.7	44	87	0	—	37	24	111

续表

时间 /(日.时)	地面净雨 h/mm	单位线 $q(t)$ /(m^3/s)	部分地面径流$\frac{h}{10}q(t)$			地面径流 $Q_s(t)$ /(m^3/s)	地下径流 $Q_g(t)$ /(m^3/s)	出口断面流量过程 $Q(t)$ /(m^3/s)
			$h_1=19.7$	$h_2=9.0$	$h_3=7.0$			
23.20	9.0	182	358	40	0	398	24	422
24.2	7.0	333	656	164	31	851	24	875
24.8	—	281	554	300	127	981	30	1011
24.14	—	226	445	253	233	931	30	961
24.20	—	156	307	203	197	707	30	737
25.2	—	121	238	140	158	536	26	562
25.8	—	83	164	109	109	382	26	408
25.14	—	60	118	75	85	278	26	304
25.20	—	40	79	54	58	191	26	217
26.2	—	23	45	36	42	123	24	147
26.8	—	11	22	21	28	71	24	95
26.14	—	6	12	10	16	38	24	62
26.20	—	4	8	5	8	21	22	43
27.2	—	0	0	4	4	8	22	30
27.8	—	—	—	0	3	3	20	23
27.14	—	—	—	—	0	0	20	20

【解】 按式(4-42)进行推流,结果见表 4-4 及图 4-16(b)～图 4-16(e)。地面径流过程与地下径流过程之和即为流域出口断面流量过程。

(五) 单位线存在问题及处理方法

单位线假定流域汇流符合倍比和叠加原理,事实上,这并不完全符合实际。因此,一个流域不同次洪水分析的单位线常有些不同,有时差异还比较大,主要原因如下。

1. 洪水大小的影响

大洪水一般流速大,汇流较快。因此,用大洪水资料求得的单位线尖瘦,峰高且峰现时间早。小洪水则相反,求得的单位线过程平缓,峰低且峰现时间迟。

2. 暴雨中心位置的影响

单位线假定降雨在流域内分布均匀。事实上,全流域均匀降雨产流的情况是较少见的。流域越大,降雨在流域内分布不均匀状况就越突出。暴雨中心在上游的洪水,汇流路径长,受流域调蓄作用也大,洪水过程较平缓,由此洪水求得的单位线也平缓,峰低且峰现时间偏后。反之,若暴雨中心在下游,由此类洪水推出的单位线过程尖瘦,峰高且峰现时间早。

遇到上述情况,一般按洪水的大小和暴雨中心位置分别确定单位线,在实际工作中根据具体情况选用。

此外,不同水源比例组成的洪水求出的单位线的形状也不同。在划分地面、地下径流成分时,如有较大误差,也会使推算出的单位线具有较大的误差。

三、瞬时单位线

（一）瞬时单位线的数学方程

瞬时单位线是纳希于 1957 年提出来的。所谓瞬时单位线是指流域上分布均匀，历时趋于无穷小，强度趋于无穷大，总量为一个单位的地面净雨在流域出口断面形成的地面径流过程线。

纳希假设流域对地面净雨的调蓄作用，可用一系列串联的线性水库的调节作用来模拟。设净雨过程为 $h(t)$ 或 h，用流量表示，它就是流域的入流量，相当于第一个水库的入流。记第一个水库的出流为 $Q_1(t)$ 或 Q_1，水库入流量与出流量之差即为蓄水量的变率 $\frac{\mathrm{d}W_1}{\mathrm{d}t}$。因此，连续方程为

$$h-Q_1=\frac{\mathrm{d}W_1}{\mathrm{d}t} \tag{4-48}$$

又因为假设流域对地面净雨的调蓄作用为"线性水库"，故其蓄水量与出流量成正比，即

$$W_1=K_1Q_1 \tag{4-49}$$

式中，W_1 为第一个水库的蓄水量；K_1 为第一个水库的蓄泄系数。

联解式(4-48)和式(4-49)，并以微分算子 D 表示 $\frac{\mathrm{d}}{\mathrm{d}t}$，可得

$$Q_1=\frac{1}{1+K_1D}h$$

同理，对于第二个水库而言，第一个水库的出流 Q_1 即为其入流，记第二个水库的出流为 Q_2，则

$$Q_2=\frac{1}{1+K_2D}Q_1=\frac{1}{1+K_2D}\times\frac{1}{1+K_1D}h$$

依此类推，经过 n 个水库的调节后，出口断面的流量过程为

$$Q_n(t)=\frac{1}{1+K_1D}\times\frac{1}{1+K_2D}\times\cdots\times\frac{1}{1+K_nD}h(t)$$

若假定这 n 个线性水库的蓄泄系数相等，即 $K_1=K_2=\cdots=K_n=K$，则出口断面的流量过程为

$$Q_n(t)=\frac{1}{(1+KD)^n}h(t) \tag{4-50}$$

按瞬时单位线的定义，当时段趋于无穷小，$h(t)$ 为瞬时单位净雨量，$Q_n(t)$ 即为瞬时单位线 $u(0,t)$，应用脉冲感应原理，以脉冲响应函数 $\delta(t)$ 代替 $h(t)$，则式(4-50)可写为

$$u(0,t)=\frac{1}{(1+KD)^n}\delta(t)$$

应用拉普拉斯变换，有

$$L[u(0,t)]=\frac{1}{(1+KS)^n}L[\delta(t)]=\frac{1}{(1+KS)^n}$$

其中，$L[\delta(t)]=1$，又因为$\frac{1}{(1+KS)^n}$的原函数为$\frac{1}{K\Gamma(n)}\left(\frac{t}{K}\right)^{n-1}e^{-\frac{t}{K}}$，最后得

$$u(0,t)=\frac{1}{K\Gamma(n)}\left(\frac{t}{K}\right)^{n-1}e^{-\frac{t}{K}} \tag{4-51}$$

式中，L 为拉普拉斯算符；S 为拉普拉斯变数；Γ 为伽玛函数；n 为反映流域调蓄能力的参数，相当于线性水库的个数或水库的调节次数；K 为线性水库的蓄泄系数，相当于流域汇流时间的参数，具有时间因次。

上式就是纳希瞬时单位线方程式，其中 n、K 为参数。当 n、K 一定时，便可绘出瞬时单位线，如图 4-18 所示，它表示流域上在瞬时($\Delta t\rightarrow 0$)降 1 个水量的净雨在出口断面形成的流量过程线，其横坐标代表时间，具有时间因次，纵坐标代表流量，具有抽象的因次 $1/\mathrm{d}t$。按水量平衡原理，瞬时单位线和时间轴所包围的面积应等于 1 个水量，即

$$\int_0^{\infty}u(0,t)\mathrm{d}t=1.0 \tag{4-52}$$

式(4-50)中 n、K 是瞬时单位线的两个参数。n、K 对瞬时单位线形状的影响如图 4-19 所示。从图中可以看出，n、K 对 $u(0,t)$形状的影响是相似的。当 n、K 减小时，$u(0,t)$的洪峰增高，峰现时间提前；而当 n、K 增大时，$u(0,t)$的峰降低，峰现时间推后。

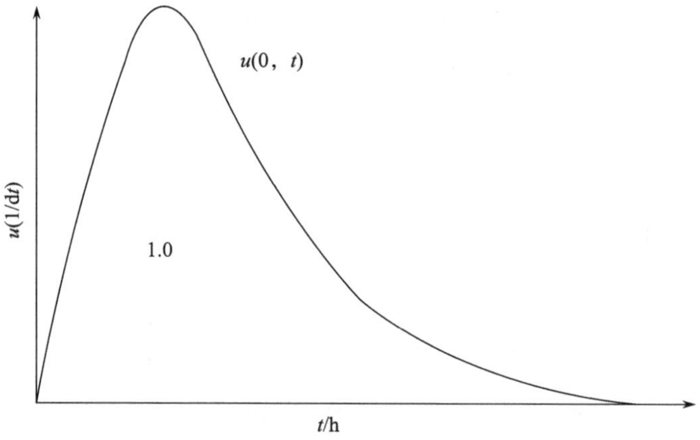

图 4-18　瞬时单位示意图

（二）瞬时单位线的时段转换

式(4-51)或图 4-18 的单位线所对应的净雨是瞬时的，实用中还需将瞬时单位线转换为时段单位线才能使用。时段的转换仍采用 S 曲线，按 S 曲线的定义，有

$$S(t)=\int_0^t u(0,t)\mathrm{d}t=\int_0^{t/K}\frac{1}{\Gamma(n)}\left(\frac{t}{K}\right)^{n-1}e^{-\frac{1}{K}D}\left(\frac{t}{K}\right) \tag{4-53}$$

当 n、K 已知，以不同的 t 代入上式积分，就可得到如图 4-20 所示的 S 曲线。将以 $t=0$ 为起点的 $S(t)$曲线向后平移一个 Δt 时段，即可得到 $S(t-\Delta t)$曲线，两条 S 曲线纵坐标之差，即为时段为 Δt 的无因次时段单位线，如图 4-21 所示。它代表 Δt 时段内流域上净雨强度为 1 产生的水量($\Delta t\times 1$)在出口断面形成的流量过程线。实用时还需将无因次单位线换算成净雨为 10mm 的时段单位线，即 Δt 内流域上降 10mm 净雨产生的水量($10\times A$)在出口断面形成

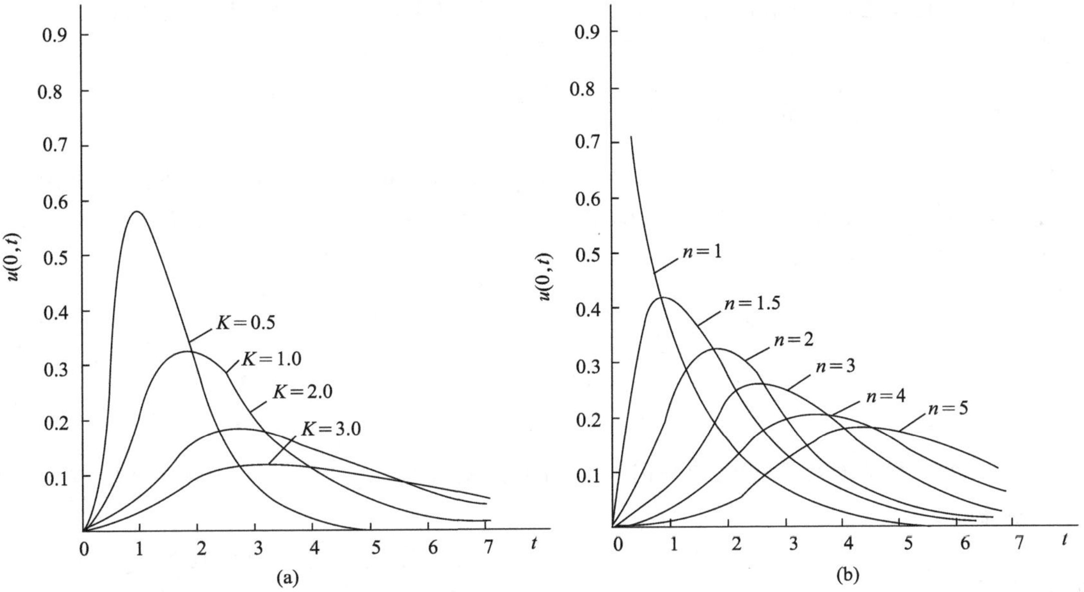

图 4-19　参数 n、K 对瞬时单位线的影响

的地面径流流量过程线 $q(\Delta t, t)$，由单位线的倍比假定，有

$$\frac{q(\Delta t, t)}{u(\Delta t, t)} = \frac{10 \times A}{\Delta t \times 1}$$

所以得

$$q(\Delta t, t) = \frac{10A}{\Delta t} u(\Delta t, t) \tag{4-54}$$

当单位线的纵坐标 $q(\Delta t, t)$ 以 m^3/s 计，净雨时段 Δt 以 h 计，流域面积以 km^2 计时，上式可写为

$$q(\Delta t, t) = \frac{10A}{3.6\Delta t} u(\Delta t, t) = \frac{10A}{3.6\Delta t}[S(t) - S(t - \Delta t)] \tag{4-55}$$

即为时段为 Δt，净雨为 10mm 的时段单位线。

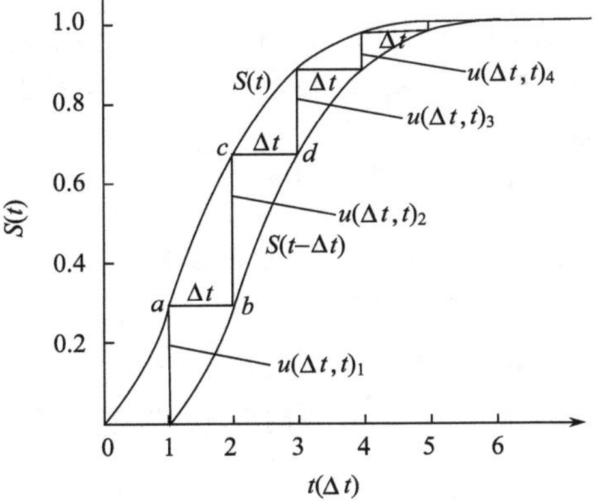

图 4-20　瞬时单位线的 S 曲线

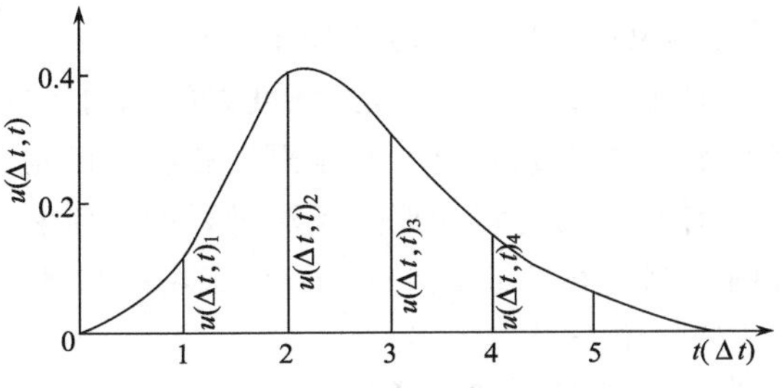

图 4-21　无因此时段单位线

为了实用上方便，已根据式(4-52)制成以 n、t/K 为参数的 S 曲线查用表(见《水文手册》瞬时单位线 S 曲线查用表)，若已知 n、K，查该表即可得 S 曲线。

(三) 参数 n、K 的确定

瞬时单位线的数学模型由式(4-50)表示，要求某一流域的瞬时单位线就变成推求该流域的 n、K 值。纳希利用统计数学中矩的概念，推导出由实测净雨过程 $h(t)$ 和出口断面地面径流过程 $Q(t)$ 确定 n、K 的公式为

$$K=\frac{M_Q^{(2)}-M_h^{(2)}}{M_Q^{(1)}-M_A^{(1)}}-(M_Q^{(1)}+M_h^{(1)}) \tag{4-56}$$

$$n=\frac{M_Q^{(1)}-M_h^{(1)}}{K} \tag{4-57}$$

式中，$M_Q^{(1)}$、$M_Q^{(2)}$ 为地面径流过程的一阶和二阶原点矩；$M_h^{(1)}$、$M_h^{(2)}$ 为地面净雨过程的一阶和二阶原点矩。

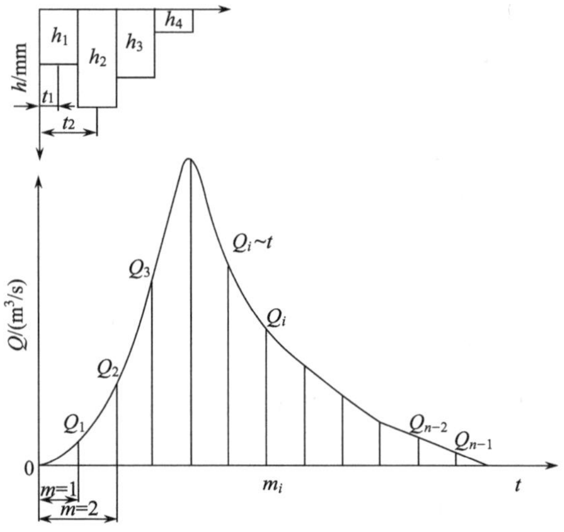

图 4-22 矩值计算示意图

各阶原点矩由实测降雨推算的净雨过程和对应的地面径流的出流过程(图 4-22)用差分公式计算，公式为

$$M_h^{(1)}=\frac{\sum h_i t_i}{\sum h_i} \tag{4-58}$$

$$M_h^{(2)}=\frac{\sum h_i (t_i)^2}{\sum h_i} \tag{4-59}$$

$$M_Q^{(1)}=\frac{\sum Q_i m_i}{\sum Q_i}\Delta t \tag{4-60}$$

$$M_Q^{(2)}=\frac{\sum Q_i m_i^2}{\sum Q_i}(\Delta t)^2 \tag{4-61}$$

式中，$t_i=\left(m_i-\frac{1}{2}\right)\Delta t$，$m_i=1,2,\cdots,n-1$

将式(4-58)～式(4-61)计算的结果代入式(4-56)和式(4-57)，就可求出 n、K。计算出的 n、K 值还需代回原来的资料做还原验证，若还原的精度不能令人满意，则需对 n、K 作适当调整，直至满意为止。除了上述矩法外，还可采用优选法确定 n、K。

瞬时单位线参数计算步骤如下。

(1) 选取流域上分布均匀，强度大的暴雨形成的单峰洪水过程线作为分析的对象。

(2) 计算本次暴雨产生的净雨量和相应的地面径流量，二者应相等。

(3) 计算净雨过程和地面径流过程的一阶和二阶原点矩，并推算 n、K。

【例 4-5】 某流域 $F=349\text{km}^2$，试由一次实测暴雨洪水资料推求瞬时单位线的 n、K 及 $\Delta t=3\text{h}$ 的单位线。

【解】 首先按前述方法推求出净雨过程和地面径流过程，见表 4-7 和表 4-8，并由表中数值计算一阶和二阶原点矩及 n、K 如下。

表 4-7　净雨原点矩 $M_h^{(1)}$、$M_h^{(2)}$ 计算表

时间 /(月.日.时)	地面净雨 h /mm	t_i /h	h_it_i /(mm·h)	$h_it_i^2$ /(mm·h²)	备注
8.7.20	—	—	—	—	
8.7.23	11.9	1.5	17.85	26.78	
8.8.2	23.8	4.5	107.10	481.95	
8.8.5	50.9	7.5	381.75	2 863.13	$M_h^{(1)}=\frac{\sum h_it_i}{\sum h_i}=\frac{1159.80}{138.6}=8.37(\text{h})$
8.8.8	31.2	10.5	327.60	3 439.80	
8.8.11	10.4	13.5	140.40	1 895.40	$M_h^{(2)}=\frac{\sum h_it_i^2}{\sum h_i}=\frac{12024.47}{138.6}=86.76(\text{h}^2)$
8.8.14	5.9	16.5	97.35	1 606.28	
8.8.17	4.5	19.5	87.75	1 711.13	
$\sum$	138.6		1 159.80	12 024.47	

表 4-8　流量原点矩 $M_Q^{(1)}$、$M_Q^{(2)}$ 计算表

时间 /(月.日.时)	Q 坡面 /(m³/s)	m_i	Q_im_i /(m³/s)	$Q_im_i^2$ /(m³/s)	备注
8.7.20	0				
8.7.23	69	1	69	69	
8.8.2	269	2	538	1 076	
8.8.5	624	3	1 872	5 616	
8.8.8	909	4	3 636	14 544	
8.8.11	781	5	3 905	19 525	
8.8.14	536	6	3 216	19 296	
8.8.17	392	7	2 744	19 208	$M_Q^{(1)}=\frac{\sum Q_im_i}{\sum Q_i}\Delta t=\frac{24\ 784}{4\ 479}\times 3$
8.8.20	291	8	2 328	18 624	
8.8.23	200	9	1 800	16 200	$=16.60(\text{h})$
8.9.2	143	10	1 430	14 300	$M_Q^{(2)}=\frac{\sum Q_im_i^2}{\sum Q_i}(\Delta t)^2$
8.9.5	102	11	1 122	12 342	
8.9.8	71	12	852	10 224	$=\frac{168\ 720}{4\ 479}\times 3^2$
8.9.11	47	13	611	7 943	$=339.02(\text{h}^2)$
8.9.14	26	14	364	5 096	
8.9.17	11	15	165	2 475	
8.9.20	5	16	80	1 280	
8.9.23	2	17	34	578	
8.10.2	1	18	18	324	
8.10.5	0				
$\sum$	4 479		24 784	168 720	

$$K=\frac{M_Q^{(2)}-M_h^{(2)}}{M_Q^{(1)}-M_h^{(1)}}-(M_Q^{(1)}+M_h^{(1)})$$

$$=\frac{339.02-86.76}{16.60-8.37}-(16.60+8.73)$$

$$=5.68(\mathrm{h})$$

$$n=\frac{M_Q^{(1)}-M_h^{(1)}}{K}=\frac{16.60-8.37}{5.68}=1.45$$

取 $n=1.5$，$K=5.68$，查附表 4 可得 S 曲线，转换为 $\Delta t=3\mathrm{h}$ 的单位线如表 4-9 所示。验证结果如图 4-23 所示，由图可知，所示 n、K 值令人满意。

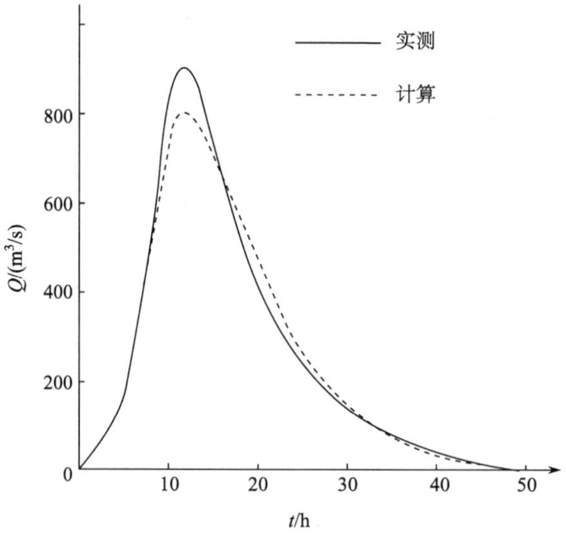

图 4-23 实测与计算流量过程线比较

表 4-9 由瞬时单位线推求时段单位线计算表

时间 t /h	t/K	$S(t)$	$S(t-\Delta t)$	$u(\Delta t,t)$	$q(\Delta t,t)$ /(m³/s)	时间 t /h	t/K	$S(t)$	$S(t-\Delta t)$	$u(\Delta t,t)$	$q(\Delta t,t)$ /(m³/s)
0	0	0	—	0	0	30	5.282	0.986	0.977	0.009	2.9
3	0.528	0.209	0	0.209	67.5	33	5.810	0.991	0.985	0.005	1.6
6	1.056	0.450	0.209	0.241	77.8	36	6.338	0.994	0.991	0.003	1.0
9	1.585	0.634	0.450	0.184	59.4	39	6.865	0.997	0.994	0.003	1.0
12	2.113	0.761	0.634	0.127	41.0	42	7.394	0.998	0.997	0.001	0.3
15	2.641	0.847	0.761	0.086	27.8	45	7.923	0.999	0.998	0.001	0.3
18	3.169	0.904	0.847	0.057	18.4	48	8.451	1.000	0.999	0.001	0.3
21	3.697	0.940	0.904	0.036	11.7	51	8.979	1.000	1.000	0	0
24	4.225	0.963	0.940	0.023	7.5	$\sum$				1.000	323
27	4.754	0.977	0.963	0.014	4.5						

(四) 瞬时单位线参数的非线性改正

与时段单位线类似，由每场暴雨洪水资料分析出的参数 n、K 并不完全相同，而是随净雨强度的大小变化，不符合倍比假定，水文学上把这种现象称为非线性。目前一般的处理方法是在分析出的 n、K 的基础上，寻求它们随净雨强度变化的规律，以便在使用时按照具体的雨情选择相应的 n、K。另外，流域降雨不均匀也会引起 n、K 的非线性，这时可采用与时段单位线类似的处理方法，即根据不同暴雨中心位置对 n、K 的影响进行分类处理。

四、地下径流汇流计算

下渗的雨水有一部分渗透到地下潜水面，然后沿水力坡度最大的方向流入河网，最后汇至流域出口断面，形成地下径流过程。许多资料分析表明，地下水的储水结构可视为一个线性水库，即地下水的蓄量与其出流量的关系为线性函数。下渗的净雨量为其入流量，经地下水库调节后的出流量就是流域出口断面的地下径流出流量。因此，联立求解地下水蓄泄方程与地下水的水量平衡方程，就可求出地下径流的汇流过程，即联立求解以下方程组：

$$\left.\begin{aligned} I_g - Q_g &= \frac{\mathrm{d}W_g}{\mathrm{d}t} \\ W_g &= K_g Q_g \end{aligned}\right\} \tag{4-62}$$

式中，I_g 为地下径流的入流率，即降雨对地下水的补给强度(m^3/s)；Q_g 为地下径流的出流量(m^3/s)；W_g 为地下水蓄量(mm)；K_g 为地下水蓄水常数。

实际计算时，可将上式写为有限差分形式的演算式，对某时段 Δt，有

$$Q_{g2} = \frac{\Delta t}{K_g + 0.5\Delta t}\bar{I}_g + \frac{K_g - 0.5\Delta t}{K_g + 0.5\Delta t}Q_{g1} \tag{4-63}$$

式中，Q_{g1}、Q_{g2} 为时段初、末地下径流出流量(m^3/s)。若上次洪水的地面径流已退尽，本次洪水开始时的起涨流量即为第一时段初的地下径流出流量；$\bar{I}_g$ 为时段内地下径流的入流率(m^3/s)。$\bar{I}_g = \frac{1000 \times RG \times A}{3600 \times \Delta t} = \frac{0.278RG \times A}{\Delta t}$，$A$ 为流域面积(km^2)，RG 为时段内的地下净雨量(mm)；Δt 为计算时段(h)。

地下水的蓄水常数 K_g，以 h 计，可根据实测退水资料，根据流域退水曲线推算。根据上式逐时段进行计算，就可以求出地下径流的出流过程。

对蓄满产流的情况，应分别推求出地面径流过程和地下径流过程，二者同时刻叠加即为流域出口断面的流量过程。

【例 4-6】 湿润地区某流域，流域面积 $F = 5290km^2$。由多次退水过程分析得 $K_g = 228h$。1985 年 4 月该流域发生一场洪水，起涨流量 $50m^3/s$，计算时段 $\Delta t = 6h$。通过产流计算求得该次暴雨产生的地下净雨过程 RG 见表 4-10。试计算该次洪水地下径流的出流过程。

【解】 将 $F = 5290km^2$，$k_g = 228h$，$\Delta t = 6h$ 代入式(4-63)，得该流域地下径流的演算式为

$$\begin{aligned} Q_{g2} &= \frac{0.278 \times 5290}{228 + 0.5 \times 6}RG + \frac{228 - 0.5 \times 6}{228 + 0.5 \times 6}Q_{g1} \\ &= 6.366RG + 0.974Q_{g1} \end{aligned}$$

取第一时段起始流量 $Q_{g1} = 50m^3/s$，逐时段连续演算，结果见表 4-10。

表 4-10　地下径流汇流计算表

时间/(年.月.时)	地下净雨 RG/mm	6.366RG/(m^3/s)	0.974Q_{g_1}/(m^3/s)	$Q_{g_{1q}}$/(m^3/s)
4.16.14	—	—	—	50
4.16.20	3.3	21	49	70
4.17.2	8.1	52	68	120
4.17.8	8.1	52	117	169
4.17.14	3.2	20	165	185
4.17.20	—	—	180	180
4.18.2	—	—	175	175
⋮	—	—	⋮	⋮

思　考　题

1. 目前常用分割基流的方法有哪几种,简述其优缺点?

2. 何谓超渗产流?何谓蓄满产流?它们的主要区别是什么?

3. 简述流域蓄水容量 W'_m 的确定方法?

4. 简述蓄满产流模型法由实测雨洪资料确定稳渗率 f_c 的方法步骤?

5. 何谓等流时线,简述用等流时线法进行汇流计算的方法步骤?

6. 简述时段单位线的定义及基本假定?简述由实测雨洪资料分析时段单位线的基本步骤?对于一个流域,影响时段单位线不同的主要因素是什么?

7. 简述纳希瞬时单位线的定义及其基本假定?

8. 某小流域下渗容量曲线及一次降雨过程分别列于表 4-11 和表 4-12。已知该次降雨开始时流域土壤含水量为 15.9mm,如忽略雨期蒸散发,试用图解法求该次降雨的地面产流量。

表 4-11　某小流域下渗容量曲线

时间/min	0	4.7	11.7	22.1	37.7	59.3	84.5
f_p/(mm/min)	2.60	1.70	1.14	0.77	0.51	0.40	0.40

表 4-12　某小流域一次面降雨过程

时间/min	30～31	31～32	32～33	33～34	34～35	35～36	36～37
降雨量/mm	2.0	2.6	2.0	1.2	0.9	0.7	0.8
时间/min	37～38	38～39	39～40	40～41	41～42	42～43	43～44
降雨量/mm	1.8	0.7	1.4	1.3	1.3	1.5	1.1

9. 某小流域 1h10mm 单位线如表 4-13 所列,若 6 月 23 日 14:30～15:30 的地面净雨为 6mm,15:30～16:30 地面净雨为 18mm,试计算该次降雨过程形成的地面径流流量过程。

表 4-13　某流域 1h10mm 单位线

时间/h	0	1	2	3	4	5	6	7	8	9	10	11	12	13
q/(m^3/s)	0	2.0	6.0	9.0	8.0	6.0	5.0	3.5	2.5	2.0	1.5	1.0	0.5	0

10. 某流域的等流时线如图 4-24 所示,各等流时面积 ω_1、ω_2、ω_3 分别为 41km^2、72km^2、65km^2,其上一次

降雨，它在各等流时面积上各时段的地面净雨如表 4-14 所示，其中时段 $\Delta t=2h$，与单元汇流时间 $\Delta\tau$ 相等。试求流域出口断面的地面径流过程。

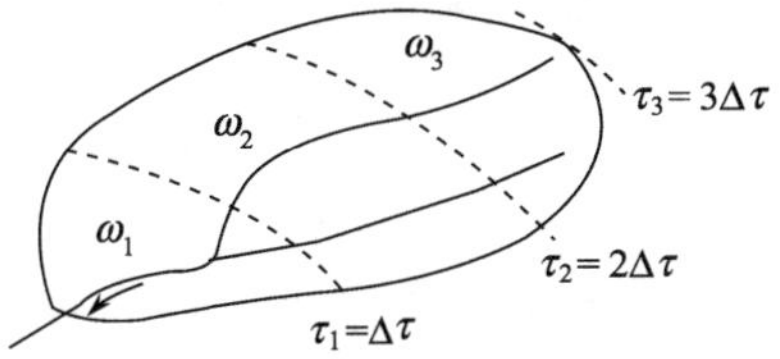

图 4-24　某流域的等流时线

表 4-14　某流域的等流时面积及一次降雨情况

时段(Δt)/h	面积/km^2		
	ω_1	ω_2	ω_3
1	10	9	4
2	20	25	20
3	13	20	4

第五章 水文分析计算

【内容提要】 水文分析计算是服务于水土保持工程的规划设计，应用水文频率计算确定设计年径流、设计洪水等，为工程规划设计提供技术依据。内容包括：随机变量及其统计参数的计算；经验频率曲线、理论频率曲线的确定；水文频率计算的适线法；相关分析；年径流量的频率分析计算；年径流量的相关分析及插补延长；设计年径流量及其年内分配的推求；洪水资料的选样、审查和插补延长；特大洪水的处理；典型洪水的选择及放大方法；设计洪水过程线的推求。

第一节 水文频率计算

水土保持工程的规划设计中，常常需要知道大于或等于某一特征值的频率是多少，也就是要提供一定频率的水文数值，这就需要进行水文频率计算。水文计算中习惯上把由实测资料(样本)所绘制的频率曲线称为经验频率曲线。所谓水文频率分布线型是指所采用的理论频率曲线(频率函数)的形式，它的选择主要取决于与大多数水文资料的经验频率点据的配合情况。分布线型的选择与统计参数的估算，构成了频率计算的两大内容。由于经验频率的计算以及经验频率曲线的绘制是水文频率计算的基础，且经验频率曲线在实际应用中有一定的实用性，因此，首先介绍经验频率曲线。

一、经验频率曲线

(一) 经验频率计算公式

设某水文系列共有 n 项，按由大到小的次序排列为：$x_1, x_2, \cdots, x_n$，则系列中大于等于 x_m 的经验频率可按下式计算：

$$P=\frac{m}{n}\times 100\% \tag{5-1}$$

式中，P 为等于和大于 x_m 的经验频率；m 为 x_m 的序号，即等于和大于 x_m 的项数；n 为样本容量，即观测资料的总项数。

如果 n 项实测资料本身就是总体，则上述计算经验频率式(5-1)并无不合理之处。但水文资料都是样本资料，欲用这些资料来估计总体的规律，则会产生较大的偏差。例如，当 $m=n$ 时，最末项 x_n 的频率 $P=100\%$，即是说样本的末项 x_n 就是总体中的最小值，样本之外不会出现比 x_n 更小的值，这显然不符合实际情况。因为随着观测资料年数的增多，总会有更小的数值出现。因此，要对此公式进行修正。

现行有代表性的经验频率修正公式主要有

数学期望公式为

$$P=\frac{m}{n+1}\times 100\% \tag{5-2}$$

切哥达也夫公式为

$$P=\frac{m-0.3}{n+0.4}\times 100\% \tag{5-3}$$

海森公式为

$$P=\frac{m-0.5}{n}\times 100\% \tag{5-4}$$

前两个公式在统计学上都有一定的理论依据，但具体推导比较复杂。目前我国水文上广泛采用的是数学期望公式。

（二）经验频率曲线绘制方法及存在的问题

现以沙里涂站30年的实测最大洪峰流量资料为例，说明经验频率曲线的计算和绘制方法。具体步骤如下。

(1) 将逐年实测的最大洪峰流量填入表5-1中第(1)、(2)栏。

(2) 将第二栏的年最大洪峰流量按大小递减次序重新排列，填入第(4)栏；第(3)栏为序号，自上而下为1，2，…，n。

(3) 按数学期望公式分别计算经验频率 $P=\frac{m}{n+1}\times 100\%$，填入第(5)栏。

表5-1　沙里涂站年最大洪峰流量经验频率计算表

年份	年最大洪峰流量 $Q_m/(m^3/s)$	序号	由大到小排列的 $Q_m/(m^3/s)$	经验频率 $P=\frac{m}{n+1}\times 100\%$
(1)	(2)	(3)	(4)	(5)
1972	112	1	1390	3.2
1973	955	2	1050	6.5
1974	255	3	955	9.7
1975	179	4	810	12.9
1976	428	5	677	16.1
1977	393	6	541	19.4
1978	144	7	520	22.6
1979	541	8	494	25.8
1980	810	9	450	29.0
1981	323	10	428	32.3
1982	1050	11	393	35.5
1983	215	12	382	38.7
1984	520	13	323	41.9
1985	494	14	292	45.2
1986	215	15	269	48.4
1987	450	16	255	51.6
1988	218	17	246	54.8
1989	35	18	243	58.1
1990	292	19	230	61.3
1991	179	20	218	64.5

续表

年份	年最大洪峰流量 $Q_m/(m^3/s)$	序号	由大到小排列的 $Q_m/(m^3/s)$	经验频率 $P=\frac{m}{n+1}\times 100\%$
(1)	(2)	(3)	(4)	(5)
1992	382	21	215	67.7
1993	269	22	215	71.0
1994	1390	23	179	74.2
1995	230	24	179	77.4
1996	246	25	170	80.6
1997	677	26	157	83.9
1998	170	27	144	87.1
1999	157	28	112	90.3
2000	11	29	35	93.5
2001	243	30	11	96.8

(4) 以第(4)栏的水文变量 Q_m 为纵坐标，以第(5)栏的 P 为横坐标，在频率格纸上点绘经验频率点，然后目测通过点群中间连成一条光滑曲线，即为该站的年最大洪峰流量经验频率曲线，如图 5-1 所示。

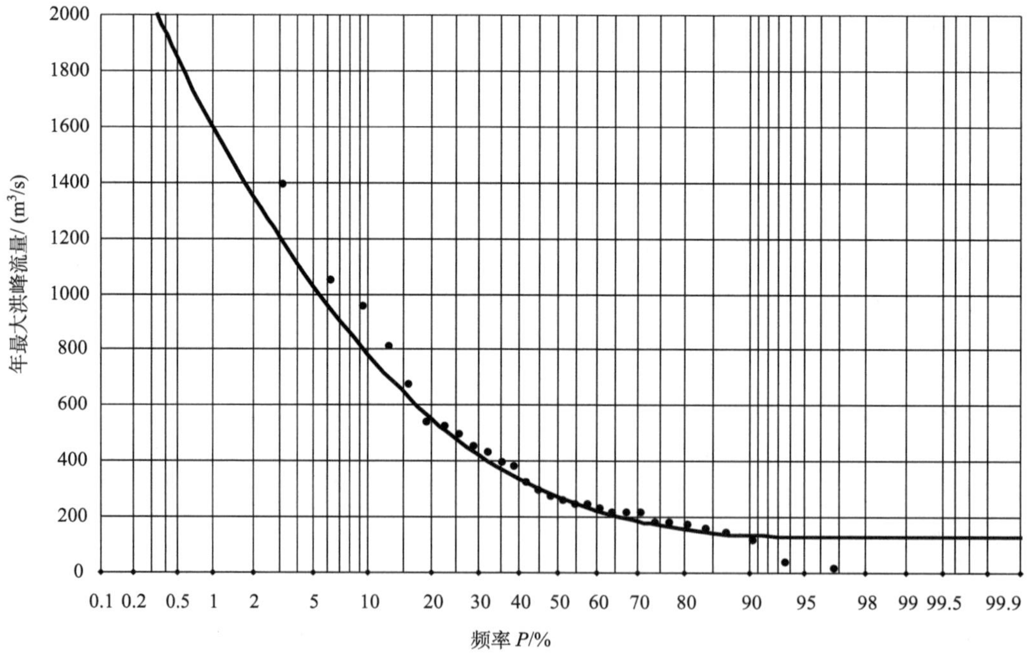

图 5-1 沙里涂站年最大洪峰流量经验频率曲线示意图

(5) 根据工程设计标准指定的频率值,在曲线上查出所需的水文设计值。如设计频率为10%,则从图 5-1 上可查得设计年最大洪峰流量为 $800m^3/s$。

经验频率曲线完全是根据实测资料绘出的,当实测资料较长或设计标准要求较低时,经验频率曲线尚能解决一些实际问题。但是,工程设计往往要推求稀遇的小频率洪水,如 $P=1\%$,0.1%,0.01%。而目前实测资料一般最多几十年,计算的经验频率点只有几十个。因此,需要查用的经验频率曲线上端部分往往没有实测点据控制,即使采用频率格纸使经验频率曲线变直一些,但要进行曲线外延时仍具有相当大的主观性,会使设计水文数据的可靠程度受到影响。另外,水文要素的统计规律有一定的地区性,但是我们很难直接利用经验频率曲线把这种地区性的规律反映出来,没有这种地区性规律,就无法解决无实测水文资料的小流域的水文计算问题。为解决这些问题,人们提出用数学方程式表示的频率曲线来配合经验点据,这就是理论频率曲线。

(三) 频率与重现期

由于频率这个词比较抽象,为便于理解,实用上常采用重现期与频率并用。频率分为年频率与次频率,二者的区别在于它们的选样方法,前者采用年最大值方法选样,即频率统计时每年取一个代表值组成样本系列统计,所得的累积频率是以年为单位,频数总和是观测年数,相应的累积频率称为年频率,相应的重现间隔期称为年重现期(多少年一遇),常应用于水利工程中暴雨、洪水分析。后者采用年超大值(或年超定量)方法选样,即每年取多个样本组成系列,频数总和是选择的总次数,所得的累计频数以次为单位,则相应的累积频率称为次频率,相应的重现间隔期称为次重现期 (多少次一遇)。

当观测系列 N(年)的长度足够大时,年频率为 $P_N=m/N$,次频率为 $P'_n=m/n+1$,其中 n 为选取样本总次数。年频率与次频率可以按式(5-5)转换:

$$P'_n=\frac{N}{n+1}P_N \tag{5-5}$$

式中,N 为观测系列的长度(年);n 为选取样本总次数(次);P_N 为年频率(%);P'_n为次频率(%)。

年重现期和次重现期分别为年频率和次频率的倒数,即年重现期为 $T_N=1/P_N=N/m$,次重现期为 $T'_n=1/P'_n=n+1/m$。年重现期与次重现期可以按式(5-6)转换:

$$T_N=\frac{N}{n+1}T'_n \tag{5-6}$$

式中,T_N 为年重现期(年);T'_n 为次重现期(年)。

例如,某河流断面设计洪水的频率 $P=1\%$,则年重现期 $T=100$ 年,称为百年一遇洪水。表示该河流断面大于或等于这样的洪水在很长时期内平均 100 年发生一次。

由于水文现象一般并无固定的周期性,上面所讲的频率是指多年中的平均出现机会,重现期也是指多年中平均若干年可以出现一次。例如,百年一遇的洪水是指大于或等于这样的洪水在长时期内平均 100 年发生一次,而不能理解为恰好每隔 100 年遇上一次。对于某具体的 100 年来说,超过这样大的洪水可能出现几次,也可能一次都不出现。

二、理论频率曲线

（一）样本统计值

能用来说明随机变量统计规律特性的某些特征数字，称为样本统计值。水文现象的统计参数有总体统计参数与样本统计参数之分。所谓总体是指某随机变量所有取值的全体，样本则是从总体中任意抽取的一部分，而样本中所包含的项数则称为样本容量。水文现象的总体通常是无限的，它是指自古迄今以至未来长远岁月所有的水文系列。显然，水文随机变量的总体是不知道的，这就需要在总体不知道的情况下，用有限的样本观测资料去推断总体统计参数或总体的分布规律，而这种估计的一个重要途径就是由样本统计参数来估计总体的统计参数。水文计算中，常用的样本统计值如下。

1. 算术平均数 $\bar{x}$

设某一随机变量的样本系列为 $x_1, x_2, \cdots, x_n$，把它们的总和除以项数 n 即得算术平均数，简称均值，以 $\bar{x}$ 表示为

$$\bar{x} = \frac{x_1 + x_2 + x_3 + \cdots + x_n}{n} = \frac{1}{n}\sum_{i=1}^{n} x_i \tag{5-7}$$

均值表示系列的平均情况，它表明系列平均变化。它不但是频率曲线的一个重要参数，而且是水文现象的一个重要特征值。

2. 均方差 σ 与变差系数 C_v

σ 和 C_v 是用来反映随时机变量分布的离散程度的指标。对于均值相等的不同系列，它们的离散程度可用均方差 σ 来衡量。

$$\sigma = \sqrt{\frac{\sum_{i=1}^{n}(x_i - \bar{x})^2}{n}} \tag{5-8}$$

若系列各值密集于 $\bar{x}$ 左右，即离均差 $(x_i - \bar{x})^2$ 都较小，σ 就小；反之，σ 就大。显然，σ 小，离散程度就小；σ 大，离散程度也大。σ 与 x 的单位相同。

上式计算的 σ，在样本容量 n 有限的条件下，可以证明是偏小的。按数理统计学的推导，由样本估算总体均方差 σ 的公式为

$$\sigma = \sqrt{\frac{\sum_{i=1}^{n}(x_i - \bar{x})^2}{n-1}} \tag{5-9}$$

对于均值不同的系列，它们的离散程度就不能用 σ 这个绝对量来比较，而必须用相对量，即 σ 与 $\bar{x}$ 的比值作比较，这个比值就称为变差系数，或称离势系数及离差系数，以 C_v 表示，是无因次数。水文统计中多采用 C_v 来反映系列分布的离散程度，由样本估算总体变差系数 C_v 的计算公式为

$$C_v = \frac{\sigma}{\bar{x}} = \frac{1}{\bar{x}}\sqrt{\frac{\sum_{i=1}^{n}(x_i - \bar{x})^2}{n-1}} = \sqrt{\frac{\sum_{i=1}^{n}(K_i - 1)^2}{n-1}} \tag{5-10}$$

式中，K_i 为模比系数，$K_i = \frac{x_i}{\bar{x}}$。

例如，甲地区的年雨量系列，$\bar{x}_{甲}=1200\text{mm}$，$\sigma_{甲}=360\text{mm}$，乙地区的年雨量系列，$\bar{x}_{乙}=800\text{mm}$，$\sigma_{乙}=320\text{mm}$。尽管$\sigma_{甲}>\sigma_{乙}$，但由于$\bar{x}_{甲}>\bar{x}_{乙}$，所以并不能用$\sigma$来说明离散程度的大小，而须用相对值$C_v$来衡量，即$C_{v甲}=0.3$，$C_{v乙}=0.4$，这说明甲地区的年雨量离散程度比乙地区的小。

3. 偏态系数 C_s

C_v只反映系列的离散程度，不能反映系列中大于均值的变量出现的次数多，还是小于均值的变量出现的次数多，而偏态系数或称偏差系数正是表明这种对比情况的一个特征值。即C_s是衡量随机变量分布在均值两边是否对称以及不对称(偏态)程度的参数，是无因次数。由样本估计总体偏态系数C_s的计算公式为

$$C_s=\frac{\sum_{i=1}^{n}(x_i-\bar{x})^3}{(n-3)\sigma^3}=\frac{\sum_{i=1}^{n}(K_i-1)^3}{(n-3)C_v^3} \tag{5-11}$$

当随机变量在均值两边分布对称时，$C_s=0$，称正态分布。若分布不对称，当正离差的立方占优势时，$C_s>0$，为正偏分布；当负离差的立方占优势时，$C_s<0$，称负偏分布。

水文现象大都属正偏分布，即$C_s>0$，说明水文变量出现取值大于均值的机会比取值小于均值的机会少。因此，通常密度曲线的峰偏左，且C_s越大越偏左。反映在频率曲线上，$C_s>0$时，曲线向上凹，且C_s越大，凹势越显著，即上半段越陡，而下半段越平缓。

(二) 理论频率曲线

为了综合反映水文变量的地区性规律，克服经验频率曲线外延的主观性，水文频率计算引入了理论频率曲线。自从20世纪初期，各国学者就对分布线型的选择进行了大量的探索和分析工作。常用的线型达到了20余种之多，主要有皮尔逊Ⅲ型分布、对数皮尔逊Ⅲ型分布、广义(指数)Γ分布、极值Ⅰ和Ⅱ型分布、广义极值分布(GEV)、对数正态分布等。我国自20世纪60年代以来，根据洪水资料的验证，认为皮尔逊Ⅲ型曲线能够适合我国的大多数洪水系列，此后我国洪水频率分析就一直采用皮尔逊Ⅲ型曲线。现简略介绍如下。

英国生物学家皮尔逊发现物理学、生物学以及经济学上的有些随机变量不具有正态分布，因此致力于探求各种非正态的分布曲线，最后提出13种分布曲线的类型。其中第Ⅲ型曲线被引入水文计算中。我国推荐采用皮尔逊Ⅲ型频率曲线。皮尔逊Ⅲ型频率曲线是一条一端有限另一端无限的不对称单峰、正偏曲线，数学上常称参数伽玛分布，如图5-2所示。

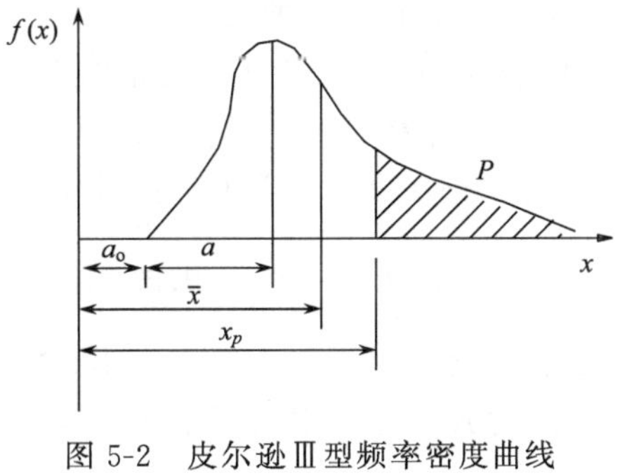

图5-2 皮尔逊Ⅲ型频率密度曲线

曲线的密度函数为

$$f(x)=\frac{\beta^\alpha}{\Gamma(\alpha)}(x-a_0)^{\alpha-1}\mathrm{e}^{-\beta(x-a_0)} \tag{5-12}$$

式中，$\Gamma(\alpha)$为α的伽玛函数；α，β，a_0为位置、尺度和形状参数。

显然，三个参数确定以后，该密度函数随之确定。可以推证，这三个参数与总体的三个统计参数$\bar{x}$、C_v、C_s具有下列关系：

$$\left.\begin{aligned} \alpha &= \frac{4}{C_s^2} \\ \beta &= \frac{2}{\bar{x}C_vC_s} \\ a_0 &= \bar{x}\left(1-\frac{2C_v}{C_s}\right) \end{aligned}\right\} \tag{5-13}$$

水文计算中，一般需求出指定频率 P 所相应的随机变量设计值 x_p，即求出的 x_p 满足下述等式：

$$\begin{aligned} P &= P(X > x_p) \\ &= \frac{\beta^\alpha}{\Gamma(\alpha)}\int_{x_p}^{\infty}(x-a_0)^{\alpha-1}\mathrm{e}^{-\beta(x-a_0)}\mathrm{d}x \end{aligned} \tag{5-14}$$

显然，x_p 取决于 P、α、β 和 a_0 四个参数，并且当 α、β、a_0 三个参数已知时，则 x_p 只取决于 P 了。我们知道，α、β、a_0 与分布曲线的 $\bar{x}$、C_v、C_s 有关，因此，只要 $\bar{x}$、C_v 和 C_s 三个参数一经确定，x_p 仅与 P 有关，可由 P 来计算 x_p。但是直接由积分式计算是非常繁杂的，实际做法是通过变量转换，根据拟定的 C_s 值进行积分，并将成果制成专用表格供查用，使计算工作大大简化。

令

$$\phi = \frac{x-\bar{x}}{\bar{x}C_v}\text{（称 }\phi\text{ 为离均系数）} \tag{5-15}$$

$$x_p = (\phi_p C_v + 1)\bar{x} \tag{5-16}$$

这里，ϕ 的均值为零，均方差为 1，便于制表，水文中通常称 ϕ 为离均系数。将式(5-15)带入式(5-14)，简化后可得

$$P(\phi > \phi_p) = \int_{\phi_p}^{\infty} f(\phi, C_s)\mathrm{d}\phi \tag{5-17}$$

式中被积函数只含有一个待定参数 C_s。因为其他两个参数 $\bar{x}$ 和 C_v 都包含在 ϕ 中，因而只要假定一个 C_s 值，便可算出一组 P 和 ϕ_p 的对应值。对于若干给定的 C_s 值，P 和 ϕ_p 的对应数值表，已先后由美国工程师福斯特和前苏联工程师雷布京制作出来，见附表 1。

在频率计算时，由已知的 C_s 值，查 ϕ 值表得出不同 P 的 ϕ_p 值，然后利用已知的 $\bar{x}$、C_v 值，通过式(5-15)即可求出与各种 P 相应的 x_p 值，因此就可绘制理论频率曲线。

令模比系数 $K_p = \dfrac{x_p}{\bar{x}}$，则由式(5-16)得 $K_p = \phi_p C_v + 1$，因此通常还可以进一步制成 PⅢ型曲线的 K_p 值表（见附表 2）。使用时只要根据给定的 C_v 及 C_s（以 C_v 的若干倍计），就可查得指定 P 的 K_p 值，故按下式计算也可求得 x_p，即

$$x_p = K_p\bar{x} \tag{5-18}$$

这样就可方便地求出与各种 P 对应的 x_p，也就可绘制出一条已知 $\bar{x}$，C_v，C_s 对应的所谓理论频率曲线——皮尔逊Ⅲ型频率曲线。

【例 5-1】 已知某地年雨量资料，已求得统计参数为：$\bar{x}=1000\text{mm}$，$C_v=0.50$，$C_s=2C_v=1.0$，若该地年雨量的分布符合 PⅢ分布，试求 $P=1\%$时的年雨量 $P_{1\%}$。

【解】 解法一：由 $C_s=1$，$P=1\%$查附表 1，得 $\phi=3.02$，按式(5-16)，得

$$P_{1\%} = (\phi_p C_v + 1)\bar{x} = (3.02\times 0.50+1)\times 1000 = 2510\text{mm}$$

解法二：由 $C_v=0.50$，$C_s=2C_v$，$P=1\%$查附表2，得 $K_p=2.51$，按式(5-18)得

$$P_{1\%}=K_p\bar{x}=2.51\times1000=2510\text{mm}$$

三、水文频率计算适线法

水文频率计算是以水文变量的样本资料为依据，探求其总体的统计规律，对未来的水文情势做出概率预估。主要任务是根据样本资料点绘经验频率点据或者绘制一条经验频率曲线，根据估计的频率分布曲线和样本经验点据分布配合最佳来优选参数的方法称为适线法(也可称为配线法)。该法概念清楚，图像直观，方法灵活，操作容易，为我国水文计算推荐使用的参数估算方法。它的实质乃是通过样本的经验分布去探求总体分布。

(一) 适线法步骤

(1) 将实测系列 x_i 由大到小排列，计算各项的经验频率 P_i。以变量的取值为纵坐标，以频率为横坐标，在频率格纸上点绘经验频率点据 $x_i\sim P_i$。

(2) 选定水文频率分布线型(一般选皮尔逊Ⅲ型)。

(3) 假定一组参数 $\bar{x}$、C_v 和 C_s。为了减少假定的盲目性，使假定值大致接近实际值，可用矩法、三点法以及权函数法求出三个参数的值，作为第一次 $\bar{x}$、C_v 和 C_s 的假定值。当用矩法估计时，因 C_s 的抽样误差太大，一般不计算 C_s，而是根据经验假定 C_s 为 C_v 的某一倍数。

(4) 根据假定的 $\bar{x}$、C_v 和 C_s，查附表2或附表1，计算 x_p 值。以 x_p 为纵坐标，P 为横坐标，即可得到理论频率曲线。将此线画在绘有经验点据的图上，看与经验点据配合的情况，若不理想，则修改参数再次进行计算(主要调整 C_v 以及 C_s)。

(5) 最后根据理论频率曲线与经验点据的配合情况，从中选择一条与经验点据配合较好的曲线作为采用曲线，相应地该曲线的参数便看作是总体参数的估值。

(6) 计算指定频率的水文变量设计值。

(二) 统计参数对频率曲线的影响

为了避免配线时修改参数的盲目性，需要了解统计参数对频率曲线的影响。假设水文变量总体服从皮尔逊Ⅲ型分布，现在讨论 $\bar{x}$、C_v 和 C_s 对频率曲线的影响。

1. 均值 $\bar{x}$ 对频率曲线的影响

如果 C_v 和 C_s 不变，增大 $\bar{x}$，频率曲线的位置就会升高，坡度会变陡。例如，把 $C_v=0.5$，$C_s=1.0$，$\bar{x}$ 分别为50、75、100的三条皮尔逊Ⅲ型频率曲线绘于图5-3中。由图可见，均值大的频率曲线位于均值小的频率曲线之上；均值大的频率曲线比均值小的频率曲线陡。

2. 变差系数 C_v 对频率曲线的影响

为了消除均值的影响，以模比系数 K 为变量绘制频率曲线，如图5-4所示(图中 $C_s=1.0$)。当 $C_v=0$ 时，随机变量的取值都等于均值，故频率曲线即为 $K=1$ 的一条水平线。C_v 越大，随机变量相对于均值越离散，因而频率曲线将越偏离 $K=1$ 的水平线。随着 C_v 的增大，频率曲线的偏离程度也随之增大，显得越来越陡。

3. 偏态系数 C_s 对频率曲线的影响

图5-5为 $C_v=0.1$ 时各种不同的 C_s 对频率曲线的影响情况。从图中可以看出，如果 C_v 和 $\bar{x}$ 不变，在正偏情况下增大 C_s，则 C_s 越大时，频率曲线曲率越大，即频率曲线的中部越向左

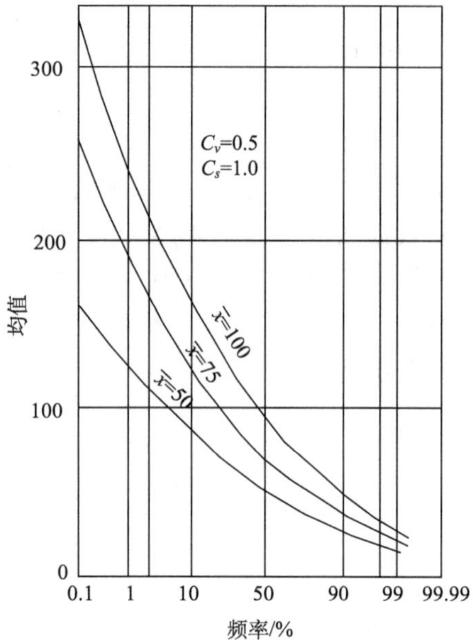

图 5-3　均值对频率曲线的影响示意图

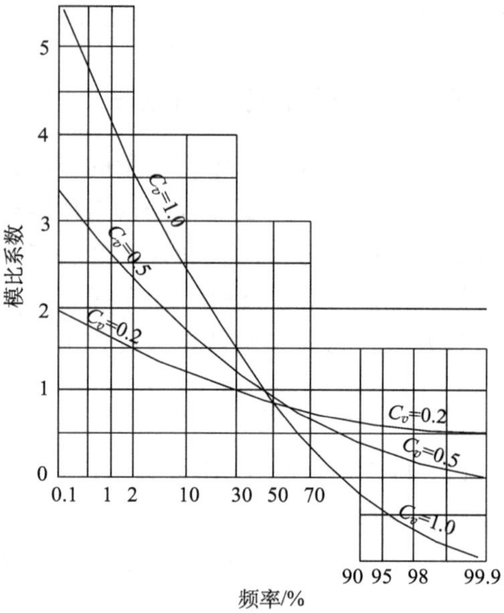

图 5-4　变差系数对频率曲线的影响示意图

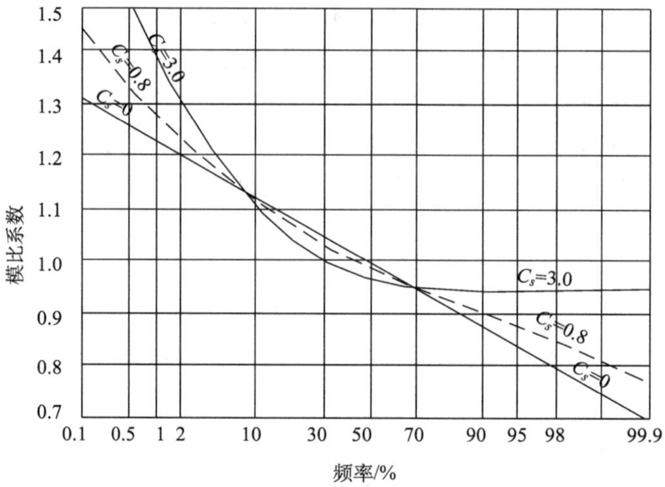

图 5-5　C_s 对频率曲线的影响

偏，且上半段越陡、下半段越平缓。

（三）计算实例

【例 5-2】 沙里涂站有 30 年的实测年径流资料，见表 5-2 中(1)、(2)栏。试根据该资料用矩法初选参数，用适线法推求 10 年一遇的设计年径流量。

【解】 (1) 点绘经验频率曲线。将原始资料由大到小排列，列入表 5-2 中第(4)栏。用式(5-2)计算经验频率，列入表中第(7)栏，并将第(4)栏与第(7)栏的对应数值点绘于频率格纸上(图 5-6)。

其中，$K_i=\frac{Q_i}{\bar{Q}}$为各项的模比系数，列于表5-2中第(5)栏，其总和应等于n即18(个别由于四舍五入的影响，允许尾数上略有盈)；各项$(K_i-1)^2$，列入(6)栏。

(2) 计算统计参数。

系列的均值
$$\bar{Q}=\frac{1}{n}\sum_{i=1}^{n}Q_i=\frac{11583}{30}=386.1(\text{m}^3/\text{s})$$

变差系数
$$C_v=\sqrt{\frac{\sum_{i=1}^{n}(K_i-1)^2}{n-1}}=\sqrt{\frac{19.27}{30-1}}=0.82$$

表 5-2　沙里涂站年径流量频率计算表

年份	年径流量 $Q/(\text{m}^3/\text{s})$	序号	由大到小排列 $Q_i/(\text{m}^3/\text{s})$	模比系数 K_i	$(K_i-1)^2$	经验频率 $P=\frac{m}{n+1}\times 100\%$
(1)	(2)	(3)	(4)	(5)	(6)	(7)
1972	112	1	1390	3.60	6.76	3.2
1973	955	2	1050	2.72	2.96	6.5
1974	255	3	955	2.47	2.16	9.7
1975	179	4	810	2.10	1.21	12.9
1976	428	5	677	1.75	0.56	16.1
1977	393	6	541	1.40	0.16	19.4
1978	144	7	520	1.35	0.12	22.6
1979	541	8	494	1.28	0.08	25.8
1980	810	9	450	1.17	0.03	29.0
1981	323	10	428	1.11	0.01	32.3
1982	1050	11	393	1.02	0.00	35.5
1983	215	12	382	0.99	0.00	38.7
1984	520	13	323	0.84	0.03	41.9
1985	494	14	292	0.76	0.06	45.2
1986	215	15	269	0.70	0.09	48.4
1987	450	16	255	0.66	0.12	51.6
1988	218	17	246	0.64	0.13	54.8
1989	35	18	243	0.63	0.14	58.1
1990	292	19	230	0.60	0.16	61.3
1991	179	20	218	0.56	0.19	64.5
1992	382	21	215	0.56	0.19	67.7
1993	269	22	215	0.56	0.19	71.0
1994	1390	23	179	0.46	0.29	74.2
1995	230	24	179	0.46	0.29	77.4
1996	246	25	170	0.44	0.31	80.6
1997	677	26	157	0.41	0.35	83.9
1998	170	27	144	0.37	0.40	87.1
1999	157	28	112	0.29	0.50	90.3
2000	11	29	35	0.09	0.83	93.5
2001	243	30	11	0.03	0.94	96.8

(3) 选配理论频率曲线。选定 $\bar{Q}=386.1\mathrm{m}^3/\mathrm{s}$，$C_v=0.82$，并假定 $C_s=2.5C_v$，查 K_p 值表，得相应于各种频率 P 的 K_p 值，见表 5-3 中第(2)栏。再由 $Q_p=K_p\bar{Q}$ 求得 Q_p 值，列入表 5-3 中第(3)栏。

将表 5-3 中第(1)、(3)两栏的对应数值点绘在频率格纸上，发现理论频率曲线的中段与经验频率点据配合较好，但头部和尾部在经验频率点的上方。

调整参数，重新配线。根据第一次适线结果，均值不变，增大 $C_v=1.02$，减小 C_s 值。取 $C_s=2.2C_v$，再查 K_p 值表，计算 Q_p 值，将 K_p、Q_p 列于表 5-3 中第(4)、(5)栏，再次点绘理论频率曲线。发现理论频率曲线与经验点据配合较好，即可作为最后采用的理论频率曲线(图 5-6)。

表 5-3　理论频率曲线选配计算表

频率	第一次适线 $\bar{Q}=386.1, C_v=0.82, C_s=2.5C_v$		第二次适线 $\bar{Q}=386.1, C_v=1.02, C_s=2.2C_v$	
	K_p	Q_p	K_p	Q_p
(1)	(2)	(3)	(4)	(5)
1	3.959	1528.5	4.807	1855.8
5	2.631	1015.7	3.040	1173.7
10	2.057	794.1	2.301	888.5
20	1.491	575.7	1.572	607.1
50	0.744	287.3	0.659	254.4
75	0.421	162.6	0.290	112.2
90	0.278	107.5	0.150	57.9
95	0.237	91.6	0.117	45.1
99	0.207	80.1	0.094	36.3

(4) 推求 10 年一遇的设计年径流量。由图 5-6 或表 5-3，查得 $P=10\%$ 对应的设计年径流量为

$$Q_p=K_p\cdot\bar{Q}=2.301\times386.1=888.42\mathrm{m}^3/\mathrm{s}。$$

(四) 利用 EXCEL 计算频率曲线

频率曲线的计算工作量大，给工作人员带来了很大的不便。Excel 具有强大的数据处理和分析功能，通过简单调整和设置，可以解决实际工作中遇到的一些问题。下面介绍如何利用 Excel，方便、快捷地计算统计参数。已知某雨量观测站有 30 年的实测降雨资料，总体分布曲线为皮尔逊Ⅲ型。具体计算统计参数的步骤如下。

(1) 将年份、年降雨量 x(mm)、序号等项目依次输入表格，并按照表格内容多少对表格宽度进行相应的调整。

(2) 在做好表头(第 1、2 行为标题)后，首先将 A、B 栏已知年份及其相应的年降雨量输入计算表格内，然后在 D 栏对 B 栏降雨资料进行由大到小的排序，之后在 C 栏将 1～30 的序号填入。为区分方便，可将 D 栏进行颜色标识。

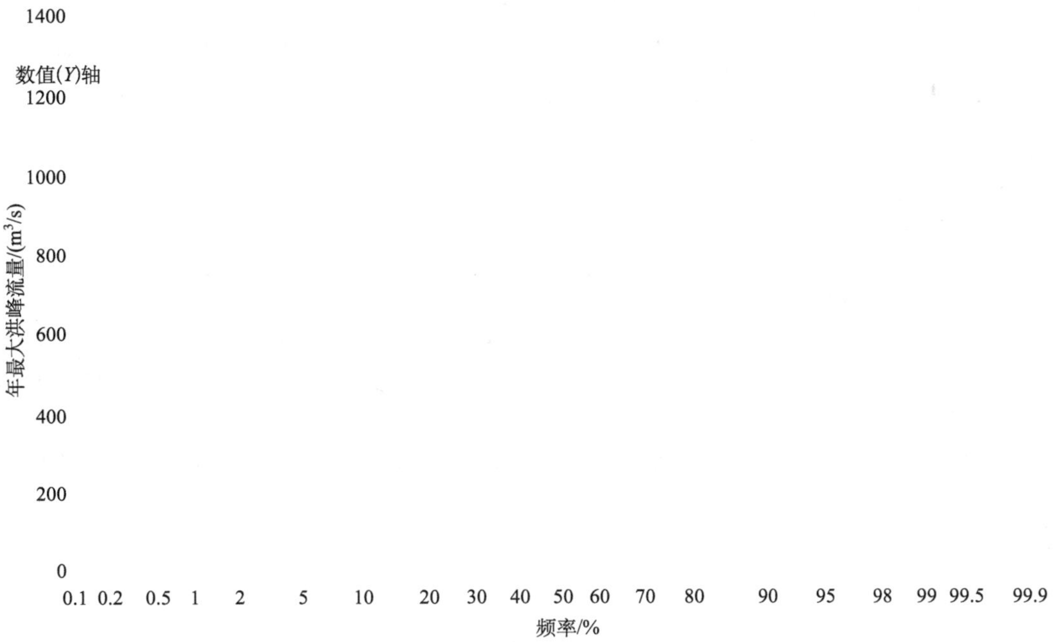

图 5-6 沙里涂站年径流频率曲线图

(3) 计算平均年降雨量 $\bar{x}$。在 D 栏排序数据下方 D33 处输入“= AVERAGE(D3 D32)”,回车,即得 $\bar{x}$。

(4) 计算模比系数 K_i。模比系数 K_i 的计算公式为 $K_i = x_i/\bar{x}$。在 E3 处输入“= D3/\$D\$32”,回车。其余数据的计算,可将光标放至 E3 右下角,当出现十字标识后,可向下拖至需要计算数据行。

(5) 计算“K_i-1 和$(K_i-1)^2$”。在 F3 处输入“= E3－1”,回车;在 G3 处输入“= F3 ^ 2”,回车。然后分别将光标移至 F3 和 G3 的右下角,当出现十字标识后,向下拖动至需要计算数据行。

(6) 计算频率 P。频率计算公式为 $p=m/(n+1)$。在本例中,m 为 C 栏序号数,n 为 30。在 H3 处输入“= C3 /31 * 100”,回车。然后将光标移至 H3 右下角,当出现十字标识后,向下拖动至需要计算数据行。

(7) 计算 C_v。在 F34 处输入“= SUM (G3: G32) ”得 $\sum_{i=1}^{n}(K_i-1)^2$,在任意一个空白处输入“= (F34/29) ^0. 5”,得 C_v 值。

假定 C_s 为 C_v 的某个倍比值作为初始值,并不断修改参数进行适线,选定配合最佳的曲线作为所采用的频率曲线。查曲线图即可得某个指定频率 P 所对应的 X_p 值。

第二节 相关分析

自然界中的许多现象之间都存在着一定的联系,如降水与径流之间、上下游洪水之间、水位与流量之间等等都存在一定的联系。所谓的相关分析,就是要分析和研究两个或两个以上随机变量之间的关系。进行相关分析时，变量之间一定要有成因联系，不能只凭数字上的巧合。在水文计算中，经常会遇到某一水文要素的实测资料系列很短，而另一要素的实测资料却比较长的情况。如果二者之间有物理成因上的联系，就可以通过相关分析延长短期系列。此外，在水文预报中也经常采用相关分析的方法。

一、相关关系

（一）两个变量之间的关系

两个变量之间的关系一般可以有 3 种情况。

(1) 完全相关。两个变量 x 与 y 之间，如果每给定一个 x 值，就有一个完全确定的 y 值与之对应，则两个变量之间的关系就是完全相关（又称函数关系）。其相关的形式可为直线关系或曲线关系（图 5-7）。

(2) 零相关。如果两变量之间毫无联系，即相互独立，这两个变量之间的关系为零相关或没有关系（图 5-8）。

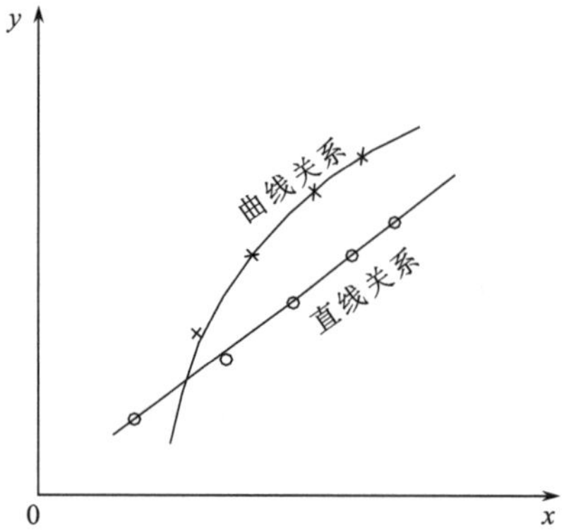

图 5-7　完全相关示意图

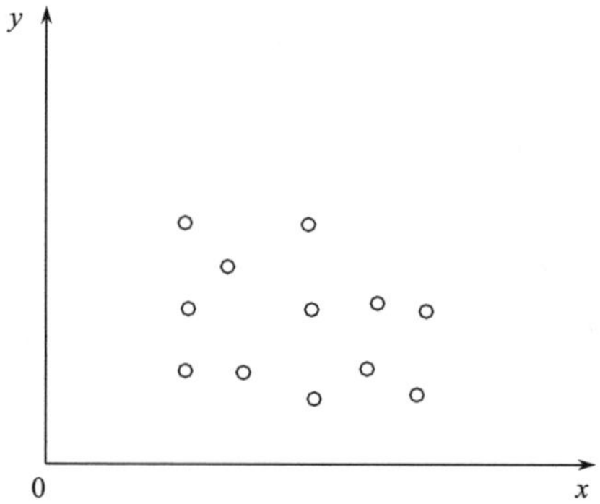

图 5-8　零相关示意图

(3) 相关关系。若两个变量之间的关系介于完全相关和零相关之间，则称为相关关系。在水文计算中，由于影响水文现象的因素错综复杂，有时为简便起见，只考虑其中最主要的一个因素而略去其他的次要因素，例如，径流与相应的降雨量之间的关系，或同一断面的流量与相应水位之间的关系等。如果把它们的对应数值点绘在方格纸上，便可看出这些点子的分布虽有点散乱，但其关系还是具有一个明显的趋势，就是均匀地分布在曲线或直线周围，这种趋势可以用一定的曲线（包括直线）来拟合，如图 5-9 所示，这便是简单的相关关系。

（二）相关的种类

相关关系按变量的多少可分为下面两种类型。

(1) 简相关。研究两个变量之间的相关关系称简相关或二元相关。在简相关中，又有直线（线性）相关和曲线（非线性）相关两种形式。

(2) 复相关。研究 3 个或 3 个以上变量之间的相关关系，称复相关或多元相关。也可分直线相关和曲线相关两种。

在水文计算中，简单直线相关的应用最为普遍。

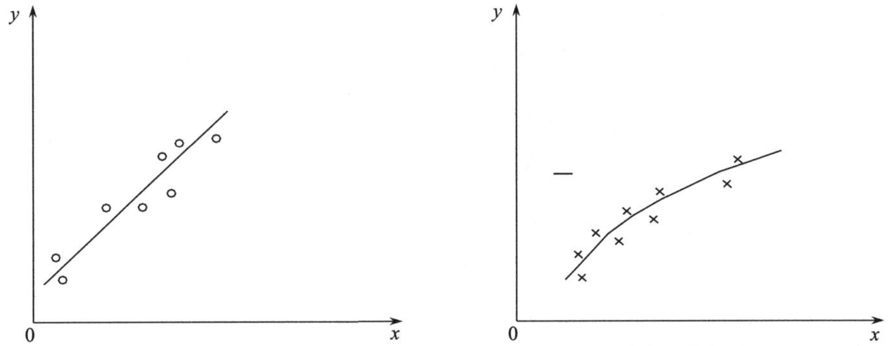

(a) 直线相关　　(b) 曲线相关

图 5-9　相关关系示意图

二、简单直线相关

（一）相关图解法

设 $x_i(i=1\sim m)$、$y_i(i=1\sim n)$分别代表 x、y 系列的观测值，且 $m>n$。把相同长度的观测值$(x_i,y_i)(i=1\sim n)$点绘于方格纸上，如果点据的分布趋势近似于直线，则可用直线方程 $y=a+bx$近似地表示这种相关关系。直线方程的求解可用相关图解法和相关分析法。相关图解法是指直接用作图的方法求出相关直线，该法适用于相关点据分布较集中的情况。此法是先目估通过点群中间及均值点$(\bar{x},\bar{y})$，绘出一条直线，然后在图上量得直线的斜率 b，直线与纵轴的截距为 a，则直线方程式 $y=a+bx$ 即为所求的相关线方程。该法简便实用，一般精度尚可。

（二）相关分析法

若相关点据分布比较分散，目估定线存在一定的主观性，为了精确起见，最好采用相关分析法来确定相关线的方程。设直线方程的形式为

$$y = a + bx \tag{5-19}$$

式中，x 为自变量；y 为倚变量；a、b 为待定常数。

假设点(x_i,y_i)为实测点，点$(x_i,\hat{y}_i)$为最佳拟合直线上的计算点，则从图 5-10 可以看出，观测点与计算点在纵轴方向上的离差为：

$$\Delta y_i = y_i - \hat{y}_i = y_i - a - bx_i$$

要使直线拟合“最佳”，需使离差 Δy_i 的平方和为“最小”，即

$$\sum_{i=1}^{n}(\Delta y_i)^2 = \sum_{i=1}^{n}(y_i - \hat{y}_i)^2 = \sum_{i=1}^{n}(y_i - a - bx_i)^2 \tag{5-20}$$

最小。欲使上式取得极小值，根据极值原理，可分别对 a、b 求一阶偏导数，并使其等于零，即令

$$\left.\begin{aligned} \frac{\partial \sum_{i=1}^{n}(y_i - a - bx_i)^2}{\partial a} = 0 \\ \frac{\partial \sum_{i=1}^{n}(y_i - a - bx_i)^2}{\partial b} = 0 \end{aligned}\right\} \tag{5-21}$$

求解上述方程组得

$$b=\frac{\sum_{i=1}^{n}(x_i-\bar{x})(y_i-\bar{y})}{\sum_{i=1}^{n}(x_i-\bar{x})^2}=r\frac{\sigma_y}{\sigma_x} \tag{5-22}$$

$$a=\bar{y}-b\bar{x}=\bar{y}-r\frac{\sigma_y}{\sigma_x}\bar{x} \tag{5-23}$$

$$r=\frac{\sum_{i=1}^{n}(x_i-\bar{x})(y_i-\bar{y})}{\sqrt{\sum_{i=1}^{n}(x_i-\bar{x})^2\sum_{i=1}^{n}(y_i-\bar{y})^2}}=\frac{\sum_{i=1}^{n}(K_{x_i}-1)(K_{y_i}-1)}{\sqrt{\sum_{i=1}^{n}(K_{x_i}-1)^2\sum_{i=1}^{n}(K_{y_i}-1)^2}} \tag{5-24}$$

式中，$\bar{x}$、$\bar{y}$ 为 x、y 系列的均值；σ_x、σ_y 为 x、y 系列的均方差；r 为相关系数，表示 x、y 之间关系的相关程度。

将式(5-22)、(5-23)代入式(5-19)中，得

$$y-\bar{y}=r\frac{\sigma_y}{\sigma_x}(x-\bar{x}) \tag{5-25}$$

此式称为 y 倚 x 的回归方程式，它的图形称为 y 倚 x 的回归线，如图 5-10 中的 a 线所示。

回归线的斜率为 $r\frac{\sigma_y}{\sigma_x}$，它称作 y 倚 x 的回归系数，记为 $R_{y/x}$，即

$$R_{y/x}=r\frac{\sigma_y}{\sigma_x} \tag{5-26}$$

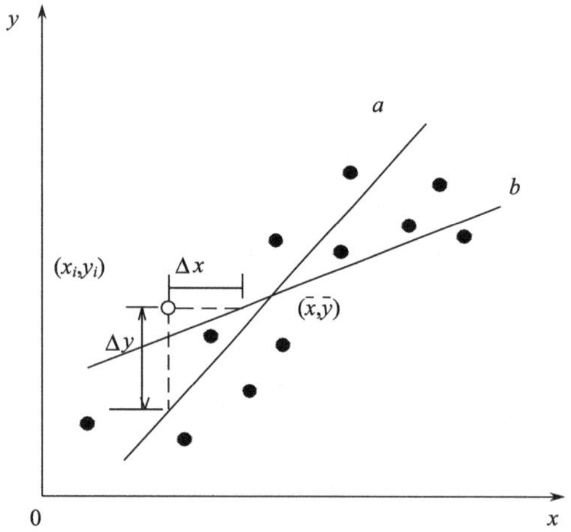

图 5-10 直线相关示意图

a 为 y 倚 x 的回归线；b 为 x 倚 y 的回归线

因此，只需算出 $R_{y/x}$ 和$(\bar{x},\bar{y})$，回归方程和回归线就确定了。

必须注意，由回归方程所定的回归线只是观测资料平均关系的配合线，观测点不会完全落在此线上，而是分布于两侧，说明回归线只是在一定标准情况下与实测点据的最佳配合线。

以上介绍的是 y 倚 x 的回归方程，即 x 为自变量，y 为倚变量，应用于由已知变量 x 求未知变量 y。若以 y 求 x，则要应用 x 倚 y 的回归方程。同理，可推得 x 倚 y 的回归方程式为

$$x-\bar{x}=r\frac{\sigma_x}{\sigma_y}(y-\bar{y}) \tag{5-27}$$

它的图形称为 x 倚 y 的回归线，如图 5-10 中的 b 线所示。

（三）相关分析中应注意的事项

(1) 首先必须分析论证变量间是否确实存在着成因上的联系，要防止假相关。如果两个本来无关的随机变量，通过某种数学处理后，外表上这两个变量就显示出某种相关关系，这种

现象就叫假相关。

（2）同期观测资料不能太少。要求按水文计算规范，确定系列的长度，否则抽样误差太大，影响相关分析成果的可靠性。

（3）用来插补延长资料的相关关系要有较大的相关系数。一般认为$|r|\geqslant 0.8$，相关分析成果才可应用。

（4）用相关法展延系列时，还应尽量避免辗转相关（如果发现两变量系列之间直接计算的相关系数不够大，即相关关系不够密切时，有时常通过第3个变量作为时间上或空间上的中转站来间接补延出设计站资料，称为辗转相关）。

（5）在插补延长资料时，如需用到回归线上无实测点据控制的外延部分，应特别慎重，尤其不能作过多的外延，一般不宜超过实际幅度的50%。

（6）回归线的均方误S_y小于$\bar{y}$的15%，相关系数的均方误σ_r小于r的5%。

【例5-3】 已知某站1975～1994年降水量与1980～1994年径流量资料，试利用表5-4第(2)、(3)栏所示的同期观测资料进行相关计算，展延短系列的年径流量资料。

【解】 因为年降水量系列长，故以年降水量为自变量x，年径流量为倚变量y，计算步骤如下。

（1）将y_i与x_i的对应值点绘于方格纸，点群分布趋势呈直线，故可作y倚x的直线回归计算。

(2)计算x、y系列的均值：

$$\bar{x}=\frac{14\,373}{15}=958.20\text{mm},\ \bar{y}=\frac{7891}{15}=526.07\text{mm}$$

（3）计算表5-4中(4)～(10)栏的各项数值。

（4）计算均方差σ_x、σ_y：

$$\sigma_x=\bar{x}C_{vx}=\bar{x}\sqrt{\frac{\sum_{i=1}^{n}(K_{x_i}-1)^2}{n-1}}=958.20\times\sqrt{\frac{0.5922}{15-1}}=197.07\text{mm}$$

$$\sigma_y=\bar{y}C_{vy}=\bar{y}\sqrt{\frac{\sum_{i=1}^{n}(K_{y_i}-1)^2}{n-1}}=526.07\times\sqrt{\frac{1.9727}{15-1}}=197.47\text{mm}$$

（5）计算相关系数r：

$$r=\frac{\sum_{i=1}^{n}(K_{x_i}-1)(K_{y_i}-1)}{\sqrt{\sum_{i=1}^{n}(K_{x_i}-1)^2\sum_{i=1}^{n}(K_{y_i}-1)^2}}=\frac{1.0059}{\sqrt{0.5922\times1.9727}}=0.931>0.8$$

可见，年降水量与年径流量相关较密切。

（6）计算回归系数$R_{y/x}$：

$$R_{y/x}=r\frac{\sigma_y}{\sigma_x}=0.931\times\frac{197.47}{197.07}=0.933$$

（7）由式(5-25)求得y倚x的回归方程式为

$$y-526.07=0.933(x-958.20)\text{ 或 }y=0.933x-367.5$$

表 5-4 某水文站年降水量与年径流量相关计算表

年份	年降水量 x /mm	年径流量 y /(m^3/s)	K_x	K_y	K_x-1	K_y-1	$(K_x-1)^2$	$(K_y-1)^2$	(K_x-1) (K_y-1)
(1)	(2)	(3)	(4)	(5)	(6)	(7)	(8)	(9)	(10)
1980	1200	760	1.252	1.445	0.252	0.445	0.0637	0.1977	0.1122
1981	689	300	0.719	0.570	−0.281	−0.430	0.0789	0.1847	0.1207
1982	870	536	0.908	1.019	−0.092	0.019	0.0085	0.0000	−0.0017
1983	904	392	0.943	0.745	−0.057	−0.255	0.0032	0.0649	0.0144
1984	1139	715	1.189	1.359	0.189	0.359	0.0356	0.1290	0.0678
1985	725	275	0.757	0.523	−0.243	−0.477	0.0592	0.2278	0.1162
1986	997	466	1.040	0.886	0.040	−0.114	0.0016	0.0130	−0.0046
1987	853	334	0.890	0.635	−0.110	−0.365	0.0121	0.1333	0.0401
1988	1341	788	1.399	1.498	0.399	0.498	0.1596	0.2479	0.1989
1989	900	541	0.939	1.028	−0.061	0.028	0.0037	0.0008	−0.0017
1990	707	289	0.738	0.549	−0.262	−0.451	0.0687	0.2301	0.1181
1991	1033	688	1.078	1.308	0.078	0.308	0.0061	0.0948	0.0240
1992	1201	868	1.253	1.650	0.253	0.650	0.0642	0.4225	0.1647
1993	1006	534	1.050	1.015	0.050	0.015	0.0025	0.0002	0.0008
1994	808	405	0.843	0.770	−0.157	−0.230	0.0246	0.0530	0.0361
合计	14373	7891	18.00	15.000	0.000	0.000	0.5922	1.9727	1.0059
平均	958.20	526.07							

把 1975～1979 年降水量代入回归方程式中，可以算出对应年的年径流量(表 5-5)，从而使年径流量资料系列与年降水量资料系列具有同样的长度(1975～1994 年)。

表 5-5 某水文站由年降水量展延长年径流量计算成果表

年　份	1975	1976	1977	1978	1979
年降水量/mm	716	672	519	1276	818
年径流量/(m^3/s)	301	259	117	823	396

三、曲线选配

如果两变量的关系不是直线关系，而是曲线相关关系，如水位～流量关系，流域面积～洪峰流量关系等，水文上多采用曲线选配方法，通过函数变换，使其成为直线关系。最常用的方法有幂函数选配和指数函数选配。

(一) 幂函数选配

幂函数的一般形式为

$$y = ax^n \tag{5-28}$$

式中，a、n 为待定常数。

对上式两边取对数，并令 $\lg y=Y$，$\lg a=A$，$\lg x=X$ 得

$$Y=A+nX \tag{5-29}$$

即 X 和 Y 是直线关系。因此，如果将随机变量各点取对数，在方格纸上点绘($\lg x_1$，$\lg y_1$)，($\lg x_2$，$\lg y_2$)，…，($\lg x_n$，$\lg y_n$)各点，或者在双对数格纸上点绘(x_1，y_1)，(x_2，y_2)，…，(x_n，y_n)各点，这样，就可照前面所讲述的方法，作直线相关分析。

(二) 指数函数选配

指数函数的一般形式为

$$y=a\mathrm{e}^{bx} \tag{5-30}$$

式中，a、b 为待定常数。

对上式两边取对数，并令 $\lg y=Y$，$\lg a=A$，$b\lg \mathrm{e}=B$，则有

$$Y=A+Bx \tag{5-31}$$

因此，在半对数格纸上以 y 为纵坐标，x 为普通横坐标，式(5-31)在图纸上呈直线形式，也可以做直线相关分析。

四、复相关

研究 3 个或 3 个以上变量的相关，称为复相关，又称多元相关。水文变量的主要影响因素不止一个，且都不容忽视，则要进行复相关分析。复相关的计算，在工程上多用图解法选配相关线。如果变量 z 受变量 x 和 y 的影响，可以根据实测资料在方格纸上点绘出 z 和 x 的对应值，并在点旁注明 y 值，还可以在图上绘出 y 的“等值线”，这样点绘出来的图，就是复相关关系图。这里 z 值随 x 和 y 的变化而变化，因此在使用此图插补延长 z 值时，应先在 x 轴上找出 x_i 值，并向上引垂线至相应的 y_i 值，然后便可查得与 x_i 和 y_i 对应的 z_i 值，如图 5-11 所示。该图是复直线相关图，还有复曲线相关图，如图 5-12 所示降雨径流相关图等。有关复相关方面的内容，请参考有关书籍，这里不再赘述。

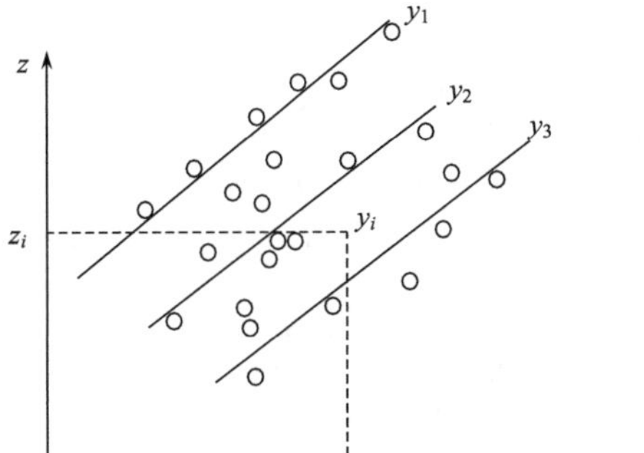

图 5-11　复相关示意图

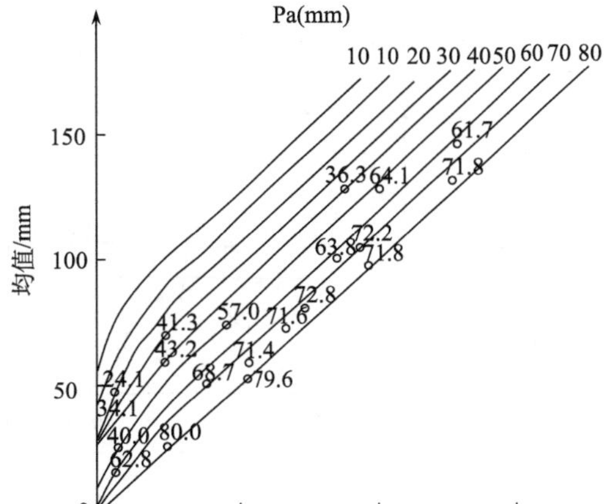

图 5-12　某流域降雨径流相关图

第三节　设计年径流计算

一、概述

（一）年径流量及其特性

在一个年度内，通过河流出口断面的水量，称为该断面以上流域的年径流量。它可用年平均流量（m^3/s）、年径流深（mm）、年径流总量（万 m^3 或亿 m^3）或年径流模数[$m^3/(s \cdot km^2)$]表示。

通过对年径流观测资料的分析，可以看出年径流变化具有以下几个特性。

(1) 年径流量是由大致以年为周期的汛期与枯季水量所构成的，但各年内汛期、枯季的历时有长有短，发生有早有晚，水量有大有小，基本上年年不同，从不重复，具有随机性。

(2) 年径流量在年际间变化很大，丰水年径流量可达平水年的 2～3 倍，枯水年径流量仅为平水年的 1/10～1/5。例如，淮河蚌埠站多年平均流量为 855m^3/s，而实测最丰年的年平均流量为多年平均流量的 2.67 倍，实测最枯年的年平均流量只有多年平均流量的 14%。

(3) 年径流量在多年变化中有丰水年组和枯水年组交替出现的现象。图 5-13(a)黄河陕县站曾出现过连续 11 年(1922～1932 年)的枯水年组，而后的 1935～1949 年则基本上是丰水年组。图 5-13(b)松花江哈尔滨站 1927 年以前的 30 年基本上是枯水年组，而后的 1928～1966 年基本上是丰水年组。浙江新安江水电站也出现过连续 13 年(1956～1968 年)的枯水年组，影响到电站的正常运行。这说明河流的年径流量具有或多或少的持续性，即逐年的径流量之间并非独立，而具有一定的相关关系。

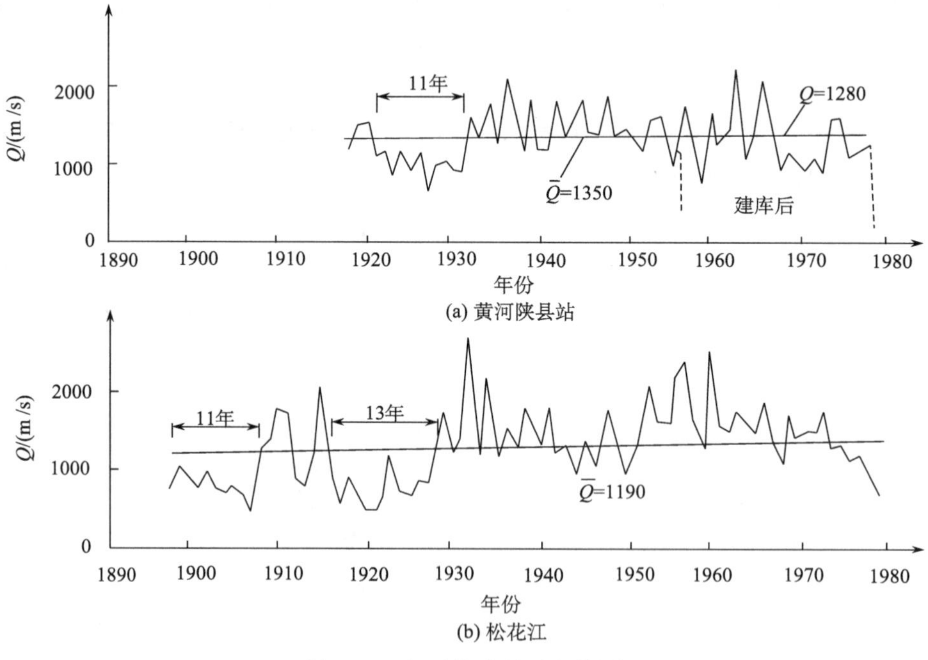

图 5-13　年平均流量过程线图

我国水文年鉴中，年径流量是按日历年度统计的，而在水文水利计算中，年径流量通常按水文年度或水利年度统计。水文年度是以水文现象的循环周期作为一年，即从每年汛期开始时起到下一年枯水期结束为止。水利年度是以水库蓄泄周期来划分的，即从每年水库蓄水开始到第二年水库供水结束为一年。通常所说的年径流，包括年径流量及其在年内的分配两层含义。

（二）影响年径流量的因素

在水文计算中，了解影响年径流量的因素是十分重要的。通过对影响因素的分析研究，一方面，可以从物理成因上研究年径流的变化规律，根据影响因素与设计变量之间的关系对计算成果进行分析论证；另一方面，当径流资料系列短缺时，可以通过相关分析对系列进行插补延长，以满足工程设计对资料的要求。

从以年为时段的流域水量平衡方程式 $P=E+R+\Delta W$ 可知，年径流深 R 取决于年降水量 P、年蒸发量 E、时段始末的流域蓄水变量 ΔW。P、E 属气候因素，ΔW 属下垫面因素及人类活动因素。对于多年平均情况来讲，ΔW 可忽略。

1. 气候因素对年径流量的影响

作为气候因素的年降水量和年蒸发量，对年径流量的影响程度随流域所处的地理位置不同而不同。在湿润地区，降水量较多，也即对年径流量起决定性作用的是年降水量，而年蒸发量的作用则较小。在干旱地区，年降水量较少，并且大部分消耗于蒸发，年降水量与年径流量之间的关系不如湿润地区密切，年降水量和年蒸发量对径流的影响都很大。以冰川积雪补给的河流，年径流量与降雪和气温关系密切。

受全球气温上升的影响，大多区域内流域水文气象发生了改变，降水分配不平衡，干旱、洪灾等极端气候肆虐，进而增加干旱、洪涝等极端事件的发生频率。我国长江、黄河、珠江、松花江、海河与淮河六大江河，从径流量的实测结果来看，均呈显著的下降趋势。以海河为例，1980年以来径流量至少下降了40%，周边区域的地下水位在30年中由原来的2.87m下降至7.33m。地下水位埋深的增加需要大量的降水来补充，这是地表径流量变小的主要原因。如沧州远东地区，2010年的径流量只有1980年的39.4%。

2. 下垫面因素对年径流量的影响

下垫面因素包括：地形、植被、土壤、地质、湖泊、沼泽、流域大小等。下垫面因素一方面通过流域蓄水量的变化直接影响年径流量，另一方面通过对气候因素的影响间接地影响年径流量。

1）地形　地形主要通过对降水、蒸发、气温等气候因素的影响间接地对年径流量产生影响。地形对降水的影响，主要表现在山地对气流的抬升和阻滞作用，使迎风坡降水量增大。增大的程度主要随水汽含量和抬升速度而定。同时，地形对蒸发也有影响，一般气温随地面高程的增加而降低，因而使蒸发量减少。所以，高程的增加对降水和蒸发的影响，将使年径流量随高程的增加而增大。

2）植被　植被可以截留部分雨水，而后耗于蒸发，成为径流形成过程中的损失量；植物根系吸收大量的雨水，使植物的散发量增大。另外，植被的增加可以减少地面径流，增大入渗量，在地下水埋深较浅的流域，从而增大了地下径流量，使径流过程变缓。因此，一般情况下，由于植被对径流的调蓄作用，年径流量的年内分配趋于均匀。

3）土壤和地质　土壤的结构和透水岩层的厚度，直接影响地下水储量的大小和调节能力的大小，从而影响年径流的年内分配过程。对于含水层较厚且土壤渗透能力较强的大流域，地下水库的调节作用较大；反之，则较小。

4）湖泊和沼泽　流域存在湖泊和沼泽，一方面增大了流域的水面面积，使蒸发量增大，从而使年径流量减少；另一方面，由于湖泊和沼泽对径流的调蓄作用，使径流的年内、年际变化减小。

5）流域大小　随着流域面积的增大，增加了流域的水面和陆面面积，从而增强了流域对径流的调蓄能力，使径流的年内、年际变化趋于均匀。

3. 人类活动因素对年径流量的影响

人类活动是指人类对流域的开发利用等各种活动，如为了某种目的所采取的工程措施和非工程措施。这些活动对年径流量的影响包括直接和间接两方面。直接影响包括跨流域调水、水库蓄泄水、植树造林等。跨流域调水将本流域的水调至另一流域，直接影响两流域的年径流量及其空间分布；水库蓄泄也会直接影响到下游断面的径流量及其时程分配；植树造林则改变了地面径流和地下径流的比例，减缓了径流过程。间接影响指包括水面的增加或减少，从水循环上对年径流量产生影响。

城市化是促使自然环境变化的最强大的因素之一，城市化的过程，增进了人类社会与周围环境之间的相互作用过程。城市化除带来气候变化外，其水文效应主要反映在雨洪变化、本资源需要量增长以及水质污染三个方面。导致雨洪径流、洪峰流量增大，峰值出现时间提前，行洪历时缩短，洪水总量变大，洪水过程线比相邻农村明显变得峰高坡陡；城市化的迅猛发展带来了严重的城市水荒，即城市水资源危机；城市工业废水和生活污水向河流排放，工业废气向大气排放形成酸雨下降，使天然水体受到污染，水质明显恶化。

（三）设计年径流计算的目的和任务

设计年径流量是指相应于设计频率的年径流量。设计频率需根据各用水部门的设计标准确定。设计年径流计算的任务是分析研究年径流量的变化（年际变化和年内分配）规律，提供工程设计需要的来水资料，作为确定工程规模的主要依据。

水利水保工程调节性能和采用的水利计算方法不同，设计年径流分析计算的任务也有所不同。对于无调节性能的引水工程，要求提供历年（或代表年）的逐日流量过程资料；对于有调节性能的蓄水工程，则要求提供历年（或代表年）的逐月（旬）流量过程资料或各种时段径流量的频率曲线。例如，对年调节工程而言，设计年径流的任务通常是指推求设计保证率情况下的年径流量及其年内分配过程。

二、具有长期径流资料时设计年径流的计算

具有长期实测年径流资料时，设计年径流量的计算包括：实测年径流资料的审查和设计年径流量的推求两项内容。所谓具有长期实测径流资料，一般指 $n \geqslant 30$ 年，而且这些资料必须具备“三性”：可靠性、一致性和代表性。

水文资料是水文分析计算的依据，它直接影响着工程设计的精度。因此，对于所使用的水文资料必须慎重地进行审查。这里所谓审查就是审查实测年径流量系列的可靠性、一致性和代表性。

1. 资料的可靠性审查

可靠性审查是对原始资料可靠程度的检验。径流资料通常是以“水文年鉴”和计算机数据库的方式刊发，一般情况下是比较可靠的，但也可能存在错误，应对其测验及整编方法进行审查。审查的重点可放在资料质量较差的年份，对观测手段和测验控制条件等有变动的年份，应

加以注意。一般应注意以下几种情况。

（1）水位观测的方法、精度，水位过程线有无反常情况。

（2）流速测验及流量计算的方法。如高水测流时采用的浮标系数过高或过低，均会导致汛期流量偏大或偏小。

（3）水位流量关系曲线的绘制及延长方法，历年水位流量关系曲线受河道变迁引起的变化情况。

（4）上、下游站的水量应符合水量平衡原则。例如，可用下式检验：

$$\sum_{i=1}^{n} W_i + \Delta W = W_{下游} \tag{5-32}$$

式中，W_i 为上游干支流各站年径流总量（万 m^3）；ΔW 为区间年径流总量（万 m^3）；$W_{下游}$ 为下游站年径流总量（万 m^3）。

2. 资料的一致性审查和还原计算

水文频率分析的前提是要求样本系列具有独立性和一致性，即组成统计系列的每一个资料具有同一物理成因，不同成因的资料不能作为一个统计系列。对于年径流量来说，其一致性是建立在气候条件和下垫面条件稳定的基础上的。

如影响年径流量的因素长期没有显著的变化，则说明其成因是一致的。否则，资料的一致性便遭到了破坏。一般认为气候的变化是极其缓慢的，因而可以认为气候条件是相对稳定的。而下垫面条件则由于人类活动而迅速变化，致使资料一致性受到破坏，必须对受到人类活动影响的水文资料进行还原计算，使之还原到天然状态。所谓"天然状态"，是指流域内径流在形成过程中没有受到任何影响（包括农田灌溉、跨流域引水、分洪决口、水库蓄泄、工业及生活用水等）。在这些因素的影响下，径流量将会发生显著的变化。例如，永定河官厅站多年平均还原水量占天然水量的20%，枯水年的还原水量竟高达50%以上，不能忽视。还原后的若干年径流量资料再加入历史上未受人类活动影响的资料，组成基本上具有一致性的系列，即可进行统计分析。

还原计算方法，一般以水量平衡原理为依据，如下式：

$$W_{天然} = W_{实测} + W_{还原} \tag{5-33}$$

$$W_{还原} = W_{农业} \pm W_{引水} + W_{蒸发} \pm W_{蓄} + W_{工} + W_{渗漏} \tag{5-34}$$

式中，$W_{天然}$ 为还原后的天然径流量（$10^4 m^3$）；$W_{实测}$ 为实测径流量（$10^4 m^3$）；$W_{还原}$ 为还原总水量（$10^4 m^3$）；$W_{农业}$ 为农业灌溉净耗水量（$10^4 m^3$）；$W_{引水}$ 为跨流域引出（或引入）、分洪决口水量（引出为正，引入为负）（$10^4 m^3$）；$W_{蒸发}$ 为水面面积扩大增加的蒸发量（$10^4 m^3$）；$W_{蓄}$ 为计算时段始末蓄水工程的蓄水变量（增加为正，减少为负）（$10^4 m^3$）；$W_{工}$ 为工业和生活净耗水量（$10^4 m^3$）；$W_{渗漏}$ 为水库渗漏水量（$10^4 m^3$）。

3. 资料的代表性审查

资料的代表性，是指样本资料的统计特性（如参数）能否很好地反映总体的统计特性。如 n 年实测年径流量，只是总体的一部分，用它来反映总体的分布规律，不可避免地存在着抽样误差。抽样误差的大小，取决于 n 年年径流量系列代表性的高低。若样本的代表性好，则抽样误差就小，水文计算成果精度也就高。

根据统计学的原理，样本容量越大，抽样误差越小。因此，样本资料代表性的好坏，通常可通过其他长系列的参证资料来作分析推断。方法如下。

选择与设计站实测年径流量系列在成因上有联系，且具有长系列 N 年的参证变量，如临近地区某站的年径流量或年降雨量等。分别用矩法计算参证变量长系列 N 年的统计参数 $\bar{x}_N$、C_{V_N}，以及短系列 n 年(与设计站 n 年资料同期)的 $\bar{x}_n$、C_{V_n}。假如两者的统计参数接近，就可以认为参证变量 n 年这一段短系列在长系列 N 年中具有较好的代表性，从而推断设计站 n 年的年径流量系列也具有较好的代表性。如两者统计参数相差较大(一段相对差值超过5%～10%)，则认为设计站 n 年的年径流量系列代表性也较差，如水量偏丰或偏枯，这时应尽量应用相关法插补展延系列，以提高系列的代表性。

（二）设计年或时段径流量的计算

1. 计算时段的确定

计算时段的确定与工程要求有关。对灌溉工程来说，一般取灌溉期作为计算时段，也可取灌溉期内主要需水期为计算时段。如某双季稻灌区灌溉期为 4～10 月，而主要需水期为 7～9 月，可以取 7 个月和 3 个月两种计算时段来统计时段径流量。对于水保工程，可取水文年度作为计算时段。对水电工程来说，枯水期水量和年水量决定发电效益，因此，可取枯水期或年作为计算时段。

2. 频率计算

当计算时段确定后，就可根据历年逐月径流资料统计时段径流量。若计算时段为年，则按水利年度统计年、月径流量。水利年度的起讫时间可能每年不同，一般按多年平均情况，以每年某月 1 日为固定起点。将实测年、月径流量按水利年度排列后，计算每一年度的年平均径流量，并按大小次序排列，即构成年径流量计算系列。若选定的计算时段为 3 个月(或其他时段)，则根据历年逐月径流量资料，统计历年最枯 3 个月的水量，不固定起讫时间，可以不受水利年度分界的限制。同样，把历年最枯 3 个月的水量按大小次序排列，即构成计算系列。

有了年径流量系列或时段径流量系列，即可用第一节介绍的适线法，推求指定频率的设计年径流量或指定频率的设计时段径流量。适线时要考虑全部经验点据。如点据与曲线拟合不佳时，应侧重考虑中、下部点据，适当照顾上部点据。年径流频率计算中，C_s/C_v 值按具体适线情况而定，一般可采用 2～3。

3. 成果的合理性分析

分析的主要内容是对径流系列的均值、变差系数及偏态系数进行审查，分析工作的主要依据是水量平衡原理和径流的地理分布规律。

(1) 多年平均年径流量的检查。如前所述，影响多年平均年径流量的因素是气候因素，而气候因素具有地理分布规律，所以多年平均年径流量也具有地理分布规律。将设计站与上下游站和临近流域的多年平均径流量进行比较，便可判断所得成果是否合理。若发现不合理现象，应检查其原因，作进一步分析论证。

(2) 年径流量变差系数的检查。反映径流年际变化程度的年径流量的 C_v 值也具有一定的地理分布规律。我国许多省、区编制的《水文图集》中绘有年径流量的 C_v 等值线图，可据此检查年径流量 C_v 值的合理性。但是，这些 C_v 值等值线图，一般是根据大中型流域的资料绘制的，与某些有特殊下垫面条件的小流域年径流量的 C_v 值可能并不协调，在分析检查时应进行深入分析。一般说来，小流域的调蓄能力较小，它的 C_v 值比大流域大些。

(3) 年径流量偏态系数的检查。年径流量偏态系数的变化规律至今研究不足。有人认为可以利用 C_s/C_v 值的地理分布规律，来检查 C_s 的合理性。但 C_s/C_v 值是否真正具有地理分布规律还有待进一步研究。C_s 值的合理性检查尚无公认的适当办法。

(4) 可将年径流量统计参数与流域平均年降水量统计参数进行对比。即年径流量的均值应小于流域平均年降水量的均值；而一般以降雨补给为主的河流，年径流量的 C_v 应大于年降水量的 C_v。

【例 5-4】 拟兴建一水利水电工程，某河断面有 30 年(1958～1987 年)的流量资料，见表 5-6。试求 $P=10\%$的设计丰水年、$P=50\%$的设计平水年、$P=90\%$的设计枯水年的设计年径流量。

表 5-6　某站年、月径流量表

年份	月平均流量/(m^3/s)												年平均流量/(m^3/s)
	3	4	5	6	7	8	9	10	11	12	1	2	
1958～1959	16.50	22.00	43.00	17.00	4.63	2.46	4.02	4.84	1.98	2.47	1.87	21.60	11.90
1959～1960	7.25	8.69	16.30	26.10	7.15	7.50	6.81	1.86	2.67	2.73	4.20	2.03	7.78
1960～1961	8.21	19.50	26.40	24.60	7.35	9.62	3.20	2.07	1.98	1.90	2.35	12.82	10.00
1961～1962	14.70	17.70	19.80	30.40	5.20	4.87	9.10	3.46	3.42	2.92	2.48	1.62	9.64
1962～1963	12.90	15.70	41.60	50.70	19.40	10.40	7.48	2.79	5.30	2.67	1.79	1.80	14.40
1963～1964	3.20	4.98	7.15	16.20	5.55	2.28	2.13	1.27	2.18	1.54	6.45	3.87	4.73
1964～1965	9.91	12.50	12.90	34.60	6.90	5.55	2.00	3.27	1.62	1.17	0.99	3.06	7.87
1965～1966	3.90	26.60	15.20	13.60	6.12	13.40	4.27	10.50	8.21	9.03	8.35	8.48	10.40
1966～1967	9.52	29.00	13.50	25.40	25.40	3.58	2.67	2.23	1.93	2.76	1.41	5.30	10.20
1967～1968	13.00	17.90	33.20	43.00	10.50	3.58	1.67	1.57	1.82	1.42	1.21	2.36	10.90
1968～1969	9.45	15.60	15.50	37.80	42.70	6.55	3.52	2.54	1.84	2.68	4.25	9.00	12.60
1969～1970	12.20	11.50	33.90	25.00	12.70	7.30	3.65	4.96	3.18	2.35	3.88	3.57	10.30
1970～1971	16.30	24.80	41.00	30.70	24.20	8.30	6.50	8.75	4.25	7.96	4.10	3.80	15.10
1971～1972	5.08	6.10	24.30	22.80	3.40	3.45	4.92	2.79	1.76	1.30	2.23	8.76	7.24
1972～1973	3.28	11.70	37.10	16.40	10.20	19.20	5.75	4.41	4.53	5.59	8.47	8.89	11.30
1973～1974	15.40	38.50	41.60	57.40	31.70	5.86	6.56	4.55	2.59	1.63	1.76	5.21	17.70
1974～1975	3.28	5.48	11.80	17.10	14.40	14.30	3.84	3.69	4.67	5.16	6.26	11.10	8.42
1975～1976	22.40	37.10	58.00	23.90	10.60	12.40	6.26	8.51	7.30	7.54	3.12	5.56	16.90
1976～1977	15.20	19.70	35.30	30.20	20.80	15.20	6.35	8.27	6.21	2.32	3.36	5.58	14.04
1977～1978	5.03	6.30	22.50	23.21	3.62	3.52	4.83	5.91	12.62	11.25	8.96	9.28	9.75
1978～1979	3.22	12.31	38.74	19.11	10.35	29.25	8.65	5.45	2.32	3.35	2.15	6.37	11.77
1979～1980	8.45	16.62	14.51	39.86	40.75	6.55	3.52	2.34	1.98	2.68	4.25	9.00	12.54
1980～1981	13.35	21.84	38.02	26.71	24.23	6.32	6.53	9.75	3.25	7.80	4.70	3.20	13.81
1981～1982	10.20	12.50	35.90	22.00	12.90	5.50	3.65	5.26	3.35	2.62	4.99	4.21	10.26
1982～1983	7.45	18.60	19.50	31.80	42.50	6.88	3.94	2.45	1.98	2.54	4.26	8.26	12.51
1983～1984	12.20	11.50	33.90	25.00	12.70	7.30	3.65	4.96	3.18	2.35	3.88	3.57	10.35
1984～1985	6.22	25.00	12.50	23.40	24.40	3.99	2.42	2.12	1.68	2.88	1.22	6.30	9.34
1985～1986	12.35	17.74	35.60	45.70	16.20	12.40	7.56	2.35	7.26	2.57	1.92	1.68	13.61
1986～1987	15.30	27.80	36.00	35.70	26.20	6.30	6.87	8.72	3.25	6.86	3.26	3.97	15.02
1987～1988	7.98	18.47	18.50	33.80	40.50	6.18	5.99	2.22	1.08	2.57	5.62	7.35	12.52

注：～表示供水期；$q=3.0m^3/s$

【解】 (1) 进行年、月径流量资料的审查和分析，认为 30 年实测系列具有较好的可靠性、一致性和代表性。

(2)将表 5-6 中的年平均径流量组成统计系列，按照适线法进行频率分析，从而求出指定频率的设计年径流量，频率计算结果为

$$\bar{Q}=11.43\text{m}^3/\text{s}, C_v=0.27, C_s=2.5C_v$$

$P=10\%$的设计丰水年 $Q_{丰P}=K_{丰}\bar{Q}=1.36\times11.43=15.5\text{m}^3/\text{s}$

$P=50\%$的设计平水年 $Q_{平P}=K_{平}\bar{Q}=0.97\times11.43=11.1\text{m}^3/\text{s}$

$P=90\%$的设计枯水年 $Q_{枯P}=K_{枯}\bar{Q}=0.68\times11.43=7.8\text{m}^3/\text{s}$

三、具有短期实测径流资料时设计年径流的计算

当设计站只有短期实测径流资料(年径流系列不足 30 年),或资料虽长,但代表性不足时,必须设法展延年、月径流资料系列。至于展延前资料的可靠性、一致性审查,展延后资料的代表性分析,年径流量的频率计算和设计年内分配的推求等方法均与长期实测径流资料时相同。因此,本节主要介绍如何展延年、月径流量系列。在水文计算中,常用相关法展延系列,关键是选择好合适的参证变量。

(一) 参证变量的选择

参证变量应符合以下条件。

(1) 参证变量要与设计站的年、月径流资料在成因上有密切联系,这样才能保证用相关关系展延的成果有足够的精度。

(2) 参证变量与设计站的年、月径流资料要有一段相当长的平行观测期(同步系列),以便建立可靠的相关关系。

(3) 参证变量必须具有充分长的实测系列(除用以建立相关关系的同期资料外,还要有用来展延设计站缺测年份年、月径流量的资料),并具有较好的代表性。

根据上述条件,结合具体的资料情况,可以选择不同的参证变量(如流域降水资料或上、下游站径流资料)来展延设计站的年、月径流量。不同的年份可以用不同的参证变量来展延,同一年份可以用两种以上参证资料来展延时,则选用其中关系最好的参证变量。如图 5-14 所示:

在水文计算中,通常可以利用径流量或降水量作为参证变量来展延设计站的年、月径流量系列,有时也可用其他变量(如气温)作为参证变量。下面重点讲述利用径流量或降水量资料展延的方法。

(二) 利用径流资料展延系列

1. 建立邻近站年径流量相关关系

当设计站实测年径流量资料不足时,往往可以利用上下游站、干支流站或邻近流域测站的长系列实测年径流量资料来展延系列。如果设计站与参证站所控制的流域面积相差不大,由于影响年径流量的主要因素是降雨和蒸发,它们在一定的地区范围内都具有较好的同步性,因而各站年径流量之间也具有相同的变化趋势,可以建立相关关系,如图 5-14 所示。当自然地理条件和气候条件在地区上的变化很大时,两站年径流量间的相关关系可能不好。这时,可以在相关图中引入反映区间径流量(或区间降水量)的参证变量,来改善相关关系。

2. 建立邻近站月径流量相关关系

当设计站实测年径流量系列过短,难以建立年径流量相关关系时,可以利用设计站与参证站月径流量(或季径流量)之间的关系来展延系列。由于影响月(季)径流量相关的因素较影响

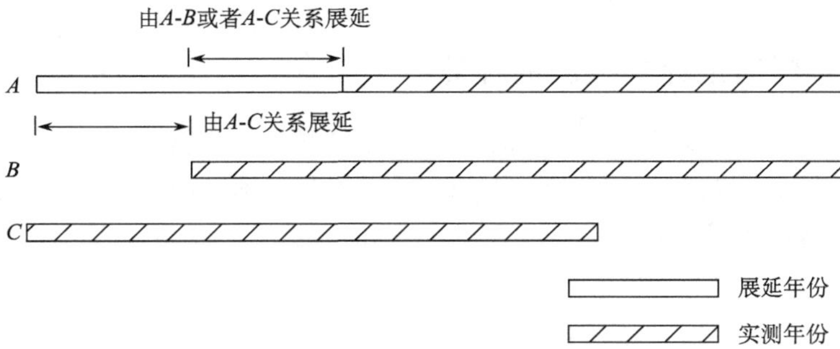

图 5-14 选用不同参证变量展延系列示意图

A 为设计站年、月径流系列；*B*、*C* 为参证站资料系列

年径流量相关的因素要复杂，因此，月（季）径流量之间的相关关系不如年径流量相关关系好。因此，用月（季）径流量相关来插补展延径流量时，一般精度较低。

（三）利用降雨资料展延系列

1. 建立年降雨径流关系

当不能利用径流量资料来展延系列时，可以利用流域内或邻近地区的降水量资料来展延系列，这种情况在中小流域常会遇到。在湿润地区，如我国长江流域及南方各省，年径流系数较大，且闭合流域的年水量平衡方程 $R=P-E-\Delta W$ 中，蒸发量 E 和流域蓄水量 ΔW 这两项因素，各年间的变幅均较小。因此年降雨量 P 与年径流量 R 之间往往存在较好的相互关系，若以流域平均年降雨量作为参证变量来展延年径流量系列，一般可得到良好的结果。在干旱地区，由于年降雨量中的很大部分耗于流域蒸发，年径流系数很小，因此年降雨量 P 与年径流量 R 之间关系不密切，难以用来展延年径流量系列。

2. 建立月降雨径流关系

当设计站的实测年径流量系列过短，不足以建立年降水量与年径流量的相关关系时，也可用月降水量与月径流量之间的关系来展延月、年径流量系列。

一般的月降雨径流关系不如年降雨径流关系好，有时甚至点据散乱而无法定相关线。其原因主要是：以月为时段的流域蓄水变量 ΔW 对降雨径流关系的影响增大。另外，按日历时间机械地划分月降雨量和月径流量，会造成月降雨和月径流不相适应的情况，因为有时月末降雨所产生的大部分径流可能在下月初流出。考虑这种影响，将月末降雨量的部分或全部计入下个月的降雨量中；或者将下月初流出的径流量计入上个月的径流量中，使月降雨量和月径流量相对应，可以使月降雨量和月径流量之间的关系得到改善。

当受流域蓄水量影响较大时，也会使月降雨量和月径流量不相对应，由于不同月份的流域蓄水量不同，即使是月降雨量相同，相应的月径流量也会相差较大，甚至是不降雨的月份，会有较大的径流量产生，这主要是流域前期蓄水造成的（比如枯水期的月径流量一般由地下水供给，几乎与本月少量的降雨量无关），此时不可利用月降雨径流关系来展延枯水期的月径流量。

（四）利用其他水文气象要素展延系列

在某些特殊情况下可以利用其他水文气象要素来展延系列。例如，北方有些高寒山区，河川径流主要由冰川融雪水补给，因此，径流与气温之间存在着密切关系，可以用月平均气温来展延月平均流量系列。

四、无实测资料时设计年径流的计算

在中小型水利工程的规划设计中，经常遇到没有实测径流资料，或者虽有短期实测径流资料但又无法展延的情况。在这种情况下，只能通过间接途径来推求设计年径流量。目前常用的方法是水文比拟法和等值线图法。

（一）水文比拟法

水文比拟法是将气候与自然地理条件一致的参证站的水文特征值移用到设计流域的一种方法。应用此法的关键问题是选取恰当的参证流域。

1. 参证流域的选择原则

(1) 参证流域应具有长期实测径流资料，且资料代表性好。

(2) 其主要影响因素与设计流域相近，即气候条件要一致，且流域下垫面条件相似。

(3) 参证流域与设计流域面积不能相差太大，最好不超过15%。

2. 多年平均年径流量的计算

1) 直接移用

若设计站与参证站位于同一河流的上、下游，两站的控制面积相差不超过3%时，或两站虽不在一条河流上，但气候与下垫面条件相似时，可以直接把参证流域的多年平均年径流深移用过来，作为设计流域的多年平均年径流深，即

$$\bar{R}_{设}=\bar{R}_{参} \tag{5-35}$$

2) 修正移用

当两个流域面积相差在3%～15%以内，但区间降雨和下垫面条件与参证流域相差不大时，则应按面积比修正的方法来推求设计站多年平均流量，即

$$\bar{Q}_{设}=\frac{F_{设}}{F_{参}}\bar{Q}_{参} \tag{5-36}$$

式中，$\bar{Q}_{设}$、$\bar{Q}_{参}$为设计流域和参证流域多年平均流量(m^3/s)；$F_{设}$、$F_{参}$为设计流域和参证流域的流域面积(km^2)。

当两个流域面积相差超过15%时，尚需考虑区间自然地理条件，如降雨或其他有关因素的差异，不能简单地按面积比改正。

3. 年径流变差系数 C_v 的估算

移用参证流域的年径流量 C_v 值时有以下要求。

(1) 两站所控制的流域特征大致相似。

(2) 两流域属于同一气候区。如果考虑影响径流的因素有差异，可采用修正系数 K，则设计流域年径流深变差系数为

$$C_{vR设}=KC_{vR参} \tag{5-37}$$

式中，$K=\dfrac{C_{vx设}}{C_{vx参}}$；$C_{vx设}$、$C_{vx参}$为设计流域、参证流域年降水量的变差系数，可从水文手册中查得；$C_{vR参}$为参证流域年径流深的变差系数，可从水文手册中查得。

4. 年径流量的偏态系数 C_s 的估算

年径流量的 C_s 值一般通过 C_s/C_v 的比值定出。可以将参证站 C_s/C_v 的比值直接移用或

作适当的修正。在实际工作中，常采用 $C_s=2C_v$。

（二）等值线图法

1. 多年平均年径流量的估算

水文特征值的等值线图是表示水文特征值的地理分布规律的。影响水文特征值的因素包括分区性因素（如气候因素），可在地图上做出等值线图；非分区性因素（如下垫面因素：流域面积、河槽下切深度等），无法做出等值线图；或同时受到分区性和非分区性因素的影响，应设法消除非分区性因素的影响，提高等值线图的精度。

影响闭合流域多年平均年径流量的主要因素是气候因素：降雨和蒸发。由于降雨量和蒸发量具有地理分布规律，因此，多年平均年径流量也具有这种规律，可绘制等值线图，并用它来推求缺乏实测资料地区的多年平均年径流量。为消除流域面积这一非分区性因素的影响，等值线图以多年平均年径流深 R（mm）表示。

对于属某一点的水文特征值（如降水量等），可将观测值直接标注于地图上的观测点处，然后绘制出该特征值的等值线图。但是对于径流量来说，河流在任一测流断面的径流量是由断面以上流域各点的径流汇集而成的，用径流深表示的径流量不是该断面处的数值，而是流域的平均值。所以在绘制多年平均年径流深等值线图时，不应将数值点绘在测流断面处，而应会在流域的形心处。在山区，径流深有随高程增加而增大的趋势，故常将数值点绘在流域平均高程处。

由于多年平均年径流深等值线图是按上述原则绘制的，因此，在应用该图来推求无实测径流资料情况下设计断面处的多年平均年径流量时，必须首先在图上绘出设计断面以上的流域范围，然后定出流域的形心。当流域面积较小，流域范围内没有等值线穿过，或只有一两条等值线穿过时，可直接根据流域形心（或平均高程处）两旁的等值线，用直线内插法读得该点的数值，这就是设计流域的多年平均年径流深，经换算，就可得到设计断面处的多年平均流量。

当流域面积较大，有数条等值线穿过时，则应采用面积加权平均法来推求设计流域的多年平均年径流深 $\bar{R}$（mm），即

$$R=\frac{R_1f_1+R_2f_2+\cdots+R_nf_n}{F} \tag{5-38}$$

式中，f_1、f_2、…、f_n 为流域界限内相邻两等值线间的面积，其和为全流域面积 F（km^2）；R_1、R_2、…、R_n 为相邻两等值线读数的平均值（mm）。

必须指出，多年平均年径流深等值线图，一般都是依据中等流域的实测径流资料绘制的。因此，等值线图应用于中等流域比较合适，成果精度较高。若应用于小流域，则由于小流域河槽下切深度浅等原因，可能不闭合，不能汇集全部地下径流，图上的读数就可能比实际情况偏大。因此，必要时，应进行实地调查，适当加以修正。

2. 年径流量变差系数 C_v 的估算

影响年径流量变化的主要因素是气候因素。因此在一定程度上，也可用等值线图来表示年径流量 C_v 值在地区上的变化规律。年径流量 C_v 等值线图的绘制与应用，与多年平均年径流深等值线图相似。但应注意，年径流量 C_v 等值线图的精度较低。特别是用于小流域，误差可能较大，一般是 C_v 读数偏小。

各省（区）水文手册、水文图集或水资源分析成果中，均列载有上述等值线图，可供缺乏资料地区查用。此处，在对年径流量频率计算成果进行合理性分析时，要求统计参数在地区上符

合一般规律，此时也可借助于参数等值线图来进行检查和校核。

3. 年径流量偏态系数 C_s 的估算

可参考各省(区)水文手册、水文图集或水资源分析成果中所提供的数据。在多数情况下，常采用 $C_s=2C_v$。

根据水文比拟法或等值线图法求得上述3个统计参数后，根据指定的设计频率，查 K_p 值表，确定 K_p 值，然后按公式 $Q_p=K_p\bar{Q}$ 就可算出设计年径流量 Q_p。

五、设计年径流的时程分配

(一) 设计代表年法

根据工程要求，求得设计频率的设计年径流量后，为了进行调节计算，还必须进一步确定月径流过程。目前常用的方法是：先从实测年、月径流量资料中，按一定的原则选择代表年，然后依据代表年的月径流过程，将设计年径流量按一定比例进行缩放，求得所需的设计月径流过程，即为设计年径流的年内分配。

1. 代表年的选择

代表年从实测径流资料中选择，并要求符合下述两条原则。

(1) 按水量接近的原则来选择，即选取年径流量或时段径流量与设计值接近的年份。

(2) 按对工程不利的原则来选择。在实测径流资料中水量接近的年份可能不止一年，为了安全起见，应选用水量在年内的分配对工程较为不利的年份作为代表年。如对灌溉工程而言，应选灌溉需水期径流量比较枯，而非灌溉期径流量又相对较丰的年份，这种年内分配经调节计算后，需要较大的库容才能保证供水，以这种代表年的年径流分配形式代表未来工程运行期间的径流过程，所确定的工程规模对供水来说具有一定的安全保证程度。对水电工程而言，则应选取枯水期较长、枯水期径流量又较枯的年份。

水电工程一般选丰水、平水、枯水3个代表年，而灌溉工程只选枯水1个代表年。

平水年 $P=50\%$，丰水年 $P\leqslant25\%$，枯水年 $P\geqslant75\%$。

2. 设计年径流年内分配的计算

按上述原则选定代表年径流过程线后，求出设计年径流量与代表年径流量之比值 $K_年$ 或求出设计供水期水量与代表年的供水期水量之比值 $K_供$：

$$K_年=\frac{Q_{年,设}}{Q_{年,代}}(年水量控制) \quad 或 \quad K_T=\frac{Q_{T,设}}{Q_{T,代}}(供水期水量控制)$$

然后以 $K_年$ 或 $K_供$ 值乘以代表年的逐月平均流量，即得设计年径流的年内分配过程。

【例 5-5】 接前例，求设计丰水年、设计平水年、设计枯水年的设计年径流的年内分配。

【解】 (1) 代表年的选择。选丰、平、枯三个代表年，$P=10\%$ 的设计丰水年，$Q_{年,10\%}=15.5\text{m}^3/\text{s}$，按水量接近、分配不利(汛期水量较丰)原则，选1975～1976年为丰水代表年，$Q_{年,代}=16.9\text{m}^3/\text{s}$。

$P=50\%$ 的设计平水年，$Q_{年,50\%}=11.1\text{m}^3/\text{s}$，按能反映汛期、枯水期的起讫月份和汛期、枯水期水量百分比满足平均情况的年份的原则，选1960～1961年为平水代表年。

$P=90\%$ 的设计枯水年，$Q_{年,90\%}=7.8\text{m}^3/\text{s}$，与之相近的年份有四年，考虑分配不利，即枯水期水量较枯，选取1964～1965年作为枯水代表年，1971～1972年作为比较年。

(2) 以年水量控制求缩放倍比 K。

设计丰水年　$K_{丰}=\frac{Q_{年,P}}{Q_{年,代}}=\frac{15.5}{16.9}=0.917$

设计平水年　$K_{平}=\frac{11.1}{10.0}=1.11$

设计枯水年　$K_{枯}=\frac{7.8}{7.87}=0.991$（1964～1965 年为代表年）

$K_{枯}=\frac{7.8}{7.24}=1.077$（1971 ～ 1972 年为代表年）

(3) 设计年径流年内分配计算。以缩放倍比乘以各自代表年的逐月径流，即得设计年径流年内分配，结果见表 5-7。

表 5-7　某站以年水量控制，同倍比缩放的设计年、月径流量　（单位：m^3/s）

月份	3	4	5	6	7	8	9
枯水代表年(1964～1965 年)	9.91	12.50	12.90	34.60	6.90	5.55	2.00
$P=90\%$的设计枯水年	9.82	12.39	12.78	34.29	6.84	5.50	1.98
枯水代表年(1971～1972 年)	5.08	6.10	24.30	22.80	3.40	3.45	4.92
$P=90\%$的设计枯水年	5.47	6.57	26.17	24.56	3.66	3.72	5.30
平水代表年(1960～1961 年)	8.21	19.50	26.40	24.60	7.35	9.62	3.20
$P=50\%$的设计平水年	9.11	21.65	29.30	27.31	8.16	10.68	3.55
丰水代表年(1975～1976 年)	22.40	37.10	58.00	23.90	10.60	12.40	6.26
$P=10\%$的设计丰水年	20.80	34.50	53.90	22.20	9.85	11.50	5.82

月份	10	11	12	1	2	全年	
						总量	平均
枯水代表年(1964～1965 年)	3.27	1.62	1.17	0.99	3.06	94.47	7.87
$P=90\%$的设计枯水年	3.24	1.61	1.16	0.98	3.03	93.62	7.80
枯水代表年(1971～1972 年)	2.79	1.76	1.30	2.23	8.76	86.89	7.24
$P=90\%$的设计枯水年	3.00	1.90	1.40	2.40	9.43	93.58	7.80
平水代表年(1960～1961 年)	2.07	1.98	1.90	2.35	12.82	120.00	10.00
$P=50\%$的设计平水年	2.30	2.20	2.11	2.61	14.23	133.21	11.10
丰水代表年(1975～1976 年)	8.51	7.30	7.54	3.12	5.56	202.69	16.90
$P=10\%$的设计丰水年	7.90	6.78	7.00	2.90	5.17	188.32	15.70

这种推求设计年径流过程的方法，称为同倍比缩放法。该方法简单易行，计算的年径流过程仍保持原代表年的径流分配形式，但求出的设计年径流过程，只是计算时段（年或某一时段）的径流量符合设计频率的要求。有时需要所求设计年内分配的年及其他各个时段的径流量同时满足设计频率，则需用同频率缩放法。具体计算方法与由流量资料推求设计洪水中的“同频率放大法”相同。

（二）实际代表年法

实际代表年法是从实测年、月径流量系列中，选取出一个实际的干旱年作为代表年，用其年径流分配过程直接与该年的用水过程相配合而进行调节计算，求出调节库容，来确定工程规模。选出的年份称为实际代表年，其年、月径流量，就是实际代表年的年、月径流量。用这种方法求出的调节库容，不一定符合规定的设计保证率。但由于曾经发生的干旱年份给人以深刻的印象，认为只要这样年份的供水得到保证，就能达到修建水库工程的目的。实际代表年法概念清楚，比较直观，在小型灌溉工程设计中应用较广。

第四节 流域设计洪水

一、由流量资料推求设计洪水

（一）概述

1. 设计洪水

由于流域内降雨或融雪，大量径流汇入河道，导致流量激增，水位上涨，这种水文现象称为洪水。为了保证建筑物本身和防护区的安全，应采取适当的防洪措施，包括工程措施（如上游修水库，中下游开辟蓄洪或滞洪区，下游开挖疏浚河道，修筑堤防等）和非工程措施（如强调对洪泛区管理，划分洪水威胁区，控制调整土地利用情况，限制城镇工厂在这个地区的发展，改作为耕地、公园或停车场；并加强洪水预报调度、警报系统及运用洪灾保险等手段）。水利枢纽工程如水库的防洪可分为两类，一类是水库下游地区的防洪问题，一般要求水库的最大下泄流量不能超过下游河道的安全流量 $q_{安}$，有的水库无下游防洪任务；第二类是水库本身安全的防洪问题，其标准高于水库下游地区的防洪标准。

在进行水利水电工程设计时，为了建筑物本身的安全和防护区的安全，必须按照某种标准的洪水进行设计，这种作为水工建筑物设计依据的洪水称为设计洪水。设计洪水计算的目的是通过对暴雨、洪水等资料的分析，寻求它们的规律，从而对未来长时期内的洪水情势作出切实可靠的估计，推求出在设计地点将来可能出现的符合设计标准的洪水，为水利水电部门以及其他如铁路、公路、桥涵、港口、城市等防洪措施的规划设计提供必要的水文依据。

2. 设计标准

设计标准是指防洪保护对象和防洪工程本身的防洪安全标准。确定防洪标准是一个非常复杂的问题，若标准太高，会使工程造价增大而不经济，但工程却比较安全；若标准太低得过小，虽然工程造价降低，但遭受破坏的风险增大。许多国家通过工程措施投资和防洪效益进行综合经济比较，并结合风险分析来确定防洪标准。

目前我国水利工程设计大多是按照工程的规模、重要性以及社会、经济等综合因素，指定不同频率作为设计标准的。重要工程标准高，小型工程低。我国根据工程效益、政治及经济各方面因素的综合考虑，颁布了按工程规模分类的工程等别和按建筑物级别划分的防洪标准，这就是国家《防洪标准》和水利部颁发的《水利水电工程等级划分及洪水标准》。根据工程规模、效益和在国民经济中的重要性，将水利水电工程分为 5 等，其等别见表 5-8。

水利水电枢纽工程的水工建筑物，根据其所属枢纽工程的等别、作用和重要性分为 5 级，其级别见表 5-9。

对不同地形条件的水利水电工程永久性建筑物所制定的各类水工建筑物的洪水标准分设计标准（正常运用）和校核标准（非常运用）两种情况，见表 5-10 和表 5-11。

表 5-8　水利水电枢纽工程的等别

工程等别	水库		防洪		治涝	灌溉	供水	发电
	工程规模	总库容/($10^8 m^3$)	城镇及工矿企业的重要性	保护农田/10^4 亩[①]	治涝面积/10^4 亩	灌溉面积/10^4 亩	供水对象的重要性	装机容量/(10^4kW)
Ⅰ	大(1)型	≥10	特别重要	≥500	≥200	≥150	特别重要	≥120
Ⅱ	大(2)型	10～1.0	重要	500～100	200～60	150～50	重要	120～30
Ⅲ	中型	1.0～0.10	中等	100～30	60～15	50～5	中等	30～5
Ⅳ	小(1)型	0.10～0.01	一般	30～5	15～3	5～0.5	一般	5～1
Ⅴ	小(2)型	0.01～0.001	—	<5	<3	<0.5	—	<1

注:①水库总库容指水库最高水位以下的静库容;②治涝面积和灌溉面积均指设计面积

表 5-9　水工建筑物的级别

工程等别	永久性水工建筑物级别		临时性水工建筑物级别	工程等别	永久性水工建筑物级别		临时性水工建筑物级别
	主要建筑物	次要建筑物			主要建筑物	次要建筑物	
Ⅰ	1	3	4	Ⅳ	4	5	5
Ⅱ	2	3	4	Ⅴ	5	5	
Ⅲ	3	4	5				

表 5-10　山区、丘陵区水利水电工程永久性水工建筑物洪水标准　[单位:重现期(年)]

水工建筑物级别	山区、丘陵区		
	设计	校核	
		混凝土坝、浆砌石坝及其他水工建筑物	土坝、堆石坝
1	1 000～500	5 000～2 000	可能最大洪水(PMF)或 10 000～5 000
2	500～100	2 000～1 000	5 000～2 000
3	100～50	1 000～500	2 000～1 000
4	50～30	500～200	1 000～300
5	30～20	200～100	300～200

表 5-11　平原区水利水电工程永久性水工建筑物洪水标准　[单位:重现期(年)]

项目		水工建筑物级别				
		1	2	3	4	5
水库工程	设计	300～100	100～50	50～20	20～10	10
	校核	2 000～1 000	1 000～300	300～100	100～50	50～20
拦河水闸	设计	100～50	50～30	30～20	20～10	10
	校核	300～200	200～100	100～50	50～30	30～20

按正常运用标准算出的洪水称为设计洪水,用它来确定水利水电枢纽工程的设计洪水位、

① 1 亩≈666.67 平方米。

设计泄洪流量等。按非常运用标准算出的洪水称为校核洪水。宣泄校核洪水时，泄洪设备应保证泄量的要求，允许消能设施和次要建筑物部分被破坏，但不影响枢纽主要建筑物的安全或发生河流改道等重大灾害性后果。正常运用的洪水标准较低，非常运用的洪水标准较高。

由表5-10和表5-11可见，除山丘区的土石坝和堆石坝，如果失事将对下游造成特别重大灾害时，Ⅰ级建筑物的校核洪水标准应取可能最大洪水PMF（或万年一遇洪水）以外，其余山丘区、平原区各等级建筑物的防洪标准（设计和校核）均采用频率洪水来表示。

校核洪水大于设计洪水，但工程设计时，对两种情况采用不同的安全系数和不同的超高，有时设计洪水反而控制建筑物尺寸，所以设计计算一般应考虑两种标准的洪水。

3. 风险率（破坏率）

以指定频率的设计洪水作为工程防洪设计的依据是要担一定风险的。例如，以 $P=1\%$ 设计洪水来说，工程平均每年都有1%的可能性会遇到超过标准的洪水。

人们关心的问题是工程建成后，在整个使用年限中要承担的风险率是多少。假如预计该工程可以正常有效地工作 N 年（工程寿命），令工程设计标准 $P(Q>Q_p)=P$，即每年出现超过 Q_p 事件的概率为 P，一年中不超过 Q_p 事件的概率为 $1-P$。由概率乘法定理可知，只要各年中洪水相互独立的假定成立，那么两年中不超过 Q_p 的概率为 $(1-P)(1-P)=(1-P)^2$，以此类推，N 年中为 $(1-P)^N$。那么，N 年中出现超过 Q_p 事件的概率即 N 年中的风险率 P_N 为

$$P_N=1-(1-P)^N \tag{5-39}$$

例如，当 $P=1\%$，工程寿命 $N=100$ 年时，则在100年中：

$$P_N=1-(1-1\%)^{100}=0.634$$

即若水库按照 $P=1\%$ 的设计洪水设计，将有63.4%的概率遭受一次或一次以上的超标准洪水，从而危及水库的安全，只有36.6%的概率可以工作到寿终正寝。

需要指出的是，所谓工程破坏，是指工程不能按设计的要求正常工作，而并非必定是使得工程毁坏。

4. 设计洪水计算的内容及方法

设计洪水计算包括推求设计洪峰流量、不同时段设计洪水总量（如最大一日、最大三日、最大七日设计洪量）和设计洪水过程线3个要素。但对于具体工程，因其特点和设计要求不同，设计计算的内容和重点也就不同。

推求设计洪水的途径有3种，即：

(1) 由流量资料推求设计洪水。与由径流资料推求设计年径流量及其年内分配大体相似。即先求出指定设计频率的设计洪峰流量和各种时段的设计洪量，然后进一步求得设计洪水过程线。

(2) 由暴雨资料推求设计洪水。由暴雨资料通过频率计算先求出设计暴雨，再经过产流和汇流计算推求出设计洪水过程线。此外，还可根据水文气象资料，用成因分析的方法推求出可能最大暴雨，然后再经产流、汇流计算得出可能最大洪水。

(3) 利用暴雨等值线图和一些简化公式估算设计洪水，适用于缺乏实测资料地区，参见暴雨洪水图集或查算手册。

（二）设计洪峰流量及设计洪水总量的推求

由流量资料推求设计洪峰流量和不同时段的设计洪水总量（简称洪量）时，要经过选样、资

料审查、频率计算和成果合理性分析几个步骤。

1. 洪水资料的选择

洪水频率计算是把每年的洪水过程作为一次随机事件。所谓选样，是指从每年的全部洪水过程中，选取哪些特征值来组成频率计算的样本系列作为分析研究的对象，以及如何在持续的洪水过程线上选取这些特征值。

对于洪峰流量，采用年最大值法选样。即每年只选取最大的一个瞬时洪峰流量。若有 n 年资料，就可选得 n 个最大洪峰流量，组成洪峰流量的样本系列。

对于洪量，采用固定时段独立选取年最大值法选样。首先确定统计时段，习惯上常取的时段长度为 1 日、3 日、5 日、7 日、10 日、15 日、30 日等。对具体工程而言，不必统计上述全部时段，可根据洪水特性和工程设计要求选定 2～3 个计算时段。若遇连续多峰型河流，水库调洪历时较长或下游有防洪错峰要求时，可根据具体情况多选几个时段。计算时段应包括调洪控制时段和洪水总历时。

确定了统计时段后，就可在各年的洪水过程中，分别独立选取不同时段的年最大洪量，组成不同时段的洪量样本。短时段洪量不一定被包含在长时段洪量中，但也可能被包含在其中。如图 5-15 所示。

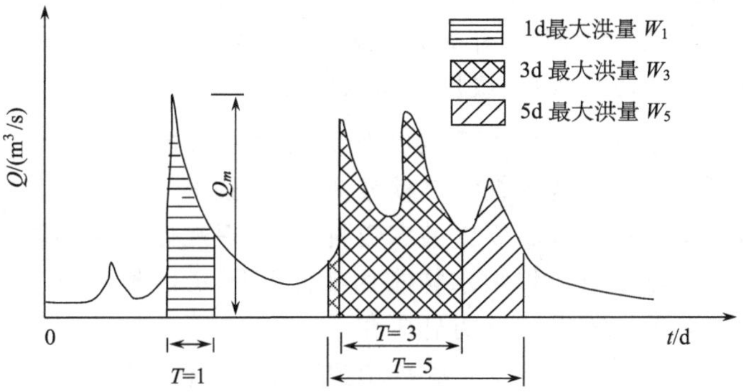

图 5-15　年最大值法选样示意图

年最大三日洪量 W_3 不包含 W_1，W_3 却被包含在年最大 5 日洪量 W_5 中。

年最大瞬时洪峰流量值和各种时段的年最大洪量值，可由历史水文年鉴获得，或者直接从水文特征值统计资料上查得。

2. 洪水资料的审查

在应用洪水资料之前，首先要对原始资料进行审查。资料审查包括以下内容。

1）*洪水资料的可靠性审查*　　洪水资料包括实测洪水资料和调查洪水资料。对实测资料的审查，重点应放在资料的观测和整编质量较差的年份，以及对设计洪水计算成果影响较大的大洪水年份。

对调查洪水的审查，应多方面分析论证其洪峰流量、洪水总量的数值及重现期的可靠性。要有根据地判断在调查考证期中是否还有大洪水被遗漏。

2）*洪水资料的一致性审查及还原计算*　　洪水资料必须具有一致性，也就是各年洪水的流域产流、汇流条件应保持基本相同。若流域洪水形成的产汇流条件有了明显改变，会导致洪水资料的显著不一致。这时，就需要将资料修正至同一基础上，以便使现有的资料来自同一总体。

对具有实测水文记录的水利工程措施(如水库等)可根据水量平衡原理和洪水运动规律进行还原计算;对溃坝、决口、河流改道等非常情况,可对实际情况进行调查研究,依据调查资料用水量平衡方法进行还原计算。

对众多的中小型水利工程和流域上的水土保持措施的影响,则可通过实验资料或工程前后资料的对比分析来确定工程措施的影响,并对资料做适当的还原修正。

3) 洪水资料的代表性审查　洪水资料代表性的好坏,可用参证站洪水的长短系列统计参数对比检定(同年洪水资料代表性分析)。此外,还可用暴雨资料来检查。通常暴雨与洪水有较密切的相关关系,暴雨较大年份往往也是洪水较大年份。同时,暴雨资料一般总比洪水资料长,故可通过暴雨资料来分析已有洪水资料中是否包括了大、中、小洪水年及特大洪水年,从而判断洪水资料的代表性。如果所掌握的资料系列是处在多水时期或少水时期,就会导致频率计算的成果或因偏大而不经济,或因偏小而不安全。

3. 特大洪水的处理

1) 系列中加入特大洪水的作用　所谓特大洪水,目前还没有一个非常明确的定量标准,通常是指比系列中的一般洪水大得多,并且通过洪水调查或考证可以确定其量值大小及其重现期的洪水称为特大洪水。历史上的一般洪水没有文字记载,没有留下洪水痕迹,只有特大洪水才有文献记载或洪水痕迹可供查证,所以调查到的历史洪水一般就是特大洪水。

特大洪水可以发生在实测系列 n 年之内,也可以发生在实测系列 n 年之外,前者称资料内特大洪水,后者称资料外特大洪水(或历史特大洪水)。一般特大洪水流量 Q_N 与 n 年实测系列平均流量 $\bar{Q}_n$ 之比大于 3 时,Q_N 可以考虑作为特大洪水处理。

为了扩大样本容量,通过实地调查和文献考证,常可获得一些历史上曾发生过的特大洪水的信息。实践证明,如能很好地应用历史洪水资料,并合理地处理这些调查考证的以及发生在实测资料中的特大洪水,就相当于将洪水样本由实测年限 n 延长到调查考证年限 N,从而增加了样本的代表性,使得设计成果质量明显提高。

2) 连序系列和不连序系列　洪水系列(洪峰或洪量)有两种情况。

a. 连序系列

连序系列:对于 n 年实测(包括插补)的洪水系列,若没有历史洪水加入,也没有实测特大洪水需要另行处理,那么无论资料的年份是否连续,而就 n 个实测洪水的数值直接按由大到小的顺序统一排位,则序号是连贯的,中间没有空位,这样的系列称为连序系列。如图 5-16(a)所示。

b. 不连序系列

当特大洪水与实测的一般洪水加在一起组成一个系列时,样本容量根据特大洪水调查考证的年限增长为 N,在 $N-n$ 年内各年洪水数值无法一一查得,因此若各年洪水值在 N 年中由大到小排位,则其排位序号是不连贯的,其中有一部分属于漏缺项位,这样的系列称为不连序系列,如图 5-16(b)所示。

可见,不连序样本在时间上一定是不连续的;连序样本在时间上可以连续,也可以不连续。

3) 经验频率的计算

a. 连序系列中第 m 项的经验频率 P_m 按下式计算

$$P_m=\frac{m}{n+1}\times 100\% \tag{5-40}$$

式中,n 为连序系列的总年数。

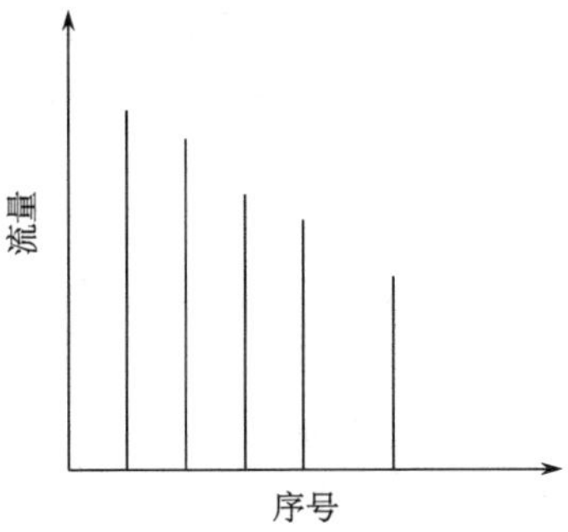

(a) 连序系列

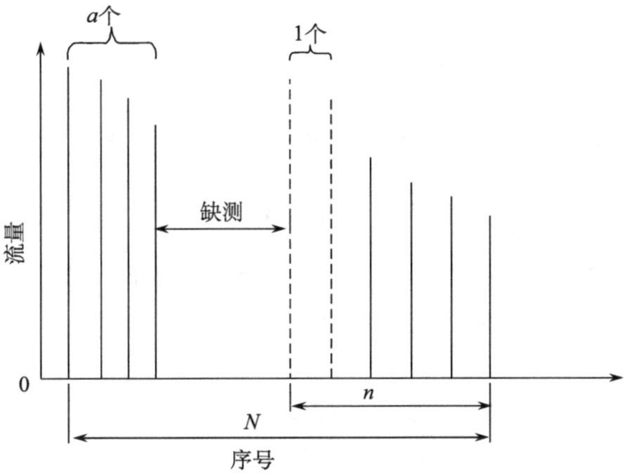

(b) 不连序系列

图 5-16　系列示意图

b. 不连序系列有分别和统一处理两种方法

(1) 分别处理法。把实测系列和特大值系列看作是从总体中独立抽出的两个随机连序样本，则特大洪水和一般实测洪水就可在各自的系列中分别进行排位，估算经验频率。

对 N 年中的 a 项特大洪水，经考证无遗漏时，序位为 M 的经验频率 P_M 为

$$P_M=\frac{M}{N+1}\times 100\% \tag{5-41}$$

式中，N 为调查考证期，即自调查考证的最远年份至样本资料的最末年份；M 为特大洪水由大到小的排位序号，$M=1,2,\cdots,a$。

若因年代久远，在 N 年系列中除 a 项特大洪水外，可能还有遗漏时，则可根据对特大洪水的调查考证情况，将各次特大洪水分别放在能够查清其序位的不同调查期内进行排位，估算其经验频率。

当某一项洪水可以同时在几个系列中排位时，其经验频率取其中误差较小者。一般来说，系列越长，抽样误差越小，但调查考证中发生遗漏、错误的可能性也有所加大，具体情况应作具体分析。

对 n 年实测洪水的计算，若实测洪水中有特大洪水则应抽出放在 N 年中与历史洪水一起排位，但必须保留它在实测系列中的序位，即实测系列中其他一般洪水的序位不能因特大值的抽去而改变。

$$P_m=\frac{m}{n+1}\times 100\% \tag{5-42}$$

(2) 统一处理法。把实测系列和特大值系列共同组成一个不连序系列作为代表总体的样本，实测系列为其中的组成部分。不连序系列各项可在调查考证期 N 年内统一排位。

假设在调查考证期 N 年中有特大洪水 a 项，其中有 l 项发生在 n 年实测系列之内，则 N 年中 a 项特大洪水的经验频率仍用 $P_m=\frac{M}{N+1}\times 100\%$ 估算；实测系列中其余的 $(n-l)$ 项，因抽样是在总体内小于末位特大洪水的条件下进行的，故经验频率的估算公式为

$$P_m=\frac{a}{N+1}+\left(1-\frac{a}{N+1}\right)\frac{m-l}{n-l+1} \tag{5-43}$$

式中，m 为实测洪水的序位；N 为调查考证期；P_m 为实测系列第 m 项的经验频率；a 为在 N 年中连续顺位的特大洪水项数；n 为实测洪水系列项数；l 为实测洪水系列中抽出作特大洪水处理的项数；$\frac{a}{N+1}$为 N 年内末位特大洪水的经验频率。

如果在 N 年之外，有更远的 N'年内的调查洪水，则同样可把 N 和 N'年组成不连序系列，按上述公式估算各项经验频率。

上述两种方法，我国目前都在使用，一般来说，分别处理法把特大洪水与实测一般洪水视为相互独立的，这在理论上有些不合理，但比较简单，在特大洪水排位可能有错漏时，因不相互影响，从这方面讲则是比较合适的。当特大洪水排位比较准确时，理论说，用统一处理法更好一些。故第一种方法适用于实测系列代表性较好，而历史洪水排位可能有错漏的情况；第二种方法适用于在调查考证期 N 年内为首的数项历史洪水确系连序而无错漏的情况。以上两种方法，所得的频率计算成果很接近。

【例 5-6】 某河某站，1953～1986 年，有两年资料缺测，且无法插补。在 32 年实测资料中，1982 年洪水最大，且为特大洪水；1964 年洪水次大；1978 年洪水最小。经调查考证获得 1905 年和 1931 年两次历史的信息，即 1905 年洪水大于 1931 年洪水，但都没有 1982 年洪水大，且已查清在 1905～1986 年的 82 年中没有遗漏比 1931 年更大的洪水。又经文献考证 1764 年曾发生过一次量级比 1982 年还要大的洪水，是 1764 年以来的最大洪水，但因年代久远，1764～1905 年间的其他洪水情况未能查清。

【解】 根据以上情况，显然各次洪水不能放在同一个时期中排位。在实测期 $n=32$ 年中，1982 年为第一位，1964 年第二位。1978 年第 32 位；在调查考证期 $N_1=82$ 年中，因已查清没有被遗漏比 1931 年更大的洪水，故 1982 年、1905 年、1931 年可分别排为 82 年中的第 1、2、3 位；而 1764 年应为调查考证期 $N_2=223$ 年中的第一位，因在 1764～1905 年的其他洪水情况不明，故 1905 年以后的洪水不能提出来放在 223 年中一起排位。

按上述分析，用两种方法求得各次洪水的经验频率，见表 5-12。表中在按统一处理法计算经验频率时，先将 N_1 和 N_2 组成一个不连序的系列，在求得 1764 年特大洪水的经验频率(0.004)后，按式(5-43)便可计算出 1982 年、1905 年、1931 年的经验频率；然后再将 n 和 N_1 组成一个不连序系列，末位特大洪水的经验频率为 1931 年的 0.04，同样由式(5-43)便可计算出实测系列中各个一般洪水的经验频率。

表 5-12 洪水系列经验频率计算表

系列年数		洪水序位		洪水年份	经验频率 P	
n（实测）	N（调查）	m（实测）	M（调查）		分别处理法	统一处理法
	$N_1=223$ 1764～1986 年		1	1764	$P_M=1/(223+1)=0.004$	同左

续表

<table>
<tr><th colspan="2">系列年数</th><th colspan="2">洪水序位</th><th rowspan="2">洪水年份</th><th colspan="2">经验频率 P</th></tr>
<tr><th>n（实测）</th><th>N（调查）</th><th>m（实测）</th><th>M（调查）</th><th>分别处理法</th><th>统一处理法</th></tr>
<tr><td colspan="2" rowspan="3">$N_1=82$
1905～1986 年</td><td></td><td>1</td><td>1982</td><td>$P_M=\frac{1}{82+1}=0.012$</td><td>$p_m=0.004+(1-0.004)\times\frac{1-0}{82-0+1}=0.016$</td></tr>
<tr><td></td><td>2</td><td>1905</td><td>$P_M=\frac{2}{82+1}=0.024$</td><td>$p_m=0.004+(1-0.004)\times\frac{2-0}{82-0+1}=0.028$</td></tr>
<tr><td></td><td>3</td><td>1931</td><td>$P_M=\frac{3}{82+1}=0.036$</td><td>$p_m=0.004+(1-0.004)\times\frac{3-0}{82-0+1}=0.04$</td></tr>
<tr><td colspan="2" rowspan="4">$N=32$
1953～1986 年其中缺测 2 年</td><td>1</td><td></td><td>1982</td><td>已抽到上栏排位</td><td rowspan="2">$p_m=0.04+(1-0.04)\times\frac{2-1}{32-1+1}=0.07$</td></tr>
<tr><td>2</td><td></td><td>1964</td><td>$P_m=2/(32+1)=0.06$</td></tr>
<tr><td>…</td><td></td><td>…</td><td>…</td><td>…</td></tr>
<tr><td>32</td><td></td><td>1978</td><td>$P_m=32/(32+1)=0.97$</td><td>$p_m=0.04+(1-0.04)\times\frac{32-1}{32-1+1}=0.97$</td></tr>
</table>

4. 洪水峰、量频率计算

为便于在相同的基础上进行地区综合分析和比较，在我国水利水电工程设计中，从 20 世纪 60 年代后统一采用 PⅢ 型曲线（特殊情况，可采用其他线型）。洪水峰量频率计算与径流频率计算相似。但由于包含特大洪水的样本为不连序系列，且推求设计值时都使用频率曲线的上部，故在用矩法初估统计参数及配线准则方面略有差别。

1）*统计参数的初估*　考虑到特大洪水时统计参数的估算仍采用适线法，参数值的初估可采用矩法、三点法等。但无论用哪一种方法，最后都要根据适线成果来确定统计参数。这里仅介绍采用矩法进行统计参数的初估。

在用矩法初估参数时，对于不连序系列，公式的原理与连序系列相同，但形式有所不同。设调查考证 N 年内共有为首的 a 个特大洪水，其中 l 个发生在实测期 n 年内。假定除去特大洪水后的 $N-a$ 年系列，其均值和均方差与 $n-l$ 年系列的均值和均方差相等，即 $\bar{x}_{N-a}=\bar{x}_{n-l}$，$\sigma_{N-a}=\sigma_{n-l}$，可以导出统计参数计算公式为

$$\bar{x}=\frac{1}{N}\left(\sum_{j=1}^{a}x_j+\frac{N-a}{n-l}\sum_{i=l+1}^{n}x_i\right) \tag{5-44}$$

$$C_v=\frac{1}{\bar{x}}\sqrt{\frac{1}{N-1}\left[\sum_{j=1}^{a}(x_j-\bar{x})^2+\frac{N-a}{n-l}\sum_{i=l+1}^{n}(x_i-\bar{x})^2\right]} \tag{5-45}$$

式中，x_j 为特大洪水的洪峰流量或洪量（$j=1、2、\cdots、a$）（m^3/s）；x_i 为一般洪水的洪峰流量或洪量（$i=l+1、l+2、\cdots、n$）（m^3/s）。

偏态系数 C_s 属于高阶矩，用矩法算出的参数值及由此求得的频率曲线与经验点据往往相差较大，故一般不用矩法计算，而是参照邻近流域资料选定一个 C_s/C_v 比值作为初试值。我国各地洪水统计参数有如下特性：对于 $C_v\leqslant0.5$ 的地区，可试用 $C_s/C_v=3\sim4$ 进行适线；对于 $C_v>1.0$ 的地区，可试用 $C_s/C_v=2\sim3$ 进行适线；对于 $0.5<C_v\leqslant1.0$ 的地区，可试用 $C_s/C_v=2.5\sim3.5$ 进行适线。

2）配线准则

（1）尽量照顾点群趋势，使曲线通过点群中心，但当经验点据与曲线线型不能全面拟合时，应着重配合曲线中上部精度较高的点据，而对下部点据的配合可以放宽要求。

（2）对调查洪水资料要持慎重的态度，年代越久的历史洪水，对配线的影响越大，但其流量数值或经验频率的误差也较大。配线中不能机械地通过历史洪水点据，从而脱离了点群；但也不宜距离这些点据过远，应考虑特大历史洪水的可能误差范围，以利于曲线调整。

（3）配线时除应力求与经验点据拟合外，还应考虑不同历时洪水特征值统计参数的变化趋势，以及各种洪水特征值的统计参数在地区上的变化规律。

根据以上准则分别对洪峰、不同时段洪量的样本系列进行配线后，就可得出各自配合最佳的频率曲线，从而可求得设计洪峰和各种指定时段的设计洪量。

【例 5-7】 某河水文站实测洪峰流量资料共 30 年（由大到小排列见表 5-13 第 2 栏），历史特大洪水 2 年（见表 5-13 第 2 栏），历史考证期 102 年，试用矩法初选参数进行配线，推求该水文站 200 年一遇的设计洪峰流量。

【解】 （1）计算经验频率。用分别处理法计算各年最大洪峰流量的经验频率，见表 5-13。

（2）初估统计参数。根据式（5-44）和式（5-45）求得

$$\bar{Q}_m = 572\text{m}^3/\text{s}, C_v = \frac{\sigma}{\bar{Q}_m} = \frac{401}{572} = 0.7$$

表 5-13 某河水文站洪峰流量经验频率计算表

序号	洪峰流量 /(m³/s)	$P_M = \frac{M}{N+1}$	$P_m = \frac{m}{n+1}$
(1)	(2)	(3)	(4)
Ⅰ	2520	0.010	—
Ⅱ	2100	0.019	—
1	1400	—	0.032
2	1210	—	0.065
3	960	—	0.097
4	920	—	0.129
5	890	—	0.161
6	880	—	0.194
7	790	—	0.226
8	784	—	0.258
9	670	—	0.290
10	650	—	0.323
11	638	—	0.355
12	590	—	0.387
13	520	—	0.419
14	510	—	0.452
15	480	—	0.484
16	470	—	0.516

续表

序号	洪峰流量/(m^3/s)	$P_M=\frac{M}{N+1}$	$P_m=\frac{m}{n+1}$
(1)	(2)	(3)	(4)
17	462	—	0.548
18	440	—	0.581
19	386	—	0.613
20	368	—	0.645
21	340	—	0.677
22	322	—	0.710
23	300	—	0.742
24	288	—	0.774
25	262	—	0.806
26	240	—	0.839
27	220	—	0.871
28	200	—	0.903
29	186	—	0.935
30	160	—	0.968

(3) 配线并推求设计值。先按 $\bar{Q}_m=572m^3/s$，$C_v=0.7$，$C_s=3C_v$ 进行适线，曲线与点系配合欠佳；又令 $C_v=0.8$，$C_s=3.5C_v$ 再次配线，配合较好，故最后采用该参数作为设计依据。根据最后采用的参数求得坝址断面处 200 年一遇的设计洪峰流量 $Q_{mp}=K_p\bar{Q}_m=4.87\times572=2785m^3/s$。

5. 洪水峰量频率计算成果的合理性检查

洪水各种不同特征值(洪峰、不同时段洪量)系列的参数(或设计值)之间是存在一定关系的，而且同一种特征值系列的参数(或设计值)在上下游站及地区之间还具有一定的地理分布规律。成果的合理性检查就是利用这些参数之间的相互关系和地理分布规律对各单站单一项目的频率计算成果进行对比分析，以发现错误和减少因系列过短带来的误差，同时也是扩大和综合信息、提高成果可靠性的一个重要环节。常用的检查方法如下：

1) 本站各种分析成果之间的对比　根据频率计算成果，检查洪峰、各时段洪量的统计参数与历时之间的关系。一般来说，随着时段增长，洪量的均值和设计值也逐渐增大，而时段平均流量的均值或设计值则逐渐减小。洪量的 C_v、C_s 值一般情况下随时段的增长而减小，但对于连续暴雨次数较多的河流，随着历时的增长，C_v、C_s 反而加大。参数的变化要和流域的暴雨特性和河槽调蓄作用等因素联系起来。

另外还可以从本站各种历时的洪量频率曲线作对比分析，要求不同历时洪量的频率曲线在实用频率范围内不应相交，并保持合理的间距，当出现相交时，应复查原始资料和计算过程有无错误，统计参数是否选择得当。

2) 与上下游站及邻近地区河流的分析成果相比较　同一河流上，如上下游气候、地形等条件相似，则洪峰流量及洪量的均值应自上游向下游递增，其模数和 C_v 值则由上游向下游递减。当上下游气候、地形等条件不一致时，应具体分析。

3) 从暴雨径流之间的关系进行分析对比　暴雨统计参数与相应洪量的统计参数有一定的关系。一般情况下，洪水的径流深（均值或设计值）应小于相应天数的暴雨深，而洪量的 C_v 值则大于相应暴雨量的 C_v 值。

（三）设计洪水过程线的推求

设计洪水过程线是指具有某一设计标准（设计频率）的洪水过程线。但是，洪水过程线的形状千变万化，且洪水每年发生的时间也不相同，是一种随机过程。目前尚无完善的方法直接从洪水过程线的统计规律求出一定频率的过程线。尽管已有一些研究者从随机过程的角度，对过程线进行模拟研究，但尚未达到实用的目的。为了适应工程设计要求，目前仍采用放大典型洪水过程线的方法，使其洪峰流量和时段洪量的数值等于设计标准的数值，即认为所得的过程线是待求的设计洪水过程线。

放大典型洪水过程线时，根据工程和流域洪水特性，可选用同频率放大法或同倍比放大法。

1. 典型洪水过程线的选择

选择典型洪水过程线，即从实测洪水中选出和设计要求相近的洪水过程线作为典型洪水过程。选择典型洪水的原则如下。

(1) 选择资料完整、精度较高、峰高量大的实测洪水过程线。因为它的特征值接近于设计值，放大后变形小，与真实情况较接近。

(2) 典型洪水过程应具有一定的代表性，即它的发生季节、地区组成、峰型特征、主峰位置、洪水历时、峰量关系等方面能反映本流域大洪水的一般特性。

(3) 从防洪后果考虑，应选择对工程安全较为不利的典型。一般峰型比较集中，且主峰出现时间偏后的洪水过程对工程较为不利。

(4) 如水库下游有防洪要求，应考虑与下游洪水遭遇的不利典型洪水。

有时，按上述原则可选出几个典型洪水，则可分别放大，求得几条设计洪水过程线，供调节计算时选用。

2. 典型洪水过程线的放大

目前采用的典型洪水放大方法有按峰（或按量）同倍比控制方法（简称同倍比放大法）和峰量同频率控制方法（简称同频率放大法）。

1) 同倍比放大法　将典型洪水过程线上各个时刻的流量都按同一个倍比值进行放大，求得设计洪水过程线，这种放大方法称为同倍比放大法。该法常用于峰量关系较好的河流，以及水工建筑物的防洪安全主要由洪峰流量或某时段洪量控制的工程。对于长历时、多峰型的洪水过程，或要求分析洪水地区组成时，同倍比放大法比同频率法更为适用。

由于规划设计的工程，有“以峰控制”和“以量控制”两种，因此放大倍比也有相应的两种。即

$$K_Q=\frac{Q_{mp}}{Q_{m典}} \text{ 或 } K_W=\frac{W_{tp}}{W_{t典}} \tag{5-46}$$

式中，K_Q、K_W 为以峰控制和以量控制的放大倍比；Q_{mp} 为设计洪峰流量（m^3/s）；W_{tp} 为 t 时段的设计洪量（万 m^3）；$Q_{m典}$ 为典型洪水的洪峰流量（m^3/s）；$W_{t典}$ 为 t 时段洪量（万 m^3）。

求出 K_Q、K_W 后，乘以典型洪水各时刻流量就可得出设计洪水过程。采用同倍比放大时，

若放大后洪峰或某时段洪量超过或低于设计值很多，且对调洪结果影响较大时，应另选典型洪水。

此法简单方便，放大出来的设计洪水过程线与典型洪水过程线形状基本相似。但求得的设计洪水过程线往往是设计洪峰流量符合了设计标准（即等于设计洪峰流量），而设计洪量并不符合设计标准（即不等于设计洪量）；或者是某一时段的洪量符合了设计标准，而其余各种时段的流量和洪峰流量不符合设计标准。

2）同频率放大法　将典型洪水过程线的峰和量按几个不同的放大倍比值放大，使放大后的设计洪水过程线其洪峰和各时段的洪量分别等于设计洪峰和设计洪量，也就是说，要使求得的设计洪水过程线峰、量都能符合同一个设计频率。这种放大方法就称为同频率放大法。目前大、中型水库规划设计中主要采用此法。

若选定时段为1d、3d、7d，那么各种放大倍比值可按下列公式推求。

洪峰流量的放大倍比为

$$K_Q=\frac{Q_{mp}}{Q_{m典}} \tag{5-47}$$

1d洪量的放大倍比为

$$K_1=\frac{W_{1p}}{W_{1典}} \tag{5-48}$$

3d洪量中其余两日的放大倍比为

$$K_{3-1}=\frac{W_{3p}-W_{1p}}{W_{3典}-W_{1典}} \tag{5-49}$$

7d洪量中其余四日的放大倍比为

$$K_{7-3}=\frac{W_{7p}-W_{3p}}{W_{7典}-W_{3典}} \tag{5-50}$$

式中，Q_{mp}，W_{1p}，W_{3p}，W_{7p}为设计洪峰流量及1d、3d、7d设计洪量（m^3/s）；$Q_{m典}$，$W_{1典}$，$W_{3典}$，$W_{7典}$为典型洪水洪峰流量及1d、3d、7d洪量（m^3/s）。

可见，要确定各种放大倍比，除首先要根据峰、量频率计算求出设计洪峰流量和不同时段的设计洪量外，还需要根据选定的典型洪水过程线，摘取典型洪峰流量$Q_{m,典}$及计算最大1d、3d、7d典型洪量$W_{1典}$，$W_{3典}$，$W_{7典}$。计算典型洪量时，是以“长包短”的方式进行的，即短时段洪量是在长时段洪量内统计的。这是为了使所求的设计洪水过程线峰高量大，而且方法便利。求得以上各种K值后，典型洪水过程线上各部分流量，可从短时段到长时段顺次按相应倍比值进行放大。即先按K_Q放大洪峰流量，再按K_1放大最大1d洪量中除洪峰流量外的其余各时刻流量。最大3d洪量中因包含了最大1d洪量，已按K_1放大了，因此3d内的其余2d按K_{3-1}放大。同理，最大7d洪量中的其余4d按K_{7-3}放大，于是就可得到分段放大后的洪水过程线。放大的顺序是先放大核心部分，然后逐步放大长时段的流量。

由于各时段放大倍比值不同，故放大后时段交界处的流量会出现突变现象，需要徒手修匀，使其成为光滑曲线。但修匀后必须保持洪峰和各时段洪量等于设计值。此时，修匀后的过程线即为设计洪水过程线。如放大倍比相差较大，要分析原因，采取措施，消除不合理的现象。

此法的优点是使所求的设计洪水过程线的洪峰和不同时段洪量都能符合设计标准，但放大出来的过程线很可能与原来的典型过程相差较远，甚至其形状不符合天然洪水的规律。因此，为改善这种情况，所取的时段数目不宜过多，一般以 2～3 个时段为宜。例如，除洪峰和洪水过程最长时段外，再另取一种控制时段（即对调洪计算起直接控制作用的时段），并依次按洪峰、控制时段、最长时段进行放大。

【例 5-8】 经过对某水库实测和调查洪水的分析，初步确定 1971 年 8 月的一次洪水为典型洪水，其洪峰、各时段洪量及设计洪峰、洪量见表 5-14，洪水过程见表 5-15。要求用各时段同频率放大法，推求 $P=1\%$ 的设计洪水过程线。

表 5-14 某水库典型及设计洪峰、洪量统计表

项目	洪峰流量 $Q_m/(m^3/s)$	洪量 $W/(10^6m^3)$		
		1d	3d	7d
$P=1\%$的设计洪水	1460	60.5	90.5	116
典型洪水	1066	47.7	70.9	92.3

【解】 (1) 计算洪峰和各时段洪量的放大倍比。

$$K_{Q_m}=\frac{Q_{mp}}{Q_{m典}}=\frac{1460}{1066}=1.37$$

$$K_1=\frac{W_{1p}}{W_{1典}}=\frac{60.5}{47.7}=1.27$$

$$K_{3-1}=\frac{W_{3p}-W_{1p}}{W_{3典}-W_{1典}}=\frac{90.5-60.5}{70.9-47.7}=1.29$$

$$K_{7-3}=\frac{W_{7p}-W_{3p}}{W_{7典}-W_{3典}}=\frac{116-90.5}{92.3-70.9}=1.19$$

(2) 典型洪水过程线放大。将这些放大倍比值按它们的放大时段填入表 5-15 中的第(3)栏中，然后分别乘以第(2)栏中的流量值，其值填入第(4)栏中。

(3) 过程线修匀。将放大后的流量过程点绘在坐标纸上，由于各时段放大倍比值不同，时段分界处出现不连续现象，经修匀后，其值填入第(5)栏中。典型洪水过程线和设计洪水过程线如图 5-17 所示。

二、由暴雨资料推求设计洪水

(一) 概述

我国绝大部分地区的洪水是由暴雨组成的，一般雨量站不仅密度大，而且设站时间早（最早的是北京站，始于 1841 年，是降水观测；最早的水位观测是 1865 年在汉口站；1910 年海河的小孙庄站用浮标测流；1915 年淮河蚌埠用流速议测流），暴雨资料比流量资料充足得多，受人类活动影响较小，统计参数的地区综合比较容易，所以用雨量资料推求设计洪水的方法广泛应用，它是推求中小流域水利工程设计洪水的主要途径。即使具有长期实测洪水资料的流域，有时也需要用暴雨资料来推求设计洪水，以校核由流量资料推算的设计洪水成果。

由降雨形成河川径流的过程可概化为产流和汇流两个过程，因此，由暴雨资料推求设计洪水包含设计暴雨计算、产流计算和汇流计算 3 个主要环节，计算程序如下。

表 5-15　设计洪水过程线计算表

典型洪水过程线		放大倍比	放大流量/(m³/s)	修匀后的流量/(m³/s)	典型洪水过程线		放大倍比	放大流量/(m³/s)	修匀后的流量/(m³/s)
时间/(日/时)	流量/(m³/s)				时间/(日/时)	流量/(m³/s)			
(1)	(2)	(3)	(4)	(5)	(6)	(7)	(8)	(9)	(10)
3/0	30	1.19	35.7	35	6/5	130	1.29	168	168
3/12	40	1.19	47.6	48	6/16	82	1.29	106	106
4/0	60	1.19/1.27	71.4/76.2	72	6/19	80	1.29	103	103
4/4	130	1.27	165	160	6/20	82	1.29	106	106
4/12	894	1.27	1135	1135	7/0	135	1.29/1.19	174/161	171
4/14	980	1.27	1244	1244	7/1	140	1.19	167	167
4/15	1066	1.37	1460	1460	7/3	170	1.19	202	202
4/16	950	1.27	1206	1206	7/11	125	1.19	149	149
4/21	480	1.27	610	605	8/0	70	1.19	83.3	83
5/0	350	1.27/1.29	445/451	446	8/5	55	1.19	65.5	66
5/3	240	1.29	310	310	8/13	46	1.19	54.7	55
5/8	167	1.29	215	215	9/0	40	1.19	47.6	47
5/11	139	1.29	179	179	9/10	36	1.19	42.8	43
5/20	107	1.29	138	138	9/24	31	1.19	36.9	36
6/0	115	1.29	148	148					

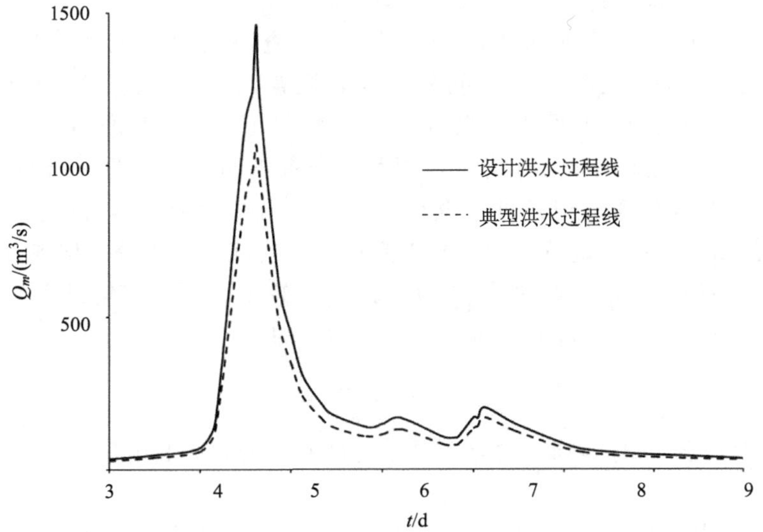

图 5-17　$P=1\%$的设计洪水过程线图

(1) 推求设计暴雨。用频率分析法求不同历时指定频率的设计暴雨量及暴雨过程，或使用可能最大暴雨图集求可能最大暴雨(PMP)。

(2) 推求设计净雨。采用降雨径流相关图法、初损后损法或其他方法推求设计净雨。

(3) 推求设计洪水过程线。应用时段单位线法或瞬时单位线法进行汇流计算，即得流域出口断面的设计洪水过程。

其中(2)、(3)是产流和汇流计算的问题，这些内容已在第四章中阐述，本节重点介绍设计暴雨的推求问题。用数理统计方法由暴雨资料推求设计洪水，通常假定暴雨和洪水同频率。即认为某一频率的洪水是由相同频率的暴雨所产生。因此，推求设计暴雨就是推求与设计洪水同频率的暴雨。这对较大流域常与实际情况不符，因受暴雨时空分布和移动路线的影响，故暴雨和洪水两者频率对应关系较差。若设计洪水为可能最大洪水，则设计暴雨相应地即为可能最大暴雨。依照这样的概念，流域上某指定频率的设计暴雨，可用与由流量资料推求设计洪水相类似的方法推求。设计暴雨的计算包括推求设计暴雨量及其在时间上的分配过程。设计暴雨量是指设计条件下的流域平均暴雨量。根据资料条件，设计面暴雨量的分析计算方法可分为以下直接计算和间接计算两种。即根据实测降雨资料，先用频率分析法求得设计频率的设计雨量，然后按典型暴雨进行缩放，即得设计暴雨过程。

(二) 直接法推求设计面暴雨量

当设计流域雨量站较多，分布比较均匀，各站又有较长的同期资料，能求出比较可靠的流域平均雨量(面雨量)时，就可将面雨量作为研究对象，直接选取每年中各种时段的年最大面雨量，组成不同时段的样本系列，分别进行频率计算，从而求得不同时段的设计面雨量。

1. 暴雨资料的收集、审查、选样与统计

1) 暴雨资料的收集　暴雨资料的主要来源是国家水文、气象部门所刊印的雨量站网观测资料，但也要注意收集有关部门专用雨量站和群众雨量站的观测资料。强度特大的暴雨中心点雨量，往往不易为雨量站测到，因此必须结合调查收集暴雨中心范围和历史上特大暴雨资料，了解当时雨情，尽可能估计出调查地点的暴雨量。

2) 暴雨资料的审查　暴雨资料应进行可靠性审查，重点审查特大或特小雨量观测记录是否真实，有无错记或漏记情况，必要时可结合实际调查，予以纠正。检查自记雨量资料有无仪器故障的影响，并与相应定时段雨量观测记录比较，尽可能审查其准确性。

雨量资料按观测方法的不同，有定时观测和自记资料两种。目前长历时雨量一般由以8时为分界的定时观测的日雨量记录进行统计选样。短历时雨量应尽可能由自记雨量记录摘取，以保证选样的精度。由于定时观测资料人为地把一次降雨过程分开记载，因此一般根据它获得时段最大值，往往比自记雨量的偏小，故应该进行修正。在我国年最大24小时雨量约为年最大日雨量的1.10～1.30倍，平均为1.12倍左右，即

$$x_{24}=1.12x_{日} \tag{5-51}$$

式中，x_{24}为不受日分界(8时)限制，按分钟滑动统计的年最大24h雨量；$x_{日}$为按日分界统计的年最大一日雨量。

暴雨资料的代表性分析，可通过与邻近地区长系列雨量或其他水文资料，以及本流域或邻近流域实际大洪水资料进行对比分析，注意所选用暴雨资料系列是否有偏丰或偏枯等情况。

暴雨一致性审查，对于按年最大值选用的情况，理应加以考虑，但实际上有困难。对于推求分期设计暴雨（分期设计暴雨指一年内不同季节或时期的设计暴雨。为满足水库分期蓄水、调度运用和施工等需要，在暴雨特性有明显季节性差别的地区，需确定分期设计暴雨，供推求分期设计洪水之用），要注意暴雨资料的一致性，不同类型的暴雨是不一样的，如我国南方地区的梅雨与台风雨，应分别考虑。

3）定时段最大暴雨的选样及统计　暴雨量的选样方法采用固定时段年最大值独立选样法。具体步骤如下。

（1）计算每年各次大暴雨逐日面雨量。即在收集流域内和附近雨量站的资料并进行分析审查的基础上，先根据当地雨量站的情况，选定推求流域平均（面）雨量的计算方法（如算术平均法、泰森多边形法或等雨量线图法等），计算每年各次大暴雨的逐日面雨量。

（2）确定本流域形成洪水的暴雨时段。对于暴雨统计时段，应根据降雨径流形成规律、流域面积大小和工程重要性等确定。我国一般小型工程可取小于 24h，即 24h、12h、6h、3h、1h 等；大中型工程取 1d、3d、7d、15d、30d 等。水文计算中习惯以 1 日作为长短历时暴雨的分界。即将 1d、3d、7d 等雨量称为长历时暴雨；24h、12h、6h、3h、1h 等雨量称为短历时暴雨。

（3）考虑到推求雨量时程分配和推求设计洪水过程线的需要，在确定最长统计历时后，还需选用若干个控制时段，譬如设计历时为 7d，选用 1d、3d 为控制时段。其中 1d、3d、7d 暴雨是一次暴雨的核心部分，是直接形成所求的设计洪水部分；而统计更长时段的雨量则是为了分析暴雨核心部分起始时刻流域的蓄水状况。

例如，某流域有 3 个雨量站，分布均匀，可按算术平均法计算面雨量。选择结果为：最大 1d 面雨量 P_{1d}=129.9mm（7 月 4 日），最大 3d 面雨量 P_{3d}=166.5mm（8 月 22 日至 24 日），最大 7d 面雨量 P_{7d}=234.0mm（7 月 1～7 日），1d、3d、7d 的最大面雨量选自两场暴雨，详见表 5-16。

（4）选择各年不同时段最大值组成样本。选样原则：年最大、独立、连续。

2. 面雨量资料的插补展延

在统计各年的面雨量资料时，经常会遇到这样的情况：设计流域内早期（如新中国成立前或成立初期）雨量站点稀少，而近期雨量站点多，密度大。一般来说，以多站雨量资料求得的流域平均雨量，其精度较少站雨量求得的高。但多站雨量资料的系列往往较短。为展延系列，可利用资料较长的少站流域平均雨量与多站流域平均雨量建立相关关系。如果同期观测资料较短，可用一年多次法选样，即在一年中取多次暴雨资料，然后在各次暴雨中选取指定时段的最大值，以增加一些点据，便于确定相关线。

多站平均雨量与少站平均雨量的相关关系一般较好，这是因为两者具有相似的影响因素。如两者关系线接近 45°线，且点据密集在 45°线两旁，则早期的少站平均雨量可以作为流域的面雨量；如两者关系线偏于 45°线的一侧，则需利用相关线展延多站平均雨量，作为流域面雨量。

3. 特大暴雨的处理

实践证明，暴雨资料系列的代表性与系列中是否包含有特大暴雨有直接关系。一般的暴雨变幅不是很大，若不出现特大暴雨，统计参数 $\bar{x}$、C_v 往往偏小。在短期资料系列中，一旦出

表 5-16 最大 1d、3d、7d 面雨量统计(1986 年) (单位:mm)

时间/(月.日)	点雨量 A站	点雨量 B站	点雨量 C站	面平均雨量/mm	最大 1d、3d、7d 面雨量及起讫日期
6.30	5.3	—	0.2	1.8	
7.1	50.4	26.9	25.3	34.2	
7.2	—	—	—	—	
7.3	11.5	10.8	14.7	12.3	
7.4	134.8	125.9	124.0	129.9	
7.5	32.5	21.4	10.0	21.3	
7.6	5.6	10.5	4.7	6.9	
7.7	35.5	25.2	27.6	29.4	
7.8	3.7	7.1	1.4	4.1	7 月 4 日为年最大 1d,P_{1d}=129.9mm;
7.9	11.1	5.8	9.7	8.9	8 月 22～24 日为年最大 3d,P_{3d}=166.5mm;
…	…	…	…	…	7 月 1～7 日为年最大 7d,P_{7d}=234.0mm
8.18	6.6	0.2	6.9	4.6	
8.19	22.7	2.4	5.4	10.2	
8.20	—	—	—	—	
8.21	—	—	—	—	
8.22	42.6	51.7	54.8	49.7	
8.23	60.1	68.6	53.5	60.7	
8.24	81.8	54.1	32.3	56.1	
8.25	2.3	1.0	0.1	1.1	

现一次罕见的特大暴雨,就可以使原频率曲线计算成果完全改观。判断大暴雨资料是否属特大值,一般可与本站系列及本地区各站实测历史最大记录相比较,还可以从经验点据偏离频率曲线的程度、模比系数的大小、暴雨量级在地区上是否很突出以及暴雨的重现期长短等进行分析判断。近 40 年来我国各地区出现过的特大暴雨,如河北省的"63.8"暴雨,河南省的"75.8"暴雨,内蒙古自治区的"77.8"暴雨等,均可作为特大值。我国在分析全国特大暴雨资料的基础上绘制了"历史大暴雨分布图",给出了各次大暴雨的中心位置以及 24h 雨量,也可以作为判断大暴雨的参考。

如本流域无特大暴雨资料,而邻近地区已出现特大暴雨,通过对气象的成因及下垫面地形条件的相似性分析,有可能出现在本流域,也可移用该暴雨资料。移用时,若两地气候、地形条件略有差异,可按两地暴雨特征参数如均值 $\bar{x}$、C_v 或 σ 值的差别修正,修正方法如下。

(1) 根据均值比修正,即

$$P_{M,B}=P_{M,A}(\bar{P}_B/\bar{P}_A) \tag{5-52}$$

(2) 假定两地区的 C_s 值相等,可按下式修正为

$$P_{M,B}=\bar{P}_B+\frac{\sigma_B}{\sigma_A}(P_{M,A}-\bar{P}_A) \tag{5-53}$$

式中，$P_{M,A}$、$P_{M,B}$为A、B两地的特大暴雨量(mm)；$\bar{P}_A$、$\bar{P}_B$、σ_A、σ_B为两地暴雨量系列的均值和均方差。

特大值处理的关键是确定其重现期。特大暴雨的重现期可以从它所形成的洪水的重现期间接做出估计。当流域面积较小时，一般可近似假定流域内各雨量站雨量平均值的重现期与相应洪水的重现期相等。暴雨中心雨量的重现期则应比相应洪水的重现期更长。此外，还须在地区上与其他各测站的大暴雨记录相比较和对照。例如，经调查初步认为本站某次历史暴雨资料的重现期为100年，而通过面上的了解，本地区不少测站均已出现过同样量级的暴雨，而且这样大的暴雨量在附近长系列测站的频率曲线上只相当于30年一遇的暴雨，则可认为该次暴雨作为百年一遇的特大值是不妥当的。

必须指出，对特大暴雨的重现期必须做深入细致的分析论证，若没有充分的依据，就不宜作为特大值处理。若误将一般大暴雨作为特大值处理，会使频率计算成果偏小，影响水工建筑物设计的安全。

4. 面雨量频率计算

设计洪水规范规定，暴雨频率计算的经验频率公式可采用期望值公式$P=\frac{m}{n+1}\times100\%$，频率曲线线型采用PⅢ型，频率曲线及其统计参数的确定仍采用适线法。

根据我国暴雨特性及实践经验，我国暴雨的C_s与C_v比值，一般地区为3.5左右；在$C_v>0.6$地区，大约为3.0；在$C_v<0.45$地区，大约为4.0，该比值可供适线时参考。

在频率计算时，最好将不同历时的暴雨量频率曲线点绘在同一张频率格纸上，并注明相应的统计参数，加以比较。各种频率的面雨量应随统计时段增大而加大，如发现不同历时频率曲线有交叉等不合理现象时，应作适当修正。

5. 设计面雨量计算成果的合理性检查

现有的暴雨资料系列大都较短，据此进行频率计算，特别是外延到稀遇的设计情况，抽样误差很大。因此对频率计算的成果，必须根据水文现象的特性和成因进行合理性分析，以提高成果的可靠性。分析检查可以从以下几个方面进行。

(1) 对本流域，要求各时段雨量频率曲线在实用范围内不相交，如出现交叉现象，应对其中突出的曲线和参数进行复核和调整。

暴雨均值是随着历时的增加而增加的，而变差系数C_v，经大量的分析表明，它随历时的变化，可概化为单峰铃形曲线，即当历时较短时，C_v较小，随历时的增加C_v也增大，当历时增加到一定程度时，C_v出现最大值。然后，随着历时的继续增加，C_v又逐渐减小。

对24h内暴雨的C_v之间作比较发现，沿海地区往往C_{v24}最大(如山东、上海、广东)；黑龙江、河南中部等地C_{v6}最大；干旱地区基本上C_{v1}最大，有些地方实际上最大C_v出现的历时只有30min或更短。

(2) 在面上，应结合气候、地形条件将本流域的分析成果与邻近地区的统计参数进行比较，分析成果应与地区上的协调。

(3) 各种历时的设计暴雨量与邻近地区的特大暴雨实测记录相比较，检查设计值的合理性。对于稀遇频率的设计暴雨，还应与全省、全国和世界实测大暴雨记录相比，以检查其合理性。图5-18为各种历时点暴雨量P_t的世界实测大暴雨记录及其外包线，可供对比分析时查用。

外包线方程式为

$$P_t = 389t^{0.4869}(t \text{ 以 h 计})$$

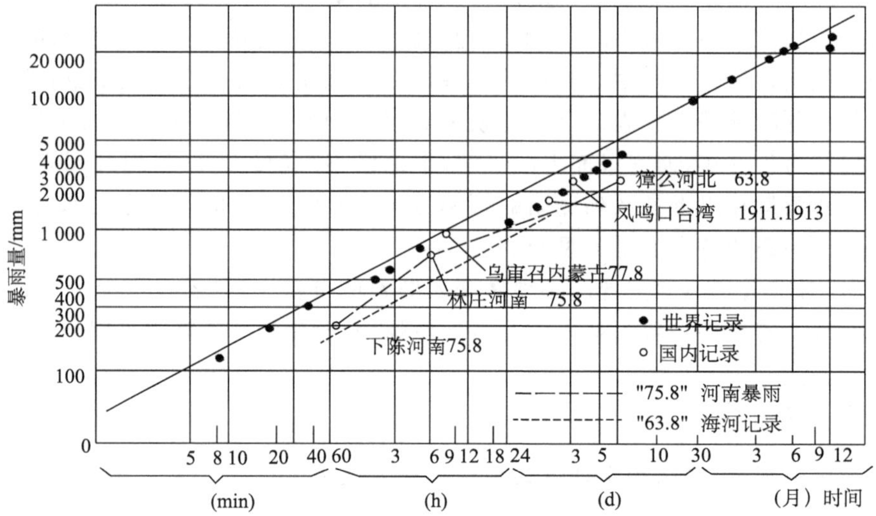

图 5-18 国内外暴雨最高纪录图

（三）间接法推求设计面暴雨量

1. 设计点暴雨量的计算

1）*有较充分点雨量资料时设计点暴雨量的计算* 推求设计点暴雨量，此点最好选在流域的形心处，如果流域形心处或附近有一观测资料系列较长的雨量站，则可利用该站的资料进行频率计算，推求设计暴雨量。实际上，往往长系列的站不在流域中心或其附近，这时，可先推求出流域内各测站的设计点暴雨量，然后绘制设计暴雨量等值线图，用地理插值法推求流域中心的设计暴雨量。

进行点暴雨系列的统计时，一般采用定时段年最大法选样。暴雨时段长短的选取与面暴雨量情况一样。如样本系列中缺少大量暴雨资料，则系列的代表性不足，频率计算成果的稳定性差，应尽可能延长系列，可将气象一致区内的暴雨移植于设计地点，同时要估计特大暴雨的重现期，以便合理计算其经验频率，特大值处理方法同前。点设计暴雨频率计算及合理性检查也同面设计暴雨量。

由于暴雨的局地性，点暴雨资料一般不宜采用相关法插补。设计洪水规范建议采用以下方法插补展延。

（1）距离较近时，可直接借用邻近某些年份的资料。

（2）一般年份，当相邻地区测站雨量相差不大时，可采用邻近各站的平均值插补。

（3）大水年份，当邻近地区测站较多时，可绘制次暴雨或年最大值暴雨等值线图进行插补。

（4）大水年份缺测，用其他方法插补较困难，而邻近地区已出现特大暴雨，且从气象条件分析有可能发生在本地区时，可移用特大暴雨资料。移用时应注意相邻地区气候、地形等条件的差别，作必要的移置订正，如用均值比修正。

（5）如与洪水的峰或量的关系较好，可建立暴雨和洪水峰或量的相关关系，插补大水年份缺测的暴雨资料，并根据有关点据的分布情况，估计其可能包含的误差范围。

绘制暴雨等值线时，应考虑暴雨特性与地形的关系。进行插值推求流域中心设计暴雨时，也要尽可能考虑地区暴雨特性，在直线内插的基础上作适当调整。

2）*缺乏点雨量资料时设计点暴雨量的计算* 当流域内缺乏具有较长雨量资料的代表站时，设计点暴雨量的推求可利用暴雨等值线图或参数的分区综合成果。

目前全国和各省（区）均编制了各种时段（如 1d、3d、7d 及 1h、6h、24h 等）的暴雨均值及 C_v 等值线图和 C_s/C_v 的分区数值表，载入暴雨洪水图集或手册中，这为无资料地区计算设计点暴雨量提供了方便。

使用等值线图推求设计点暴雨量，需先在某指定时段的暴雨均值和 C_v 等值线图上分别勾绘出设计流域的分水线，并定出流域中心位置，然后读出流域中心点的均值和 C_v 值。暴雨的 C_s 通常采用 $3.5C_v$，也可根据暴雨洪水图集提供的数据选定。有了 3 个统计参数，即可求得指定设计频率的时段设计点暴雨量。同理，可按需要求出其他各种时段的设计点暴雨量。

由于等值线图往往只反映大地形对暴雨的影响，不能反映局部地形的影响，因此在一般资料较少而地形又复杂的山区，应用暴雨等值线图时需谨慎。应尽可能搜集近期的一些暴雨实测资料，对由等值线图查出的数据，进行分析比较，必要时作一些修正。

此外，在各省（区）暴雨洪水图集或手册中，还有经分区综合分析所得的各种历时暴雨地区综合统计参数成果，可供无资料情况下推求设计点暴雨量应用。只要按设计流域所在分区，查得指定时段的点暴雨量统计参数，就可求得设计点暴雨量。一般来说，利用暴雨等值线图或参数的分区综合成果所推求的设计点暴雨量精度是不高的。

2. 设计面暴雨量的计算

将设计点暴雨量转换成设计面暴雨量，要利用暴雨的点面关系。暴雨的点面关系通常有定点定面关系和动点动面关系两种。

1）*定点-定面关系* 若流域内具有短期面雨量资料系列，可采用一年多次法选样来绘制流域中心雨量 P_0 与流域面雨量 $P_{面}$ 的相关图，作为相互换算的基础。若点据分布散乱，定线困难时，也可做同频率的相关关系，即 P_0、$P_{面}$ 分别按递减次序排列，由同序号雨量建立相关图，如图 5-19 所示。这样通过相关图求得点、面雨量换算系数，就可由设计点雨量推得相应的设计面雨量。

定点定面关系是为了更好地配合水利工程设计暴雨计算而较晚发展起来的一种点面关系。这种点面关系的研究方式是多样的，图 5-19 所示的是最简单的一种。按目前国内外分析综合的成果看，定点-定面关系的地区分布比较一致，能在较大的范围内进行地区综合，成果移用限制较小，有利于无资料地区的应用。但由于定点定面关系的分析综合要求有较充分的资料，且工作量又大，因此，目前在很多地区尚有困难，未能建立综合的成果。

2）*动点-动面关系* 动点-动面关系的具体做法是选择若干场大暴雨和特大暴雨资料，绘制各种时段的暴雨量等值线图，如图 5-20 所示。计算各雨量等值线所包围的面积 f_i 及相应的面平均雨量 $P_{面}$，分别以 $P_{面}/P_0$（P_0 为暴雨中心雨量）与面积 f 点绘相关图，如图 5-21 所示。由于各场暴雨的中心和等雨量线的位置是变动的，所以把图 5-21 的相关线称为动点-动面雨量关系。同一地区各场暴雨的上述关系曲线各不相同，一般取几场暴雨 $P_{面}/P_0$-f 关系平均线或为了安全起见取上包线作为由设计点暴雨量转化为设计面暴雨量的依据。

动点-动面关系概念明确，制作简单，综合方便，能反映暴雨面分布的自然规律，是传统的点面关系，被广泛采用。但动点-动面关系应用于由设计点暴雨推求设计面暴雨时，实质是以

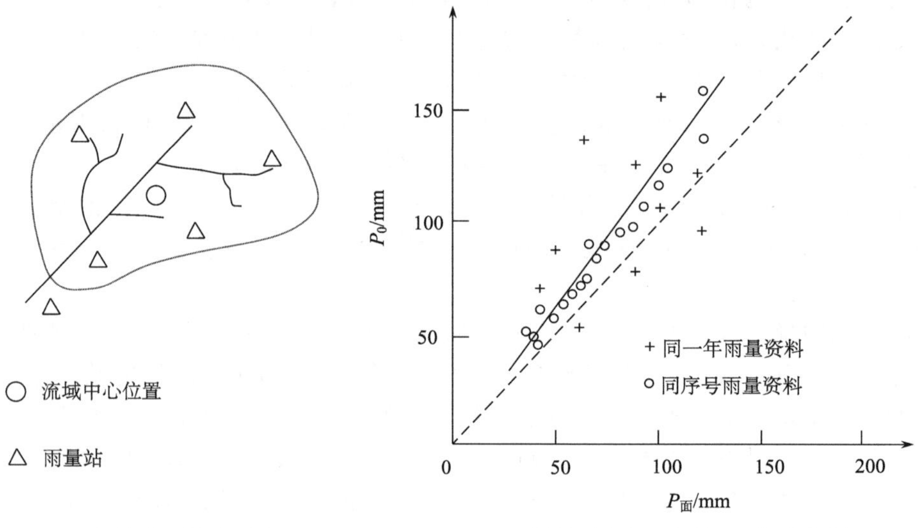

(a) 某流域雨量站分布图 (b) 流域中心点雨量与面雨量的相关图

图 5-19 定点-定面雨量相关图

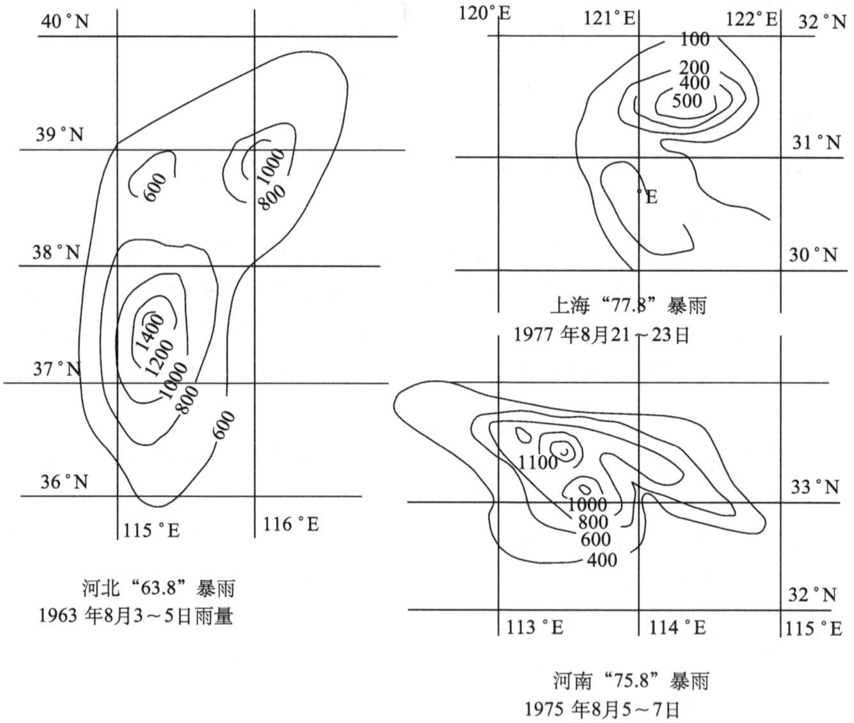

图 5-20 3 次特大暴雨雨量分布

下列 3 个假定为前提的，即

(1) 设计暴雨中心与流域中心重合。

(2) 设计暴雨的点面关系符合平均(或上包)线的点面关系。

(3) 流域的边界与某条等雨量线重合。

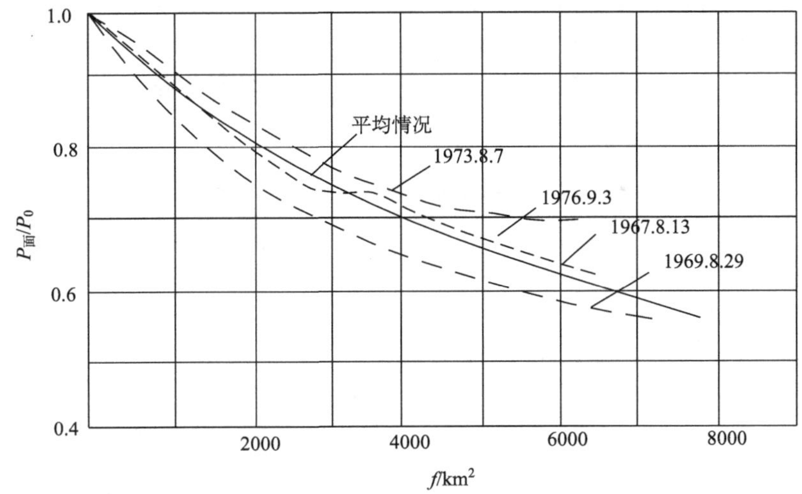

图 5-21　暴雨中心点面关系曲线

这些假定缺乏实际资料的验证，在理论上是缺乏依据的，未必符合实际。据有关单位实用的结果分析，认为若流域面积不大（$F<1000\mathrm{km}^2$）和设计标准较高（$P<10\%$），动点-动面关系的精度尚可。否则，成果偏小，而且面积越大其值偏小越多。

（四）设计暴雨时空分配的计算

1. 设计暴雨时程分配的计算

设计暴雨的时程分配就是设计暴雨的降雨强度过程线，也称设计雨型。暴雨在时程上变化多端，总量相等的暴雨，可以具有各种不同的过程，使形成的洪水过程也各不相同。因此，推求设计雨型是推求设计暴雨不可缺少的一个部分。

设计暴雨的时程分配计算方法与设计年径流的年内分配计算和设计洪水过程线的计算方法相同，一般采用典型暴雨同频率控制缩放的方法。

1）*有资料情况下设计暴雨时程分配的推求*　设计雨型的计算关键在于选择典型的暴雨过程。为此，对设计流域大量观测的暴雨雨型应进行分析，在此基础上选择能反映本地区大暴雨一般特性的，且总量大，强度大，接近设计条件，对工程的安全又较为不利的（如主雨峰在后）暴雨过程作为典型暴雨。选择典型暴雨过程时，原则上应在各年的面雨量过程中选择。如资料不足，或为简便起见，也可以用流域内邻近地区有较长期资料的点雨量过程来代替。但在缩放时必须以设计面雨量为准。点暴雨过程与面暴雨过程之间有差异，后者比前者均匀。设计时，采用点暴雨过程作典型偏于安全。

选定了一次典型暴雨过程后，按分段控制同频率放大法进行放大，具体步骤与推求设计洪水过程线相同。但因暴雨过程是以时段雨量表示的，故放大后不需要修匀。

2）*无资料情况下设计雨量时程分配的推求*　在无实测资料时，可借用邻近暴雨特性相似流域的典型暴雨过程，或引用各省区暴雨洪水图集中按地区综合概化成的典型概化雨型（一般以百分比表示）来推求设计暴雨的时程分配。

【例 5-9】　某流域已求得 $P=1\%$ 的最大 1d，3d 设计面雨量 $P_{1,P}=250\mathrm{mm}$，$P_{3,P}=460\mathrm{mm}$。流域所在地区的概化雨型如表 5-17 中的分配百分比，试求设计暴雨的时程分配。

【解】 先按日程分配百分比求暴雨日程分配。由表 5-17 可见最大 1d 暴雨量出现在第二天；3d 中其余两天雨量为 $P_{3,P}-P_{1,P}=460-250=210\text{mm}$，按百分比分配在第一、第三天。求得设计暴雨日程分配后，然后按各时段占日雨量的百分比，即可求得设计暴雨逐时段的分配过程，见表后最后一栏。

表 5-17 $P=1\%$设计暴雨时程分配计算表

日程(日)	1				2				3				合计
$P_{1,p}$占百分比/%					100								100
$P_{3,p}-P_{1,p}$占百分比/%	45								55				100
各日时段数/($\Delta t=6\text{h}$)	1	2	3	4	1	2	3	4	1	2	3	4	12
各时段占雨量百分比/%	15	20	44	21	9.3	17.5	54	19.2	15	20	44	21	300
设计暴雨日程分配/mm	94.5				250.0				115.5				460
设计暴雨时程分配/mm	14.2	18.9	41.6	19.8	23.2	43.8	135.0	48	17.3	23.1	50.8	24.3	460

2. 设计暴雨的地区分布

梯级水库或水库承担下游防洪任务时，需要拟定流域上各部分的洪水过程，因此需给出设计暴雨在面上的分布。

如图 5-22 所示，推求防洪断面 B 以上流域的设计暴雨量，必须分成两部分。一部分来自防洪水库 A 以上流域的暴雨，另一部分来自水库 A 以下至防洪断面 B 这一区间面积上的暴雨。在实际工作中，一般先对已有实测大暴雨资料的地区组成进行分析，了解暴雨中心经常出现的位置，并统计 A 库以上和区间暴雨所占的比重等，作为选定设计暴雨面分布的依据，再从工程规划设计的安全与经济考虑，选定一种可能出现而且偏于不利的暴雨面分布形式，进行设计暴雨的模拟放大。常采用的有以下两种方法。

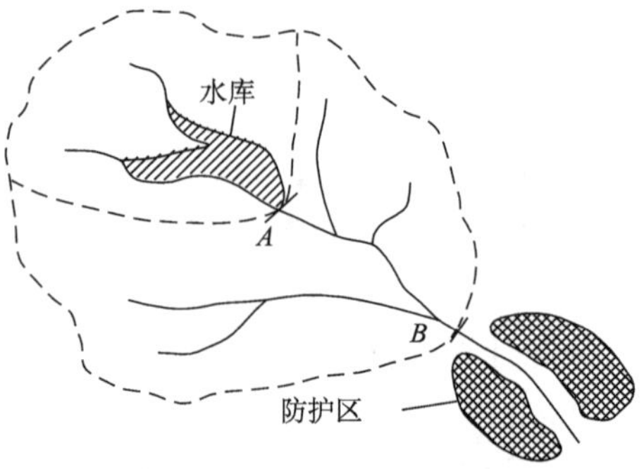

图 5-22 防洪水库与防护区位置图

1) *典型暴雨图法* 从实际资料中选择暴雨量最大的一个暴雨图形(等雨量线图)移置于流域上。为安全计，常把暴雨中心放在 AB 区间，而不是放置在流域中心。这样做使区间暴雨所占比例最大，对防洪断面 B 更为不利。然后量取防洪断面 B 以上流域范围内的典型暴雨等雨量线图的雨量和部分面积，分别求出水库 A 以上流域的典型面雨量(P_A)和区间 AB 的典型面雨量(P_{AB})，乘以各自的面积，得水库 A 以上流域的总水量($W_A=P_AF_A$)和区间 AB 的总水量($W_{AB}=P_{AB}F_{AB}$)，并求得它们所占的相对比例。设计暴雨总量($W_{BP}=P_{BP}F_B$)按它们各自所占的比例分配，即得设计暴雨量在水库 A 以上和区间 AB 以上的面分布。最后通过设计暴雨时程分配计算，得出两部分设计暴雨过程。

2) *同频率控制法* 对防洪断面 B 以上流域的面雨量和区间 AB 面积上的面雨量分别进行频率计算，求得各自的设计面雨量 P_{BP}、P_{ABP}。按同频率原则，当防洪断面 B 以上流域发生指定频率的设计面暴雨量时，区间 AB 面积上也发生同频率暴雨，水库以上流域则为相应雨量(其频率不定)，即

$$P_A = \frac{P_{BP}F_B - P_{ABP}F_{AB}}{F_A} \tag{5-54}$$

（五）由设计暴雨推求设计洪水

由设计暴雨推求设计洪水过程线，需要应用流域的产、汇流计算方案。流域的产、汇流计算方案或因建立多年，或依据中小暴雨洪水资料制作，缺乏大暴雨洪水资料检验，此时，需对原有的产、汇流计算方案做一些补充计算和处理。

1. 设计 P_a 的计算

设计暴雨发生时流域上的土壤湿润情况是未知的，可能很干（$P_a=0$），也可能很湿（$P_a=I_m$），设计暴雨可与任何 P_a 值（$0\leqslant P_a\leqslant I_m$）相遭遇，这是属于随机变量的遭遇组合问题。目前生产上常用下述三种方法推求设计条件下的土壤含水量，即设计 P_a。

1）*经验方法*　在湿润地区，由于汛期雨水充沛，土壤比较湿润，当发生设计暴雨时，土壤更为湿润，为了安全和简化，取 $P_{a,p}=I_m$。在干旱地区，当发生设计暴雨时，土壤仍比较干燥，P_a 达到 I_m 的机会甚小，为简化及安全，取 $P_{a,p}=(1/3\sim1/2)I_m$，重现期大的暴雨取小值，重现期小的暴雨取大值。

2）*扩展暴雨过程法*　在拟定设计暴雨过程时，加长暴雨历时，增加暴雨的统计时段，把核心暴雨前面一段也包括在内。例如，设计暴雨采用 1d、3d、7d 三个统计时段，现增长到 30d，即增加 15d、30d 两个统计时段。分别作上述各时段雨量频率曲线，选暴雨核心偏在后面的 30d 降雨过程作为典型，而后用频率分段控制缩放得 7d 以外 30d 以内的设计暴雨过程（图 5-23）。后面 7d 原先缩放好的设计暴雨核心部分，是推求设计洪水用的。前面 23d 的设计暴雨过程用来计算 7d 设计暴雨发生时的 P_a 值，即设计 P_a。

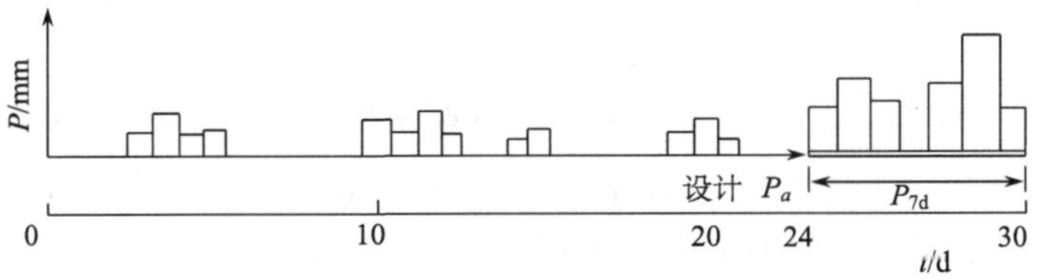

图 5-23　30d 设计暴雨过程

当然，30d 设计暴雨过程开始时的 P_a 值（即初始值）如何确定仍然是一个问题，不过初始 P_a 值假定不同，对后面的设计 P_a 值影响不大。初始 P_a 值一般可取 $P_a=\frac{1}{2}I_m$ 或 $P_a=I_m$。

3）*同频率法*　假如设计暴雨历时为 t 日，分别对 t 日暴雨量 P_t 系列和每次暴雨开始时的 P_a 与暴雨量 P_t 之和即 P_t+P_a 系列进行频率计算，从而求得 P_{tp} 和 $(P_t+P_a)_p$，则与设计暴雨相应的设计 P_a 值可由两者之差求得，即

$$P_{ap}=(P_t+P_a)_p-P_{tp} \tag{5-55}$$

当得出 $P_{ap}>I_m$ 时，则取 $P_{ap}=I_m$。

上述三种方法中，扩展暴雨过程法用得比较多；经验方法取 $P_a=I_m$ 仅适用于湿润地区，干旱地区不宜使用；同频率法在理论上合理的，在实用上会存在一些问题，它需要由两条频率曲线的外延部分求差，其误差往往很大，常会出现一些不合理现象，例如，设计 P_a 大于 I_m 或

设计 P_a 小于零。

2. 产流方案及汇流方案的应用

1）外延问题　设计暴雨属稀遇的大暴雨，往往超过实测值，在推求设计洪水时，必须外延有关的产、汇流方案。

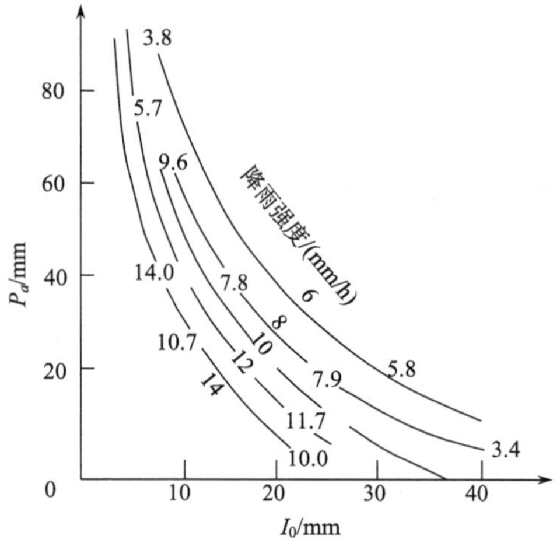

图 5-24　P_a-i-I_0 相关图

湿润地区的产流方案常采用($P+P_a$)-R 形式的相关图。相关线上部的坡度$\frac{dR}{dP}=1.0$，即相关线为 45°线，外延起来比较困难；干旱地区多采用初损后损法，就需要对有关相关图，考虑设计暴雨的雨强适当外延(图 5-24)。

至于设计条件下的汇流方案，如采用时段单位线法，应尽量选用由特大洪水资料分析得出的单位线。若用一般洪水资料分析得出的单位线，将使求得的设计洪水偏小。当地如果缺乏特大洪水资料时，可参照单位线非线性处理方法来修正。

2）移用问题(缺乏资料地区)　如果设计流域缺乏实测降雨径流资料，无法直接分析产、汇流方案，可移用相似流域的分析成果。产流方案一般采用分区综合的方法，如山东省水文手册上就有 14 条次降雨径流相关线，供各个分区查用。汇流方案一般采用时段单位线的地区综合成果。

3. 算例

【例 5-10】 某中型水库，集水面积 341km^2，为了防洪复核，根据实测雨洪资料，拟采用暴雨资料来推求 $P=2\%$的设计洪水。

【解】 1）设计暴雨计算　根据本流域洪水涨落较快和水库调洪能力不强的特点，设计暴雨的最长统计时段采用 1d。通过点暴雨频率计算及参数的地区协调，得 $\bar{P}=110$mm，$C_v=0.58$，$C_s=3.5C_v$，求得 $P=2\%$的最大 1d 的点设计暴雨量为 296mm。再通过动点—动面的暴雨点面关系图，由流域面积 341km^2 查图得暴雨点面折减系数为 0.92，则 $P=2\%$的最大 1d 面设计暴雨量 $P_{面(1),p}=296\times0.92=272$mm。

按该地区的暴雨时程分配，求得设计暴雨过程见表 5-18。

表 5-18　$P=2\%$设计暴雨时程分配表

时段数/($\Delta t=6$h)	1	2	3	4	合计
占最大 1d 的百分数/%	11	63	17	9	100
设计暴雨/mm	29.9	171.3	46.2	24.6	272
设计净雨/mm	7.9	171.3	46.2	24.6	250
地下净雨/mm	2.4	9.0	9.0	9.0	29.4
地面净雨/mm	5.5	162.3	15.6	15.6	220.6

2）设计净雨过程的推求　用同频率法求得设计 $P_{a,p}$ 值为 78mm，本流域 $I_m=100$mm，降雨损失 22mm，求得设计净雨过程见表 5-18。

根据实测洪水资料分割得来的地下径流过程和净雨过程的分析，求得本流域的稳定下渗率为 1.5mm/h。由设计净雨过程中扣除地下净雨（=稳渗率×净雨历时）得地面净雨过程，见表 5-18。其中第 1 时段的净雨历时 $t_c=\frac{7.9}{29.9}\times 6\approx 1.6$h，地下净雨 $h_{下}=f_c t_c=1.5\times 1.6=2.4$mm，故第 1 时段地面净雨为 5.5mm。以此类推。

3）设计洪水过程的推求　根据实测雨洪资料，分析得大洪水的单位线，见表 5-19 中第(3)栏。由设计地面净雨过程通过单位线推流，得设计地面径流过程，成果见表 5-19 中第(5)栏。

采用概化三角形法推算地下径流过程，三角形过程线面积（总量）等于设计地下净雨量，地下径流的峰值出现在设计地面径流停止的时刻（第 13 时段），地下径流过程的底长为地面径流底长的 2 倍，即 $T_{下}=2\times T_{面}=2\times 13\times 6=156$h。

$$W_{下}=0.1\times\sum h_{下}F=0.1\times 29.4\times 341=1000\times 10^4\text{m}^3$$

$$Q_{m,下}=\frac{2W_{下}}{T_{下}}=\frac{2\times 1000\times 10^4}{156\times 3600}=35.6\text{m}^3/\text{s}$$

地下径流过程见表 5-19 中第(6)栏。

地面径流过程加上地下径流过程即得 $P=2\%$ 的设计洪水过程，见表 5-19 中第(7)栏。

表 5-19　某中型水库 $P=2\%$ 的设计洪水过程推算表

时段数 /($\Delta t=6$h)	地面净雨 /mm	单位线 /(m^3/s)	部分径流/(m^3/s)				地面径流 /(m^3/s)	地下径流 /(m^3/s)	设计洪水 /(m^3/s)
			$h_1=5.5$	$h_2=162.3$	$h_3=37.2$	$h_4=15.6$			
(1)	(2)	(3)	(4)				(5)	(6)	(7)
0	—	0	0	—	—	—	0	0	0
1	—	8.4	4.6	0	—	—	4.6	2.7	7.3
2	5.5	49.6	47.3	136	0	—	163	5.5	168
3	162.3	33.8	18.6	805	31.2	0	855	8.2	863
4	37.2	24.6	13.5	548	184	13.1	759	11.0	770
5	15.6	17.4	9.6	400	126	77.4	613	13.7	627
6	—	10.8	5.9	282	91.5	52.7	432	16.4	448
7	—	7.0	3.8	175	64.8	38.4	282	19.2	301
8	—	4.4	2.4	114	40.2	27.2	184	21.9	206
9	—	1.8	1.0	71.4	26.0	16.8	115	24.7	140
10	—	0	0	29.2	16.3	10.9	567.4	27.4	83.8
11	—	—	—	0	6.7	6.9	13.6	30.4	44.0
12	—	—	—	—	0	2.8	2.8	32.9	35.7
13	—	—	—	—	—	0	0	35.6	35.6
14	—	—	—	—	—	—	—	32.9	32.9
15	—	—	—	—	—	—	—	30.4	30.4

续表

时段数 /($\Delta t=6$h)	地面净雨 /mm	单位线 /(m^3/s)	部分径流/(m^3/s)				地面径流 /(m^3/s)	地下径流 /(m^3/s)	设计洪水 /(m^3/s)
			$h_1=5.5$	$h_2=162.3$	$h_3=37.2$	$h_4=15.6$			
(1)	(2)	(3)	(4)				(5)	(6)	(7)
16	—	—	—	—	—	—	—	27.4	27.4
17	—	—	—	—	—	—	—	…	…
18	—	—	—	—	—	—	—	…	…
合计	220.6	157.8 (折合 10.0mm)			3481.4 (折合 220.6mm)				

三、小流域设计洪水

(一) 概述

在水土保持工程建设中,大量的工程设施都建在小流域上。为了规划设计这些工程,就必须进行设计洪水计算。理论上,可以用由流量资料推求设计洪水或由暴雨资料推求设计洪水的方法推求这类小流域的设计洪水,但由于小流域一般缺乏水文资料或气象资料,难以应用上述两种方法,因此,水文学上常常把小流域设计洪水问题作为一个专门的问题进行研究。小流域设计洪水计算方法与大、中流域有所不同,主要有以下几个特点。

(1) 在小流域上修建的工程数量很多,往往缺乏暴雨和流量资料,特别是流量资料。

(2) 小型工程一般对洪水的调节能力较小,工程规模主要受洪峰流量控制,因而对设计洪峰流量的要求,高于对设计洪水过程的要求。

(3) 小型工程的数量较多,分布面广,计算方法应力求简便,使广大基层水利工作者易于掌握和使用。

小流域设计洪水计算工作已有 100 多年的历史,计算方法在逐步充实和发展,由简单到复杂,由计算洪峰流量到计算洪水过程,归纳起来,有推理公式法、经验公式法、综合单位线法以及水文模型等方法。

(二) 小流域设计暴雨

小流域设计洪水计算,大多数采用由暴雨资料推求洪水的方法。因此,首先需要推求设计暴雨。设计暴雨是具有某一规定频率的一定时段的暴雨量或平均暴雨强度。用暴雨资料推求设计洪水时,一般是假定暴雨与其所形成的洪峰流量或洪量具有相同的频率。当小流域缺少实测暴雨系列时,多采用以下步骤推求设计暴雨。

(1) 按省(直辖市、自治区)水文手册及《暴雨径流查算图表》上的资料计算特定历时的暴雨量。

(2) 将特定历时的设计暴雨量通过暴雨公式转化为任一历时的设计雨量。

1. 年最大 24h 设计暴雨量计算

最大 24h 暴雨是一次暴雨过程中连续 24h 的最大雨量。目前气象和水利部门所刊印的资料,都只给出固定日分界(8h 或 20h)的日雨量。日雨量一般小于等于 24h 雨量。因此,年最

大日雨量必须换算成年最大 24h 雨量才能符合计算要求。换算办法一般是将日雨量乘以大于 1.0 的系数，即

$$P_{24}=kP_{日} \tag{5-56}$$

式中，P_{24}、$P_{日}$ 为最大 24h 雨量、最大日雨量(mm)；k 为系数，一般在 1.1～1.2，常采用 1.1。

由于雨量站比流量站多得多，所以不少小流域内都可能有日雨量资料。将年最大日雨量系列换算成年最大 24h 雨量系列，然后进行频率计算，即可获得所需要的设计年最大 24h 雨量 $P_{24,P}$。

如果设计流域没有雨量站，可用水文手册查出流域中心点的年最大 24h 平均雨量 $\bar{P}_{24}$、C_v 及 C_s(常采用 $C_s=3.5C_v$)，即可算得流域中心点年最大 24h 设计雨量。因为流域面积较小，忽略暴雨在地区分布上的不均匀性，可以把流域中心的点雨量作为流域面雨量，无需考虑点面雨量的折算。

2. 设计暴雨公式

在一次降雨过程中，雨强与历时成反比的关系，即时段平均雨强 i 随所取时段 t 的增大而递减，这是暴雨的重要特性。对于小流域，暴雨最长的设计历时，一般只需 24h 即可。因而，这里仅研究 24h 内的雨强与历时之间的关系。

为了适应汇流历时不同的各个流域计算设计洪峰的需要，设计暴雨的综合表达式给出不同历时的符合设计频率 P 的平均暴雨强度 $\bar{i}_{t,P}$。目前水文上采用如下公式：

$$\left.\begin{aligned}\bar{i}_{t,P}&=\frac{S_P}{t^n}\\P_{t,P}&=S_Pt^{1-n}\end{aligned}\right\} \tag{5-57}$$

式中，S_P 为单位历时的暴雨平均强度，或称频率为 P 的雨力，随地区和重现期而变(mm/h)；n 为暴雨递减指数，随地区及历时长短而变；$P_{t,P}$ 为历时为 t，频率为 P 的暴雨量。

根据雨量站的自记雨量记录，独立选取不同时段(如 t=1min，10min，30min，60min，180min，360min，720min，1440min)的年最大暴雨量的系列。分别进行频率计算，绘出各种历时暴雨量频率曲线，如图 5-25 所示。然后从图中查出不同重现期 T(或频率 P)，各种历时 t 的暴雨量 $P_{t,P}$，见表 5-20。

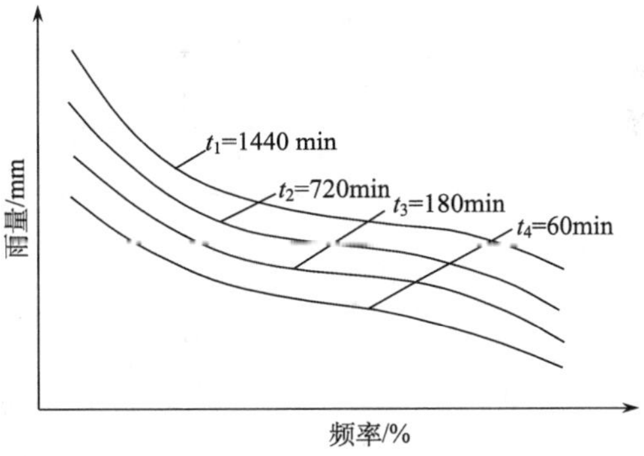

图 5-25 不同时段的雨量频率曲线综合图

表 5-20 不同频率各时段雨量摘录 (单位：mm)

频率/%	时间/min						
	10	30	60	180	360	720	1440
0.1	46.3	86.0	108	155	244	317	418
1	33.6	62.5	78.5	112	163	210	279
5	…	…	…	…	…	…	…
…	…	…	…	…	…	…	…

由表 5-20 中的数据，可以点绘雨量—历时—频率之间的关系，如图 5-26(a)所示。如将图上的纵坐标转换为平均暴雨强度(即表 5-20 中各列数值除以同列的历时)，即得到图 5-26(b)中的 $\bar{i}$-t-P 曲线。由于它反映了当地的暴雨特性，所以称为暴雨特性曲线。双对数纸上的 $\bar{i}$-t-P 关系如图 5-27 所示。

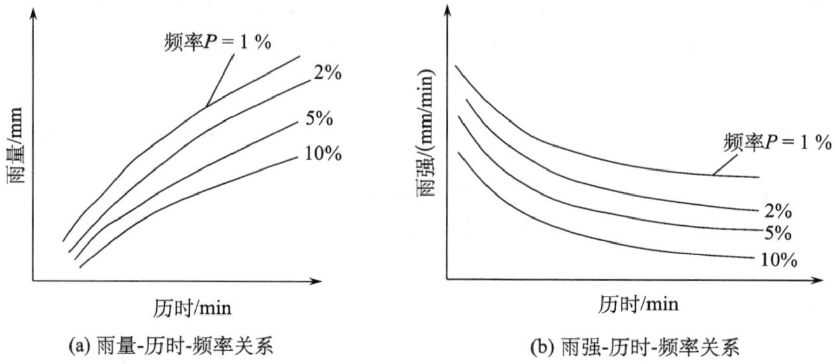

图 5-26 暴雨特性曲线示意图

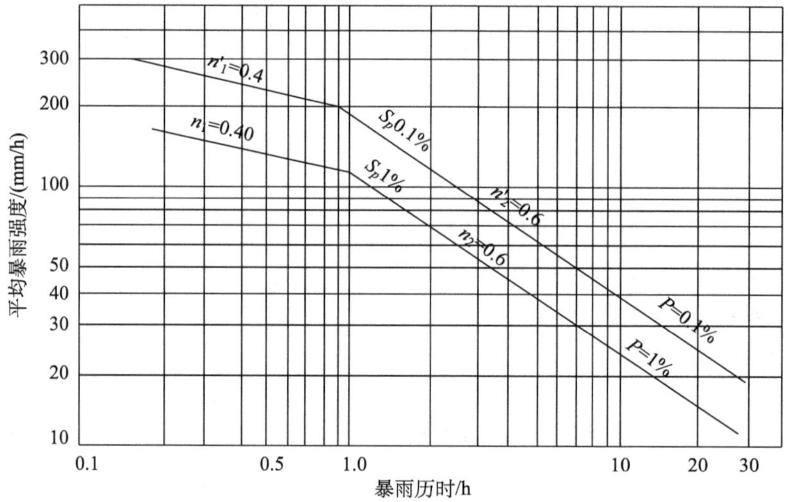

图 5-27 降雨强度-历时-频率关系曲线图

从大量实测雨量资料的分析表明，图 5-27 中的直线常会出现转折点。为了计算上方便，将转折点统一取在 $t=1$h 处。当 $t<1$h 时，取 $n=n_1$；当 $t>1$ 时，取 $n=n_2$。在 $t=1$h 处，各条线转折点的纵坐标值为 S，如图 5-27 中的 $S_{0.1\%}$、$S_{1\%}$，因而，S 具有频率的概念，在设计中用 S_P 表示。$\bar{i}$-t-P 的数学表达式为

$$\left.\begin{aligned} \lg\bar{i} &= \lg S_P - n\lg t \\ \text{或 } \bar{i} &= \frac{S_P}{t^n} \end{aligned}\right\} \tag{5-58}$$

由此可见，只要某水文站有长期雨量系列资料，上述公式中的参数 S_P 及 n 值不难确定。

暴雨特性曲线综合反映了当地气候条件，而气候条件是有一定的地区规律的。因此，可按

不同气候区，对暴雨特性曲线加以综合，即用式(5-80)表示，并绘制出公式中参数 S_P 及 n 值的地理分布图。这样就可以解决无雨量资料地点的设计暴雨的推求问题。

【例 5-11】 试求湖北省某小型水库处历时 $t=10\text{h}$、50 年一遇的设计暴雨强度。

【解】 根据水库所在地点，查《湖北省水文手册》，求得 50 年一遇的最大 24h 暴雨量为

$$P_{24,P=2\%}=250\text{mm}, n=n_2=0.7$$

再根据式(5-79)，得

$$S_{P=2\%}=\frac{P_{24,P=2\%}}{24^{0.3}}=\frac{250}{2.59}=96.5\text{mm/h}$$

于是

$$\bar{i}_{P=2\%}=\frac{S_P}{t^n}=\frac{96.5}{10^{0.7}}=\frac{96.5}{5.01}=19.26\text{mm/h}$$

（三）设计净雨计算

由暴雨推求洪水过程，一般分为产流和汇流两个阶段。产流计算是解决由降雨过程求净雨过程的问题，汇流计算是解决由净雨过程求流量过程的问题。设计净雨的概念和计算方法，前面已作了较详细的论述，为了与小流域设计洪水计算方法相适应，下面着重介绍利用损失系数 μ 值的地区综合规律计算小流域设计净雨的方法。

损失系数 μ 是指产流历时 t_c 内的平均损失强度。图 5-28 表示 μ 与降雨过程的关系。从图 5-28 可以看出，$i\leqslant\mu$ 时，降雨全部耗于损失，不产生净雨；$i>\mu$ 时，损失按 μ 值进行，超渗部分(图中阴影部分)即为净雨量。由此可见，当设计暴雨和 μ 值确定后，便可求出任一历时的净雨量及平均净雨强度。

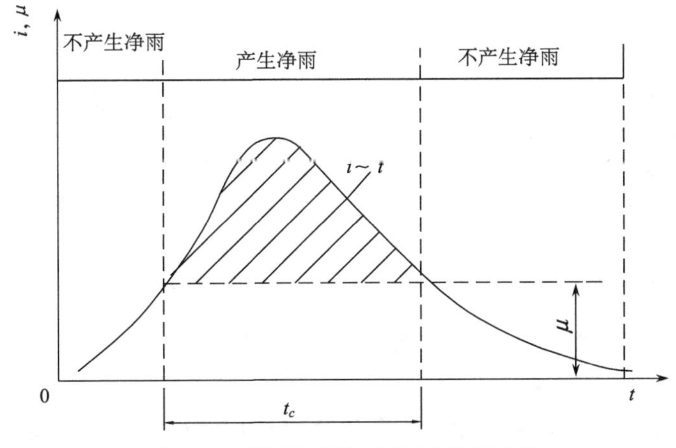

图 5-28 降雨过程与入渗过程示意图

为了便于小流域设计洪水计算，各省(区)水文水利部门在分析大量暴雨洪水资料之后，提出了确定 μ 值的简便方法。有的建立单站 μ 与前期影响雨量 P_a 的关系，有的选用降雨强度 $\bar{i}$ 与一次降雨平均损失率 $\bar{f}$ 建立关系，以及 μ 与 $\bar{f}$ 建立关系，从而运用这些 μ 值做地区综合，可以得出各地区在设计时应取的 μ 值。具体数值参阅各省(区)的水文手册。

（四）由推理公式推求设计洪水的基本原理

1. 推理公式的形式

推理公式法是由暴雨资料推求设计洪峰流量的一种简化计算方法。推理公式是在假定流域上降雨与损失均匀，即净雨强度不随时间和空间变化等条件下，根据流域线性汇流原理推导出来的流域出口断面处设计洪峰流量的计算公式，又称合理化公式。

假定流域产流强度 γ 在时间上、空间上都均匀，经过线性汇流（如等流时线法）推导，可得出所形成洪峰流量的计算公式为

$$Q_{m,p}=0.278\gamma F=0.278(\bar{i}-\mu)F \tag{5-59}$$

式中，$Q_{m,p}$ 为洪峰流量（m^3/s）；γ 为流域产流强度（mm/h）；$\bar{i}$ 为平均降雨强度（mm/h）；μ 为损失强度（mm/h）；F 为流域面积（km^2）；0.278 为单位换算系数。

在产流强度时空均匀情况下，流域汇流过程可用图 5-29 所示。从图 5-29 可知，当产流历时 $t_c>\tau$（流域汇流时间）时，会形成稳定洪峰段，其洪峰流量 $Q_{m,p}$ 由式（5-59）给出。$Q_{m,p}$ 仅与流域面积和产流强度有关。这些结论与人们的直觉似乎有抵触，因为实际上洪水过程线中，几乎没有出现过这种稳定的洪峰段，而且洪峰流量与流域其他地理特征（如坡降、河长等）有关，常引起人们对式（5-59）的合理性产生怀疑。造成上述矛盾的根本原因是实际产流强度不太可能达到以上假定。

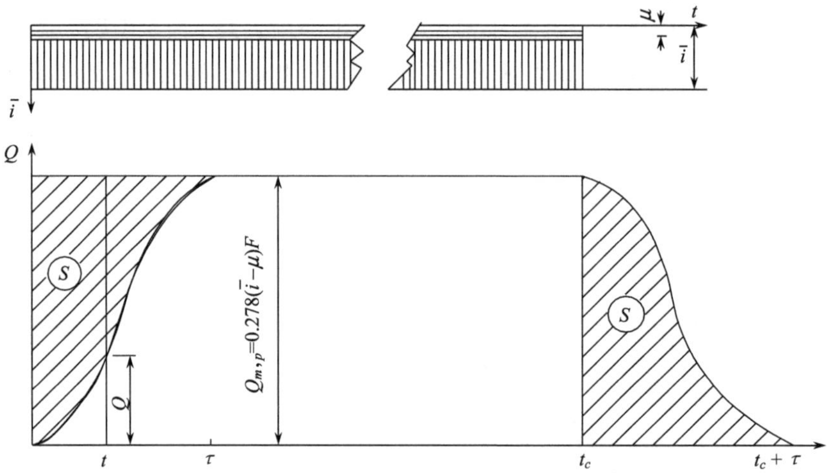

图 5-29 均匀产流条件下流域汇流过程示意图

当 $t_c\geqslant\tau$ 时，称为全面汇流情况，此时，可以直接使用式（5-59）推求洪峰流量；当 $t_c<\tau$ 时，称为部分汇流情况，即其洪峰流量只是由部分流域面积的净雨形成，此时，不能正常使用推理公式，否则所求洪峰流量将偏大。

2. 推理公式的实际应用

实际上产流强度随时间、空间是变化的，从严格意义上讲，是不能用推理公式作汇流计算的。但对于小流域设计洪水计算，推理公式计算简单，具有一定精度，故它是目前最常用的一种小流域汇流计算方法。

对于实际暴雨过程，$Q_{m,p}$ 的计算方法如下。

假定所求设计暴雨过程如图 5-30 所示，产流计算采用损失参数 μ 法。

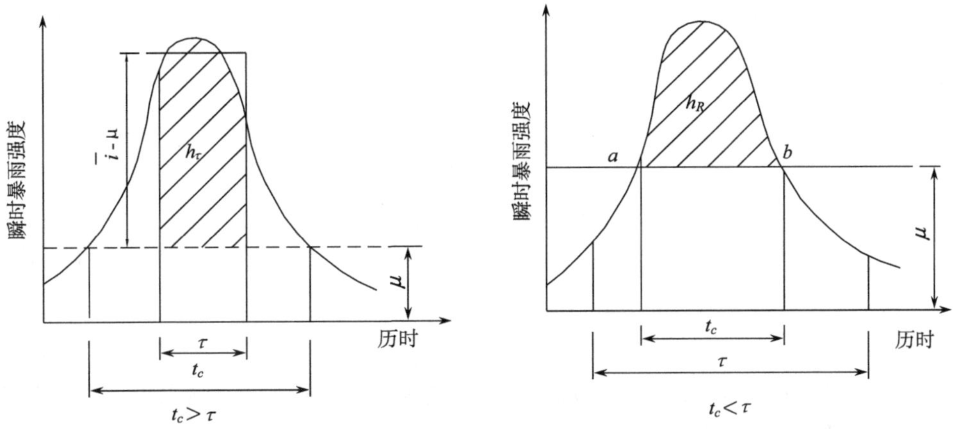

图 5-30　$t_c>\tau, t_c<\tau$ 时参与形成洪峰流量的径流深图

对于全面汇流情况：

$$Q_{m,p}=0.278(\bar{i}-\mu)F=0.278(\frac{h_\tau}{\tau})F \tag{5-60}$$

对于部分汇流情况，因为不能正常使用推理公式，所以陈家琦等人在作一定假定后，得

$$Q_{m,p}=0.278(\frac{h_R}{\tau})F \tag{5-61}$$

式中，h_τ 表示连续 τ 时段内最大产流量(mm)；h_R 表示产流历时内的产流量(mm)。

（五）北京水科院推理公式法

1. 推理公式基本形式

1958 年北京水利水电科学研究院陈家琦等人提出了洪峰流量计算的公式，以后又作了若干改进。本法是设计洪水计算规范中规定使用的小流域设计洪水计算方法。具体公式为

$$Q_{m,p}=K\psi\bar{i}_\tau F=0.278\psi(\frac{S_p}{\tau^n})F \tag{5-62}$$

式中，K 为单位换算系数，若雨强以 mm/h 计，则 $K=0.278$，若雨强以 mm/min 计，则 $K=16.67$；ψ 为洪峰径流系数；τ 为流域汇流历时(h)；F 为流域面积(km^2)；S_p、n 为暴雨参数。

式(5-62)中，流域面积 F 可从地形图量得，S_p 及 n 可由各省(区)水文手册等直线图查得。因而该式中只有两个未知数，即 τ 及 ψ 值。

2. 流域汇流历时 τ 的计算

从水力学可知：

$$\tau=0.278\frac{L}{v_\tau} \tag{5-63}$$

$$v_\tau=mJ^{\frac{1}{3}}Q_{m,p}^{\frac{1}{4}} \tag{5-64}$$

式中，L 为自分水岭至出口断面的河道长度(km)；v_τ 为平均汇流速度(m/s)；m 为汇流参数；J 为自分水岭至出口断面的河道平均比降，以小数计；$Q_{m,p}$ 为待求的洪峰流量(m^3/s)。

将式(5-62)和式(5-64)代入式(5-63)中，得

$$\tau=\frac{0.278^{\frac{3}{4-n}}}{\left(\frac{mJ^{\frac{1}{3}}}{L}\right)^{\frac{4}{4-n}}(S_pF)^{\frac{1}{4-n}}\psi^{\frac{1}{4-n}}} \tag{5-65}$$

令

$$\tau_0=\frac{0.278^{\frac{3}{4-n}}}{\left(\frac{mJ^{\frac{1}{3}}}{L}\right)^{\frac{4}{4-n}}(S_pF)^{\frac{1}{4-n}}} \tag{5-66}$$

则

$$\tau=\tau_0\psi^{-\frac{1}{4-n}} \tag{5-67}$$

由上式可知，当 $\psi=1$ 时，$\tau=\tau_0$。欲求 τ 必须先求 τ_0 及 ψ 值。τ_0 值可由式(5-66)计算。

3. 洪峰径流系数 ψ 的计算

把暴雨强度公式(5-57)看作为一次连续的设计降雨过程；在损失计算上，用净雨历时内的平均损失率作为 μ 值，即

$$\mu=\frac{P_{t_c}-h_R}{t_c} \tag{5-68}$$

式中，μ 为净雨历时内的平均损失率(mm/h)；P_{t_c} 为净雨历时内的降雨量(mm)；h_R 为全部净雨量(mm)。

净雨量 h_τ 及 h_R 的推求，可用图 5-30 来说明。图 5-30 中 $i(t)$ 是瞬时雨强过程线，在 $t_c\geqslant\tau$ 时，净雨深 h_τ 为

$$h_\tau=P_\tau-\mu\tau=\bar{i}_\tau\tau-\mu\tau=(\bar{i}_\tau-\mu)\tau \tag{5-69}$$

在 $t_c<\tau$ 时，净雨深 h_R 为

$$h_R=P_{t_c}-\mu t_c \tag{5-70}$$

在图中由于 a、b 两点的瞬时雨强等于 μ 值，而瞬时雨强可由 $\frac{\mathrm{d}p}{\mathrm{d}t}$ 求出。因 $P=S_pt^{1-n}$，则

$$\frac{\mathrm{d}P}{\mathrm{d}t}=(1-n)\frac{S_p}{t_c^n}=\mu \tag{5-71}$$

故有

$$t_c=\left[(1-n)\frac{S_p}{\mu}\right]^{\frac{1}{n}} \tag{5-72}$$

于是

$$h_R=P_{t_c}-\mu t_c=P_{t_c}-(1-n)\frac{S_p}{t_c^n}t_c=nP_{t_c}=nS_pt_c^{1-n} \tag{5-73}$$

有了 h_τ 及 h_R 的计算公式后，代入式(5-60)及式(5-61)得

$$t_c\geqslant\tau: \qquad Q_{m,p}=0.278(\bar{i}_\tau-\mu)F=0.278\psi\bar{i}_\tau F \tag{5-74}$$

其中

$$\psi=\frac{\bar{i}_\tau-\mu}{\bar{i}_\tau}=1-\frac{\mu}{\bar{i}_\tau}=1-\frac{\mu}{S_p}\tau^n \tag{5-75}$$

$t_c < \tau$：　　$Q_{m,p} = 0.278 \dfrac{nP_{t_c}}{\tau} F = 0.278 \psi \bar{i}_\tau F$　　(5-76)

其中

$$\psi = \frac{nP_{t_c}}{P_\tau} = n\left(\frac{t_c}{\tau}\right)^{1-n} \tag{5-77}$$

由上述可知,两种情况下的洪峰流量计算式是相同的,即

$$Q_{m,p} = 0.278 \psi \bar{i}_\tau F \tag{5-78}$$

不同的只是 ψ 的计算式不同。

归纳上述,τ 与 ψ 可用下列两组方程联解：

$t_c \geqslant \tau$：　　$\left.\begin{aligned} \tau &= \tau_0 \psi^{-\frac{1}{4-n}} \\ \psi &= 1 - \frac{\mu}{S_p}\tau^n \end{aligned}\right\}$　　(5-79)

$t_c < \tau$：　　$\left.\begin{aligned} \tau &= \tau_0 \psi^{-\frac{1}{4-n}} \\ \psi &= n\left(\frac{t_c}{\tau}\right)^{1-n} \end{aligned}\right\}$　　(5-80)

也可利用诺谟图 5-31 求解(查用时无需再考虑 t_c 是否大于等于或小于 τ 的问题)。

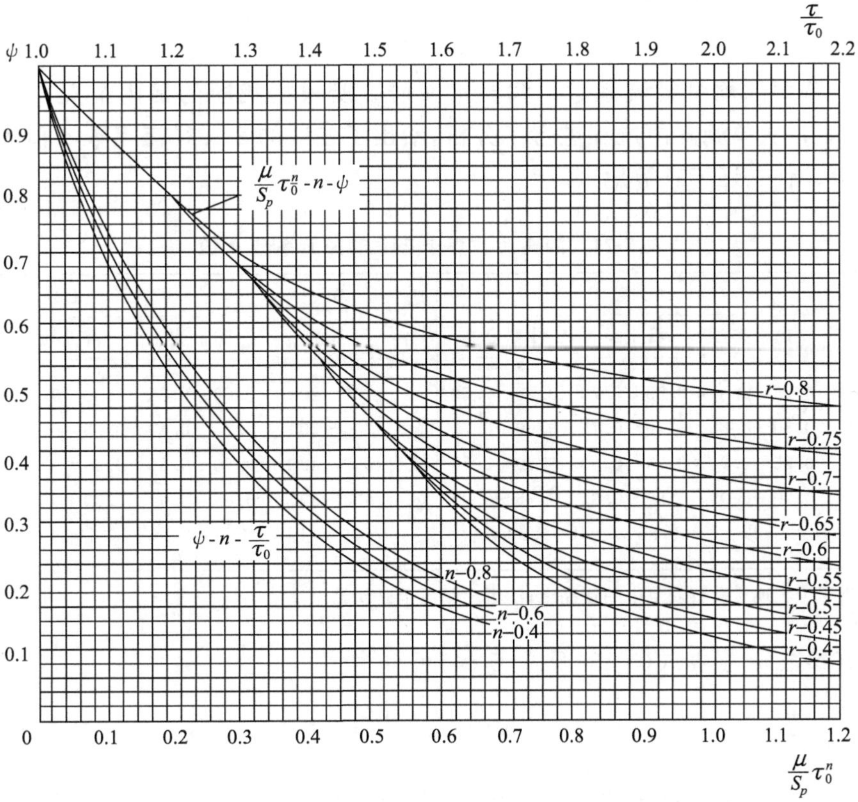

图 5-31　ψ、τ 诺谟图

4. 其他参数的确定

在计算 τ 及 ψ 时，需确定流域特征参数 L、J，损失参数 μ 及汇流参数 m。

(1) 流域长度 L 指从流域出口断面起，沿干流至流域分水岭的长度。可在适当比例尺的地形图上量取。

(2) 平均纵比降 J 可根据本教材第二章介绍的公式计算。

(3) 损失参数 μ，在有雨洪资料时，推求设计 μ 值的方法如下。

把式(5-72)代入式(5-73)可得

$$h_R = nS_p\left[(1-n)\frac{S_p}{\mu}\right]^{\frac{1-n}{n}} \tag{5-81}$$

移项简化后可得

$$\mu(1-n)n^{\frac{n}{1-n}}\left(\frac{S_p}{h_R^n}\right)^{\frac{1}{1-n}} \tag{5-82}$$

其中 h_R 为主雨峰产生的径流深。这样，在设计条件下，如果 S_p、n 为已知，h_R 可以根据设计暴雨量查本地区暴雨径流关系来确定，设计条件下的 μ 值就可按式(5-82)计算得到。例如，《湖南省小型水库水文手册》在利用式(5-82)确定 μ 值时，h_R 就是利用 24h 设计暴雨量从 24h 综合暴雨径流相关图中查得的。

无实测雨洪资料时，h_R 按下式计算：

$$h_R = \alpha P_{24} \tag{5-83}$$

式中 α 为 24h 降雨的雨洪径流系数。我国水文研究所根据我国的暴雨情况，以 24h 暴雨量 P_{24} 近似地代表一次单峰降雨过程进行了分析，给出了各区的 24h 径流系数 α 值表(表 5-21)，资料来自湖南、浙江、辽宁省等地区。

表 5-21 降雨历时等于 24h 的径流系数 α 值

地区	$\bar{P}_{24}$/mm	土壤			地区	$\bar{P}_{24}$/mm	土壤		
		黏土类	壤土类	沙壤土类			黏土类	壤土类	沙壤土类
山区	100～200	0.65～0.80	0.55～0.70	0.40～0.60	丘陵区	100～200	0.60～0.65	0.30～0.55	0.15～0.35
	200～300	0.80～0.85	0.70～0.75	0.60～0.70		200～300	0.75～0.80	0.55～0.65	0.35～0.50
	300～400	0.85～0.90	0.75～0.80	0.70～0.75		300～400	0.80～0.85	0.65～0.70	0.50～0.60
	400～500	0.90～0.95	0.80～0.85	0.75～0.80		400～500	0.85～0.90	0.70～0.75	0.60～0.70
	500 以上	0.95 以上	0.85 以上	0.80 以上		500 以上	0.90 以上	0.75 以上	0.70 以上

注：壤土相当于工程地质勘察规范中的亚黏土；沙壤土相当于亚砂土

(4) 汇流参数 m 根据式(5-63)及式(5-64)可得

$$m = \frac{0.278L}{J^{\frac{1}{3}}Q_{m,P}^{\frac{1}{4}}\tau} \tag{5-84}$$

m 值是用实际雨洪资料通过上式求出的。因此，公式中各项假设条件所带来的误差均会反映在 m 中，使 m 值的物理概念不是很清晰，也给地区综合带来一定的困难。我国各省(区)几乎都按上式对 m 值做过一定的分析。目前，多数是根据 m-θ 关系来确定 m 值。其中 θ 称为流域特征因素。

四川省东部地区建立 m-θ（$=\frac{L}{J^{\frac{1}{3}}F^{\frac{1}{4}}}$）关系为

当 $\theta=1\sim30$ 时　　　　$m=0.45\theta^{0.169}$

当 $\theta=30\sim300$ 时　　　　$m=0.114\theta^{0.574}$

湖南省则建立了 m-θ（$=\frac{L}{J^{\frac{1}{3}}}$）综合关系：

在北纬 28°以北　　　　$m=0.28\theta^{0.32}$

在北纬 28°以南　　　　$m=0.16\theta^{0.40}$

许多省（区）水文手册都给出了本地区 m 值的经验公式，供设计时使用。

当缺乏资料时，可参照《水利水电工程设计洪水计算规范（SL 44—93）》推荐并经陈家琦、张恭肃补充、修正的表 5-22 选定 m 值。

表 5-22　推理公式法汇流参数 m 值表

类别	洪水特性、河道特性、土壤植被条件的简单描述	推理公式洪水汇流参数 m 值			
		$\theta=1\sim10$	$\theta=10\sim30$	$\theta=30\sim90$	$\theta=90\sim400$
Ⅰ	北方半干旱地区，植被条件较差，以荒草坡、梯田或少量的稀疏林为主的土石山丘区，旱作物较多，河道呈宽浅型、间歇性水流，洪水陡涨陡落	1.00～1.30	1.30～1.60	1.60～1.80	1.80～2.20
Ⅱ	南、北方地理景观过渡区，植被条件一般，以稀疏林、针叶林、幼林为主的土石山丘区或流域内耕地较多	0.60～0.70	0.70～0.80	0.80～0.90	0.90～1.30
Ⅲ	南方、东北湿润山丘区，植被条件良好，以灌木林、竹林为主的石山区，或森林覆盖度达 40%～50%或流域内以水稻田或优良的草皮为主，河床多砾石、卵石，两岸滩地杂草丛生，大洪水多为尖瘦型，中小洪水多为矮胖型	0.30～0.40	0.40～0.50	0.50～0.60	0.60～0.90
Ⅳ	雨量丰沛的湿润山区，植被条件优良，森林覆盖度可高达 70%以上，多为深山原始森林区，枯枝落叶层厚，壤中流较丰富，河床呈山区型大卵石、大砾石河槽，有跌水，洪水多呈缓落型	0.20～0.30	0.30～0.35	0.35～0.40	0.40～0.80

（5）设计洪峰流量计算实例

【例 5-12】 四川东部某小水库，坝址控制面积为 $F=194\text{km}^2$，流域长度 $L=32.1\text{km}$，$J=9.32‰$，百年一遇最大 24h 设计雨量 $P_{24,p}=214.0\text{mm}$，$n=0.75$，$\mu=3.0\text{mm/h}$，$m=0.96$，求百年一遇设计洪峰流量。

【解】 （1）根据流域水系地形图，量算或校核流域特征参数：F、L、J。

（2）根据已建立的 m-θ 经验关系式，计算汇流参数 m 的值：

$$\theta=\frac{L}{J^{\frac{1}{3}}F^{\frac{1}{4}}}=\frac{32.1}{0.00932^{\frac{1}{3}}\times194^{\frac{1}{4}}}=\frac{32.1}{0.21\times3.73}=40.9$$

$$m=0.114\theta^{0.574}=0.114\times40.9^{0.574}=0.96$$

（3）计算雨力 S_p：

$$S_p=24^{n-1}P_{24,p}=96.8\text{mm/h}$$

(4) 计算 τ_0：

$$\tau_0=\frac{0.278^{\frac{3}{4-n}}}{\left(\frac{mJ^{\frac{1}{3}}}{L}\right)^{\frac{4}{4-n}}(S_pF)^{\frac{1}{4-n}}}=\frac{0.278^{0.923}}{0.00628^{1.231}\times 18780^{0.308}}=7.6\mathrm{h}$$

(5) 求 ψ：

查图 5-31 中 $\frac{\mu}{S_p}\tau_0^n$-n-ψ 曲线，得 $\psi=0.85$。

(6) 求 τ：

利用图 5-31 中 ψ-n-$\frac{\tau}{\tau_0}$ 曲线进行查算，或用下式计算：

$$\tau=\tau_0\psi^{\frac{-1}{4-n}}=7.6\times 0.85^{-0.308}=8.0\mathrm{h}$$

(7) 计算 $Q_{m,p}$：

$$Q_{m,p}=0.278\psi\frac{S_p}{\tau^n}F=0.278\times 0.85\times\frac{96.8}{8^{0.75}}\times 194=930\mathrm{m^3/s}$$

为了计算方便和减少错误，以上各项计算可列表进行，见表 5-23。

表 5-23 用北京水科院推理公式法计算洪峰流量表

河名	F /km²	L /km	J /‰	$J^{\frac{1}{3}}$	n	$P_{24,p}$ /mm	S_p /(mm/h)	m	μ /(mm/h)	S_pF
××	194	32.1	9.32	0.21	0.75	214	96.8	0.96	3.0	18780

河名	$(S_pF)^{\frac{1}{4-n}}$	$\frac{mJ^{\frac{1}{3}}}{L}$	$0.278^{\frac{3}{4-n}}$	τ_0 /h	τ_0^n	$\frac{\mu}{S_p}\tau_0^n$	ψ	τ/τ_0	τ /h	τ^n	$Q_{m,p}$ /(m³/s)
××	20.96	0.006 28	0.307	7.6	4.58	0.142	0.85	1.053	8.0	4.757	930

(六) 地区经验公式法推求设计洪峰流量

计算小流域设计洪峰流量，除推理公式法外，还经常采用地区经验公式法。

洪峰流量的经验公式是根据本地区的实测或调查洪水资料进行分析，直接建立洪峰流量与有关因素之间的相关关系，然后根据相关曲线的线型配以适当的数学方程式来建立的。这种公式地区性很强，因此称为地区经验公式。

影响洪峰流量的因素很多，如河道的比降、长度、断面形状；流域的面积、形状、植被、土壤地质条件；暴雨量的大小、时空分布等。建立经验公式的关键在于选定主要因素，若主要因素选得太少，就不能较全面地反映主要影响；若主要因素选得较多，则参数的定量困难，反而影响精度，而且计算麻烦。目前我国广泛应用的一些洪峰流量经验公式，有单因素的公式，也有多因素的公式，下面分别作简单介绍。

1. 单因素公式法

最简单的经验公式，是以流域面积作为影响洪峰流量的主要因素，把其他因素用一个综合系数表示，其形式为

$$Q_{m,p}=C_pF^n \tag{5-85}$$

式中，$Q_{m,p}$ 为设计洪峰流量($\mathrm{m^3/s}$)；F 为流域面积($\mathrm{km^2}$)；n 为反映流域面积对洪峰流量影响

程度的指数；C_p 为随地区和频率而变化的综合系数。

式中的指数 n 随流域面积大小而变，一般中等流域约为 0.5，小流域约为 2/3，特小流域更大些。C_p 主要受暴雨影响，通常将 C_p 绘成等值线图供查用。

单因素公式法较难反映流域的各种特性，只有在实测资料较多的地区，分区范围不太大，分区内暴雨特性和流域特征比较一致时，才能得出较合理的成果。

2. 多因素公式法

目前我国采用的多因素公式，一般考虑两三个指标，常见的形式有

$$Q_{m,p}=CP_{24,p}F^n \tag{5-86}$$

$$Q_{m,p}=CP_{24,p}J^{\beta}F^n \tag{5-87}$$

$$Q_{m,p}=Ch_{24,p}^{\alpha}J^{\beta}f^{\gamma}F^n \tag{5-88}$$

式中，$P_{24,p}$ 为设计频率为 P 的年最大 24h 暴雨量(mm)；$h_{24,p}$ 为设计频率为 P 的年最大 24h 净雨量(mm)；J 为河道干流平均坡度(‰)；f 为流域形状系数，$f=F/L^2$；α,β,γ,n 为指数；C 为综合指数。

例如，安徽省山丘区中小河流洪峰流量经验公式为

$$Q_{m,p}=Ch_{24,p}^{1.21}F^{0.73}$$

式中，综合系数 C，按深山区、浅山区、高丘区、低丘区四类分别为：0.0514、0.0285、0.0239、0.0194。

3. 洪峰流量均值的经验公式

以上公式都是直接求设计洪峰流量的。但有的地区是建立洪峰流量均值的经验公式，同时再绘出洪峰流量的变差系数 C_v 等值线图和给出偏态系数 C_s/C_v 的分区值。在确定统计参数后，就可计算设计洪峰流量。

洪峰流量均值的经验公式形式与上述两类公式相似，如

$$\bar{Q}_m=CF^n \tag{5-89}$$

$$\bar{Q}_m=C\bar{P}_{24}J^{\beta}f^{\gamma}F^n \tag{5-90}$$

式中，Q_m 为年最大洪峰流量的多年平均值(m^3/s)；$\bar{P}_{24}$ 为年最大 24h 雨量的多年平均值(mm)。其余参数意义同前。

（七）小流域设计洪水过程线的推求

某些中小型水库需要考虑调洪作用。为满足调洪演算的需要，除推求设计洪峰流量外，还应推求设计洪量及洪水过程线。

小流域的设计洪水过程线一般是根据概化过程线，按设计洪峰流量、设计洪量进行放大求得。概化过程线根据小流域洪水资料综合简化而得，国内常见的有曲线型、三角形及五点概化过程等，如图 5-32 所示。

一次设计洪量可按下式计算：

$$W_p=1000h_RF \tag{5-91}$$

式中，W_p 为一次洪水总量(m^3)；h_R 为一次净雨量，或采用式(5-80)或式(5-82)进行计算(mm)；F 为流域面积(km^2)。

一次洪水总历时 T 或涨水历时 $t_g(h)$ 可用下列公式计算，即

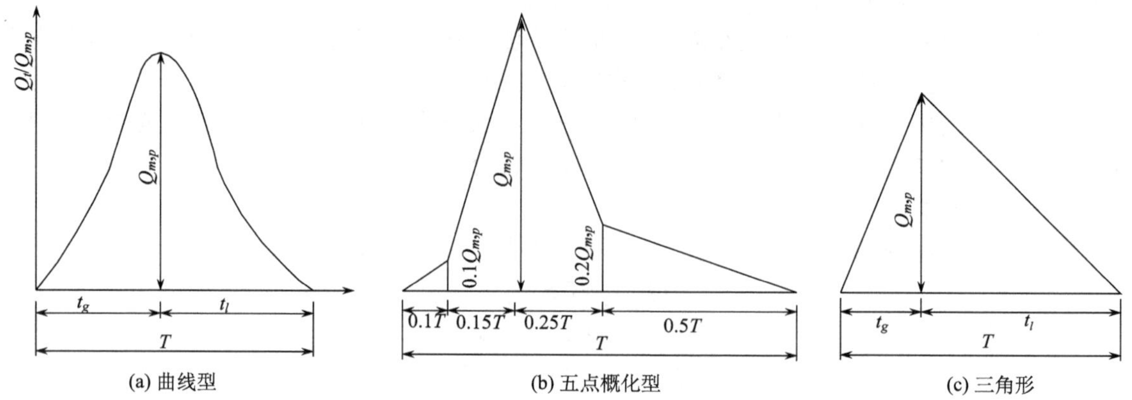

图 5-32 概化洪水过程图

$$T(或\ t_g)=f(Q_{m,p},W_p) \tag{5-92}$$

计算 T(或 t_g)公式的具体形式随概化过程线形状不同而异。对于三角形过程线，计算 T 的公式为

$$T=\frac{2W_p}{Q_{m,p}} \tag{5-93}$$

对于三角形过程线，主要的问题是确定涨水历时 t_g 与退水历时 t_l 的比例，即

$$t_l=\beta t_g \tag{5-94}$$

一般情况下，$t_l>t_g$。根据有些地区的分析，β 值为 1.5～3.0。一般山区河流洪水的 β 值较大，丘陵区河流洪水的 β 值较小。

思 考 题

1. 辨析频率与重现期的关系。
2. 简述频率计算的步骤。
3. 相关分析中应注意的问题有哪些？
4. 如何选择代表年？
5. 如何选择典型洪水过程线？
6. 某站共有 24 年的实测年径流资料，见表 5-24。试用矩法进行配线，并求相应 10 年一遇的丰水年年径流深和 10 年一遇的枯水年年径流深。

表 5-24 某站实测年径流资料

年 份	年径流深/mm	年 份	年径流深/mm	年 份	年径流深/mm	年 份	年径流深/mm
1952	538.3	1958	641.5	1964	769.2	1970	606.7
1953	624.9	1959	341.1	1965	615.5	1971	586.7
1954	663.2	1960	964.2	1966	417.1	1972	567.4
1955	591.7	1961	687.3	1967	789.3	1973	587.7
1956	557.2	1962	546.7	1968	732.9	1974	709.0
1957	998.0	1963	509.9	1969	1064.5	1975	883.5

7. 已知某河甲、乙两站的年径流模数 M(表 5-25)，甲、乙两站的年径流量在成因上具有联系。试用相关分析法推求回归方程及相关系数，并由甲站资料展延乙站资料。

表 5-25　某河甲、乙两站的年径流模数 M

年　份	甲站年径流模数 /[$10^{-3}m^3/(s\cdot km^2)$]	乙站年径流模数 /[$10^{-3}m^3/(s\cdot km^2)$]	年　份	甲站年径流模数 /[$10^{-3}m^3/(s\cdot km^2)$]	乙站年径流模数 /[$10^{-3}m^3/(s\cdot km^2)$]
1975	3.5	5.4	1982	2.8	4.2
1976	4.6	6.5	1983	3.0	4.6
1977	3.3	5.0	1984	4.0	6.1
1978	2.9	4.0	1985	3.9	—
1979	3.1	4.9	1986	2.6	—
1980	3.8	5.6	1987	4.8	—
1981	3.0	4.5	1988	5.0	—

8. 某水文站的年平均流量系列见表 5-26，要求用配线法推求设计频率 $P=90\%$ 的年平均流量。

表 5-26　某水文站年平均流量表(水利年度)　　(单位：m^3/s)

1960 年	1961 年	1962 年	1963 年	1964 年	1965 年	1966 年	1967 年	1968 年	1969 年	1970 年	1971 年	1972 年
810	730	940	1100	910	1090	750	850	920	890	990	1220	740

1973 年	1974 年	1975 年	1976 年	1977 年	1978 年	1979 年	1980 年	1981 年	1982 年	1983 年	1984 年
840	790	910	980	1150	1210	820	760	920	880	1160	830

9. 已知某坝址断面 24 年的洪峰流量实测值见表 5-27，根据历史调查得知 1910 年和 1924 年曾发生过特大洪水，推算得洪峰流量分别为 11 600m^3/s 和 10 000 m^3/s。试推求 200 年一遇洪峰流量。

表 5-27　某坝址断面实测洪峰流量表

年　份	流量 $Q/(m^3/s)$	年　份	流量 $Q/(m^3/s)$	年　份	流量 $Q/(m^3/s)$
1950	4010	1958	6780	1966	8000
1951	2940	1959	7780	1967	5840
1952	4520	1960	2590	1968	4380
1953	5290	1961	5200	1969	5200
1954	3500	1962	5420	1970	3880
1955	5250	1963	6980	1971	4860
1956	3910	1964	4620	1972	6640
1957	3620	1965	3440	1973	5800

10. 已知某坝址断面 24 年的洪峰流量实测值见表 5-28，根据历史调查得知 1910 年和 1924 年曾发生过特大洪水，推算得洪峰流量分别为 11 600m^3/s 和 10 000m^3/s。试推求 200 年一遇洪峰流量。

表 5-28 某坝址断面实测洪峰流量表

年 份	流量 $Q/(m^3/s)$	年 份	流量 $Q/(m^3/s)$	年 份	流量 $Q/(m^3/s)$
1950	4010	1958	6780	1966	8000
1951	2940	1959	7780	1967	5840
1952	4520	1960	2590	1968	4380
1953	5290	1961	5200	1969	5200
1954	3500	1962	5420	1970	3880
1955	5250	1963	6980	1971	4860
1956	3910	1964	4620	1972	6640
1957	3620	1965	3440	1973	5800

第六章　流域泥沙

【内容提要】 河流泥沙的主要来源是流域坡面的侵蚀和河床的冲刷，流域产沙随水流以悬移或推移的形式向前运移，部分泥沙淤积在坝库内，泥沙粒径、时间系列和空间范围决定着流域泥沙输移比。流域输沙资料相对短缺，可利用相关关系对输沙资料进行整理并估算流域输沙量。

第一节　流域泥沙输移

河流挟带的固体颗粒叫河流泥沙，也称固体径流。河水挟运泥沙的能力称挟沙力，主要取决于河流流速的大小。当挟沙力大于水流实际的含沙量时，则河床发生冲刷；反之，则发生淤积。

水流挟带的泥沙，在流速变缓的地方，如河流的下游、湖泊、水库、河口、海洋等，便沉积下来，使河床淤高，湖泊水库的调蓄容积减少，洪水灾害加剧。

一、流域产沙

（一）流域产沙过程

河流泥沙来源于流域坡地上被风、雨、重力等外营力侵蚀的土壤，以及水流对河床的冲刷，二者之中前者是主要的，一起构成了流域的产沙。产沙量通过水流输送，形成流域出口的输沙过程。

1. 坡面侵蚀过程

坡地的侵蚀过程就是水土从坡面的流失过程。表层土壤在雨水、风和重力作用下被剥离、冲刷、移动，使地表逐渐夷平，除极个别的地区风蚀起重要作用外，基本上都是水力侵蚀。被侵蚀的物质汇集于河网中，从上游向下游运动，一部分淤积下来，一部分则最终到达流域出口断面，成为流域产沙。

2. 河槽冲刷过程

河道中的水流，当其含沙量小于当时的挟沙能力时，便会发生河底和河岸冲刷，增加了水流的含沙量。河底冲刷使河床下切，断面变深，减小了水面坡降和流速，从而降低挟沙能力，并趋于平衡，这种冲刷作用主要表现在河流的上、中游。河岸冲刷主要发生在下游，因下游的河床比降基本趋于平衡，水流只好由岸滩冲刷中补充自己尚能挟带的泥沙量。

河槽是一条流水线，相对于流域面积是很小的，且冲淤基本处于平衡状态，所以流域产沙，主要还是坡地侵蚀。因此，减少河流泥沙的根本途径是在上游种树植草，开展水土保持。

（二）影响流域产沙的主要因素

流域产沙过程表明，其影响因素极其复杂，既有气象因素，如降水、蒸发、温度、风、日照等；也有下垫面因素，如地形地貌、土壤地质、土壤水分、植被、河网湖泊等；还有人为因素的作用。

根据实验研究，流域产沙主要受流域降雨特性、土壤特性、地形、植被和人类活动措施的影响。

1. 流域土壤特征

土壤的种类、结构、组成不同，其抗蚀能力也会有很大差异。例如，黄河中游黄土沟壑区，土质结构疏松，富含碳酸钙，垂直节理发育，植被稀少，抗蚀力极差，遇有暴雨，则发生强烈的片蚀和沟蚀。

2. 降水特性

对于一定的流域，降雨强度和雨量对河流泥沙影响很大，尤其是高强度暴雨，这是因为强度高雨量大的降雨，除本身击溅力强外，产生大量的快速地面径流，强烈侵蚀地面及沟道所致。

3. 地形特征

地形特征主要指地面及河沟坡度、坡面长度、地表破碎程度(可用沟道密度表示)等。显然，其他条件相同时，降雨形成径流，陡坡流速高，易于冲刷，甚至引起沟岸坍塌；坡缓流速小，不易冲刷，甚至发生淤积。沟道坡度常是影响产沙的重要因素。

4. 植被特征

植被有森林、灌木丛、草地、农作物等。农耕地，一年四季不断地翻松，土壤结构受到破坏，且植被郁闭度很低，常为裸露、半裸露状态，经不起暴雨侵蚀。因此，毁林开荒将使水土流失量成几倍、几十倍、甚至上百倍的增加。

5. 人类活动措施

为防止水土流失，一般采取的措施有：修建谷坊、淤地坝、梯田等工程措施；造林、种草等生态措施；等高耕作、间作和覆盖等农业技术措施。各种防治措施按照当地的自然条件和社会经济状况，在明确生产发展方向、合理利用土地的前提下布置相应措施，因地制宜，结合使用。几十年来，我国的水土保持工作已经发挥了巨大的效益。

(三)流域产沙量估算

1. 经验型模型

控制流域产沙的因素很多，人们通过野外实验来观测坡面侵蚀与产沙过程，通过实验资料总结归纳出产沙量估算经验公式。当前采用的估算方法，大多是考虑流域降雨径流、植被、土壤、地形等主要因素建立的经验公式法，也有从流域产沙过程建立水沙模型进行模拟的，但精度不是很高。这些方法程度不同地反映了主要因素对产沙的影响，因此可以用来估算缺乏泥沙观测资料的河流泥沙量，也可预测某些因素变化对产沙量的影响。

1) 弗莱明公式　弗莱明(G. Flaming)利用世界各地 250 多个流域的资料，求得不同植被条件下年平均悬移质输沙量 $W_s(t)$ 与年平均流量 $Q(\mathrm{m^3/s})$ 的关系为

$$W_s = aQ^n \tag{6-1}$$

式中，a 和 n 为经验性的系数和指数，与植被情况有关。

2) 牟金泽公式　牟金泽等根据陕北岔巴沟流域 6 个断面的径流和输沙资料，提出次暴雨洪水产沙模数 $M_s(\mathrm{t/km^2})$ 的计算公式。

$$M_s = 0.25(M + q)^{1.07} J^{0.2} L^{0.4} \tag{6-2}$$

式中，M 为次洪水径流模数($\mathrm{m^3/km^2}$)；q 为洪峰流量模数[$\mathrm{l/(s \cdot km^2)}$]；$J$ 为主沟平均坡降；L 为流域长度 km。

该式通过 M 和 q 反映地面净雨强度和总量的影响，有较好的精度，可用于土壤地质条件

和植被情况与之类似的地区。

3) *通用流失方程* 对于坡耕地的土壤流失,美国农业部 1961 年建立了通用的土壤流失方程:

$$M_s = KR_pLSCB \tag{6-3}$$

式中,M_s 为土壤侵蚀模数[t/(km^2 · a)];K 为土壤可蚀性因子,与土壤种类、结构等有关;R_p 为降雨因子,反映降雨能量对土壤侵蚀的作用;LS 为地形因子,反映坡面坡度和长度的影响;C 为作物管理因子,反映不同季节植被状况等的影响;B 为水土保持因子,表示各种水保措施对减少土壤流失的作用。

该式较为全面地反映了各主要因素对坡耕地产沙的影响。

4) *经验公式的一般形式* 主要使用实验资料总结归纳出的经验公式来估算坡面产沙量,其一般表达式为

$$M_s = f(F, K, R_p, LS, C, B, OCT) \tag{6-4}$$

式中,F 为流域因子;OCT 为其他相关因子;其他符号同前。

2. 物理公式

1) *汤立群模型* 汤立群等认为坡面土壤颗粒的运动与其所受的有效切应力有关,由此推导出坡面土壤侵蚀产沙量计算公式,根据研究区小流域特征划分为若干子流域,并将概化后的小流域分成 3 个区,即:梁峁坡侵蚀产沙区、沟谷坡侵蚀产沙区和沟槽侵蚀产沙区,并利用水文学和泥沙动力学的基本理论,建立了具有物理成因的概念性产沙模型。其表达式分别如下。

梁峁坡侵蚀率 E_r 的计算公式为

$$E_r = A_r b_r \frac{r_m}{r_s - r_m}(\tau_0 - \tau_c)V \tag{6-5}$$

沟谷坡侵蚀率 E_g 的计算公式为

$$E_g = A_g b_g \frac{r_m}{r_s - r_m}(\tau_0 - \tau_c)V \tag{6-6}$$

沟槽侵蚀率 E_c 的计算公式为

$$E_c = B_c \frac{\sqrt{r_m g}}{r_s - r_m}\tau^{\frac{3}{2}}V \tag{6-7}$$

式中,A_r、A_g 和 B_c 为系数;b_r 为梁峁坡宽度(m);b_g 为沟谷坡宽度(m);r_m 为浑水容重(kg/m^3);r_s 为泥沙密实干容重(kg/m^3);g 为重力加速度(m/s^2);τ_0 为各区坡面或沟槽水流的平均速度(m/s);τ_c 为斜坡上泥沙启动切应力(Pa)。

2) *蔡强国模型* 蔡强国等建立了一个具有一定物理基础的能够表示侵蚀—输移—产沙过程的小流域次降雨侵蚀产沙模型。它由坡面子模型、沟坡子模型和沟道子模型三个子模型组成。

次降雨坡面溅蚀分散量方程为

$$D_b = 0.015J(E_R/\lambda)\exp(2.68\sin\alpha - 0.48C_v) \tag{6-8}$$

式中,D_b 为坡面溅蚀分散量(kg/m^2);J 为前期表土结皮因子,当前期无表土结皮时为 1;E_R 为降雨动能(J/m^2),可根据 $E_R = 28.83 + 13.5\lg I$ 计算,I 为降雨强度(mm/min);λ 为以标准锥体贯入测量得出的土壤抗剪切强度(kPa);α 为坡度(°);C_v 为植被覆盖度(%)。

坡面细沟侵蚀估算方程

$$D_r = 0.015J(E_R/\lambda)\exp(2.68\sin\alpha - 0.48C_v) \quad (6\text{-}9)$$

式中，D_r 为细沟侵蚀模数（kg/m^2）；E_R 为细沟水流侵蚀力（N/m^2），$E_R = 0.01\rho gHA\sin\alpha$，其中 ρ 为水密度（$1000kg/m^3$）；g 为重力加速度（m/s^2）；H 为平均径流深（mm）；A 为单宽汇流面积（m^2）。

该模型能表示侵蚀、输移和产沙过程，考虑了坡面、沟坡和沟道之间的相互关系，同时模型要求输入的变量较少，这为在黄土高原地区的推广奠定了基础。

3）陈国祥模型　陈国祥等从泥沙运动力学的基本理论出发，结合水文学、气象学、土壤学和地貌学原理，建立了适用于大、中和小流域不同尺度的暴雨产沙模型，其计算式如下。

坡面产沙计算公式为

$$W_{sb} = 0.8237S_{Bb}C_AC_E(fI)^{1.676}L^{0.176}S_{ob}^{1.272}D_{50}^{-0.658} \quad (6\text{-}10)$$

沟道产沙计算公式为

$$W_{sg} = 0.8237S_{Bg}C_AC_E(fI)^{1.676}L^{0.176}S_{og}^{1.272}D_{50}^{-0.658} \quad (6\text{-}11)$$

时段产沙量计算公式为

$$W_{si} = W_{sgi} + W_{sbi} \quad (6\text{-}12)$$

单位面积次暴雨总产沙量计算公式为

$$W_s = \left(\sum_{i=1}^{n} W_{si}\Delta t_i\right)A \quad (6\text{-}13)$$

式中，W_{sb} 为坡面产沙量（kg）；W_{sg} 为沟道产沙量（kg）；W_{si} 为时段暴雨产沙量（kg）；W_s 为次暴雨总产沙量（kg）；C_A 为地表裸露率（%）；C_E 为侵蚀因子；D_{50} 为土壤中值粒径（mm）；L 为单位坡面长度（m）；S_{ob} 为坡面平均比降（%）；S_{og} 为沟道平均比降（%）；S_{Bb} 为某一土壤类型坡面所占比例（%）；S_{Bg} 为某一土壤类型沟道所占比例（%）；Δt_i 为计算时段长（min）；A 为单位面积（m^2）；f 为径流系数（%）；I 为降雨强度（mm/min）。

4）WEPP 模型　WEPP 模型分为坡面版和流域版，在坡面版中，将坡面侵蚀分为细沟侵蚀和细沟间侵蚀，细沟侵蚀指的是细沟内土壤所发生剥蚀、搬运和沉积的过程；细沟间侵蚀是指雨滴击溅和坡面水流对土壤剥蚀和搬运的过程。WEPP 模型利用稳态泥沙连续方程来描述坡面泥沙运动：

$$\frac{dG}{dx} = D_r + D_i \quad (6\text{-}14)$$

式中，x 为某点沿下坡方向的距离（m）；G 为输沙量[$kg/(s\cdot m^3)$]；D_r 为细沟侵蚀速率[$kg/(s\cdot m^2)$]；D_i 为细沟间侵蚀速率[$kg/(s\cdot m^2)$]。

当水流剪切力大于临界土壤剪切力，并且输沙率小于泥沙输移能力时细沟内以搬运为主：

$$D_r = D_c\left(1 - \frac{G}{T_c}\right) \quad (6\text{-}15)$$

$$D_c = k_r(\tau_f - \tau_c) \quad (6\text{-}16)$$

式中，D_c 为细沟水流的剥蚀能力[$kg/(s\cdot m^2)$]；T_c 为细沟间泥沙输移能力[$kg/(s\cdot m^2)$]；k_r 为细沟可蚀性参数（s/m）；τ_f 为水流剪切力（Pa）；τ_c 为临界剪切力（Pa）。

当输沙率大于泥沙输移能力时，以沉积过程为主

$$D_r = \frac{\beta V_f}{q}(T_c - G) \quad (6\text{-}17)$$

式中，V_f 为有效沉积速率(m/s)；q 为单宽水流流量(m^2/s)；β 为雨滴扰动系数。

WEPP 模型以一天为步长进行模拟，运行过程中输入每一天对土壤侵蚀过程有重要影响的植物和土壤特征，当降雨发生时，这些植物和土壤特征被用于决定是否会有径流产生，如预测有径流产生，模型将计算出一定空间位置的径流量、土壤侵蚀量和输沙量。

二、泥沙输移比概念

(一) 泥沙输移比概念

水流挟带被侵蚀的地表物质，经坡面、各级沟道进入支流和干流，在整个输送过程中发生泥沙的冲淤变化，故通过河流某一断面的输沙量与该断面以上进入水流中的土壤侵蚀量不一定相等，两者之比称为泥沙输移比。

泥沙输移比一般定义为：流域某一断面实测输沙量与断面以上流域侵蚀产沙总量之比，可用下式表示为

$$dr = \frac{r}{T} \tag{6-18}$$

式中，dr 为泥沙输移比；r 为流域出口断面实测输沙量(t 或 t/km^2)；T 为控制断面以上流域产沙总量(t 或 t/km^2)。

确定某一个区域的泥沙输移比的决定条件有 3 个方面：

1. 泥沙粒径

泥沙的最大粒级与最小粒级要差百万倍，输移不同的粒级的泥沙需要不同的环境条件，而对于某一个流域来说，除了个别环境因素有大变化外，基本因素是稳定的。小粒径的物质可以在一般径流条件下运动，大粒径的物质则无法搬运。只有根据研究目的确定某一粒级泥沙的输移比，或者根据研究目的确定某一粒级以下泥沙输移比才具有实际意义。

2. 时间系列

对于一个确定的流域，泥沙的输移能力长系列看是稳定的，但短时间又是不稳定的。这是因为输移泥沙的动力——径流是周期变化的，在一个周期内又是波动的。决定径流的直接因素是降雨量与降雨特性。流域年际间的降雨特性总是变化的，如果在枯水年或平水年的径流一般只能携带细粒或中粒径的泥沙，那么遇上几十年、或者百年一遇的暴雨径流就能携带更多更大粒级的泥沙。流域不同频率的径流可以输移不同尺寸的侵蚀物质。因此，研究者采用不同的时间系列：如 1 年、10 年或者 100 年，短的可为一次降雨，各自可以得出不同的泥沙输移比。所有这些泥沙输移比都是正确的。

3. 空间范围

空间范围即流域的大小规模。流域越大其环境条件则越复杂，其中特别是地质构造条件与岩性条件。一般说中小流域的空间内环境因素相似性比较大，而大流域环境因素相似性要差，如黄河上、中游其环境要素相异性则多于相似性，而大理河的中、下游域环境要素的相似性就大大地超过相异性。如果评述环境因素完全不同的诸流域所构成的大流域，如整个黄河或长江的输移比，其泥沙输移比永远不会是 1。因而不同的研究者选择不同的空间，也可得到不同的泥沙输移比。

综上所述，要确定一般区域的泥沙输移比，必须基于在上述三个前提条件下才有讨论问题的基础。鉴于这样的认识，必须对泥沙输移比的定义作适当修正，即单位时间内通过控制断面

的核定泥沙粒级的输沙量与该断面以上同粒级的侵蚀量之比。

（二）影响泥沙输移比的环境因素

一个流域水流输送泥沙的能力和泥沙输移的规模，受到多种环境因素的作用与制约。根据研究，影响黄土高原泥沙输移比的主要环境因素有以下几方面。

1. 地质构造单元与新构造运动

第四纪以来，黄土高原表现为大面积的抬升和局部的下沉。凡是抬升区所在流域都是侵蚀区，下沉区则为泥沙堆积区。因而地质构造单元和新构造运动的性质是决定泥沙输移比的关键因素。凡是在新构造抬升区河道或沟道输送泥沙的能力都比较强，除了特大粒级的物质外，基本上是来多少输送多少。凡是在新构造运动相对下沉区，河道输送泥沙能力弱，因而产生泥沙淤积(表 6-1)。黄土高原的核心部位第四纪以来经间歇性抬升为主，而其周围尤其是六盘山以东周边，新构造运动的性质长期以来是下沉为主，四周来的泥沙到此不能完全输走，有一部分泥沙在河道里沉积。由此可以认为地质环境是决定流域泥沙输移能力和输移比的最根本因素。

表 6-1 不同构造单元泥沙输移状况

河段	构造单元	侵蚀与沉积情况
黄河下游	华北坳陷强烈下沉区	泥沙沉积河段
渭河下游	汾渭地堑第四纪下沉区	泥沙沉积河段
长江下游	扬子坳陷第四纪下沉区	泥沙沉积河段
珠江下游	地台沉降带第四纪轻微下沉区	泥沙沉积河段
黄土高原	第四纪整体间歇性抬升	侵蚀区
金沙江流域	第四纪整体抬升	侵蚀区

2. 地貌单元

现代大地貌单元在很大程度上是地质构造单元和新构造运动的特性所决定。地貌对泥沙输移的影响，主要表现在地形能和河谷形态上。所谓地形能实际上就是流域的地势高差，也就是流域的最高与最低点之差，相对高差越大，地形能就越大，反之地形能则小。地形能的大小，直接影响沟道或河道泥沙输送的能力。地形能越大，纵比降就越大，水流携带泥沙的能力就越强。黄土高原是现代强烈抬升区，流域的相对高差大，一般都在 300～500m，河谷纵比降也较大。一般水道级别越高，其纵比降越大，因而输送泥沙的能力就越强。

3. 地表物质组成

流域的侵蚀物质越细，水流挟带泥沙的能力越强，相反侵蚀物质是粗大的，水流输送的距离就十分有限，只有在特大暴雨产流的情况下才能搬运。黄土高原处于半干旱地区，地表物质多处于强烈物理风化状态中，因而地表物质破碎。尤其黄土高原大部分地区为黄土覆盖，黄土本身的粒级很细，再经风化则更细。不仅如此，黄土的下伏地层，或已出露的地层，大都是属内陆相的碎屑沉积，成岩作用比较差。例如，在陕北及内蒙古地区出露的侏罗纪的泥沙岩、沙页岩就非常松散，第三纪的三趾马红土也很容易风化；在六盘山以西及陇东部分地区广泛出露的甘肃系地层，白垩纪的泥沙岩表层都受到较深的风化，具有较厚的风化壳。在黄土高原除黄河峡谷及其部分山区为坚硬岩性的地层外，绝大部分地区的侵蚀物质都属于细粒物质，因而很容易被一般水流冲刷、搬运。

4. 流域的径流特性

河道的径流特性主要与降雨特性有关。洪水携带的侵蚀物质不但数量大，而且平均粒径也比较粗。据统计分析，黄土高原来沙量的粒径与径流量呈正相关关系。黄土高原的降雨特性是时间上集中，并以暴雨为主，年内降雨集中在7、8、9三个月，三个月的降雨量一般占到年降雨量的60%以上。在三个月中降水分配也是不均匀的，大都集中在一个月内，约占年降雨量的40%，在个别年份最大一日降雨占到年降雨的1/9～1/10。因此，黄土高原河道的径流特性属于暴流型，7～9三个月的径流量占年径流的85%～90%，有时一个月的径流量可占年径流的75%。这样的暴雨径流特性无疑有利于侵蚀泥沙的输送。一般沟道或水道水流的挟沙能力达到500～1200kg/m³。

（三）泥沙输移比的判断标志

在上述三个条件确定的基础上，判断泥沙输移比的标志可以分为定性判断标志与理论判断计算标志两个方面。在此主要从定性方面论述确定泥沙输移比的标志。

1. 形态标志

当某个流域的泥沙输移比远小于1时，说明该流域的侵蚀量大于流域输沙量，这时流域内产生泥沙沉积。泥沙沉积的部位一般发生在沟道或沟道两侧滩地上，流域的坡面属侵蚀部位，黄土高原尤其如此。因而通过河谷形态的考察可以判断出流域泥沙输移比。

(1) 凡是输移比小于1的流域，其流域的沟道一般属于宽浅型，即$\frac{\sqrt{B}}{H}$的比值较大，例如，黄河中游的河套盆地，黄河支流渭河的下游，汾河下游以及它们中上游的宽谷盆地，这些河流的$\frac{\sqrt{B}}{H}$比值较大，渭河达到5～10。此外由于河流$\frac{\sqrt{B}}{H}$大，纵比降相应减小，从而造成流速的减缓，使泥沙产生沉积。因而在河道或沟道里有较厚的沉积物，沉积物质地也比较细。在泥沙沉积河段的河型，多半是游荡型或分汊型。在这些沉积型河段的两侧都可以清晰地见到有连续的冲洪积扇分布，新老洪积扇已构成两岸的倾斜平原。

(2) 凡是泥沙输移比为1或接近1的流域，其河谷形态表现为窄深型，即$\frac{\sqrt{B}}{H}$的比值小。大部分谷底都已切入基岩，在陇西有的河道虽然没有切入基岩，但已深深地切入古沉积层，河岸的高度大都大于最大洪水位的高度。在散渡河支流清溪河河岸高度达到40m，清水河的河岸高达15m，祖厉河在下游也高达30m多。判断输移比为1的另一个标志是河谷两侧的形态；由于河谷窄深，水流的输移能力强，此外缺少泥沙堆积的空间，因而河谷两侧或支沟入口处很少有堆积形态，即使有一些小型的堆积，但规模也是较小，而且都是由大粒级的物质构成。

2. 沟道或河道堆积物

河道或沟道组成物的结构是判断泥沙输移比大小的直接标志，当沟道或河道已有基岩出露，这些流域泥沙输移比毫无疑问是1。这种情况在黄土高原并不是特殊的，而是非常普遍的。六盘山以西尽管还有许多河道或沟道未切到基岩，河道仍在沉积物上发育，但这些沉积物已是老的冲洪积层，与现代堆积性河道的河床质河型完全不同。黄土高原有些河道或沟道虽然不是基岩河床，沉积物的粒径都比较粗，属砾石或粗沙，如在无定河的中下游，三川河，窟野河等河道里往往都有大砾石堆积。这些河流如果考虑到输移比粒级限制的话，那么这些流域也应认为输移比接近1。

当河床或者沟口不仅有巨厚的堆积物而且都是细粒的，这种情况下说明流域的侵蚀物质没有完全被流水搬运。这就是说流域的侵蚀量大于流域的输沙量，因而在负地形部位发生堆积。这种现象的出现表明流域的泥沙输移比不等于 1。这种大量堆积细粒物质的河段，在黄土高原除了周边地区外，绝大部分流域是不存在的（表 6-2）。由此可以认为黄土高原的泥沙输移比接近 1 是可信的。

表 6-2　黄土高原主要河流河床组成

河名	河床质泥沙粒级/%			
	>0.1	1.0～0.05	0.05～0.005	<0.005
延河	0	77.5	22.5	0
大理河	7.8	56.4	32.3	3.5
清水河	10.7	60.3	16.5	12.5
祖厉河	25.81	36.8	33.7	3.7
散渡河	78.66	8.2	9.2	3.93

此外从控制的大断面的不同期的断面面积比较也可以看出河道泥沙输移的能力，因为河床断面面积的变化是反映河床冲刷或堆积的直接标志，为此我们选择了黄土高原若干断面，进行三个不同时期的断面面积套绘比较，可以看出，1981 年断面面积大于 1976 年的约占 90%，约 10%的断面是淤积的。为了找出淤积原因，进一步对同一断面，同一年不同测次（汛前汛后）进行断面套绘（表 6-3）。从中可以了解到 10%断面面积的减少并没有超过当年汛期前后的冲淤变化幅度。从中可得出黄土高原的河道以冲刷为主。这又进一步说明泥沙输移比接近 1 的结论是可信的。

表 6-3　汛前汛后断面比较

河名	断面面积	控制面积/km^2	1981 年		年内变幅/m^2	1965～1981 年变幅/m^2	冲淤
			汛前/m^2	汛后/m^2			
大理河	绥德	3893	729	787	58	24	冲
昕水河	大宁	3992	658	688	30	11	冲
延河	甘谷驿	5891	974	1000	26	28	冲
黄河	吴堡	433495	3203	3274	71	20	冲

从上述判断泥沙输移比的定性指标可知，在确定泥沙输移比三个前提条件确定的情况下，可以认为黄土高原的泥沙输移比接近 1 是无疑的，所谓接近 1，可理解为≥0.95，之所以这样理解，理由很简单，任何河流的水道都不可能是一条水槽，两岸总是要发育滩地。大水时洪水位总是要漫滩，产生部分泥沙沉积。因而泥沙输移比不可能完全等于 1。又考虑到滩地的沉积量不可能太多，为此确认为≥0.95 为接近 1 的基本界线。

（四）泥沙输移比的分级界线

泥沙输移比的分级界线不是一条固定的线，而是一条动态界线。现在这种输移比分级界线有两种趋势，一是稳定界线，另一种是发展界线，具体可用下式进行判断：

$$L = 0.28\frac{HQ^{0.87}}{V^{2.67}n^2A^{0.87}} \tag{6-19}$$

式中，L 是沟谷发展最终长度(m)；H 是侵蚀基准高度(即流域的相对高差)(m)；Q 是流量(m^3/s)；V 是坡面土壤冲刷速度(m/s)；A 是水流深与宽之间的比例系数；n 是糙率系数。

当现代沟谷的长度等于 L 或小于 L，那么等级界线分别属于稳定界线和动态界线，需要特别说明的是现在的稳定界线也是暂时的，如果达到稳定以后，下游又发生新的基准面下降，侵蚀又会首先在下游加强，侵蚀能量再次由下游向上游传递，由主干向两侧传递。这种情况在各级支流上都表现得十分明显。一些小流域的支沟上段常保留着古代沟谷痕迹，中下段正在发生强烈侵蚀，正是能量传递滞后的表现。当新的基面下降，河流的沟头溯源侵蚀非常活跃，因而泥沙输移比大于 0.95 的面积在不断地缩小。

第二节　流域输沙量的估算

一、泥沙资料整编

(一) 悬移质泥沙资料整编

1. 单位含沙量的插补

一些测站在测单位含沙量时，需用测船或缆道，将采样器送至断面预定点取样，故不像水位观测那么容易，当主流摆动，用多线混合法取样时更是如此。因此，可能发生单沙测次不足或控制不严等情况。如不处理将导致日平均输沙率、含沙量计算不准或漏测月、年极值等问题，故应对单沙测次不足或漏测之处进行插补，常用的插补方法有以下几种。

1) *直线内插法*　当水流平稳、含沙量变化不大，或两者虽变化较大，但缺测时间不长，且未跨过峰、谷时，可按时间比例，内插各缺测时间的单沙。

2) *过程线插补法*　此法是根据沙量过程线与水位、流量过程线有一定的规律而得。适用于水位、流量变化不大，或虽大，但缺测时间不长的时期。插补时，先绘出水位-流量过程线，再根据上述规律，连绘缺测时期的单沙过程线，据以插补缺测时段的单沙。

3) *流量、含沙量相关曲线插补法*　对山溪性河流，当沙峰与洪峰同时出现，流量与含沙量有相关关系时，可点绘相关图进行插补。

4) *上下游站相关插补法*　在没有支流汇入和冲淤不大的河段，可根据上、下游相邻站含沙量过程线勾绘本站含沙量过程线，据以插补相应时间的单沙；也可点绘上下站含沙量相关图，用相邻站的实测含沙量插补本站缺测时段的相应含沙量。

2. 逐时断面平均含沙量的推求

在测定断面平均含沙量(称断沙)时，工作量较大，可利用断面某个测点的含沙量(称单位含沙量或单沙)来推求。逐时断面平均含沙量的推求目的，在于推算逐时悬移质输沙率，进而利用逐时输沙率推算日、月、年或某一时段的悬移质输沙量和月、年极值的挑选。断沙推求方法如下。

1) *单沙断沙关系法*　当断面比较稳定时，单沙与断沙之间有一定关系，可利用此单沙断沙关系来推求断面平均含沙量。单沙断沙关系法是我国应用比较广泛的一种方法，它适用于单沙断沙关系比较稳定的测站，关系线的形式因测站特性不同有以下几种。

a. 单一曲线法　当点绘的单断沙关系测点密集成带状，不依时序或水位而有系统偏离，且有 75%以上测点与相关曲线偏离,高沙不超过±10%,低沙不超过±15%时,可用此法。定线时,用目估或分组求重心的办法定出一条通过原点的平滑曲线(或直线),曲线两侧分别做出±10%(或±15%)的两条外包线,统计两外包线里的测点数,与总测点数的比值,若此比值大于 75%时,则符合要求。推沙时,由各实测单沙在相关曲线上查读相应时刻的断沙即得。

b. 多线法 单沙断沙测点受水位、时间或单沙测取位置和方法等影响,明显分布成几个独立带组时,可分别用水位、时间或单沙取样位置、方法作参数,绘制多条单沙断沙关系曲线。推求断沙时,根据水位或时间,在相应关系线上由单沙推得断沙。

c. 比例系数法 单断沙关系不好,无法制定相关曲线时,则可采用比例系数法:即用实测输沙率的断沙 $\bar{Q}_s$ 与其相应单沙 Q_s 之比,得比例系数。用比例系数法推求断沙时,根据单沙的时间,在过程线上查读比例系数,乘以该次单沙,即得断沙。

2) 流量与输沙率关系曲线法 当单断沙关系不好,而且比例系数法也不理想时,可试用此法,若流量与输沙率关系较好,可将流量为纵坐标,输沙率为横坐标,点绘相关图。推算时,用流量(瞬时或平均值)在关系线上直接查读相应输沙率,除以流量,即得断沙。

3) 近似法 当输沙率测次太少,或单断沙关系不好,以及仅测单沙而未测输沙率的站,可用此法。此法是直接以单沙代替断沙而得。

(二) 推移质输沙率资料整编

当前推移质输沙率测验和整编处于探索阶段,推求逐日平均推移质输沙率的方法,可在资料分析后选定。当实测资料很少时,也可积累数年资料后,合并整编。整编时,可选择以下几种方法。

1. 推移质输沙率与水力因素关系曲线法

点绘推移质输沙率与某水力因素(流速、流量、水位、悬移质输沙率等)相关曲线,当关系密切时,可以用此法。推求日平均推移质输沙率时,可先用日平均流量查得相应的日平均流速,再用日平均流速在图中查读日平均推移质输沙率。当流量与推移质输沙率关系较好时,也可以直接点绘流量与推移质输沙率相关曲线,用日平均流量直接在相关曲线上推读日平均推移质输沙率。

2. 推移质输沙率与悬移质输沙率比值过程线法

当推移质输沙率不能与其他水力因素建立相关关系,但测点较多时,也可用实测推移质输沙率与实测的悬移质输沙率的比值绘制过程线,在连此过程线时应参照悬移质输沙率过程线的趋势,推沙时,在过程线上查读比值,乘以同时的悬移质输沙率,即得推移质输沙率。

3. 单推、断推关系曲线法

对单位推移质基本输沙率与断面推移质输沙率关系比较稳定的沙质河床的测站,可绘制单断推关系曲线,通过点群中心定出相关线,然后利用平时观测的单推资料在相关线上查读断推资料。

二、悬移质多年平均输沙量的估算

当河流的某一设计断面具有逐年的悬移质和推移质输沙量的长期实测资料时,可以直接用算术平均法分别计算两者的多年平均年输沙量,然后相加即得该设计断面的多年平均输沙总量,与推求设计年径流量的方法相同,也可以推求年输沙量的频率曲线,从而确定设计年输沙量。

但是河流泥沙的观测资料往往较少,悬移质资料常是短期的,推移质资料则多属缺乏的情况，且资料精度也比较差，这就造成计算工作的困难，不得不将短期资料加以展延进行估算，对于资料缺乏的情况，也可以用间接的方法进行估算。

(一) 资料不足时悬移质多年平均年输沙量的估算

当悬移质输沙量资料不足时，一般可利用站的悬移质年输沙量与相应的年径流量之间的相关关系，根据长期的年径流量资料展延悬移质年输沙量资料的系列，然后求其多年平均年输沙量。若由于年输沙量主要是在汛期内产生的，则年径流量与年输沙量的相关关系可能不够密切，则可以建立年输沙量与汛期径流量的关系或日输沙量与日径流量的关系，以供展延资料不足系列。

如某站的输沙量与径流量的相关关系不够密切。定线困难时，也可试绘制上下游测站输沙量关系图，再由具有长期观测站的输沙量资料展延本站的年输沙量系列。使用本法时，须注意两测站间应无较大支流汇入，区间流域自然地理条件大致相同，且河段情况无显著变化。

如悬移质实测资料很短(仅有1～2年或2～3年)不足以绘制上述种种相关曲线时，则可粗略地假定悬移质年输沙量与相应年径流量的比值为常数，于是悬移质多年平均年输沙量($\bar{Q}_s$)可由多年平均年径流量($\bar{W}$)推算；

$$\bar{Q}_s = \frac{Q_{si}}{W_i} \cdot \bar{W} \tag{6-20}$$

式中，Q_{si}为某一实测年份的悬移质年输沙量(t)；W_i为相应年份的年径流量(m^3)。

当用两三年的Q_{si}时，则求两三个$\bar{Q}_s$数值后再加以平均，以作为采用的多年平均年输沙量。

(二) 资料缺乏时悬移质多年平均年输沙量的估算

当缺乏实测悬移质资料时，其多年平均年输沙量只能作极粗略的估计，一般用以下几种方法。

(1) 利用多年平均侵蚀模数分区图或多年平均含沙量分区图法。因为河流泥沙的多少与该流域的气候因素和流域表面因素有密切关系，而气候因素与流域表面因素在地理分区上有一定的变化规律，故表征河流泥沙多少的指标，流域的侵蚀模数或多年平均含沙量也可以进行地理分区。根据这个道理，各省和地区的水文手册(图集)常绘制有这种分区图，以便供区内缺乏资料的河流，估算悬移质多年平均输沙量。

根据这种分区图可以查求本流域的多年平均的侵蚀模数或多年平均的含沙量，而后由侵蚀模数乘以流域面积或多年平均含沙量乘以多年平均年径流总量即得多年平均年输沙量。应该指出，由于这些分区图多根据大、中河流的测站资料绘制的，另外流域表面因素对河流泥沙的影响很大，而流域之间的流域表面情况尽管在一个区内大致相同，但总有相当的差别，这样，在用这种分区图求得本河流的多年平均年输沙量后，最好将成果按流域特点与区内有资料的河流进行分析比较，作适当修正。如果无资料的河流是一条小河流，则流域特点可能有更大的差异，这点就尤其应该注意。

(2) 如果能找到具有相似条件的参证流域资料时，也可用水文比拟法，参照该参证流域资料估算。经过分析比较，再作适当修正，则水文比拟法往往要比用分区图估算的成果更为合理。

除此之外还可以采用沙量平衡法或经验公式法来进行估算。

三、推移质多年平均输沙量的估算

推移质实测资料比悬移质更为缺乏，通常认为推移质多年平均年输沙量($\bar{Q}_{sA}$)与悬移质多年平均年输沙量($\bar{Q}_s$)之间有一定的比例关系，设以 β 表示其比值，则

$$\bar{Q}_{sA}=\beta\cdot\bar{Q}_s \tag{6-21}$$

关于 β 值的确定，可根据相似河流上已有短暂的实测资料估计，如缺乏有资料的相似河流，也可近似地采用下列数值：

平原地区河流　　$\beta=0.01\sim0.05$

丘陵地区河流　　$\beta=0.05\sim0.15$

山区河流　　　　$\beta=0.15\sim1.00$

黄土高原沟壑区可采用 0.05～0.03

上述数值，山区河流 β 的变幅很大，β 的确定应该慎重。不论属于哪类河流，参考上述数据，都应该注意野外查勘，进行调查研究，避免主观臆断。

四、悬移质输沙量的年内分配

水土保持工程的规划设计和运行管理工作，不仅要估算一年的输沙总量，也需了解总量在年内的分配和更短时段过程的输沙量变化。对悬移质输沙量的年内分配，其分配时段可划分为汛期和非汛期，月或更短的时段，主要取决于年内河流输沙的分配特性和计算的要求精度。如泥沙与径流的对应关系要求计算精度一般，则时段划分可以粗些，否则，应细些。年内分配的表达方法常用分配时段内的输沙量占全年输沙量的相对百分比表示。当有长期资料时，多年平均和不同设计频率年输沙量的年内分配，可选择接近该年输沙量的年份，作典型年；依据选定的典型年，即可推得研究年份的年输沙量的年内分配。如资料不足或缺乏，则只能采用水文比拟法估算其年内分配。

因为河流的含沙量与流量有一定的关系，因此河流的输沙量在一年内往往集中于汛期几场大洪水。这样对于某些更短时段(通常对一次洪水过程)的输沙量，要求作更精细的研究。例如，在设计洪水过程中，河流泥沙的总量及其分配过程对水库的淤积影响如何，无疑在规划设计调度运用中有重要意义。

第三节　泥 沙 淤 积

在河流上筑坝蓄水后，水深增加，流速减小，水流挟沙量能力降低，河流输沙平衡受到破坏，泥沙就必然在水库内淤积，库容因之日渐减少，影响到水库水量的调度运用，特别是在多沙河流上修建水库，水库淤积是个很重要的问题。水库淤积形式和来水来沙条件及库底地形和水库运行方式有密切关系。按水库中水位变化情况，水库可分为三个区域：①回水变动区，即最高、最低库水位回水末端的范围；②常年回水区行水段，即最低库水位回水末端以下区域，此处水流具有一定的流速；③常年回水区静水段，即坝址附近地区，流速很小。

一、坝库淤积状态

(一) 湖泊式水库淤积状态

湖泊式水库由于水流自天然状态急剧地过渡到壅水状态，流速突然降低，颗粒较大的泥沙

集中沉积在壅水淤积区，在回水变动区形成三角洲或冲积扇状沉积地形。

永定河官厅水库的淤积是一个典型的湖泊式水库淤积状态。这个水库含沙量很大，而颗粒组成很细，水库蓄水后，具有完整的三角洲淤积形式。其淤积物分布及粒径的沿程变化如图 6-1 所示。

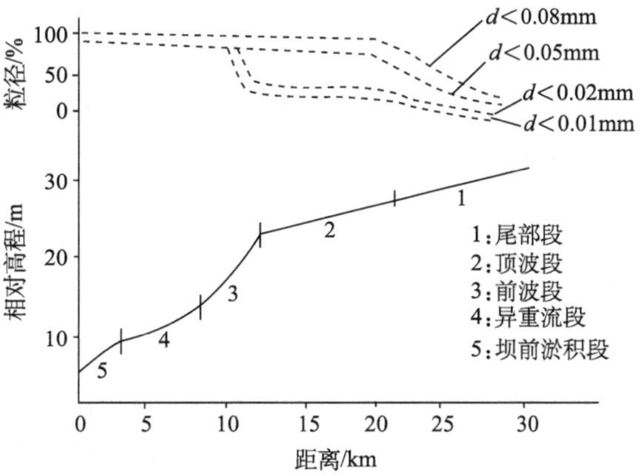

图 6-1　湖泊型水库淤积纵剖面及淤积物粒径沿程变化

根据淤积外形和颗粒级配的沿程变化，淤积地区分为 5 段：①三角洲尾部段；②三角洲顶坡段；③三角洲前坡段；④异重流段；⑤坝前淤积段。

根据观测资料分析，官厅水库淤积在三角洲的沙量占进库总沙量 60%左右，异重流段淤积只占 10%左右，其余 30%淤积在坝前或泄往下游。

（二）河川式水库的淤积状态

河川式水库，流速沿程逐渐减小，从坝前到正常高水位的回水末端，泥沙淤积较均匀，没有明显的三角洲，泥沙成带状均匀分布在库底。

丰满水库是河川式水库，它的淤积状态没有明显的三角洲外形，而成带状的均匀沉积。根据水库运用情况及水流泥沙运行特性，可将水库分为三个区段：①回水变化区；②常年回水区行水段；③常年回水区静水段。

（三）小型水库的锥体淤积形态

在多沙河流上游为保持水土而建造的小型留淤水库，淤积形成锥体，它的纵断面如图 6-2 所示。这种水库回水一般较短，洪水猛涨猛落，兼之泥沙粒径很细，因此在库区造成了由坝前到回水末端范围内极为平坦的淤积，这种形状称为水库淤积的锥形体。

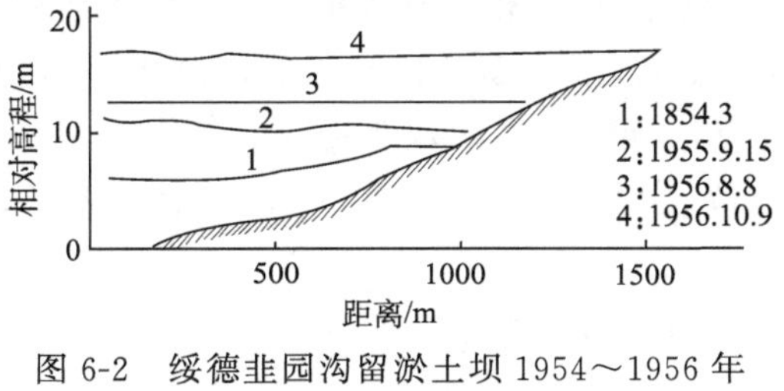

图 6-2　绥德韭园沟留淤土坝 1954～1956 年逐次淤积剖面图

在有异重流的水库行水区常是异重流过渡区，异重流流速很小，可一直接近坝根，若不及时排放，异重流就被迫沿坝面上升，在水深浅的水库中，异重流可浮至水面。因此，可以利用异重流的特点从泄水道内排出部分库水，减少水库淤积。在静水段由于流速小有时甚至等于零，所以泥沙容易淤积，即所谓的坝前淤积段。

水库的淤积方式还取决于水库的运行方式，尤其是在汛期，水库蓄水泄水频繁，水位变幅大，对泥沙的淤积形态影响较大。

二、坝库淤积量的计算

水库泥沙淤积量的计算，一般可以用沙量平衡方法和实测水库水下地形方法进行计算和分析。当水库死库容和取水口高程已确定的情况下，可以通过水库淤积量的计算，从淤积角度推求水库的寿命（使用年限）。

（一）水库淤积年限的计算

粗估水库淤积年限(水库寿命)的方法是将水库的库容(死库容或总库容)除以河流多年平均输沙量(或年平均输沙量减去排沙量)，即

$$T=\frac{V}{W/\gamma_s} \tag{6-22}$$

式中，T 为水库淤积年限(a)；V 为水库的库容(m^2)；W 为河流多年平均输沙量(t)；γ_s 为淤积物的干容重(t/m^3)，一般取 $\gamma_s=1.33t/m^3$。

水库泥沙淤积库容可由下式推得。

$$V=\frac{W}{\gamma_s}\times T=\frac{F\bar{Q}_sT}{\gamma_s} \tag{6-23}$$

式中，F 为水库控制的流域面积(km^2)；$\bar{Q}_s$ 为多年平均输沙量模数(t/km^2)。

（二）水库淤积量计算

当水库所在的河流无实测资料时，可采用下垫面条件(植被、水土流失、地质地貌等)相似的邻近水库的淤积资料，按下式粗略计算

$$W=G\cdot F_{流} \tag{6-24}$$

式中，W 为设计水库多年平均的年淤积量(m^3/a)；G 为参照水库单位水土流失面积上多年平均年淤积量[$m^3/(km^2\cdot a)$]；$F_{流}$ 为设计水库的流域水土流失面积(km^2)。

如在上游另一水库淤积了一部分泥沙，则水库淤积为

$$W=G(F_2-F_1) \tag{6-25}$$

式中，F_2 为该水库坝轴断面以上集水面积(km^2)；F_1 为上游水库集水面积(km^2)。

水库寿命即泥沙淤满死库容的年限，为

$$T=\frac{V_{死}}{W} \tag{6-26}$$

【例 6-1】 某水库在设计中初步确定死库容为 0.19 亿 m^3，水库坝轴断面以上集水面积为 $322km^2$，试计算其水库寿命。在该水库邻近流域有一水库，下垫面条件与该水库基本一致，可作为比拟水库。比拟水库水土流失面积为 $139km^2$，有八年库内淤积观测资料。其中一年是特大洪水，入库沙量很大，经分析相当于百年一遇的数值，淤积量为 110 万 m^3/a，其他七年平均淤积量为 11.7 万 m^3/a。

【解】 比拟水库七年年平均单位水土流失面积淤积量 G_1 为

$$G_1=\frac{11.7\times10^4m^3/a}{139km^2}=0.0842\times10^4m^3/(km^2\cdot a)$$

最大一年平均单位水土流失面积淤积量 G_2 为

$$G_2=\frac{110\times10^4m^3/a}{139km^2}=0.792\times10^4m^3/(km^2\cdot a)$$

由此可得比拟水库单位水土流失面积上，在 100 年内平均年淤积量为

$$G=\frac{G_1\times(100-1)+G_2\times1}{100}$$

$$=\frac{0.0842\times 99+0.792\times 1}{100}$$

$$=0.091\text{m}^3/(\text{km}^2\cdot\text{a})$$

设计水库水土流失面积 $F_{流}=322\text{km}^2$，得

$$W=G\cdot F_{流}$$

$$=0.091\times 10^4\text{m}^3/(\text{km}^2\cdot\text{a})\times 322\text{km}^2$$

$$=29.3\times 10^4\text{m}^3/\text{a}$$

由此可得某水库寿命为

$$T=\frac{V_{死}}{W}=\frac{0.19\times 10^8\text{m}^3}{29.3\times 10^4\text{m}^3/\text{a}}\approx 65\text{a}$$

（三）由坝前淤积高度估算

当坝前淤泥高程达到出水口高程时，出水口被堵塞，水库无法再发挥兴利作用。由此可见坝前泥沙淤高也决定了水库的使用年限。从水库建成蓄水开始至出水口被堵塞为止所需年数即为水库寿命。

坝前淤积高程，可采用参证站资料，用水文比拟法估算，如下式：

$$h_{设}=h_{参}\left(\frac{F_{设}}{F_{参}}\right)^m\left(\frac{V_{参}}{V_{设}}\right)^n \tag{6-27}$$

式中，$h_{设}$、$h_{参}$分别为设计、参证水库坝前年平均淤高(m/a)；$F_{设}$、$F_{盘}$分别为设计、参证水库控制面积(km²)；m、n 为指数，根据湖北，湖南、安徽等省坝前淤高资料分析，一般平均值可取 $m=1.38$，$n=1.29$。$V_{参}$、$V_{设}$为参证，设计水库正常蓄水库容，m³。

水库寿命 T 为

$$T=\frac{H}{h_{设}} \tag{6-28}$$

式中，H 为坝前取水口以下水深(m)。

【例 6-2】 已知某水库控制面积 $F_{设}=422\text{km}^2$，正常蓄水库容 $V_{设}=2.16$ 亿 m³，坝前取水口以下水深 $H=21.5\text{m}$，求该水库坝前平均淤高及寿命。

【解】 因该水库无实测资料，故采用比拟法求算。

据调查，该水库附近有一自然条件类似的水库，且实测坝前年平均淤高 $h_{参}=0.715\text{m/a}$，其控制面积 $F_{参}=1270\text{km}^2$，正常蓄水库容 $V_{参}=3.08$ 亿 m³。将各有关数值代入式(6-27)，则

$$h_{设}=h_{参}\left(\frac{F_{设}}{F_{参}}\right)^m\left(\frac{V_{参}}{V_{设}}\right)^n$$

$$=0.715\left(\frac{422}{1270}\right)^{1.38}\left(\frac{3.08}{2.16}\right)^{1.29}$$

$$=0.715\times 0.332^{1.38}\times 1.42^{1.29}$$

$$=0.715\times 0.218\times 1.57$$

$$=0.25\text{m/a}$$

水库使用年限为 $T=\frac{H}{h_{设}}=\frac{21.5}{0.25}=86\text{a}$

三、坝库淤积的控制

研究水库淤积规律的目的在于对它加以控制和利用，延长水库的寿命。控制水库淤积，一方面要很好地减少河流泥沙的来源，另一方面要采取措施，排泄泥沙，合理运用，减少泥沙的淤积。下面分述一些主要的控制水库淤积的方法。

1. 减少河流入库泥沙量

1) 加强水土保持工作　在水库上游加强水土保持工作，防止水土流失，减少河流泥沙的来源，是减少入库泥沙，防止水库淤积的最根本的措施。水土保持工作的开展，可改良土壤，增加农业产量，减少水库淤积，保持水库的有效库容，保证水库灌区农作物稳产高产。陕北延安地区有森林的汾川河与无森林的杏子河两流域对比(表 6-4)，可见森林在保持水土，减少河流泥沙的效果是很显著的，两者的含沙量相差 14.5 倍，输沙量相差 35 倍。

表 6-4　森林减少泥沙的效益

河流	站名	集水面积 /km^2	森林被覆率 /%	年径流量 /万 m^3	多年平均值			资料年限
					输沙量 /万 t	输沙模数 /(t/km^2)	含沙量 /(kg/m^3)	
杏子河	招安	1 275	0	0.683 1	1 750	13 700	267	1958～1968
汾川河	临镇	1 121	42.8	0.264 3	50	446	18.5	1958～1968
杏子河/汾川河				2.59∶1	35∶1	31∶1	14.5∶1	

注：两流域的其他自然地理条件基本相似

2) 修建淤地坝　水土保持及其有关措施虽是防治淤积的最根本的措施，但需要时间长，对于严重淤积的水库，为延长某一关键性蓄水库运行，可在上游修建一些淤地坝，担负拦泥作用，在经济和工程方面，都有一定的合理性。

(1) 满足关键性控制水库的条件，在流域内不可能是很多，如果这种类型的水库淤死了，找不到合适的库址。必将影响到水利资源开发和防洪减灾。

(2) 控制性的水库淤死了，即使是有条件建设新的水库，但围绕原来水库工程形成的一整套灌溉系统等有可能废弃，将造成极大的经济损失。

3) 引洪淤灌　引洪淤灌就是在水库上游利用合适地形引洪放淤，拦截泥沙，防止大量泥沙入库，延长水库寿命。这是我国北方地区一项因地制宜的水利水保措施。同时也是搞好多沙河流上水库运用管理的重要环节。

2. 水库的排沙减淤和合理运行

1) 排沙减淤

(1) 滞洪排沙：在河道来沙的主要季节将水库泄空，开启闸门，使挟带泥沙的洪水通过水库排出，滞洪排沙效率高，减淤显著。

(2) 异重流排沙：中小型水库因回水短，比降大，含沙量高，一般比较容易产生异重流，排沙效率较大型水库高。

(3) 泄空冲刷：在水库泄空过程中，随着库水位的降落，水流流速增大，冲刷能力不断增强，从而将泥沙排出水库之外。

(4) 基流冲刷：当水库泄空完毕，利用挟沙不饱和的清水基流，溯源冲刷和沿程淘刷主槽淤沙带出库外。

(5) 人工排沙：在水库泄空期间，用人工将主槽两侧的淤沙推向主槽，或将水流导入新开挖的主槽，利用基流及洪水将泥沙带出库外。还有机器排沙，如挖泥船等。

2) 合理选取水库运行方式　目前常用的水库运行方式有3种。

(1) 拦洪蓄水运行：即水库长年蓄水，非汛期拦蓄基流，汛期蓄洪水，水库放水则根据灌溉用水要求而定。这种用水方式，供水保证率高，但因不能排沙，造成了淤积严重的后果，所以只宜用于清水或少沙河流上的水库。

(2) 自由滞洪运行：即水库上不设闸，汛期水库起滞洪作用，非汛期水流"穿堂过"，水库不进行径流调节。该种方式水库排沙效率高，水库淤积少，但不能调节径流，应用范围有限。

(3) 蓄清排沙运行：汛期是主要来沙季节，水库采取空库迎汛或低水位运用。当洪水挟带大量泥沙入库时，排沙减淤，引洪灌溉，其他时间拦蓄径流，蓄水兴利。由于该类水库能蓄水调节，引洪灌溉，充分利用水沙资源，是多沙水库较适宜的运用方式。

汛期蓄水和排沙是水库运行管理中的一对突出矛盾，水库汛期蓄水的目的是为了提高供水保证率，而水库排沙在于延长水库寿命，较长期地发挥水库调节能力。因此，二者既是对立又是统一的，解决水库汛期蓄水和排沙的矛盾，可以采取以下几种办法。

根据水沙分布特点，确定有利排沙时间。我国北方大部分地区的多沙河流的河道来沙主要分布在7月和8月，尤其集中在几次洪峰里，而同期来水量占全年总水量的比值较之沙量所占全年总沙量比值小得多。因之，按照水沙年内分布不均的特点，汛期7月和8月是蓄清排沙运用水库最有利的排沙时间。

根据年际水量变化，灵活运用排沙措施。多沙河流中小型水库，汛期河道水量多为降雨补给，洪水全由暴雨形成，年际水量变化较大，汛期有水大沙多，水小沙少的特点。所以水库运行可视实际情况和天气预报，按照"丰水年多排，枯水年少排"的原则，合理蓄泄，灵活排沙。

在一定的水库来水来沙、库区地形、泄流设施的条件下，水库淤积的程度是受水库运行方式制约，因此，水库的合理运行方式十分重要。

思 考 题

1. 实测泥沙资料充足时，如何推求流域多年平均悬移质输沙量及分析其年内分配、年际变化？实测泥沙资料不足时，如何推求流域多年平均悬移质输沙量及分析其年内分配、年际变化？

2. 影响流域产沙的主要因素有哪些？

3. 黄河下游的输沙量近20多年呈减少趋势，你认为可能由哪些原因所致？

4. 人类活动对流域产沙有何影响？怎样才能有效地减少河流泥沙？

5. 某流域的集水面积 $F=500\text{km}^2$，并由悬移质多年平均侵蚀模数($\bar{M}_s$)分区图查得该流域的 $\bar{M}_s=2000\text{t}/(\text{km}^2\cdot\text{a})$，试求该流域的多年平均悬移质输沙量 $\bar{W}_s$？

6. 测得某流域多年平均年输沙量 $\bar{W}_s=278$ 万 t，该流域面积 $F=700\text{km}^2$，求其多年平均侵蚀模数 $\bar{M}_s$？

7. 测得某流域多年平均的年径流量和年输沙量分别为43.2亿 m^3 和1.6亿 t，试推求该河流的多年平均含沙量？

8. 某流域出口处的多年年平均流量 $Q_0=137\text{m}^3/\text{s}$，各年悬移质年输沙量与年径流量之比的平均值 $\alpha_s=0.037$，推移质与悬移质之比为0.04，试估算该流域的多年平均悬移质年输沙量和多年平均推移质年输沙量？

第七章　流域水文模型

【内容提要】 流域水文模型是对自然界中复杂的水文现象的一种概化，是研究水文自然规律和解决水文实践问题的主要工具。从反映水流运动空间变化而言，流域水文模型可分为集总式模型和分布式模型。本章主要介绍了常用的几个流域水文模型，并概述了流域水文模型的应用。

第一节　概　　述

自然界中的水文现象是一种许多因素相互作用的复杂过程。这种过程的规律，多年来科学家和水文工作者一直在不断探索和研究，但迄今很多问题尚未解决，严格的规律仍有待进一步探求。在没有找到复杂水文现象(原型)令人满意的规律之前，通过建立模型近似地去模拟，如管流运动、明渠水流、河流泥沙运动等要做模型试验以探求其规律一样，应当认为是一种合理可行的途径。

仿原型制造模型叫做“模拟”，模拟工作首先就要制作一个“模型”。对水文学问题来说，也可以认为模型是描述一种现象转换为另一种现象的工具。由流域降雨过程转换为流域出口断面的径流过程，就是其中的一个例子。这时，要构建一个降雨—径流模型，用它来模拟未来的(预报)或过去的(展延径流系列)径流过程。

过去的水文分析计算大多是针对某一个水文环节(如产流、汇流等)进行的，由于计算机的出现，从20世纪50年代中期起，开始把水文循环的整体过程作为一个完整的系统来研究，并在50年代后期提出了“流域模型”的概念，随即有SSARR模型(1958)和Stanford模型(1959)等模型出现。这些模型能够定量分析流域出口断面流量过程线形成的全部过程，包括降水、蒸发、截留和下渗；包括地表径流、壤中流、地下径流的形成；也包括坡面调蓄和河网调蓄。

实际上，上述SSARR模型和Stanford模型只是水文模型的一部分，而水文模型则是一个广义的名词，它大体可按以下4个方面来分类。

(一) 按模型所涉及的范围分类

(1) 全球范围的水文气象模型，即大气环流加地面水文系统，主要属于气象方面的。

(2) 一个国家或某一区域的模型，对这种模型的参数要做地理综合。

(3) 一个流域的水文模型。

(4) 实验流域或实验场，它们本身就是模型的原型。

(5) 实验室的水文模型。

(6) 单棵树的蒸散发模型。

(二) 按模型所研究的对象分类

(1) 径流模型,可分为地表径流模型和地下径流模型。

(2) 水质模型。

(三) 按模型所研究的内容分类

(1) 研究水循环某子系统的模型,如蒸散发模型、下渗模型、地下水模型等。

(2) 研究流域水循环全系统的模型,即流域水文模型。

(3) 研究某地区或某流域水资源综合利用的模型。

(四)按模型的基本性质和建模技术分类

1. 实体模型

1) 比例尺模型　比例尺模型和一般的水力学模型、水工模型、河流泥沙模型相类似,是按几何和力学上的相似性来考虑的。但是,事实上,水文相似性的问题远比水力学、水工、泥沙等模型的相似性要复杂得多。在确知长度比例尺的情况下,水文工作者很难应付模型其他方面比例尺的设计,所以早年设计研制的这种比例尺模型大都投资大,工期长,且成效不大。例如,美国陆军工程师团设计的密西西比河中下游防洪水文模型,花了近 20 年时间才完成。因此,最近已经很少有人再作这种模型了。

2) 单项因素试验模型　这种模型无明确的比例尺概念,而只做单项水文现象的试验,通过试验,探索水文现象某一过程(如汇流过程、产流过程)的物理规律。如在实验室内进行的黄土下渗规律实验研究。

2. 类比模型

类比模型(Analog model)是以另一现象的物理性质类比水文现象的物理性质,借此以便于观测或形象化。例如,根据渗流的达西定律与电流的欧姆定律之间的相似性进行类比的电模拟模型,就是其中一个例子。

通过这样的类比关系,在电模拟模型中画出的等势线和电流线就分别相当于地下水流网的等水位线和流线。

这种类比模型目前在水文学的研究中用得较少。

3. 模拟模型

前已述及,仿原型制造模型叫做模拟(Modeling 或 Simulation),模拟工作首先就要构建一个模型,称为建模。模拟模型详细仿制(模拟)水文现象的重要特性,但并不仿造水文现象的本身。目前,水文学上的模拟模型一般都是指用数学方法进行模拟的模型,所以模拟模型习惯上又叫数学模型。这种模型是以数学上的定量方式来表达水文原型,并用数字电子计算机进行模拟计算。数学模型可以模拟水文现象的各种性质,主要指必然性和偶然性,必然性就是确定性,偶然性就是随机性。

(1) 确定性模型数学模型可以模拟水文现象的必然性规律,即成因规律,这就是确定性模型(Deterministic model)。确定性模型的建立要以水文现象的因果关系为基础,它又可以分为以下 4 类。

数学物理模型:数学物理模型是以数学物理方法对水文现象进行模拟的模型。这种方法要使用一些物理的、水力学的方程对客观条件予以概化。

概念性模型:概念性模型(Conceptual model)是以水文现象的物理概念为基础进行模拟的,它所模拟的不完全是真的物理实体,而要对物理现象进行概化。例如,概念性模型常把流域的包气带概化成两层,以便有效地模拟径流的形成。其中,上层代表疏松的表土层,下层代表较坚实的土层。数学物理模型是用物理学的方法对水文现象进行简化,如三维问题简化为一维问题,概念性模型则是用水文学方法对水文现象进行简化,如用流域平均降雨量代替流域各点的降雨量等。

概念性模型可以模拟水循环的整个系统,称为整体模型,也可以模拟水循环的某些过程(如产流过程或汇流过程),称为分量模型。如果是对一个流域,则整体模型称为流域水文模型,分量模型则有产流模型、汇流模型、蒸散发计算模型、土壤含水量模型等。

概念性模型还有线性和非线性之分。一个系统,如果输入的是 x_1+x_2,而跟着发生的输出则为 x_1和 x_2分别发生的输出之和,则这样的系统称为线性系统,其模型叫做线性模型,可应用叠加原理。单位线就是线性系统的典型例子。流域水文模型中的汇流常用线性系统(当然也有非线性系统),而产流则多为非线性系统,如多变量的暴雨—径流相关图等。因此,从整体的流域水文模型来说,都是非线性的。

回归模型:回归模型是用回归分析的方法确定预报值(倚变量)与预报因子(自变量)之间的相关关系。从模型的性质来看,这种模型是确定性的,但方法则是数理统计学的。回归模型用于中长期径流预报的比较多,也有用于短期洪水预报的。所用方法主要是一元或多元的线性回归分析方法。

系统理论模型:系统理论模型又叫系统响应模型。这种模型在进行流域降雨径流预报或河道洪水演进预报时,采用系统理论的方法求出一个脉冲响应函数。在推求脉冲响应函数时一般也采用回归分析方法。如总径流线性响应模型(TLR)和线性扰动模型(LPM)就都是这种模型。

(2) 统计(随机)模型。任何水文过程不可避免地包含某些随机性,如果数学模型(模拟模型)是模拟水文现象随机性的,则称为统计模型或随机模型。统计模型是模拟水文现象统计规律(随机规律)的。频率计算、回归分析(相关分析)就是统计模型的例子。径流资料的随机生成则常被称为随机水文学。

随机水文学是利用随机过程的理论和电子计算机技术来建立随机水文模型,以之模拟(生成)随机的水文时间系列,如年径流系列、月径流系列和日径流系列。

(五) 按模型设计的空间变化分类

1. 集总式模型

集总式模型(lumped model)认为流域表面上各点的水力学特征是均匀分布的,对流域表面任何一点上的降雨,其下渗、渗漏等纵向水流运动都是相同和平行的,不和周围的水流发生任何联系,因此整个流域被当作一个单元体,只考虑水在单元内的纵向运动。系统模型和概念模型都是集总式模型。

2. 分布式模型

分布式水文模型(distributed model)则认为流域表面上各点的水力学特征是非均匀分布的,水流在流域表面上分布不均匀,应将流域分为很多个小单元,在考虑水流在每个小单元内的纵向运动时,也要考虑各个小单元之间水量的横向交换。一般的物理模型都是分布式模型。

第二节　集总式水文模型

集总式水文模型将整个流域当作一个单元体，只考虑水在单元内的纵向运动。常见主要有系统模型和概念模型。系统理论模型又叫系统响应模型，这种模型在做流域降雨径流预报或做河道洪水演进预报时采用系统理论的方法求出一个脉冲响应函数，系统在特定环境下，对流域的输入产生响应，转化为输出。根据水文循环概念，采用概化和推理的方法对流域水文现象进行数学模拟，以建立有水文逻辑关系的一系列数学方程组，用以计算流域系统的径流输出，这样的模型称为水文概念性模型。下面介绍几类国内外有代表性、且不是很复杂的概念性模型。

一、水箱(Tank)模型

水箱模型(Tank Model)是由日本国立防灾科学研究中心菅原正巳博士于1961年提出的，由于该模型概念简单，弹性较大，在国内外已有不少应用。

(一) 水箱模型的结构

水箱模型以水箱中水深为参数来计算流域内降雨—径流关系及汇流过程。简单的水箱模型包括一系列垂直串联水箱，每个水箱有边孔与底孔，如图7-1所示，边孔出流代表径流，底孔出流代表下渗，同时它又是下一层水箱的入流。该层有三个参数；一是边孔高度 Z，二是边孔出流系数 C，三是底孔出流系数 K。设 P 代表时段降雨量，E 代表时段蒸发量，H 代表蓄水深，Y 代表时段径流量，S 代表时段下渗量，对于 t 时段来说，则有

$$Y(t)=C[H(t)-Z]$$
$$S(t)=KH(t) \tag{7-1}$$

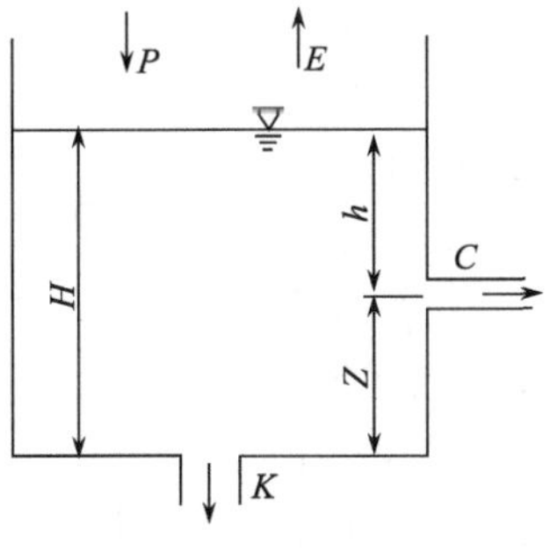

图7-1　水箱的基本结构

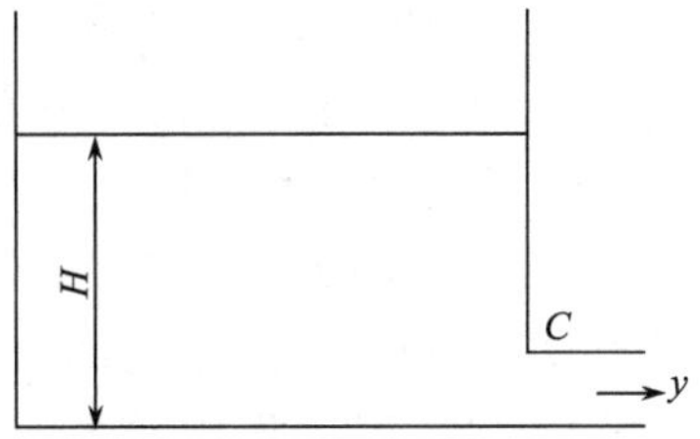

图7-2　最简单的水箱

时段内水箱蓄量的变化为

$$\Delta H=P(t)-E(t)-Y(t)-S(t) \tag{7-2}$$

最简单的水箱模型没有底孔，边孔出流可以看作是不透水面积上的直接径流(图7-2)，其出流与蓄量成正比，则有

$$Y(t)=CH(t) \tag{7-3}$$

如加一底孔，若边孔的高度为 Z，则蓄量 H 在 Z 以下无径流，只有下渗(图7-1)。其表示

式为式(7-1)。

如边孔有两个，高度分别为 Z_1 和 Z_2(图 7-3)，则有

$$\left.\begin{array}{ll}\text{当}\quad H(t)<Z_1\text{ 时}, Y(t)=0 & S(t)=KH(t)\\ \text{当}\quad Z_1\leqslant H(t)\leqslant Z_2\text{ 时}, Y(t)=C_1(H(t)-Z_1) & S(t)=KH(t)\\ \text{当}\quad H(t)<Z_2\text{ 时}, Y(t)=C_1(H(t)-Z_1)+C_2(H(t)-Z_2) & S(t)=KH(t)\end{array}\right\}\tag{7-4}$$

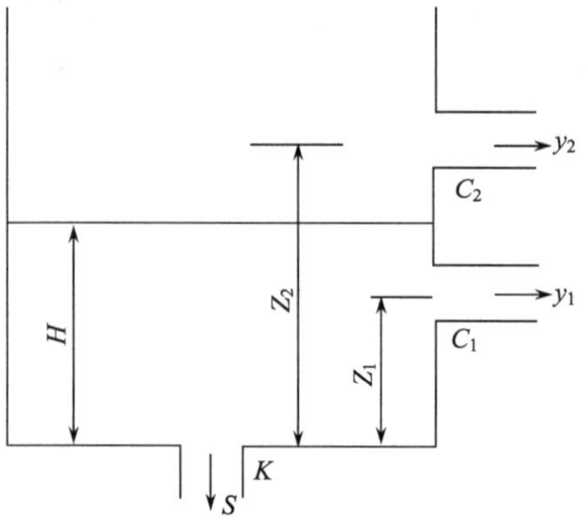

图 7-3 开两个孔的水箱

在这种情况下，径流—蓄水关系成为折线形，表示其出流的非线性效果，如果边孔开的更多，则更接近于曲线形。

一层水箱模型一般不能完全反映流域径流形成的复杂条件，常设置多层水箱模型(图 7-4)。可以认为顶层水箱相应于地表结构，边孔出流代表了地面径流；第二层相应于土壤非饱和带，边孔出流代表了壤中流；第三、四层相应于潜水(或地下水)结构，其边孔出流代表了浅层(深层)地下径流。多层的水箱模型，可以大致反映垂向不同水分带和不同的径流成分；也可以反映在不同降雨条件下，各种径流成分的不同作用以及前期降雨对本次径流的影响。如图 7-5 所示，从图中可以看出几种不同情况，其中(a)图是前期退水后，当有高强度大量降水时，上层水箱在径流中起主要作用，可以形成高大的洪峰；(b)图是长历时低强度降水的情况，第二层水箱起主要作用，可以形成矮胖的壤中流洪峰；(c)图是雨后退水期，第三层水箱起主要作用。其大致与自然界的径流形成及其发展过程相一致。

在湿润地区，简单地用 2～4 个垂直水箱系列就能够模拟流域的降雨径流关系。

在干旱或半干旱地区，或在湿润地区的干旱季节，考虑土壤水的作用可在水箱中增设一个土壤水层，即将土壤水层分为两部分为主的土壤水层(上层)和次土壤水层(下层)。当有降水时，雨水首先供给上层直到上层饱和，然后剩余降雨作为第一层水箱的自由水，其中一部分下渗到第二层水箱，另一部分作为地表径流流出，而上层的水分逐渐缓慢地供给下层。如果干旱，第一层水箱的自由水耗尽时，则由上层的水分供给蒸发，当上层的水分耗尽时，则蒸发水分由下层土壤水和第二层水箱的自由水供给。当第一土壤含水层(上层)未达饱和，下一层水箱有自由水时，由于毛管作用，水分上升，补充到上层中来。各层水分的传递通过输送速率来描述。

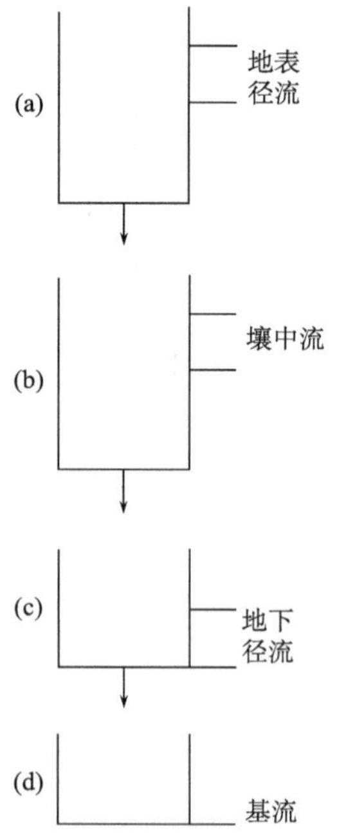

图 7-4 串联水箱模型示意图

在非湿润流域，一部分地区湿润，其余地区则干旱。只有在湿润面积上才产生地表径流，而在干旱面积上所有的雨量被土壤所吸收成为土壤含水量。当雨季开始时，湿润面积由河沿小块而逐渐扩大。为了近似估计湿润面积的连续变化，把流域分成 S_1，S_2，S_3，…，S_n 个带子，如图 7-6 所示。这类似于用阶梯函数来代替光滑曲线来近似。分成 m 个带之后，每个带用一个顶层水箱具有土

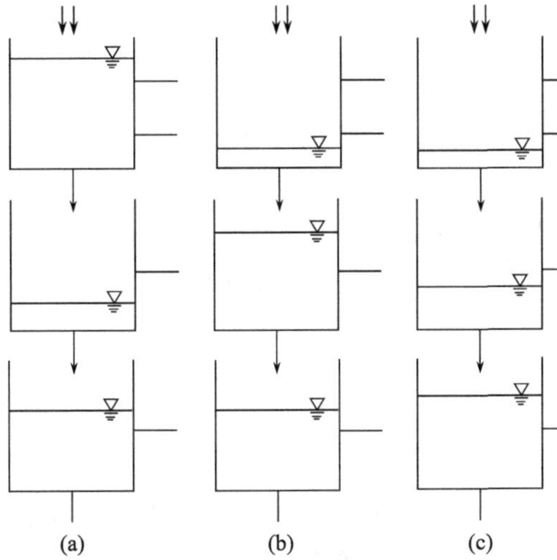

图 7-5　三层水箱的作用

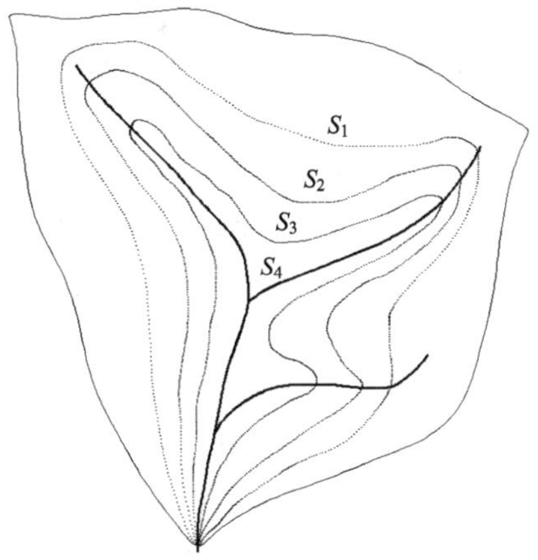

图 7-6　流域的分带

壤含水量结构的单位水箱模型来进行模拟，这样就构成一组并联水箱模型，由 $n \times m$ 个水箱组成，如图 7-7 所示。

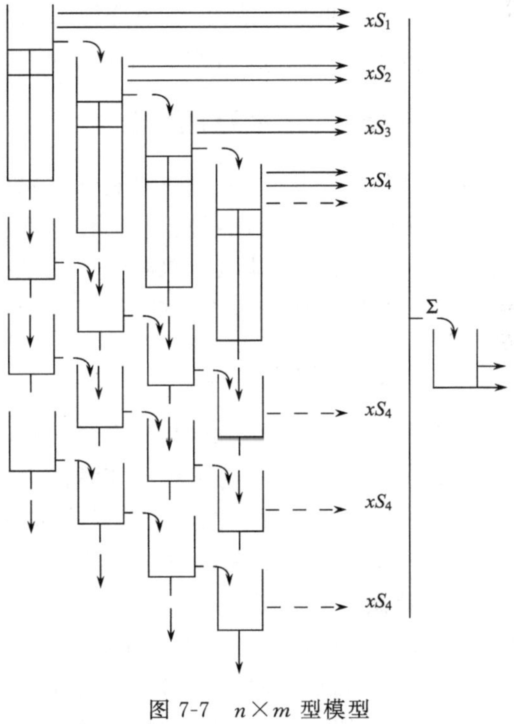

图 7-7　$n \times m$ 型模型

（二）模型的建立与参数选定

流域水箱模型的建立，一般情况下可分为基本结构的设计和参数的选定，二者密切联系，首先是设计模型结构，再选定模型参数，但在通过模型参数的试选时，往往还要重新来调整与修改模型结构，然后又调试出新的参数，不断反复使模型达到最优状态。

模型结构设计一般情况下，计算洪水，多用二层或三层的水箱模型；在径流连续计算或枯水预报时，多用三层或四层的水箱模型。洪水模型的第三层，仅仅是为了想要较长时间拟合洪水波形的底部，如为了一般的目的，二层水箱就足够了。如果几天内连续发生洪水时，把他视为一场洪水，想要使所有中间流量都很好地拟合，第三层是必要的。第四层水箱常用以模拟速度较慢的深层地下径流，该层的出流孔一般设在箱底，并且不开底孔。第一层一般开两个孔，但为了模拟特别陡峭的大洪水，也有开三个孔的。第二层一般开一个或两个出流孔，第三层开一个孔。

计算时段 ΔT 的选取应考虑流域特性，如流域面积、坡度、植被、形状等。一般地，当面积大、坡度缓、植被好的流域，ΔT 可取长一些，反之，应取短一些，目的是使时段 ΔT 内的流量变化接近直线。

然而，水箱模型的难点就是模型参数的调试优选。因为该模型是一种隐式的非线性结构，目前还没有直接估算的数值计算方法,需要采用试错的调试方法。例如,对于图 7-1 所示的最简单的水箱模型,$(K+C)$的大小决定了流量过程线的形状,加大$(K+C)$,可使过程线尖瘦;减小$(K+C)$,可使过程线矮胖,C/K 的大小决定了出流总量。C 大,出流量大,下渗量小;K 大,结果则相反。因此,在调试参数时,若发现总量符合,过程线形状拟合欠佳,则可调整$(C+K)$;反之,应当调整 C/K。

根据一般的经验,一、二层水箱模型可用于模拟次洪水;二、三、四层水箱可用于模拟年或多年的流量过程线。就目前国内外应用该模型总的情况看,水箱模型使用的效果是好的。

水箱中各孔的出流 Y 和下渗量 S 与水箱内的蓄水深度 H 成比例关系。

(三) 水箱模型的特点

水箱模型具有以下特点。

(1) 模型结构简单、计算方便。如果手工操作,对各层水箱的参数确定后,可事先制作查算表,计算洪水过程,只需列表可快速查算。在计算机上很容易实现连续演算或实时作业预报。

(2) 模型弹性大。可根据流域的特点,选不同类型(溢水型、蓄水型及带有土壤层结构等),分层水箱可多可少,侧孔可多可少。既可作洪水预报,又可作枯水或融雪预报。

(3) 模型是非线性结构,考虑分层汇流计算,出流系数从下层到上层依次增大,降雨越大,最上层蓄水箱水深增加,出流也加速加大,这种非线性汇流特性可以提高计算精度。

二、新安江(三水源)模型

该模型是河海大学(原华东水利学院)赵人俊等 1973 年对新安江水库作入库流量预报工作中提出来的降雨径流流域模型,简称新安江模型。它的特点是认为湿润地区主要产流方式为蓄满产流,所提出的流域蓄水容量曲线是模型的核心。近几十年,新安江模型不断改进,已成为具有我国特色应用较广泛的一个流域水文模型。

(一) 模型的结构

新安江模型是分散性模型,把全流域按泰森多边形法分块,每一块称为单元流域。对每个单元流域作产汇流计算,得出单元流域的出口流量过程。再进行出口以下的河道洪水演算,求得流域出口的流量过程。把每个单元流域的出流过程相加,求出流域出口的总出流过程。每单元流域的计算流程如图 7-8 所示,其中方框内是状态变量,方框外为模型参数。

1. 产流量的计算

新安江模型的产流量计算采用蓄满产流假定。模型把流域内各点的蓄水容量概化成一条抛物曲线。按蓄满产流模式进行产流量计算。

在实际的新安江模型中,增加了流域不透水面积占全流域面积之比参数 IMP,可用于描述半湿润地区产流量。

2. 蒸散发计算

新安江模型中的蒸散发计算多采用三层蒸发计算模式。它的输入是蒸发器实测水面蒸发和流域蒸散发能力的折算系数,模型参数为上层蓄水容量 WUM、下层蓄水容量 WLM 和深层蒸发系数 C。

各层蒸散发的计算思路是:上层按蒸散发能力蒸发;上层含水量不够蒸发时,剩余蒸散发能力从下层蒸发;下层蒸发与剩余蒸散发能力及下层含水量成正比,与下层蓄水容量成反比。

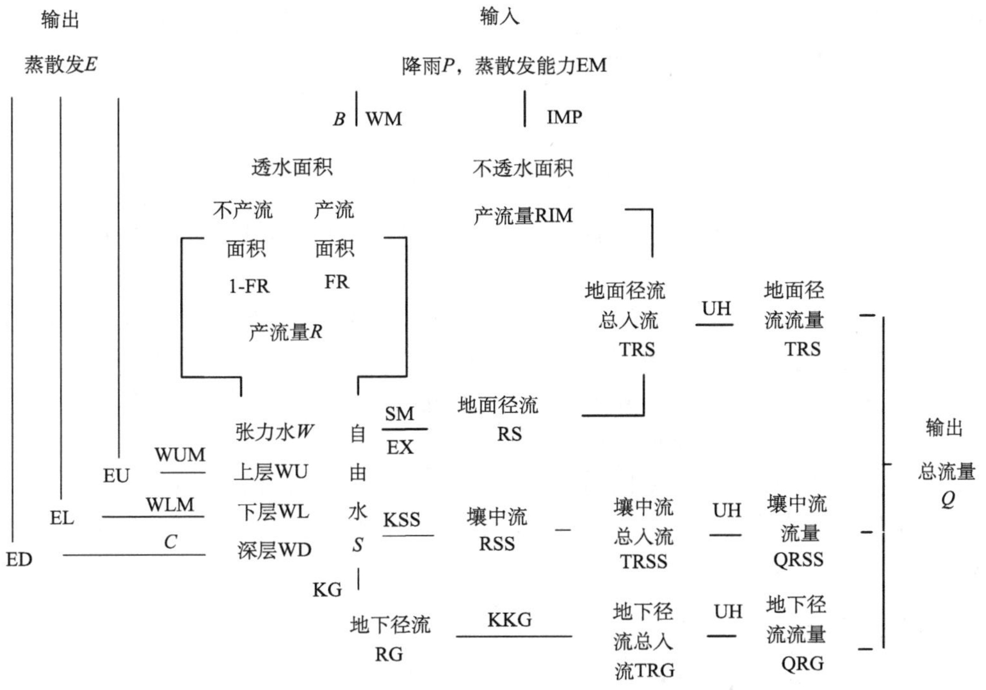

图 7-8　新安江(三水源)模型流程图

要求计算的下层蒸发量与剩余蒸散发能力之比不小于深层蒸散发系数 C，否则，不足部分由下层含水量补给，当下层水量不够补给时，用深层含水量补给。

3. 水源划分

水源划分是新安江模型结构最重要的几个部分之一。二水源新安江模型主要通过调试稳定入渗 FC 参数划分水源，而三水源新安江模型去掉了参数 FC，采用一个自由水蓄水库进行水源划分方式。自由水蓄水库的结构如图 7-9 所示。其中自由水库设置两个出口，其出流系数分别记为 KSS 和 KG，产流量 R 进入自由水水库内，通过两个出流系数和溢流的方式把它分成地面径流(RS)、壤中流(RSS)和地下径流(RG)。地下径流(RG)再经过地下水库调蓄，可得到地下水对河网的总入流 TRG，壤中流(RSS)可以认为是对河网的总入流 TRSS。

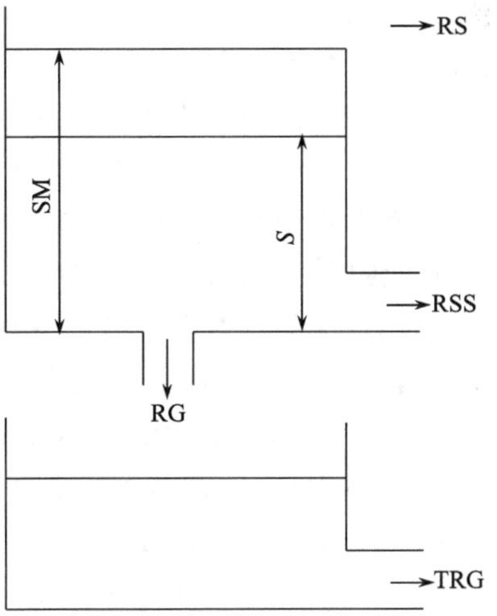

图 7-9　自由水蓄水库的结构

4. 汇流计算

三水源新安江模型的流域汇流计算包括坡地和河网两个汇流阶段。

(1) 坡地汇流计算。三水源新安江模型中把经过水源划分得到的地面径流直接进入河网，成为地面径流对河网的总入流(TRS)。壤中流(RSS)流入壤中流蓄水库，经过壤中流蓄水库的调蓄(记壤中流水库的消退系数为 KKSS)，成为壤中流对河网的总入流(TRSS)。地下径流(RG)经地下水库调蓄(地下径流日退水常数 KKG)，成为地下水对河网的总入流(TRG)。

(2) 河网汇流计算。三水源新安江模型采用了无因次单位线模拟水体从进入河槽到单元出口的河网汇流。单位线的分析方法是：先在本流域或邻近流域，找一个有资料的、面积与单元流域大体相近的流域，然后分析出地面径流单位线，可作初值应用。

计算公式为

$$Q(t)=\sum_{i=1}^{N}\mathrm{UH}(i)\mathrm{TR}(t-i+1) \tag{7-5}$$

式中，$Q(t)$为单元出口处 t 时刻的流量值；UH 为无因次时段单位线；N 为单位线的历时时段数。其他符合意义同前。

可见，流域汇流计算的输入是单元上的地面径流(RS)、壤中流(RSS)、地下径流(RG)及计算开始时的单元面积上的壤中流流量和地下径流流量值。参数包括壤中流水库的日消退系数(KKSS)、地下水蓄水库日消退系数(KKG)及单位线转换系数(U)、无因次单位线(UH)和历时(N)。输出为单元出口的流量过程。

新安江模型的河道洪水演算采用马斯京根方法或者分段连续演算法。

将前述各个部分子模型结合在一起，便构成应用于流域降雨——径流计算的新安江(三水源)模型。

(二) 模型的参数及调试

新安江模型的参数有以下几个。

(1) K：流域蒸散发能力 E_m 与实测水面蒸发值 E_i 之比，简称蒸发折算系数。

(2) IMP：不透水面积占全流域面积之比。

(3) B：蓄水容量曲线的方次。它反映流域上蓄水容量分布的不均匀性。一般经验，流域越大，各种地形地质组合越多样，B 值也越大。在山丘区，很小面积(数平方公里)的 B 为 0.1 左右，中等面积(300km^2 以内)的 B 值为 0.2～0.3，较大面积(数千平方公里)的 B 值为 0.3～0.4，可供选初值参考。

(4) WM：流域平均蓄水容量(mm)。为了较精确计算土壤蒸散发量，常将 WM 分为三层，即 WM＝WUM＋WLM＋WDM，其中 WUM 为上层蓄水容量(模型参数)，它包括植物截留量，在植被与土壤颇差的流域，为 5～10mm。WLM 是下层蓄水容量(模型参数)，可取 60～90mm。WDM 是深层蓄水容量(模型参数)，由 WM－WUM－WLM 求出。

(5) C：深层蒸散发系数。它决定于深根植物占流域面积之比，同时与 WUM 和 WLM 有关。一般经验，在江南湿润地区 C 值在 0.15～0.2，而在华北半湿润地区 C 值在 0.09～0.12。

(6) SM：自由水蓄水容量(mm)，它反映了水源比例的变化，需优选确定。

(7) EX：自由水蓄水容量曲线指数。

(8) KG：地下水出流系数。

(9) KSS：壤中流出流系数。

(10) KKG：地下径流的消退系数。

(11) KKSS：壤中流的消退系数。

(12) UH：单元流域上地面径流的单位线(无因次)。

(13) KE：单元河段的马斯京根模型参数 K 值。

(14) XE：单元河段的马斯京根模型参数 X 值。

所以，三水源的新安江模型共有16个参数，其中产流计算参数11个（K，IMP，B，WM，WUM，WLM，C，SM，EX，KG，KSS），汇流计算参数4个（KKG，KKSS，KE，XE），再加上无因次单位线UH(i)。

新安江模型的参数有明确的水文概念，原则上它们可以单独确定。常用的办法是先按实测值或类似经验确定参数作为初始值，然后分部分进行人工调试，最后协调各部分进行优选。目前经验有：多年总径流量决定K。年径流、季径流、久旱后的径流决定WUM、WLM与C。次洪径流总量决定WM、B、IMP。地下径流决定KKSS和KKG。地面径流过程线决定UH、KE和XE。最后，应以流量过程线作为最客观统一的优选目标。

三、SCS 模型

SCS模型（Soil Conservation Service，简称SCS）是美国农业部水土保持局提出的。在美国及其他一些国家得到较广泛的应用。SCS模型有如下几方面的特点。

(1) 在降雨径流关系上，SCS模型考虑了流域下垫面的特点，如土壤、坡度、植被、土地利用等。

(2) 它可应用于无资料流域。

(3) 它能考虑人类活动对径流的影响，也就是说它能针对未来土地利用情况的变化，预估降雨径流关系的可能变化。

(4) 模型结构简单，使用方便。例如，产流方面就只有一个参数。

因此，SCS模型比较适用于小流域以及城市水文学计算和防洪规划设计。

(一) SCS 模型的产流计算

水土保持局通过大量资料分析，得出SCS模型的降雨—径流基本关系为

$$\frac{F}{S}=\frac{R}{P-I_a} \tag{7-6}$$

式中，P为降雨量(mm)；R为径流量(mm)；I_a为初损(mm)；F为后损(mm)；S为流域当时的最大可能滞留量(mm)，它是后损的上限。

按水量平衡原理有

$$P=I_a+F+R \tag{7-7}$$

把式(7-6)和式(7-7)相结合，消去F，考虑到初损未满足时不产流，得

$$\left.\begin{aligned} R&=\frac{(P-I_a)^2}{P+S-I_a}, & P&\geqslant I_a \\ R&=0, & P&<I_a \end{aligned}\right\} \tag{7-8}$$

上式就是SCS模型的产流计算公式。因为I_a不易求得，为了使计算简化，消去一个变量，引进一个经验关系为

$$I_a=0.2S \tag{7-9}$$

将上式代入式(7-8)，得

$$\left.\begin{aligned} R&=\frac{(P-0.2SI_a)^2}{P+0.8S}, & P&\geqslant 0.2S \\ R&=0, & P&<0.2S \end{aligned}\right\} \tag{7-10}$$

S 值的变化幅度很大，从实用出发，模型引入一个无因次参数 CN，称为曲线号码（Curve number）与 S 建立经验关系，即

$$S=\frac{25\ 400}{\text{CN}}-254 \tag{7-11}$$

式中，CN 是一个综合反映前期土壤湿润程度、流域坡度、土地利用方式和土壤类型等因素的综合参数。SCS 模型根据前期降水量的大小将前期水分条件划分为干旱、正常和湿润 3 个等级，并收集整理了不同土地利用方式和土壤类型的 CN 值，制作了 CN 查算表供使用。

当每次降雨之后，已知降雨量 P，根据所在流域的土地利用方式、处理情况、水文条件以及土壤类别，查 CN 值表，得 CN 值，代入式(7-11)算出 S 值，再用式(7-10)计算产流量（净雨量）。若要分时段计算净雨量，采用式(7-10)计算由降雨开始到 t_1 时刻为止的降雨量 P_1 的净雨量 R_1，再计算由降雨开始到 t_2 时刻为止的降雨量 P_2 的净雨量 R_2，则时段 t_1 至 t_2 的净雨量为 R_2-R_1。

（二）SCS 模型的汇流计算

1. 无因次单位线确定

在汇流计算中，SCS 模型是用一条统一的无因次单位线来计算出流过程线的。无因次单位线的纵标为 q/q_p，横标为 t/t_p。模型用下述经验公式推求单位线洪峰流量为

$$q_p=\frac{0.208FR}{t_p} \tag{7-12}$$

式中，q_p 为净雨为 25.4mm 的单位线洪峰流量（m^3/s）；R 为净雨量（$R=25.4$mm，该式由 1 英寸单位净雨的英制公式转换而来，故仍沿用该数值）；F 为流域面积（km^2）；t_p 为峰现时间(h)。

t_p 与汇流时间 t_c 建立如下关系：

$$t_p=\frac{2}{3}t_c \tag{7-13}$$

t_c 通过滞时 L 的关系求出，L 的计算公式为

$$L=\frac{l^{0.8}\ (S+25.4)^{0.7}}{7069y^{0.5}} \tag{7-14}$$

$$t_c=\frac{5}{3}L \tag{7-15}$$

式中，L 为滞时(h)；t_c 为汇流时间(h)；l 为水流长度(m)；y 为流域平均坡度(%)；S 为流域当时的最大可能滞留量(mm)。

由上述各式求得 q_p 和 t_p 之后，便可将无因次单位线转化为时段单位线。

2. SCS 汇流计算

利用产流计算公式求出每一时段内的径流量，与单位线相乘，按叠加定理可得出流过程。

如进行城市水文计算时，当城区管网排水系统发达，还可将其作用设想为 N 个等效串联管道模型，采用马斯京根方法进行演算，最终求得城区雨洪汇流的出水过程，概念化的流程如图 7-10 所示。

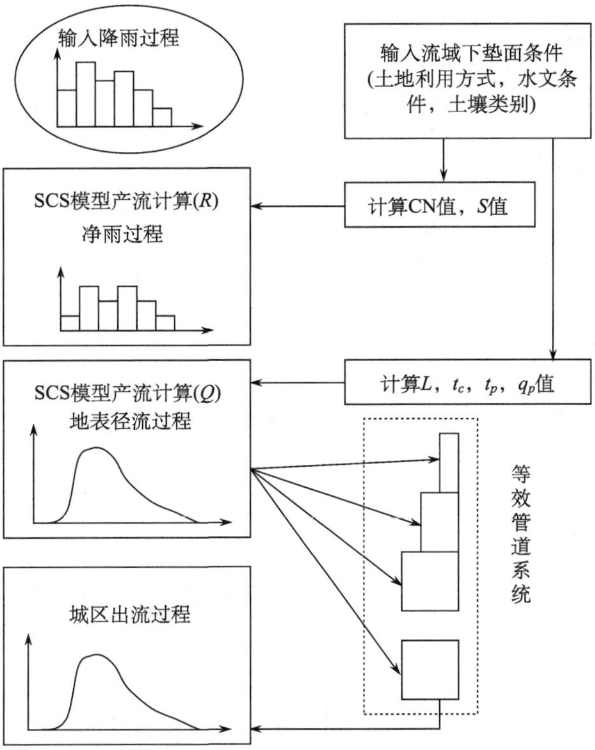

图 7-10　城区排水系统模拟流程示意

第三节　分布式水文模型

传统的流域水文模型一般指集总式水文模型，即输入（降雨和蒸发）是以流域面上的总量为标志的径流模拟模型。分布式流域水文模型则以分布式流域下垫面、分布式输入量作为标志，是在 GIS 支持下发展起来的新一代流域水文模型。分布式流域水文模型的核心就是在 DEM 之上，构造基于网格单元的产、汇流计算模型。

目前，基于 DEM 的分布式水文模型分以下 3 种类型。

(1) 使用一些物理学的、水力学的微分方程，应用数值分析，基于网格单元求解径流的时空变化而建立的模型，这类模型称紧密耦合分布式流域水文模型。如 SHE 模型及其变形，这也是人们所指的具有物理基础的分布式水文模型，也称为第一类分布式流域水文模型。

(2) 在每一个水文响应单元或子流域上，应用现有的概念性集总模型来推求净雨，再进行汇流演算，最后求得出口断面流量，这类模型也称松散耦合型分布式水文模型。如分布式新安江模型和 SWAT 模型，此类模型也称为第二类分布式水文模型。

(3) 基于 DEM 推求地形空间变化信息，利用地形信息，如地形指数，用统计方法求得出口断面流量，这类模型也称半分布式水文模型，或第三类分布式水文模型，如 TOPMODEL。

分布式流域水文模型的一般结构如图 7-11 所示。

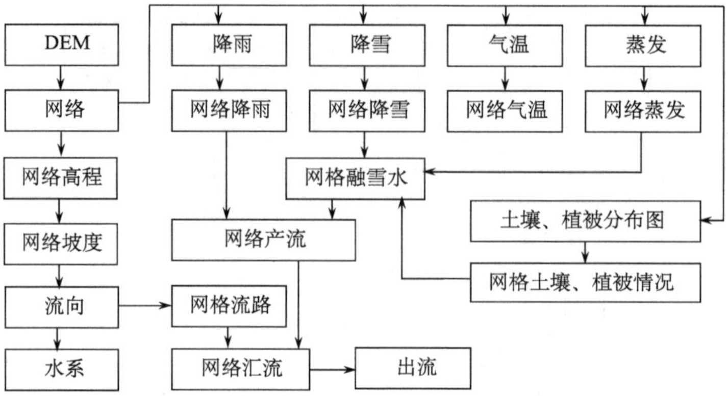

图 7-11　基于 DEM 的分布式水文模型的基本结构

一、MIKESHE 模型

M1KESHE 是丹麦水工试验所在 20 世纪 90 年代初开发的分布式流域水文模型。其模型总体结构如图 7-12 所示。

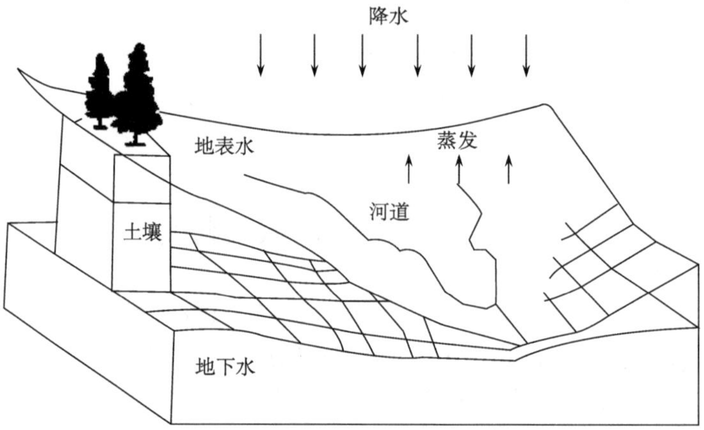

图 7-12　MIKESHE 模型原理示意图

MIKESHE 属于第一类分布式流域水文模型，模型应用数值分析的方法建立相邻网格单元之间的时空关系，在平面上把流域划分成正方形规格网格，在垂向上，划分成几个水平层，处理土壤水运动。模型以模块化结构建立，包括地表水流运动模块、地下水流运动模块、融雪模块等。

（一）水流运动模块

描述植物截留、蒸散发、下渗、坡面汇流、河槽汇流、壤中流汇流及地下水汇流等径流形成环节。每个径流形成环节的过程模拟由一个子模块实现，6 个子模块相互衔接，构成完整的流域径流模拟。

1. 林冠截留模块

采用林冠截留容量经验公式计算截留容量为

$$I_{max} = C_{int} \times LAI \tag{7-16}$$

式中：I_{max}为截留容量，即最大截留量(mm)；C_{int}为截留系数，表示单位面积林冠截留能力，通常取值0.05；LAI为林冠枝叶面积指数(mm)。

2. 蒸散发模块

在森林流域，实际的蒸散发包括土壤蒸发、林冠截留蒸发及植物散发。

(1) 截留层蒸发。林冠截留潜在蒸发量指计算时段内可能的最大蒸发量 $E_p\Delta t$，当降雨小于 $E_p\Delta t$ 时，至多把降雨全部蒸发；当降雨大于等于 $E_p\Delta t$ 时，按潜在蒸发量计算林冠实际截留蒸发量。林冠截留潜在蒸发量取 I_{max}与 $E_p\Delta t$ 中的小者。

$$E_{can} = \min(I_{max}, E_p\Delta t) \tag{7-17}$$

式中，E_{can}为林冠截留潜在蒸发量(mm)；E_p为流域蒸散发能力(mm/h)；Δt 为计算时段(h)。

(2) 植物散发。植物散发实质是模拟土壤下层蒸发，即认为土壤下层水分的消耗是通过植物根系吸收土壤水分，再经过树干输送，最后经植物枝叶向空中散发。表达式为

$$E_{at} = f_1(\mathrm{LAI}) f_2(\theta) \mathrm{RDF} E_p \tag{7-18}$$

式中，E_{at}为植物散发量(mm)；$f_1(\mathrm{LAI})$为与叶面积指数有关函数；$f_2(\theta)$为与土壤含水率有关函数；RDF为植物根系分布函数；E_p为流域蒸散发能力(mm/h)。

(3) 土壤蒸发。模拟土壤表层蒸发，相当于两层蒸发模式的上层蒸发：

$$E_s = E_p f_3(\theta) + [E_p - E_{at} - E_p f_3(\theta)] f_4(\theta) [1 - f_1(\mathrm{LAI})] \tag{7-19}$$

式中，$f_3(\theta)$、$f_4(\theta)$均为与土壤含水量有关函数，其余符号意义同上。

3. 坡面流模块

坡面流可用二维圣维南方程组描述，求解方法包括解析解和数值解，数值解就是通过有限元或差分法求解坡面上的二元水流运动。通过对流域水系的提取可得最小集水单元，在集水单元坡面上求解二维圣维南方程组就得到集水单元的河槽入流。

坡面流可看作二维明渠非稳定缓变流，其圣维南方程组为

$$\frac{\partial h}{\partial t} + \frac{\partial (uh)}{\partial x} + \frac{\partial (vh)}{\partial y} = q \tag{7-20}$$

$$\frac{\partial h}{\partial x} = S_{0,x} - S_{f,x} \tag{7-21}$$

$$\frac{\partial h}{\partial y} = S_{0,y} - S_{f,y} \tag{7-22}$$

式中，h 为坡面某位置点(x,y)处水深(m)；u、v 为平面坐标 x、y 方向上的流速(m/s)；$S_{0,x}$、$S_{0,y}$为平面坐标 x、y 方向上的地面坡度；$S_{f,x}$、$S_{f,y}$为平面坐标 x、y 方向上的摩阻坡度；q 为坡面净雨强度，由落地雨减去下渗得到。坡面上流速与水深的关系由曼宁公式表达。

联合可求解坡面二元水流运动，通常用数值解法。

4. 河道汇流模块

河道汇流采用一维圣维南方程组的扩散波演算：

$$\frac{\partial h}{\partial t} + \frac{\partial q}{\partial L} = r \tag{7-23}$$

$$\frac{\partial h}{\partial L} = S_0 - S_f \tag{7-24}$$

式中，h 为河道水深(m)；q 为河道流量，$q=uh$；L 为水流流程(m)；u 为河道断面流速(m/s)；r 为网格单元的河槽旁侧入流(m^3/s)，即坡面注入河槽的流量，可通过判断与水道单元相邻的非水道单元汇水流量得到；S_0为河道坡度；S_f为河道摩阻坡度。矩形河道流速与水深的关系由曼宁公式表达。

一维圣维南方程组的扩散波数值解采用有限差分法进行求解。

5. 非饱和水流运动模块

采用一维垂向理查兹方程式：

$$\frac{\partial\theta}{\partial t}=\frac{\partial}{\partial z}\left[D(\theta)\frac{\partial\theta}{\partial z}\right]+\frac{\partial K(\theta)}{\partial z} \tag{7-25}$$

求解下渗和土壤含水量变化过程。对单元网格面积上的有限深度土柱，地面有积水时，上边界条件为饱和含水量，地面无积水时，上边界条件为通量条件，即落地降雨下渗强度或土壤水蒸发强度。下边界条件为地下水深度处的饱和含水量。考虑研究流域的土壤性质，给定具体的 $D(\theta)\sim\theta$ 和 $K(\theta)\sim\theta$ 函数形式，可用数值法逐时段求解土壤含水量和下渗水量，同时得到超渗地面净雨量。

6. 饱和水流运动模块

MIKESHE 模型把壤中流和地下径流都归结为饱和水流运动，用三维饱和水流运动方程描述：

$$\frac{\partial h}{\partial t}=\frac{\partial}{\partial x}\left[K_s\frac{\partial h}{\partial x}\right]+\frac{\partial h}{\partial y}\left(K_y\frac{\partial h}{\partial y}\right)-\frac{\partial}{\partial z}\left(K_z\frac{\partial h}{\partial z}\right)+S+Q \tag{7-26}$$

式中，K_x、K_y、K_z分别为地下水层 x、y、z 方向的水力传导度；h 为地下水水头(m)；S 为地下水层土壤空隙的储水系数；Q 为地下水层空间单元的入流水量(m^3/s)。

（二）融雪模块

融雪模块包括两种方法：能量平衡法和度日法。在此以能量平衡法为例，利用气象数据，可计算：

$$H=R_n+C+V+I+G \tag{7-27}$$

式中，H 为供融雪层融化表面的热量(J/min)；R_n为净辐射(J/min)；C 为空气对流热量(J/min)；V 为雪面蒸发耗热量(J/min)；I 为液态降水提供的热量(J/min)；G 为雪层与下层土壤的热传导热量(J/min)。

当无气温资料时，用下式计算 H：

$$H=kT_{am}S_a\rho_w L_i \tag{7-28}$$

式中，k 为度日因子；T_{am}为积雪融化时的临界气温(℃)；S_a为雪的比重(kg/m^3)；ρ_w为水的密度(kg/m^3)；L_i为冰雪溶解潜热(J/kg)。

再用下式计算融雪出水量：

$$M=\frac{H}{S}\Delta t \tag{7-29}$$

式中，M 为融雪出水量(kg)；S 为溶解潜热(J/kg)。

（三）模型输入数据

MIKESHE 模型要求的数据庞大、详细(包括 GIS 图层数据和时间序列数据)且比较规范，MIKESHE 模型支持栅格和矢量两种不同的空间数据格式，模型要求的数据有图形数据、时间序列数据和模型数据三类，其中图形数据包括地表有效糙率、土地利用、不同土层深度的土壤物理特性、水系沟道数据、植被分布和地形图等；时间序列数据包括降雨数据、蒸发数据、不同季节的叶面指数和根系层深度变化数据等；模型数据含植物截流参数、植物散发参数、土壤蒸发参数、下渗参数、坡地渗流参数和河网汇流参数等。

二、SWAT 模型

SWAT 模型(Soil and Water Assessment Tool)属于第二类分布式流域水文模型，是美国农业部(USDA)农业研究中心(ARS)研制开发的主要用于模拟预测土地利用及多种土地管理方式对流域水量、水质影响的模型。SWAT 模型具有较强的物理机制，模型能够利用 GIS 和 RS 提供的空间信息模拟多种水文物理化学过程，如径流、泥沙、营养物质(氮、磷)以及杀虫剂的输移，因此，SWAT 在面源污染、水土流失、土地利用和农业管理等领域得到了广泛应用。AVSWAT2000 将 SWAT 嵌入到 Arcview 之中，安装后成为 Arcview 的一个扩展模块。模型以日为计算时段，模拟的结果可以选择以年、月、日为时间单位输出。

(一) SWAT 模型的结构

SWAT 采用模块化设计思想，共开发了水文、气象、泥沙、土壤温度、作物生长与养分、农药与杀虫剂、农业管理 8 个功能模块。模型可以模拟地表径流、下渗、壤中流、地下径流、回归流、融雪径流、土壤温度、土壤湿度、蒸散发、产沙、输沙、作物生长、养分流失(氮、磷)、流域水质、农药与杀虫剂浓度变化等多种过程。模型还可以模拟多种农业管理措施(耕作、灌溉、施肥、收割、用水调度等)对上述各种过程的影响。模型结构示意图如图 7-13 所示。SWAT 的 8 个模块相对独立又相互联系，可以根据应用目的进行组合，有侧重地进行所有或部分内容的模拟预测。模型中水文模块是基本功能模块，其他模块的功能是水文模块的扩展和应用。

SWAT 在 DEM 的支持下划分出多个子流域，确定河网结构和计算子流域参数。在子流域划分的基础上，根据土地利用和土壤类型的组合，将每一个子流域进一步划分为多个水文响应单元(HRU)，在每一个水文响应单元上，采用概念性集总模型计算响应单元的径流量，再经汇流计算得到流域的总径流量。

(二) SWAT 模型的产流计算

SWAT 的产流计算包括林冠截留计算、蒸散发计算、下渗或地面径流产流计算、壤中流产流计算、地下径流产流计算等径流形成环节。

1. 林冠截留

林冠的截留能力与植被的种类和生长时段有关，用叶面指数的函数来计算其变化为

$$I_{\max}=C_{\text{int}}\frac{\text{LAI}}{\text{LAI}_{\max}} \tag{7-30}$$

式中，$\text{LAI}_{\max}$为叶面最大指数；LAI 为叶面指数，是季节的函数。同样，实际林冠截留量按下式选取：

$$E_{\text{can}}=\min(I_{\max},E_p\Delta t) \tag{7-31}$$

2. 地面径流计算

SWAT 模型提供两种计算地面径流的方法：SCS 曲线法和格林-安普特(Green & Ampt)

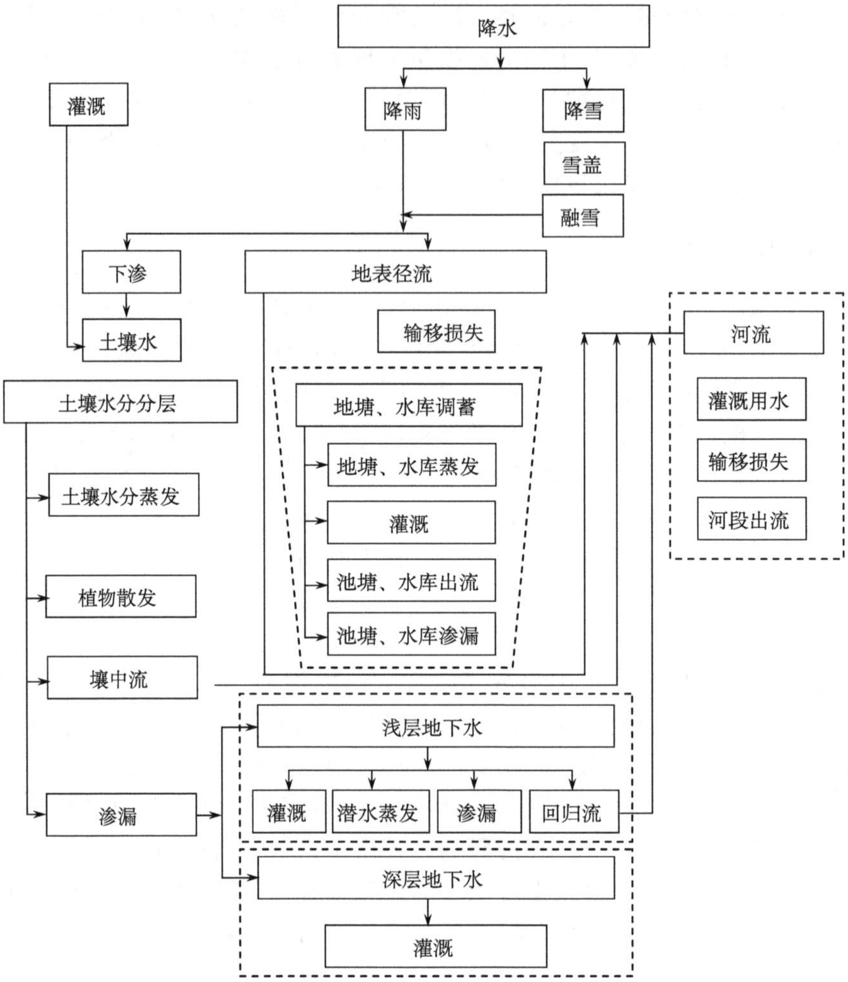

图 7-13 SWAT 模型结构示意图

法。计算林冠截留量后得到落地雨，再计算地面下渗，采用土层垂向分层，逐层计算下渗水量和土壤含水量。

3. 蒸散发计算

流域蒸散发包括水面蒸发、裸地蒸发和植被散发，按流域内实际面积分项计算蒸发能力后，再根据供水条件计算。模型同时提供了 Penman-Monteith、Priestley-Taylor 和蒸发资料乘以蒸发系数得到蒸发能力。

(1) 水面蒸发。按蒸发能力蒸发。

(2) 植物散发。按式(7-32)计算：

$$\begin{cases} E_\sigma = \dfrac{E_0 \mathrm{LAI}}{3.0}, & 0 \leqslant \mathrm{LAI} \leqslant 3.0 \\ E_\sigma = E_0, & \mathrm{LAI} > 3.0 \end{cases} \tag{7-32}$$

式中，E_σ为植物散发；E_0为蒸发能力；LAI 为叶面指数。

(3) 土壤蒸发。模型按土层分层计算土壤蒸发。深度 z 处的蒸发能力 $E_{n,z}$ 由下式计算：

$$E_{n,z}=E_0\frac{z}{z+\exp(2.347-0.00713z)} \tag{7-33}$$

第 i 层土壤的蒸发能力为

$$E_{n,i}=E_{n,\mathrm{Lz}}-E_{n,\mathrm{Uz}}E_{\mathrm{sco}} \tag{7-34}$$

式中，$E_{n,\mathrm{Lz}}$为第 i 层下界面深度处的蒸发能力；$E_{n,\mathrm{Uz}}$为第 i 层上界面深度处的蒸发能力；E_{sco}为考虑土层不同深度孔隙度不同的调整系数。

第 i 层土壤的实际蒸发量 $E_{s,i}$ 按下式计算：

$$E_{s,i}=E_{n,i}\exp\left[\frac{2.5(W_i-W_{田})}{W_{田}-W_{凋}}\right] \tag{7-35}$$

式中，W_i为第 i 层土壤蓄水量；$W_{田}$为田间持水量；$W_{凋}$为凋萎含水量。

4. 坡地土壤饱和深度

土壤饱和深度按下式计算：

$$H_{\mathrm{sat}}=\frac{2W_{\mathrm{sat,excess}}}{1000\phi_d L_{\mathrm{hill}}} \tag{7-36}$$

式中，H_{sat}为水文响应单元坡地土壤饱和深度；$W_{\mathrm{sat,excess}}$为饱和层可流出水量，即饱和层自由水蓄量；L_{hill}为坡面长度；ϕ_d 为土壤总空隙度 ϕ_{soil} 与土壤达到田间持水量时的剩余空隙度 ϕ_{fc}之差，即

$$\phi_d=\phi_{\mathrm{soil}}-\phi_{\mathrm{fc}} \tag{7-37}$$

坡地壤中流出流量为

$$Q_{\mathrm{sub}}=H_{\mathrm{sat}}v_{\mathrm{sub}} \tag{7-38}$$

式中，v_{sub}为壤中流流速，由下式计算：

$$v_{\mathrm{sub}}=K_{\mathrm{sat}}\mathrm{slp} \tag{7-39}$$

式中，slp 为水文响应单元坡地的坡度；K_{sat}为土壤饱和传导度。

将式(7-36)和式(7-39)代入式(7-38)得到最终的壤中流计算式：

$$Q_{\mathrm{sub}}=0.024\left(\frac{2W_{\mathrm{sat,excess}}K_{\mathrm{sat}}\mathrm{slp}}{\phi_d L_{\mathrm{hill}}}\right) \tag{7-40}$$

壤中流看作直接注入水文响应单元河网。

5. 地下径流计算

水文响应单元第 i 个计算时段地下水进入河网的流量经两级地下水库调蓄。第一级水库出流为

$$W_{g,i}=W_{g,i-1}\mathrm{e}^{-\frac{1}{\delta}}+R_{g,i}(1-\mathrm{e}^{-\frac{1}{\delta}}) \tag{7-41}$$

式中，δ 为坡地地下水出流滞后时间；$R_{g,i}$为土层补给地下水库的地下径流量。

第二级水库出流为

$$G_{g,i}=Q_{g,i-1}\mathrm{e}^{-\alpha\Delta t}+W_{g,i}(1-\mathrm{e}^{-\alpha\Delta t})U \tag{7-42}$$

式中，$Q_{g,i}$为当前计算时段地下水注入水文响应单元河网的流量；$Q_{g,i-1}$为前一个计算时段地下水注入水文响应单元河网的流量；α 为地下水退水系数；$W_{g,i}$为当前计算时段坡地补给河网的地下水水量；U 为单位转换系数，将水文响应单元上深度表示的水量转换为流量单位。

对不闭合流域，SWAT 模型还引入了深层地下水计算，计算方法和上述地下径流计算类

似，但出流流入外流域。

（三）SWAT模型的汇流计算

1. 地面径流坡面汇流

用下式计算地面径流注入水文响应单元河网的流量：

$$Q_{\text{suf},i}=(R_{\text{suf},i}+Q_{\text{suf},i-1})(1-\mathrm{e}^{-\frac{\tau_{\text{suf}}}{K}}) \tag{7-43}$$

式中，$Q_{\text{suf},i}$为当前计算时段地面径流注入水文响应单元河网的流量；$Q_{\text{suf},i-1}$为前一计算时段地面径流注入水文响应单元河网的流量；$R_{\text{suf},i}$为由SCS模型计算的地面净雨量；K为坡地汇流时间；τ_{suf}为地面径流延迟系数。

2. 水文响应单元河网汇流

地面径流、壤中流、地下径流注入水文响应单元河网后，再进入河网汇流阶段，河网汇流采用河网汇流单位线计算：

$$Q_{i+\tau}=C_sQ_i+(1-C_s)Q_{Z,i} \tag{7-44}$$

$$C_s=1-C_rQ_{Z,i}^{0.4} \tag{7-45}$$

$$Q_{Z,i}=Q_{\text{suf},i}+Q_{\text{sub},i}+Q_{g,i} \tag{7-46}$$

式中，C_s为综合反应河网水力特性与河网入流量的参数；C_r是反映流域河槽特性的系数，可由河网特征资料推算；$Q_{Z,i}$为第i时段进入河网的流量；其余符号同前。

3. 流域河道汇流

各水文响应单元出口断面出流流量，经河道洪水演算方法演算至研究流域出口断面后叠加，得到流域出口断面流量过程。河道洪水演算可采用马斯京根法或特征河长法。

（四）模型输入数据

径流模拟时，模型输入数据有4类：DEM数据、模型参数、模型变量初值、水文气象数据。

（1）气象输入数据。需要的气象输入数据有降水量、日最高气温和日最低气温、太阳辐射、风速和相对湿度。这些数据都可以由一个气象模型从空间和时间两个方面模拟产生。

（2）模型参数。植物截流参数C_{int}、$\text{LAI}_{\max}$，可以对流域植被面积分类后确定各水文响应单元的这两个参数值。对于SCS模型的产流参数CN、土壤湿润程度、流域坡度，通常根据土地利用方式和土壤类型等数据确定这些参数。蒸发参数E_{sco}，根据土壤性质垂向分布情况确定其值。土壤总空隙度ϕ_{soil}、土壤达到田间持水量时的剩余空隙度ϕ_{fc}、土壤饱和传导度K_{sat}，两者均根据面积分类的土壤性质确定。坡地地下水出流滞后时间δ、地下水退水系数a、地面径流延迟系数τ_{suf}，均可以分析流量过程线初步给定，再经模型调试确定。其余地形参数可由DEM计算出。

三、TOPMODEL模型

TOPMODEL模型是Beven和Kirkby两人在1979年提出的基于地貌指数$\ln(a/\tan\beta)$模拟流域径流过程的模型，属于第三类分布式流域水文模型。地貌指数是一个反映流域网格单元坡度大小和汇水能力的综合指数，实质上代表的是地形对径流过程的影响。模型假定流域内具有相同地貌指数的区域其水文特性也相同，因而可以利用地貌指数将流域划分为若干地貌指数相同的水文单元。

(一) 地貌指数的计算

地貌指数 $\ln(\alpha/\tan\beta)$中 a 指任意网格单元的单位过流宽度对应的汇水面积，$\tan\beta$ 指任意网格单元的水流方向的坡度。为了模拟平坦区域水流的发散现象，TOPMODEL 模型一般采用多流向算法计算网格单元上游汇水面积。

(1) 多流向算法。多流向算法是将任一单元的上坡汇水面积分配到所有的顺坡方向流出，目前普遍使用的是多流向 D8 算法。算法规定任意网格单元的可能流向指向相邻 8 个网格中心，如图 7-14 所示。实际流向是 8 个可能方向中的顺坡方向，即坡度为正的方向。算法还规定 4 个对角线方向的过流宽度(即等高线长度)为$\sqrt{2}\,\Delta l/4$，其余 4 个方向的过流宽度为 $\Delta l/2$，这里的 Δl 是正方形网格的长度。设当前单元的顺坡向为 n 个，按坡度大小和过流宽度分配上坡汇水面积，坡度越大，过流宽度越长的方向分配汇水面积越大，即有

$$\Delta A_i = A_c \frac{L_j \tan\beta_j}{\sum_{j=1}^{n} L_j \tan\beta_j} \tag{7-47}$$

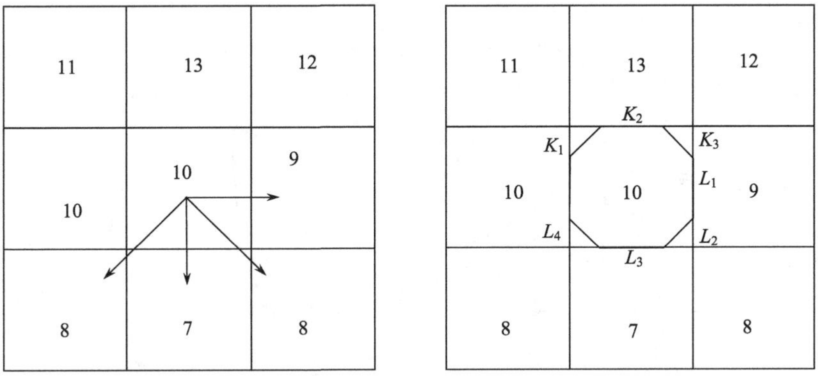

图 7-14 多流向算法示意图

式中，A_c 为当前网格上游汇水面积(km^2)；ΔA_i 为向顺坡下游分配的汇水面积(km^2)；L_j 为第 j 个顺方向的水面宽(m)；$\tan\beta_j$ 为第 j 个顺坡方向的地面坡比。

(2) 网格单元的坡度。按出流水面宽 L_j 加权平均各顺坡方向坡比 $\tan\beta_j$，得到的加权平均值作为网格单元的坡比 $\tan\beta$，即

$$\tan\beta = \frac{\sum_{j=1}^{n} L_j \tan\beta_j}{\sum_{j=1}^{n} L_j} \tag{7-48}$$

(3) 单位过流宽度对应的汇水面积。顺坡水流方向的过流宽度为

$$L = \sum_{j=1}^{n} L_j \tag{7-49}$$

注意当前网格单元的上游汇水面积，实际上表示流域降落单位深度净雨时的汇集水量，该水量按水流方向的过流宽度分配于下游网格，单位过流宽度对应的汇水面积应是

$$a = \frac{A_c}{\sum_{j=1}^{n} L_j} \tag{7-50}$$

已知 $\tan\beta$ 和 a 任意网格单元的地貌指数则可求出。

（二）TOPMODEL 模型原理和结构

模型任意网格单元土层垂向分为三层：第一层为植被根系区，第二层为土壤非饱和区，第三层为地下水水面至不透水基岩的土壤饱和区。降水首先下渗进入第一层，储存在这里的水分部分蒸散发，部分下渗进入第三层土壤饱和区。饱和地下水沿水力坡度方向侧向流动，形成进入河槽的土壤渗流，TOPMODEL 称之为壤中流。降雨期间接受下渗水量，使饱和地下水水面不断升高，如果饱和地下水水面升高至地面，就会形成饱和坡面流。其原理如图 7-15 所示。流域总径流是地下径流和坡面流之和，即

$$Q = Q_s + Q_b \tag{7-51}$$

式中，Q_s 为饱和坡面流 m^3/s；Q_b 为进入河槽的壤中流 m^3/s。

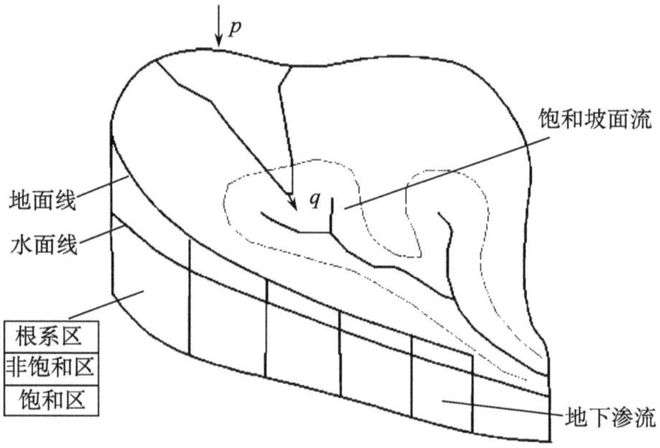

图 7-15　TOPMODEL 模型原理示意图

1. 蒸发计算

模型规定蒸发只发生在植被根系区，按一层蒸发模式计算：

$$E_i = E_p \frac{S_{rz,i}}{S_{r\max,i}} \tag{7-52}$$

式中，E_i 为网格单元 i 的蒸发量(mm)；E_p 为流域蒸发能力(mm)；$S_{rz,i}$ 为网格单元 i 的植被根系区的蓄水深(mm)；$S_{r\max,i}$ 为网格单元 i 的植被根系区最大蓄水深(mm)。

2. 降雨期间土层的水分下渗

降雨经植被根系区截流蒸发后，剩余水量下渗进入土壤非饱和区。土壤非饱和区蓄水量再下渗进入土壤饱和区，下渗水量取决于土壤非饱和区蓄水深及土壤性质。土壤性质用一个控制下渗速率的参数反映。计算公式为

$$q_{v,i} = \frac{S_{uz,i}}{SD_i t_d} \tag{7-53}$$

式中，$q_{v,i}$ 为网格单元 i 的土壤非饱和区下渗量(mm)；$S_{uz,i}$ 为网格单元 i 的土壤非饱和区蓄水

深(mm);SD_i 为网格单元 i 的土壤非饱和区最大蓄水深(mm);t_d 为控制下渗速率的参数。

全流域下渗水量为

$$Q_v = \sum_i q_i A_i \tag{7-54}$$

式中,Q_v 为全流域下渗水量($10^3 m^3$);q_i 为地貌指数相同的网格单元的出流(mm);A_i 为地貌指数相同的网格单元集合而成的面积(km^2),A_i 的分布可由 DEM 算出。

3. 饱和地下水面深度

饱和地下水面深度决定了进入河槽的土壤渗流量及饱和坡面流的大小,是模型计算的核心部分。模型有如下假定。

(1) 认为饱和地下水的运动始终处于稳定状态,即网格单元 i 的侧向土壤渗流率只取决于上游汇水面积的水量,而与该网格单元的垂向地下水入渗无关,即

$$q_i = Ra_i \tag{7-55}$$

式中,q_i 为网格单元 i 的测向单位过流宽度的土壤渗流率;R 为流域产流率(单位时间的产流量),假定其为全流域均匀分布;a_i 为网格单元 i 的单位过流宽度相应的汇水面积。

(2) 地表饱和水力传导度 T_0 在全流域均匀分布。

(3) 网格单元 i 的土壤饱和水力传导度 $T_i(z)$ 随地下水水面深度 z 的增加呈指数递减趋势,即

$$T_i(z) = T_0 \exp(z_i / S_{zm}) \tag{7-56}$$

式中,S_{zm} 为非饱和区最大蓄水深。

式(7-56)考虑到了土壤空隙随深度递减的实际,应该认为具有合理性。把 T_0 看作全流域均匀分布则受到质疑。

(4) 饱和地下水的水力坡度可以由地表局部坡度近似。根据这条假设,按达西公式就有网格单元 i 的侧向土壤渗流率(壤中流产流率)为

$$q_i = T_i(z) \tan\beta_i \tag{7-57}$$

由式(7-55)、式(7-56)、式(7-57)可得

$$z_i = \bar{z} - S_{zm}\left[\ln\left(\frac{a_i}{\tan\beta_i}\right) - \lambda\right] \tag{7-58}$$

式中,$\bar{z}$ 为全流域 A 的地下水面深度(m),其中 $\lambda = \frac{1}{A}\int_A \ln\left(\frac{a_i}{\tan\beta_i}\right) dA$,利用 DEM 可计算出常数 λ 和每个网格单元的地貌指数。

4. 饱和地面径流计算

由式(7-58)算出的 z_i 为负值,意味着有饱和坡面流产生,在地下水面冒出地面的网格单元上,饱和坡面流产流量 Q_s 等于非饱和区土层蓄水量 $S_{uz,i}$ 减去最大蓄水量 S_{um},计算如下:

当计算出 $z_i < 0$ 时,令 $Q_s = \frac{1}{\Delta t}\sum_i (S_{uz,i} - S_{zm}) A_i$,$z_i = 0$ 且 $S_{uz,i} = S_{zm}$

当计算出 $z_i \leqslant 0$ 时,令 $Q_s = 0$ (7-59)

5. 壤中流计算

壤中流从河槽两侧进入河槽,故对式(7-56)沿河道线积分即得

$$Q_b = \int_L q_i \mathrm{d}L = \int_L T_i(z) \tan\beta_i \mathrm{d}L = \int_L T_0 \exp(z_i / S_{zm}) \tan\beta_i \mathrm{d}L \tag{7-60}$$

将式(7-58)代入式(7-60),得

$$Q_b = \int_L T_0 \tan\beta \exp\left[-\frac{\bar{z}}{S_{zm}} - \lambda + \ln\left(\frac{a}{\tan\beta}\right)\right] dL = T_0 \exp\left[-\frac{\bar{z}}{S_{zm}}\right] \exp(-\lambda) \int_L a\,dL \tag{7-61}$$

注意到 $\int_L a\,dL = A$ 是流域面积,式(7-61)进一步表示为

$$Q_b = T_0 \exp\left[(-\bar{z})/S_{zm}\right] \exp(-\lambda) A \tag{7-62}$$

6. 流域平均地下水深度计算

给定初值后可按水量平衡式逐时段计算:

$$\bar{z}^{t+1} = \bar{z}^t - \frac{Q_v^t - Q_b^t}{A} \Delta t \tag{7-63}$$

给定 $\bar{z}$ 的初值后,可应用式(7-63)逐时段计算流域平均地下水深度。

7. 流域汇流

饱和坡面流和壤中流在坡面上的汇流可分别用线性水库延缓一个时间出流模拟。河道汇流采用河道线逐网格进行马斯京根流量演算。

(三)模型的输入数据

模型的输入数据分为4类:DEM数据、模型参数、模型变量初值、雨量和蒸发数据。模型的参数包括产流参数和汇流参数。产流参数有4个,它们是 $S_{r\max}$、T_0、S_{zm}、t_d,其各自的含义已在前面内容所述。汇流参数也有4个,它们是河道汇流马斯京根流量演算参数 x 和 K,饱和坡面流线性水库汇流演算参数 C_s,壤中流线性水库汇流演算参数 C_b。

第四节 流域水文模型的应用

应用流域水文模型可以生成年、月、日径流系列以及流量过程线,还可以求得流域的实际蒸散发系列。因此,作为水文分析工作的一种工具,其应用范围非常广泛,现仅列举出其最主要的几个方面。

一、水文计算

计算机在水文计算中的应用开展得最早,其效果不仅是节约了大量人力和时间,而且使许多以往不能用手工完成的复杂计算方法能够付诸实践,从而促进了许多新概念和新方法的提出和应用。

径流模拟可以生成日平均流量、月径流量和年径流量、洪峰流量及洪水过程线。因此,应用流域水文模型可以展延短期河川径流系列,其效果远远优于一般常用的相关分析方法,但要求有较长的降雨或降雨及蒸发等资料,这往往也不容易获得。

二、水文预报

流域水文模型的应用可以提高预报精度,计算机模拟为预报提供了高的速度,并可进行实时预报。在国内外,使用流域水文模型最多的就是水文预报部门。

三、估计人类活动的影响

用流域水文模型估算流域下垫面变化后的径流情况是很有效的。世界各地由于人口激增，土地利用活动的强烈程度正在不断增加，估计这些活动对环境的威胁，不论事前和事后都是人们十分关切的。城市化、农业措施、露天煤矿和砍伐森林，就是这些土地利用的例子。土地利用可以通过适当改变模型参数将长期变化的效应模拟出来。例如，城市化可以修改不透水面积和输水系统，土地梯田化修改坡面漫流坡度和距离，植被主要是通过有效地影响蒸散发变化，虽然植被也会影响下渗、坡面漫流糙率和截留量。河道系统的变化，如果用运动波演算，通过给定适当的河槽特性也能够模拟出来。

四、模型区域化——模型参数的地区综合

模型区域化，是指为无资料流域，根据其流域的水文和自然地理特征，科学地研制出预示其模型参数的方法。例如，综合单位线就是线性汇流模型的一种区域化方法。当然，要能够做到模型参数的区域化，就必须有足够数量的具有充分暴雨和径流资料的基准流域，把每个流域的最优化参数与流域的地形、土地利用和气候特征建立关系，以便将参数的区域化公式引用到本地区无实测资料的流域。

五、水质控制

为了保障供水安全，需要对水资源的质量进行控制。这种控制应当规定：上游废水挟带物经过水体混掺不应超过规定标准，即水的质量能够符合下游用水要求。水质控制应当采用一个考虑周密的模拟系统，这样才能做到及时和可靠。河湖水质模拟可与径流模拟同时进行。

水质是由多种因素来衡量的，其中包括温度、溶解氧、生物化学的需氧量、溶解盐类、浮游植物和浮游动物、含沙量和细菌等。因此，水质模型必须为每一种因素提供计算规则。因为制作水质模型必须同时考虑径流模拟和众多影响水质因素的模拟，所以编制水质模型的程序是一项更为复杂的工作，而且需要掌握大量资料。

思　考　题

1. 简述流域水文模型的分类。
2. 分析论述流域水文模型的主要应用领域。
3. 何谓流域水文概念性模型？确定性水文模型中的集总式模型和分布式模型有何区别？

第八章　水土保持措施对径流泥沙的影响

【内容提要】 水土保持措施按其本质属性可分为三大类，即：工程措施、生物措施和农业技术措施。本章介绍水土保持措施蓄水保土机理及其对径流泥沙的影响，以及水土保持措施效益的观测和估算。

第一节　影响径流泥沙的水土保持措施及蓄水保土机理

一、影响径流泥沙的水土保持措施

水土保持措施是指在水土流失地区，为保护、改良与合理利用水土资源而采用的农业技术措施、生物措施和工程措施的总称。

水土保持农业技术措施是指在水蚀和风蚀的农田中，采用改变小地形、增加植物被覆、地面覆盖和增强土壤抗蚀力等方法，达到保水、保土、保肥、改良土壤，提高产量的农业技术方法。包括等高耕作、带状耕作、沟垄耕作，及保留作物残茬、秸秆覆盖、少耕、免耕、砂田等抗旱保墒耕作方法，其主要功能是蓄水保土，提高肥力，提高土地生产力，以达到增加降水入渗、减少土壤水分蒸发和保水、保土、保肥的目的，从而提高作物单位面积产量。

水土保持生物措施是指为增加地表覆盖、拦蓄径流泥沙、涵养水源、调节水文过程而采取的造林种草措施，也称为水土保持林草措施。它是治理水土流失的根本措施，主要包括造林种草，封山(沟)育林育草和天然草地改良等。其作用是增加地面植物覆盖，免遭暴雨溅蚀和径流冲刷，改善土壤物理化学性质，同时也为当地人民提供一定的木料、燃料、肥料、饲料或其他林副产品。

水土保持工程措施是指为达到保持水土，合理利用山区水土资源，防治水土流失危害而修建的各种建筑物。根据兴修目的及其应用条件，可以分为 4 种类型：山坡防护工程、山沟治理工程、山洪导排工程和小型水利工程。

山坡防护工程主要有：梯田、拦水沟埂、水平沟、水平阶、水簸箕、鱼鳞坑、山坡截流沟、水窖(旱井)、蓄水池以及稳定斜坡下部的挡土墙等。在流域土壤流失治理中，实施简单，投资少，效果好，易于群众接受。

山沟治理工程主要有：沟头防护工程、谷坊工程，以拦蓄调节泥沙为主要目的的各种拦沙坝，以拦泥淤地、建设基本农田为目的的淤地坝及沟道护岸工程等。在流域土壤流失治理中，实施技术要求较高，投资较大，在防止和减轻土壤流失中能取到一定的效果。

山洪导排工程主要有：排洪沟、导流堤、泄水建筑物等。在流域土壤流失治理中，实施技术要求较高，投资较大，在防止水力对沟道侵蚀、扩大土壤流失中能起到一定的抑制作用。

小型水利工程主要有：小水库、塘坝、淤滩造田、引洪漫地、引水上山等。在流域土壤流失治理中，实施技术要求较高，投资较大，在实际应用中往往可以兼有山坡防护工程、山沟治理工程、山洪导排工程的作用，在防止和减轻土壤流失中能起到一定的作用。

二、水土保持工程措施的蓄水保土机理

水土保持工程措施是指为改变小地形、小环境，拦蓄地表径流和泥沙，改善农业生产条件，

防止水土流失所采取的各种工程措施。它是流域水土保持综合治理措施体系的主要组成部分，是改善流域环境的措施之一，它与水土保持生物措施和农业耕作措施同等重要。

梯田是山区、丘陵区常见的一种基本农田，它是由于地块顺坡按等高线排列呈阶梯状而得名。在坡地上沿等高线修成阶台式或坡式断面的田地，梯田可以改变地形坡度，拦蓄雨水。增加土壤水分，防治水土流失，达到保水、保土、保肥目的，同改进农业耕作技术结合，能大幅度地提高产量，从而为贫困山区退耕陡坡，种草种树，促进农、林、牧、副业全面发展创造了前提条件。我国规定，25°以下的坡耕地一般可修成梯田，种植农作物。25°以上的则应退耕植树种草。

坡耕地修成梯田后，改变了微地形，降水落到田面，直接入渗成为壤中流，避免了径流的产生，起到了减轻溅蚀的作用。

鱼鳞坑的布置是从山顶到山脚每隔一定距离成排地挖月牙形坑，每排坑均沿等高线挖，上下两个坑应交叉而又互相搭接，成品字型排列（图 8-1 和图 8-2）。挖坑取出的土，培在外沿筑成半圆埂，以增加集水量。埂中间高两边低，使水从两边流入下一个鱼鳞坑。表土填入挖成的坑内，坑内种树。

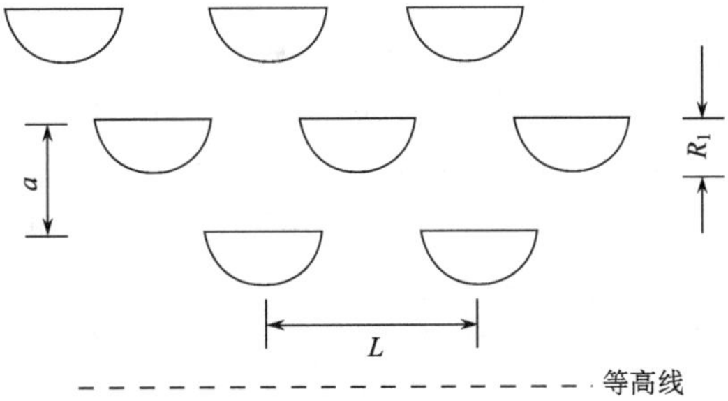

图 8-1　鱼鳞坑平面布置图

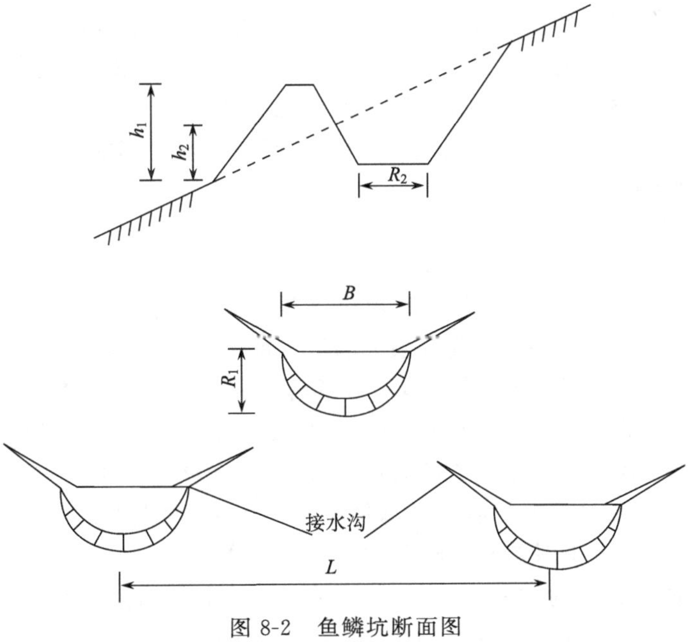

图 8-2　鱼鳞坑断面图

坡面修建鱼鳞坑有两种状态；一种是当降雨强度小，历时短时，鱼鳞坑不可能漫溢，因此，鱼鳞坑起到了完全切断和拦截坡面径流的作用；另一种是当降雨强度大，历时长时，鱼鳞坑要发生漫溢，因鱼鳞坑的埂中间高两边低，这样就保证了径流在坡面上往下运动时不是径直地沿着一个方向运动，从而避免了径流集中。坡面径流受到了鱼鳞坑的调节作用，所以径流冲刷能力减弱。

水窖是指修建于地面以下并具有一定容积的蓄水建筑物，在干旱地区修建水窖可以拦蓄雨水和地表径流，提供人畜饮水和旱地灌溉的水源，减轻水土流失。

三、水土保持生物措施的蓄水保土机理

水土保持生物措施是指在山地丘陵区以控制水土流失、保护和合理利用水土资源、改良土壤、维持和提高土地生产潜力为主要目的所进行的造林种草措施，也称为水土保持林草措施。它是治理水土流失的根本措施。

水土流失区造林种草的主要作用是控制水土流失，但在不同的地貌立地条件下，造林种草的目的有所区别，如塬面以改善农田小气候，保护和促进农业生产为主；在山地丘陵区的陡坡以防止土壤侵蚀为主；在一些海拔较高的山地，又以涵养水源为主；在水库、河川地区，以护库、护岸、护滩为主；在饲草能源缺乏的地方，还要充分考虑改善群众生活，提高经济水平，解决农村能源和饲草等问题。因此，水土保持林草措施除保持水土外，还具有多种功能。

在水土流失区造林种草不仅可以保持水土，涵养水源，保护农田和水利水保工程，还可以调节气候，减轻或防止环境污染，改善生态环境，保护生物多样性，为农牧业生产创造良好的条件，同时，水土保持造林种草又具有生产性。通过造林种草，可获得“四料”(木料、燃料、饲料和肥料)、果品及其他林草副产品，为发展多种经营广开门路，促进农林牧副业全面发展。水土保持林草措施的蓄水保土机理主要表现在以下几个方面。

（一）林冠截留降雨，减少土壤侵蚀

造林后形成的林分，枝叶重叠，像一把伞一样，承接降雨，保护地面。据观测，林冠截留降雨一般为15%～40%，截留的雨水除一小部分蒸发到大气中外，其余大部分经过枝叶截留以后，缓慢洒落或沿树干下流，改变了雨水落地的方式，避免了雨滴击溅侵蚀。林冠的截留作用，一方面减小了林下的径流量和径流速度；另一方面，又延缓了产流时间，缩短了林地土壤侵蚀的过程，使侵蚀量大大减小。另外，树下径流的雨水顺枝干到达地面后，一般在树干附近渗入土壤，有利于树木根系的吸收。

（二）枯枝落叶层吸水下渗，调节径流

林草地大量的枯枝落叶层，像一层海绵覆盖在地面，直接承受落下的雨水，保护地表免遭雨滴的溅击。枯枝落叶层结构疏松，具有很大的吸水能力和透水性。据测定，1kg枯枝落叶层可以吸收2～5kg的降水。当其吸水饱和以后，多余的水分通过枯枝落叶层渗入土壤，变成地下水。因而，大大减少了地表径流。此外，枯枝落叶层还能增加地表粗糙度，又形成无数细小栅网，分散水流，拦滤泥沙，大大降低了径流速度，减少了泥沙的运移，枯枝落叶层的挡雨、吸水和缓流作用具有非常重要的意义。林草地保持水土的大小，取决于枯枝落叶层的多少。因此，保持林草地的枯落物，是水土保持林草经营的重要措施之一。

林草地每年可形成大量的枯枝落叶、加之土壤中还有相当数量的细根死亡，能增加土壤的有机质和营养物质。有机质被微生物分解后，形成褐色的腐殖质，与土粒结合成团粒结构，可以减小土壤容重，增加土壤孔隙度，改善了土壤的理化性质。同时，林草根系的活动，也使土壤变得疏松多孔，这样有利于水分的下渗。大量的雨水渗入并蓄存于土内，变成地下水，在枯水期流入河川，不仅大大减少了地表径流及其对土壤的冲刷，而且改善了河川的水文状况，起到了调节径流的作用。

（三）固持和改良土壤，提高土壤的抗蚀性和抗冲性

林木和草本植物的根系均有固持土壤的作用。草本植物具有丛密发达的根系，纵横交错

成根网对固结土壤和保持水土起重要作用，特别是禾本科植物的根系固土能力更为明显。在侵蚀坡面和沟底种草，对于防止土壤侵蚀和水流冲刷作用很大。许多禾木树种主根粗壮，侧根发达，其上又生出大量的须根，形成密集的根网。浅根性的树种和灌木树种侧根发达，须根密集，交织成网，这样的根系网络能固持土体，大大增强了土体的抗冲防蚀能力。不同树种组成的混交林，特别是深根性和浅根性树种的混交以及乔灌混交林，根系纵横交错，且多层分布，在相当大的范围内固持土体，消除了土体滑坡面的形成，为减轻或防止重力侵蚀、泥流和石洪创造了条件。

森林改良土壤的作用主要表现在通过制造有机物质和枯落物、腐根分解改善土壤理化性质等方面。森林通过庞大的树冠进行光合作用、制造有机物质，为林地土壤肥力改善提供了良好的条件。林木根系直接与土壤接触，交织成网，不仅增加了土壤的孔隙度，而且向土壤内分泌碳酸和其他有机化合物，促进了土壤微生物的活动，加速了土壤有机化合物的分解。同时根系不断更新，腐根分解后也增加了土壤有机质，改善了土壤结构。林下大量的枯枝落叶经过微生物的分解作用，提高了土壤腐殖质的含量。据测定，有林地土壤腐殖质含量比无林地多4%～10%。林地土壤腐殖质含量的增加，大大改善了土壤的质地、结构和其他理化性质。

牧草根系也能增加土壤的氮、磷、钾养分，尤其是豆科牧草的根系具有根瘤菌，能固定空气中的氮素。此外，草本植物在减弱径流过程中，将径流携带的泥沙过滤沉积，也能增加土壤肥力。一般来说，种植牧草可使土壤有机质含量增加 10%～20%。植物的枯落物和腐根经微生物分解后，形成土壤腐殖质，加之密集的根系交织成网，促进了土壤团粒结构的形成，增加了土壤的吸水、保水性和透气性，改善了土壤的理化性质。

四、水土保持农业技术措施的蓄水保土机理

水土保持耕作技术作为坡耕地水土保持的重要内容，近年来受到世界各国的广泛重视。水土保持耕作技术必须既有保土保水保肥的明显效果，同时又有提高作物产量的功效。依据对现有耕作措施的研究，凡是改变了微地形(或小地形)，增加了地面糙度，或增加了地面覆盖度，或改变了土壤物理性状，均可达到上述目的。故按其作用的性质可进行分类，结果见表 8-1。

表 8-1　水土保持农业耕作技术种类

类别	耕作技术名称		适宜条件	适宜地区(括号可作示范试验区)
以改变微地形为主	等高耕作		①25°以下；②坡越陡作用越小	全国
	沟垄种植	垄作区田	①20°以下；②年降雨量 300mm 以上	全国
		水平沟种植法	①25°以下；②坡越缓作用越大	西北(华北)
		平插起垄	①15°以下；②川地、坝地、梯田均可	西北(华北)
		圳田	①20°以下；②坡越缓作用越大	西北(华北)
		水平防冲沟	①20°以下；②坡度越大间隔越小；③夏季休闲地和牧坡	西北
		蓄水聚肥耕作	①15°以下水平；②旱塬、梯田均可；③需劳力较多	西北(华北)
		抽槽聚肥耕作	①平地，15°以下；②造林、建设经济林园；③需劳较多	湖北(南方)
	坑田		①20°以下；②品字排列；③平地也可；④需劳较多	全国
	半旱式耕作		①在冬水田少耕；免耕条件；②掏沟垒埂，治理隐匿侵蚀	四川(南方)

续表

类别	耕作技术名称		适宜条件	适宜地区(括号可作示范试验区)
以增加地面覆盖为主	覆盖耕作	青草覆盖	①茶园;②种植绿肥也可	湖北 安徽(南方)
		地膜覆盖	①缓坡或梯田、平地;②经济作物、果树等	全国
		砂田	①干旱区10°以下;②有砂卵石来源;③需劳较多	甘肃(新疆)
		留茬覆盖	①缓坡地;②平地也可;③不翻地	黑龙江(北方)
		秸秆覆盖	①缓坡地或平地;②不翻地	山东(北方)、云南
以改变土壤物理性状为主	少耕	少耕深松	①缓平地;②平地;③深松铲	黑龙江、宁夏(北方)
		少耕覆盖	①缓坡地;②平地;③5年以上要安眠深耕,尚待研究	云南(南方)
		搅垄耙茬	缓坡地、平地、风沙区	东北
		硬茬播种	缓坡地、平地、风沙区	华北
		垄作深松耙茬耕作	缓坡地、平地、风沙区	全国
		轮作	风沙旱地、风沙区	全国
		免耕	①平地;②用除草剂	湖北、东北
		马尔采夫耕作法	平地、缓坡地	东北

水土保持农业技术措施的直接作用:一是防止水土流失,二是增加作物产量。保土耕作措施主要有增加覆盖和水土保持耕作,如草田轮作、带状间作、等高耕作、沟垄种植等。

水土保持农业技术措施均有减少和防止水土流失的作用,表8-2反映的是黄土高原一些试验研究结果。

图8-3、图8-4是几种耕作措施的实验研究结果。从中可以看出,不同耕作措施其径流过程、产沙过程差异显著,说明耕作措施在坡耕地上对土壤侵蚀有较为明显的影响与作用。

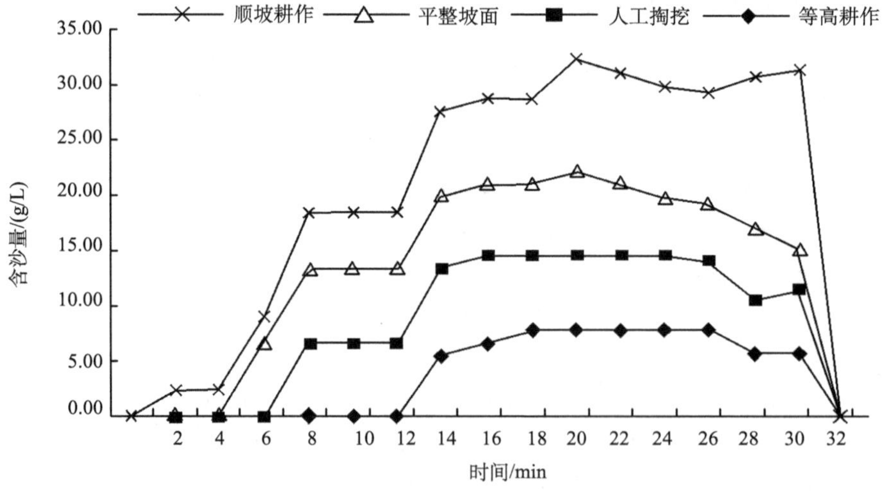

图8-3 雨强 $i=0.87$mm/min 时不同措施的径流过程

表 8-2 耕作措施对径流量及产沙量的影响

耕作措施	作物种类	坡度/度	坡长/m	面积/m^2	试验年度	产流降雨量/mm	M_w/(m^3/km^2)	净雨深/mm	径流系数/%	下渗量/mm	$M_{w'}$		M_s	$M_{s'}$	
											m^3/km^2	比较/%	产沙量/(t/km^2)	t/km^2	比较/%
水平犁沟		3	20	100	1960	55.0	3660	3.66	6.7	51.34	66.55	71.3	6	0.11	16.2
深翻(30cm)	夏休闲	3	20	100	1960	55.0	4790	4.79	8.7	50.21	87.09	93.3	31	0.56	82.4
普通耕翻(15cm)		3	20	100	1960	83.7	7810	7.81	9.3	75.19	93.31	100	57	0.68	100
套犁沟播	玉米大豆	20	30	282	1960	111.2	18600	18.60	16.7	92.60	167.26	88.3	492.2	4.43	66.5
平作	玉米大豆	20	30	282	1960	111.2	21070	21.07	18.9	90.13	189.48	100	739.1	6.65	100
等高垄作	玉米	20	25	141	1963	410.2	64640	64.64	15.6	345.56	157.58	50.9	4232	10.32	22.0
等高带状间作	玉米大豆	20	25	141	1963	410.2	88530	88.53	21.6	321.67	215.82	69.8	10430	25.43	54.2
平作	玉米	20	25	141	1963	410.2	126900	126.90	30.9	283.30	309.36	100.0	19250	46.93	100
间作	玉米大豆	20	27	150	1962	340.2	24570	24.57	7.2	315.63	72.22	71.8	5560	16.34	42.0
平作	玉米	20	27	150	1962	340.2	34210	34.21	10.1	305.99	100.56	100	13230	38.89	100
中耕培垄	玉米大豆	20	30	224	1961	124.2	10970	10.97	8.8	113.23	88.32	86.5	392	3.15	47.7
平作	玉米大豆	20	30	224	1961	124.2	12810	12.81	10.3	111.39	103.14	100.0	821	6.60	100
等高垄作	玉米	20	25	141	1960	14.0	510.6	0.51	3.6	13.49	36.47	90.0	14	0.97	12.2
等高带状间作	玉米大豆	20	30	141	1960	14.0	829.8	0.83	5.9	13.17	59.27	146.2	70	5.01	63.4
平作	玉米大豆	20	25	141	1960	14.0	567.4	0.57	4.1	13.43	40.53	100.0	111	7.90	100

注：$M'_w = M_w / P_p$；M_w 为径流模数[$m^3/(s \cdot km^2)$]；$M'_s = M_s / P_p$；P_p 为产流降雨量(mm)，M_s 为侵蚀模数[$t/(s \cdot km^2)$]

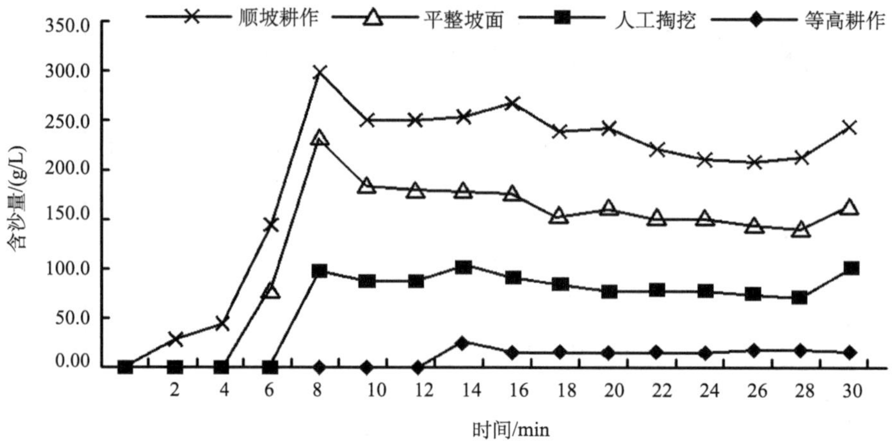

图 8-4 雨强 $i=0.87$mm/min 时不同措施的侵蚀过程

从图 8-3 可以看出，产流时间以顺坡耕作为最早，随后依次为平整坡面、人工掏挖、等高耕作；从同一时刻的产流量看，也是顺坡耕作最大，次序不变，因此从拦蓄径流、增加入渗的角度讲，人工掏挖、等高耕作相对于无措施的平整被面效果要好，为正效应；而顺坡耕作则为负效应，增大了径流量，不但不利于土壤水分的蓄积，更增大了侵蚀发生的可能性及强度。图 8-4 中各措施的侵蚀发生时间及同一时刻侵蚀量的大小相差较大，并与图 8-3 的径流过程完全一致。这就进一步说明了耕作措施的水土保持作用，就是其对雨水及径流的调节，如果某一措施能够有利于雨水入渗，能够增大径流前进方向上的糙率，那么它就可以起到拦沙、蓄水的作用，增加的幅度越大，其作用也就越强。因此选择恰当的耕作方式（如等高耕作、人工掏挖等），有利于坡耕地的水土保持。

第二节 水土保持措施对径流的影响与估算

水土保持措施具有较好的拦蓄径流和泥沙的作用，并且可以有效削减洪峰流量、降低径流含沙量、推迟洪峰出现时间及缩短洪水历时。水土保持措施可以改变降水与径流、泥沙的相关关系。

水土保持措施深刻地影响着地表水入渗与径流，有效地拦截降水，减少入河泥沙，尤其在黄土高原和风沙区，水土保持工程措施可以保护和改善水土资源和水分循环，减少水土流失。总之，不同的水土保持措施会产生不同的水文效应。

一、水土保持工程措施对径流的影响与估算

水土保持工程措施主要是通过修建各类工程改变小地形，拦蓄地表径流，增加土壤入渗，从而达到减轻或防止水土流失，开发利用水土资源的目的。各类工程措施与林草措施之间互相依赖，相辅相成。

拦砂坝是以拦挡山洪及泥石流中固体物质为主要目的，防治泥沙灾害的拦挡建筑物，是荒沟治理的主要工程措施，在水土流失地区沟道内修建拦砂坝，可以提高坝址处的侵蚀基准面，减缓坝上游淤积段河床比降，减小水流的侵蚀能力。同时，淤积物淤埋上游两岸坡脚，减弱了

坡面冲刷和岸坡崩塌。

淤地坝和小型水库以直接拦蓄径流泥沙的方式减少水土流失量，它能迅速有效地拦截小流域内坡面、沟道冲刷下来的径流泥沙，而淤地坝内淤满后即可投入生产种植。

由于淤地坝所处的位置在沟道中，坡面和坝后沟道的径流很多都补充到淤地坝里，使淤地坝的含水量比坡面含水量大得多，坝地的产量高于坡耕地的实例就说明了这一点。淤地坝含水量增大，必然导致蒸发损失增大。淤地坝淤泥的持水计算公式为

$$\Delta W = (1-K)\alpha\Delta W_{sg}/\gamma_s \tag{8-1}$$

式中，ΔW 为淤地坝的减水量(m^3)；ΔW_{sg} 为淤地坝拦泥量(t)；γ_s 为淤泥干容重，一般为1.35～1.40t/m^3；α 为淤泥的孔隙率，一般在0.5左右；K 为地下径流补给系数，$K=\dfrac{R_g}{P-R_s}$；R_g 为流域平均地下径流深(mm)；R_s 为流域平均地表径流深(mm)；P 为流域平均降水量(mm)。

坡地修成水平梯田和水平埝地后，增加了土壤的蓄水供水能力，能够很好地拦截天然降水，一般可以拦蓄70%～95%的径流；标准高、质量好的梯田可以拦蓄全部降雨径流，并且能够持续多年发挥作用，效益显著。修建梯田，对培肥土壤，提高土质生产力，提高粮食、经济作物产量，具有明显的效果。一般坡地修成梯田后，可增加耕地面积。

坡面措施只能减少地表径流量，拦截的径流量中，大部分耗于蒸发，也有部分增加地下径流补给，其减水量计算的基本公式为

$$\Delta W_b = (1-K)\sum M\eta_i f_i \tag{8-2}$$

式中，ΔW_b 为坡面措施减水量(m^3)；η 为某项坡面措施减水指标(%)；f_i 为某项坡面措施面积(km^2)；M 为流域地表径流模数(m^3/km^2)；K 为地下径流补给系数。

对黄土高原水平梯田蓄水保土效益进行计算，其值见表8-3。

表 8-3　黄土高原水平梯田蓄水保土效益表

试验站	蓄水效益/%	保土效益/%
西峰	97.5	99.4
绥德	86.4	90.7
离石	70.5	93.0
延安	92.6	91.6
耀县	73.1	99.3
彬县	93.6	95.4
淳化	93.1	95.9
平均	86.7	95.0

由表8-3可以看出，水平梯田蓄水效益的最大值为97.5%，最小值为70.5%，平均为86.7%；保土效益最大值为99.4%，最小值为90.7%，平均为95.0%。水平梯田改变了原有小地形，使田面变得平整，降雨落到田面，不易形成汇流，直接入渗成为壤中流，从而避免了径流的产生，起到了减蚀作用。

二、水土保持生物措施对径流的影响与估算

水土保持生物措施可以改善地表植被覆盖状况，从而有效地拦截雨滴对地表的打击、防止

水蚀、调节地表径流。水土保持林草措施的实施，增大了地表糙率，不仅减缓了雨水流速，削弱雨水冲刷力，而且减轻了雨滴对地面的打击，增加了土壤入渗量，减少了地表径流量。

一般降雨条件下林冠截留可达降水量的20%左右，此后随着降雨强度的变化和降水历时的延长，截流量呈减少趋势。枯枝落叶层的滞留作用也十分明显，一般林区可达20%左右，不同的林种相差很大。林草枝叶能防止溅蚀、分散与减少地表径流量，地表枯落物具有良好的吸水、蓄水与透水能力，一般能吸收比其自身大4～6倍的水量。林地土壤孔隙度较大，尤其是非毛管孔隙度较大，降雨时将会有更多的雨水快速渗透到土壤之中，从而有效减少地表径流的发生。

林冠截留的水文效应主要表现在降雨滞后、降雨历时延长及林地降水量减少和降水强度减弱这三个方面。据张增哲(1987)等观测，降雨量小于1.5mm时，林下几乎不产生降雨，降雨超过1.5mm以后，才会出现林下降雨，滞后时间与降雨强度有关。由于降雨的不断补给，截留在林冠上雨水会滴落到林下，这种作用在降雨停止后一段时间，林冠上超饱和雨水还会滴落下来，因此，林下降雨的总历时比林外降雨要长。林下降雨强度因林冠截留而显著低于林外，其减弱林下降雨强度的作用与降雨本身特性有关，一般减弱程度随降水强度的增加而减弱，林内降雨强度比林外降雨强度约小10%～30%，林地降水总量则因截留在树冠上的降水量最终被蒸发回到大气中而减少。

枯枝落叶层的截留量表征指标有枯枝落叶层的最大持水量和枯枝落叶层的有效拦蓄量。张理宏等(1994)从实验中得到枯枝落叶层的有效拦蓄量计算公式为

$$W=(0.85R_m-R_0)\cdot M \tag{8-3}$$

式中，W为有效拦蓄量(t/hm^2)；R_m为最大持水量(%)；R_0为自然含水量(%)；M为枯枝落叶现存量(t/hm^2)。

枯枝落叶截留量为最大持水量和自然含水量之差(赵勇等，1995)，最大持水量是指枯枝落叶吸水达到饱和时的重量与干重之差，最大持水率是枯枝落叶吸水饱和时的重量与干重的百分比。

对不同植被覆盖的蓄水保土效益计算，可采用以PI为权，按加权平均法计算各覆盖度级的蓄水保土效益。

$$\text{某一覆盖度级的蓄水效益：}\eta_{\text{水}i}=\sum R_i\frac{(PI)_i}{\sum PI} \tag{8-4}$$

$$\text{某一覆盖度级的保土效益：}\eta_{\text{沙}i}=\sum S_i\frac{(PI)_i}{\sum PI} \tag{8-5}$$

式中，$\eta_{\text{水}i}$为降雨蓄水效益(%)；$\eta_{\text{沙}i}$为降雨保土效益(%)；R_i为场降雨蓄水效益(%)；S_i为场降雨保土效益(%)；PI为降雨量P与雨强I的乘积(mm^2/min)；$\sum PI$为该覆盖度所有侵蚀降雨雨量与雨强乘积(mm^2/min)。

用上述方法，对黄土高原地区不同植被覆盖的蓄水保土效益进行计算，其值见表8-4。

植被覆盖能够拦截降雨，保护地面免受打击，调节地表径流，增加土壤入渗时间，消减径流动能，加强和增进土壤渗透性、抗冲性和抗蚀性等。覆盖度提高，蓄水保土效益增强。

林下灌木草本层截留量的大小取决于自身生长状况和枝叶量的大小。在六盘山的研究表明，林下灌木草本层的截留率为1.7%～17.2%。在黄土丘陵区对沙打旺草地截留作用观测表明，截留率受植被盖度、降雨强度和降雨历时的影响，当草地全覆盖时，沙打旺草地的最大截留率为29.7%。可见，灌木和草本是森林截留的重要组成部分。

表 8-4　不同植被覆盖度的蓄水保土效益表

效益	覆盖度							
	10%～20%	20%～30%	30%～40%	40%～50%	50%～60%	60%～70%	70%～80%	>80%
蓄水效益/%	48.63	62.67	70.89	76.72	81.24	84.93	88.05	90.76
保土效益/%	75.91	62.67	87.67	90.75	93.14	95.09	96.74	98.17

三、水土保持农业技术措施对径流的影响与估算

水土保持农业耕作措施，主要应用水土保持耕作方法，其基本原理是：增加地面粗糙度，改良土壤结构，提高土壤肥力和透水储水能力；增加地表覆盖度，就地拦截降雨，增加地表水的入渗率，防止径流的发生；改善土壤物理性状，增加入渗和蓄水保水能力，改善土壤的通透能力，调节土壤中的水、气、热等要素。

改变微地形的保水保土耕作技术，主要包括等高耕作、等高沟垄、坑田耕作等。

等高耕作又称横坡耕作技术。是指沿等高线，垂直于坡面倾向，进行横向的耕犁、作畦及栽培的一种耕作技术(图 8-5)。这一耕作技术可有效地拦蓄地表径流，增加土壤水分入渗率，减少水土流失，有利于作物生长发育，从而达到高产的目的，它是坡耕地实施其他水土保持农业耕作技术的基础。在我国北方干旱少雨地区，耕作方向要求基本沿等高线，以有利于保水保土。南方多雨且土质黏重地区，耕作方向与等高线呈 1%～2%的比降，以适应排水，并防止冲刷。在有风蚀的缓坡地区，改顺坡耕作为横坡耕作时，应兼顾耕作方向与主风向正交，或呈 45°角。

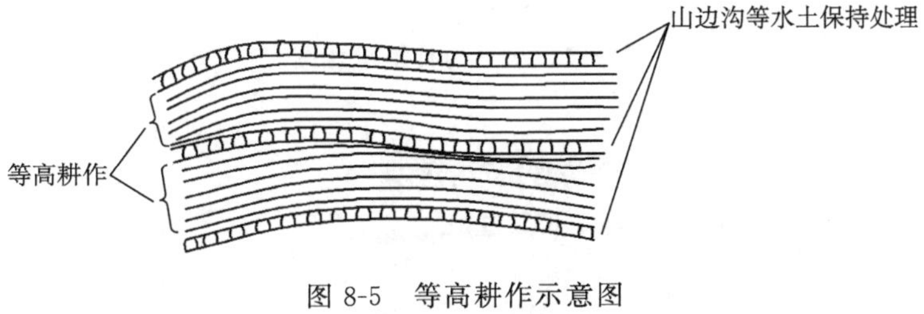

图 8-5　等高耕作示意图

等高沟垄耕作是在等高耕作的基础上进行的，即在坡面上沿等高线开犁，形成沟和垄，用以蓄水拦泥、保土和增产(图 8-6)。主要包括水平沟种植(图 8-7)、垄作区田(图 8-8)、平播起垄、水平防冲沟、圳田、蓄水聚肥耕作、抽槽聚肥耕作。

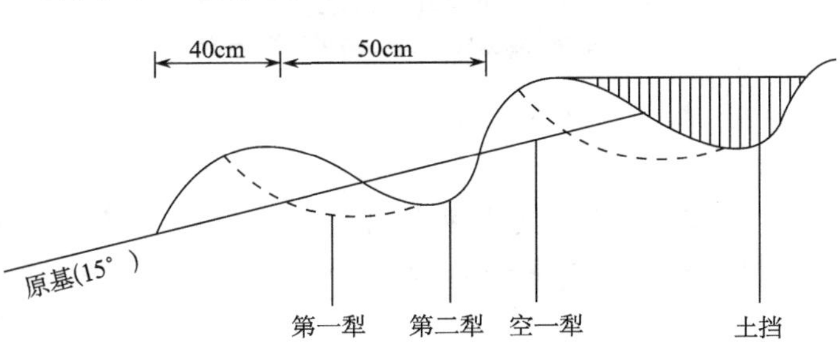

图 8-6　等高沟垄耕作示意图

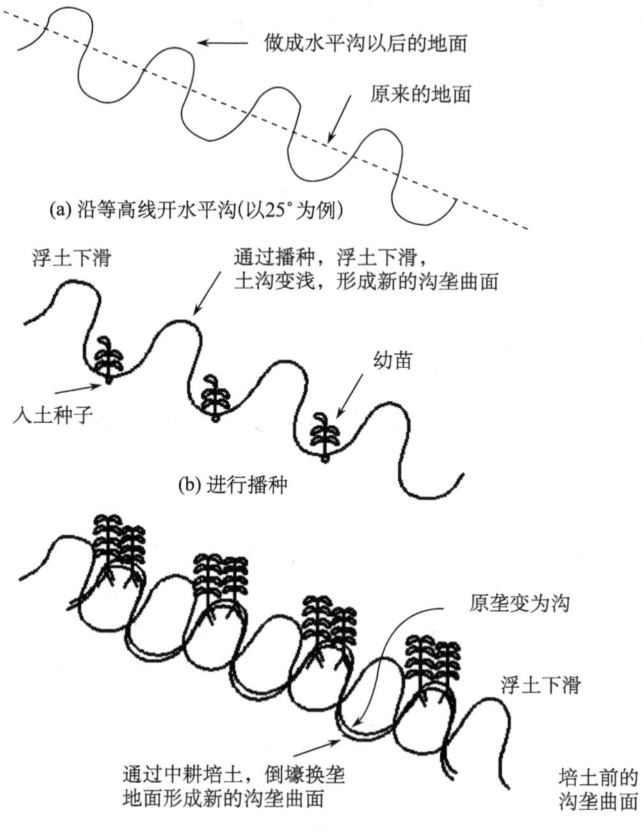

图 8-7　水平沟种植示意图

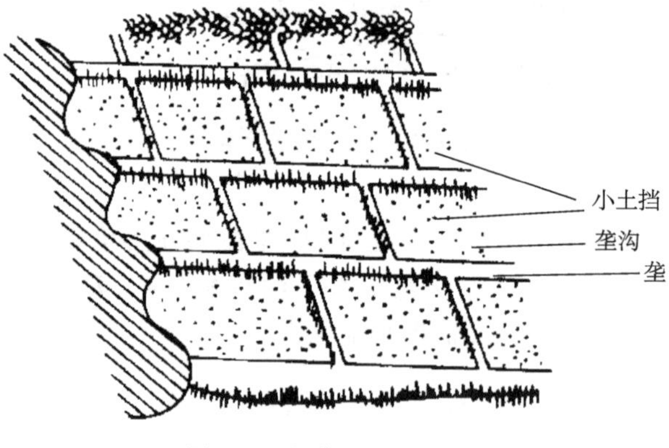

图 8-8　垄作区田示意图

坑田耕作又叫区田，我国北方称作掏钵种植，南方叫大窝种，是我国一种历史悠久的耕种技术(图 8-9)。适用于干旱、半干旱或季节性干旱区域，在 15°～30°的土层较厚的陡坡上，有较为明显的水土保持作用。

增加地面植物覆被的保水保土耕作法主要有草田轮作、间作、套种、带状间作、合理密植、休闲、地上种绿肥等。结合农事耕作，合理安排种植的作物，增加地面植物被覆，特别在暴雨季

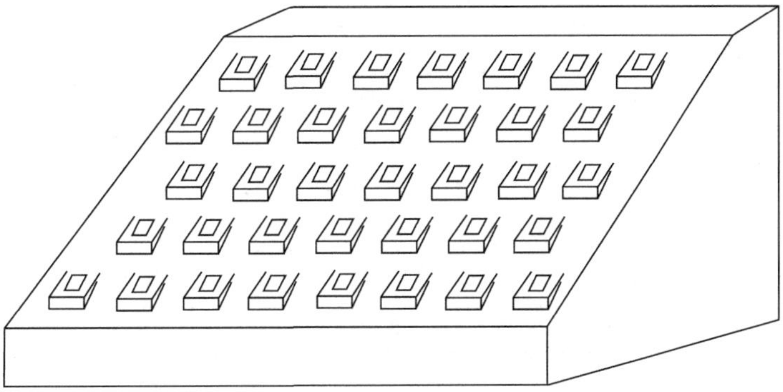

图 8-9 坑田耕作示意图

节，要求地面有植物被覆，以减轻水土流失，提高作物产量。

以改变土壤物理性状为主的耕作措施，能起到改善土壤物理性状作用的措施，主要包括深耕法、少耕法和免耕法技术。

根据天水、绥德、西峰、延安、阳高（山西）等水土保持试验站试验，一般垄作比当地群众一般耕作法增产 20%～60%。据天水梁家坪观测资料，垄作比当地的群众一般耕作法径流量减少 77%，土壤冲刷减少 88%。根据在不同坡度的试验结果，在 15°以下的坡地垄作，基本上可以完全控制坡地土壤侵蚀；在 18°的坡地上仍然有效，径流量只有平作的 1/4，冲刷量只有平作的 1/3。

因垄沟耕作改变了坡地小地形，将地面耕成有沟有垄，使地面受雨面积增大，减少了单位面积上的受雨量。一条垄等于一个小土坝，一条沟等于一个小水库，因而有效地减少了径流量和冲刷量，增加了土壤含水率，减少了土壤养分的流失，有较好的保水、保土保肥和增产的效果。在我国西北地区应用较为广泛。根据绥德、天水、定西等水土保持试验站的资料表明：沟垄种植方法，一般每年平均减少地表径流量 60%～90%，减少土壤冲刷量 80%～95%。根据绥德、西峰等水土保持试验站的资料，在一次较大暴雨条件下，沟垄耕种措施比一般平作法减少地表径流量 70%～90%，减少土壤冲刷量约 90%。一般可使作物增产 8%～33%。

采用水保法（成因分析法）计算耕作措施的蓄水保土效益，计算公式为

$$\eta_{水} = \frac{\Delta w}{w} \times 100\% \tag{8-6}$$

$$\eta_{沙} = \frac{\Delta w_s}{w_s} \times 100\% \tag{8-7}$$

式中，$\eta_{水}$为蓄水效率；$\eta_{沙}$为减沙效率；w 为直线坡常规耕作径流量（m^3/hm^2）；Δw 为耕作措施实施后径流变化量（m^3/hm^2）；w_s 为直线坡常规耕作产沙量（t/hm^2）；Δw_s 为耕作措施实施后拦沙减蚀量（t/hm^2）。

用上式计算黄土高原地区不同耕作措施在坡度为 5°、10°、15°、20°、25°时，不同设计雨强情况下的蓄水保土效益，见表 8-5。

由表 8-5 可以看出，等高耕作其蓄水效益为 70.56%～10.07%，平均值为 51.58%，保土效益为 76.60%～21.66%，平均值为 37.73%，其蓄水保土效益最好；采用耙耱地措施蓄水效益为 51.93%～4.59%，平均 26.79%，保土效益为 43.25%～1.65%，平均 10.73%，耙耱地在

表 8-5 不同耕作措施蓄水保土效益

耕作措施		等高耕作	人工锄耕	耙耱地
蓄水效益/%	最大值	70.56	61.34	51.93
	最小值	10.07	6.48	4.59
	平均	51.58	40.73	26.79
保土效益/%	最大值	76.60	69.69	43.25
	最小值	21.66	10.69	1.65
	平均	37.73	25.47	10.73

一定程度上具有蓄水保土效益,但土地经耙耱后,土质疏松,抗冲性较差,在大坡度情况下有增大冲刷的趋势;人工锄耕介于二者之间。可见,在黄土高原地区不同的农业耕作措施具有明显的蓄水保土效益,有效地蓄纳降雨,提高雨季的蓄墒率,达到“秋雨春用”,为坡耕地作物的持续高产稳产奠定了物质基础。

水土保持农业技术措施对土壤具有一定的改良作用,可以通过改变土壤结构而增加土壤中的非毛管孔隙度、土层渗透性和流域的蓄水能力,减少了超渗产流的形成,并且入渗水对土壤含水量的有效补充增加了植物可利用的水资源。

水土保持耕作措施的水文效应研究已受到广大学者的关注,郑子成等利用人工模拟降雨的方法研究了不同耕作措施条件下入渗速率模型,研究得出:不同耕作措施,随着入渗时间的增加,强化入渗速率以指数函数递减。在相同的时间和降雨强度下,不同耕作措施强化降水入渗率的大小为:等高耕作>人工掏挖>人工锄耕。而娄中山等指出,不同耕作方式下土壤含水量也有变化,一般是免耕覆盖>深松覆盖>耙茬覆盖>传统耕作。地表粗糙度的变化趋势为:免耕覆盖>深松覆盖>耙地覆盖>传统耕作。

第三节 水土保持措施对泥沙的影响与估算

水土保持措施减水减沙作用的分析计算,由于影响因素复杂,各因子在不同条件下的作用又千差万别,为了能正确反映各因子在不同环境条件下的内在关系,一般主要分析单项水土保持措施的减水减沙作用。

一、水土保持工程措施对泥沙的影响与估算

水土保持工程措施主要是通过修建各类工程改变小地形,拦蓄地表径流,增加上坡入渗,从而达到减轻或防止水土流失,开发利用水土资源的目的。

以梯田为例,梯田的减沙作用从小区试验资料和理论上的探讨是成功的,而大面积的减沙蓄水作用并不理想。由于大面积上都是人工梯田和缓坡梯田,经过一段时间的耕种,再加之疏于管理和养护,田埂渐平,蓄水拦沙作用也逐渐减小。因而,不同等级的梯田蓄水减蚀作用系数是不同的(表 8-6)。

如黄河中游计算大面积梯田减沙作用,一般采用陕北小流域坡面措施计算方法,公式为

$$\Delta W_{sb}=M_{sb}\times F\times\eta \tag{8-8}$$

式中,ΔW_{sb}为梯田措施年减沙量(10^4t);M_{sb}为坡面产沙模数[10^4t/(km^2.a];F 为坡面措施面积(km^2);η 为坡面措施减沙系数。

表 8-6 无定河流域梯田质量标准及蓄水减沙作用系数

级别	指标	蓄水作用/%	减沙作用/%
一级	田面宽度大于 8m，坡度小于 2°，田埂坚实完整	87	90
二级	田面宽度 4～8m，坡度 2°～5°，田埂轻微毁坏	67	70
三级	田面坡度大于 5°，或田埂有较严重塌段	62	65

流域实施水土保持措施前，输沙平衡方程为

$$W_s = A_b M_{sb} + A_g M_{sg} \tag{8-9}$$

式中，W_s 为流域年输沙量(10^4 t)；M_{sb}为坡面产沙模数[10^4 t/(km^2. a)]；M_{sg}为沟壑产沙模数[10^4 t/(km^2. a)]；A_b 为坡面面积(km^2)；A_g 为沟壑面积(km^2)。

据子洲径流实验站的试验资料，黄土丘陵沟壑区的坡面面积与沟壑面积分别占流域总面积的 60%和 40%，再结合小区实验，考虑到大面积长时间的作用，坡面措施减沙系数不可能达到小区实验的标准，取拦沙系数为 0.70。采用当地多年平均输沙量值，即可计算出不同时段的多年平均梯田拦沙量。

淤地坝的减蚀作用主要是坝地形成后减少沟谷地面积而减少了产沙量，可用下式计算：

$$V_g = mF_b M_s \tag{8-10}$$

式中，V_g 为坝地覆盖范围的减蚀量(t)；F_b 为坝地面积(km^2)；M_s 为沟谷地年产沙模数(t/km^2)；m 为修正系数。沟谷地年产沙模数可根据流域年产沙模数、沟谷地面积占流域面积的比例及沟谷地产沙量占流域产沙量的比例来推算。

二、水土保持生物措施对泥沙的影响与估算

林草措施减沙作用的计算，关键要确定实有措施面积和林草措施减沙作用系数。减沙作用系数的确定比较困难，它是与多种因素密切相关的综合参数。据相关文献介绍，小区坡面措施造林拦泥保土率为 85%，种草为 40%，小区实验推大面积折减系数分别为 50%和 60%，因而大面积造林拦泥保土率为 42.5%，种草为 24%。在实际计算过程中，考虑到各地水热条件的差异，林草拦泥保土作用系数也不一样。

北京林业大学在密云水库上游水源涵养林生态系统与防止土壤侵蚀效益的研究中得出：水源保护林防止水库流域内土壤侵蚀的作用非常显著。在天然降水下，坡地产沙量是刺槐林地的 4.10～12.40 倍，是油松林的 19.16～44.76 倍，林地对坡面产沙的削减率平均为 79.7%，对小流域产沙的削减率平均为 65.6%。另据研究，流经不同的乔木或灌木林带的水，其含沙量不同。如果把来自无林地的水中含沙量作为 100%，那么流经松林带后的水中含沙量能减少 20%，流经榆树林的水中含沙量能减少 15%。

三、水土保持农业技术措施对泥沙的影响与估算

水土保持农业技术措施对泥沙的就地拦蓄作用减少了对下游河床、水库、塘坝的淤积，减少了水库等水利设施的淤积损失，延长了有效利用时间，具有重要的经济价值。

水土保持农业技术措施减沙效益估算，可以利用当地小型水库或淤地坝每立方米土方的修筑费用等价物折算。考虑到小型水库和塘坝的实际运行情况，可以粗略地把这些水利措施的土方建筑费用作为比价计算。公式为

$$P = (A_1 - A_2)C \tag{8-11}$$

式中，P 为某单项水土保持农业耕作技术措施的减沙效益（元/hm^2）；A_1 为非措施区的产沙量（m^3/hm^2）；A_2 为实施措施区的产沙量（m^3/hm^2）；C 为当地小型水库或塘坝的修筑费用定额（元/m^3）。

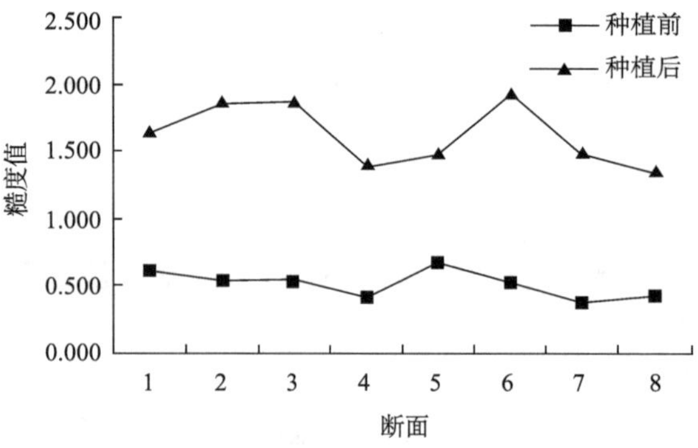

图 8-10　种植方式对地表糙度的影响

水土保持农业技术措施是坡耕地的主要治理措施之一，坡耕地耕作技术措施一般包括作物种植、耕作管理措施（包括水土保持措施）以及作物留茬等，这些措施改变小地形增加地面粗糙度。地表糙度是地面微地形形态的反映，影响着地表径流和侵蚀过程。粗糙的土壤表面比光滑的表面临时性储藏更多的水，增加地表库容体积，增加泥沙的拦截和阻滞径流中泥沙的运动，因此也减小了土壤侵蚀。作物种植和作物收割后的残茬，促成了地表覆盖和地表微地形的变化，具有明显的水土保持效应。在淳化 8°的径流小区，作物种植以秋作玉米为例，为了更有效地利用水分，当地农民经过长期的摸索，在玉米根部壅土，进而形成地表的起伏，形成了形状糙度。实地测定结果见图 8-10，从图中可以看出，种植明显改变了地表起伏度，经过多年的试验观测，这一措施对减流和减沙效应较明显。

水土保持农业技术措施也均有提高农作物产量的作用。一般情况下，可增产粮食 20%～50%。四川省内江县水土保持试验站证实，采用等高耕作可增产粮食 25%；沟垄种植可使玉米增产 25.7%、红薯 71%、甘蔗 12%，垄作区田法，可增产粮食 10%～100%；绥德、天水站证实间作套种可增产 37.5%。秸秆覆盖可显著提高土壤蓄水量、作物产量及水分利用效率。其保水增产效果在干旱年份更加明显。深松可有效打破犁底层降低其密度，可增加作物根深、根长及根重，提高作物产量和水分利用效率。免耕可提高夏玉米早期田间土壤含水率，保持相同产量。

第四节　水土保持效益的观测与估算

水土保持效益是对实施水土保持措施后获得的利益或收益的预测和计算。其目的是：①分析水土保持措施当前的效益，用统一的量值客观反映水土保持工作取得的成就。②通过对已有水土保持措施的效益分析，检验原规划、设计的合理性，了解制约水土保持措施综合效益高低的因素，为进一步搞好规划、设计、提高效率提供依据。③在进行水土保持规划时，通过效益计算和经济分析，预测所规划措施在预定的某一时期可能获得的效益情况，以此进行方案比较，选择效益最好、投资较少的方案。

水土保持效益根据其性质可分为蓄水保土效益、经济效益、社会效益和生态效益。

水土保持措施效益定量计算的最终目的是为水土保持规划、水土流失定量预报及各种水土保持措施的横向比较提供依据。

一、水土保持效益观测

（一）水土保持径流测验研究

水土流失径流测验是水土保持目前普遍应用的研究方法之一，它可以研究降雨、地形、土壤、植被、土地利用等单因子与水土流失的关系，也可用以研究流域产流、产沙的主要来源及分配，从而得出水土流失规律和综合治理效益。

1. 坡地水土流失规律研究方法

径流小区法是坡面水蚀研究的基本方法。各国径流小区的分类和面积大小不尽相同。

美国的径流小区分为试验小区和集水区。试验小区面积通常为 $2\times22.1m^2$，其标准坡度为 9%，约为 $0.004hm^2$，多用来研究单因子变量对土壤流失的影响；集水区面积通常为数公顷到数十公顷，主要用来研究一个或少数几个因子对土壤流失的影响。加拿大的径流场（小区）大小可分为三种尺度，即面积数千平方公里（大尺度）、几十平方米到几千平方米（中尺度）、一平方米到数平方米（小尺度）。

按面积大小，我国的径流小区也可分为小区、大区和小流域三种尺度。小区一般宽 5m，长为宽的 2～8 倍。水利部建议标准径流小区宽为 5m（与等高线平行）、长 20m（水平投影）、水平投影面积为 $100m^2$、坡度为 15°。大区也称小试验区，一般包括一个或几个微地形，主要用来研究多因子对侵蚀的影响。小流域通常用于研究完整集水区的流失规律和综合治理效益。一般在沟道出口某一部位建径流观测站，研究流域的水沙输移规律和变化。

此外，根据试验研究的需要，在布设标准径流小区的基础上，也可补充必要的大型径流场或自然坡面径流场。在地形坡度陡峭、土壤透水性小、湿度大的地区，径流小区面积也可小些。对于特殊的试验，也可采用微小区（$1m^2$）进行研究。

径流小区测验是要解决大范围的水土流失问题，因而规划时既要考虑代表周围环境，还应注意外推到其他地区的可能性；其次要考虑极端状况，如极大、极小坡度的试验，极端降水试验等；规划时尽可能保持原有土壤地形等状态。

为了使不同径流小区的观测资料具有可比性，在试验设计中，通常以“组”为单位，即两个或两个以上的小区为一组。

径流小区一般包括排水渠、保护带、围埂、集水槽、引水槽和集流池（桶）几部分。每组小区应设置宽度不小于 2m 的保护带，各处理条件与小区的相同。围埂布设在小区周围，以阻止径流进出小区，通常由混凝土预制块或砖砌筑。在小区上部有排水渠，防止坡面上部径流流入小区内，在其下方建集水槽和挡土墙，以避免径流的汇集冲刷和小区塌陷。挡土墙和集水槽用砖砌筑，砂浆抹面。集水槽由两端向中心倾斜。通过引水槽，将径流和泥沙导入集流口，通过集流管进入集流池（桶）中。径流小区的平面布设见图 8-11。

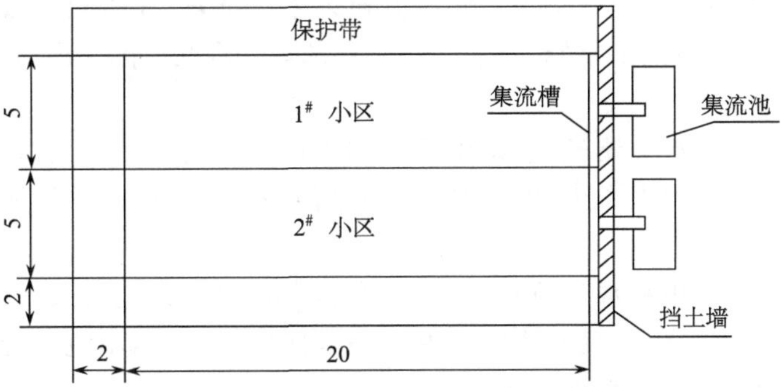

图 8-11 径流小区平面布置示意图

小区布设多采用对比排列试验。在具体布置时依据当地条件可以作对比顺序排列,也可以作对比随机排列。无论何种排列,对照单元应要互相错开。

径流小区测验的主要内容是降水、径流和泥沙测验等,此外,还有其他观测,如覆盖度、土壤水分、径流冲刷过程观测等。

降雨以降雨量即降落在地面上的水层深度来表示,以 mm 为单位。径流场须设置一台自记雨量计和相应的雨量筒,相互校验。若径流场分散,可适当增加雨量筒数量。为了防止蒸发损失,应在降雨结束后及时观测。在降雨日按时(早 8 时或晚 8 时)换取记录纸,并相应量测雨量筒中的雨量。对于暴雨的观测,应在常规观测的基础上加密观测次数;对于特大暴雨,在无法进行正常观测时,应及时进行实地调查。

降雨产流结束后,应立即观测收集的径流量。

(1) 量水设备为集流池(桶)时,产流结束后,可直接量测浑水位,计算或根据事先确定的水位-容积曲线推求径流总量。

(2) 量水设备为分水箱时,要用分水系数和分水量推求径流总量。当一次分流时:

$$\text{径流总量} = \text{分水量} \times \text{分水系数} + \text{分水箱容量} + \text{接流桶容量} \tag{8-12}$$

当数次分流时,可依次从最后的分水量逐级推求:

$$\text{径流总量} = \text{分水量} \times \text{分水系数 } 1 \times \text{分水系数 } 2 + \cdots + \text{分水箱容积} + \text{接流桶容量} \tag{8-13}$$

其中,分水系数=总出水量/中孔出水量。设计时,要求分水系数的误差≤1%。

降水结束、径流终止后立即进行泥沙观测。首先将集水槽中泥、水扫入集流池(桶)中,人工搅拌均匀。在池(桶)中用采样器采取柱状水样 2～3 个(总量在 1000～3000cm^3),混合均匀后从中取出 500～1000cm^3 浑水样,作为径流小区内本次收集径流的代表样。若采用分水箱时,应分别采样,各自计算。

将水沙样静置 24h 后,过滤出泥沙,然后在 105℃下烘干到恒重(6～8h),计算含沙量。

另外,也可采用分光光度法、红外线法、电容法、振动法、超声波法、激光法和 γ 射线等方法间接测定径流和泥沙。

2. 小流域水土流失规律研究方法

较大集水区(或重点小区)或小流域测流,由于来水流量大,需建立量水建筑物和观测房。建量水建筑物时,站址要选择在水流流动顺畅,避免弯道和宽窄变化大的河段,且比降均一。通常量水建筑物上游要有 30m 以上平直段,下游有 10m 左右平直段,不要受下游回水等影响。若地形不佳,站址不好选择,就要人工整修河道。另外,要选择支沟交汇的下游,以便控制流域的全部范围。

量水建筑物测流属于水文测流,它是由测得的水位代入公式计算出流量,该方法多适用于小流量,具有方法简单、观测人员少、精度高、使用方便、易于实现遥感观测和便于计算机处理数据的特点。

小流域径流站观测是用量水建筑物进行,现在多采用水位计配合人工观测的方法,主要观测内容有水位观测、流量观测和泥沙测验。有时根据研究的目的,小流域径流测验还要进行泥沙颗粒分析、溶解质测定、水化学分析等。

(二) 水土保持措施试验研究

水土保持措施的试验研究,包括了水土保持工程措施、农业措施、林业措施、牧草措施和小流域综合治理等。

无论哪种试验研究，都应既考虑试验的代表性、合理性、精确性、重要性和可比性，又要注意试验时尽量保持自然状态和运用对比试验的方法。

1. 水土保持工程措施研究

水土保持工程措施的试验目的在于寻求不同地形部位、不同土地类型、不同土壤、地质、降雨条件下，控制水土流失作用大、增加生产效益高的工程模式。

试验研究内容主要包括工程的结构形式、工程的规格尺寸、施工方法、建筑材料和最优的配置方案等。

2. 水土保持农业措施研究

水土保持农业措施试验主要是指在坡耕地上进行的各项蓄水保土农业增产措施的试验。因此，它主要包括了等高耕作、等高带状种植、沟垄耕作、三角窝种、丰产沟耕作、草田带状间作、草田轮作、选用良种、合理密植、豆禾作物间作套种、混播复种等措施。试验时还应注意试验地的地力要均匀，以及田间管理等问题。

试验小区的面积一般为 20～100m^2，其中，品种比较试验不小于 20m^2，栽培试验不少于 30m^2，间作套种、耕作试验不小于 100m^2。另外，小区形状多为长方形，宽长比为 1∶2～1∶5，小区长边与坡向一致。

试验处理 3～5 个为宜，最多不超过 10 个，重复次数采用 3～4 次即可。对照应以当地的品种、耕作方法、轮作方式为基础，以便分析评价。

农业试验观测记载项目主要有气象观测、作物抗逆性能记载、土壤理化分析记载、蓄水保土效益观测记载、产量分析和水、沙分析等，可参考农学的有关规定进行。

3. 水土保持林业措施研究

水土保持林业措施的试验主要包括了水土保持优良树种引种、水土保持林体系配置、混交林型、林带结构与密度、水土保持造林与营林技术试验等内容。

引种试验宜选择地形坡度较平缓、土壤肥力差别不大、日照较好、有灌溉条件、有代表性的典型地段做试验地，水土保持林体系试验应选择地形、地质、土壤有代表性，面积在 1～5km^2的小流域做试验地，或结合试验小流域的综合治理，在土地利用规划所确定的林地上进行。

水土保持林的试验均以乡土树种、当地常用措施和配置方式作为对照，试验内容为处理。引种试验，一般以 50～100 株树为一个小区，重复 2～3 次；造林营林技术试验、混交林型试验，小区和对照区面积为 0.1～1.0km^2，重复 2～3 次；水土保持林试验只设对照，不设重复。

除引种外，水土保持林体系配置、混交林型等树种应从本地的乡土树种或外地引进但已驯化了的树种中选择。选择时，不但要注意生长势和生长量外，还要考虑经济价值和蓄水保土作用。

引种试验可采用随机排列；造林营林技术和混交林型试验，可采用顺序排列。另外，在试验时要注意留保护带，一般保护带为 4～6 行。林斑、标准地、标准行的划分，观测记载项目和方法，均与林业试验方法相同。

蓄水保土效益观测项目主要有林冠截留降水量、枯落物水容量、林地土壤蓄水能力、土壤养分和土壤含水量等。

4. 水土保持牧草措施研究

水土保持牧草措施试验包括优良牧草引种选育及驯化试验，退耕坡地种草技术试验，天然荒坡种草及封育草技术试验和牧草生态产品转化等。

试验区一般采用长方形,长宽比通常为 3∶1～10∶1。试验地周围种植试验牧草或对照品种 3～4 行作为保护行。

水土保持牧草的主要观测项目有物候期观察、生长动态观察、经济动态调查和水土保持效益观测。通常,在试验研究开始前,往往还要完成种子品质鉴定、播种量计算和品种的登记编号等工作。

二、水土保持效益估算

水土保持效益计算的原则包括:①效益计算期根据治理措施的使用年限确定,一般取20～30 年;对于某些使用年限较短的措施,可用几个周期计算。②计算采用的数据应经分析、核实,要翔实可靠。在引用其他流域的调查观测资料时,应注意两者的自然和社会经济条件基本一致或有较好的相关性。规划阶段最好采用某一地区的规范定额。③各项治理措施均从开始生效之年计算效益。梯田、保土耕作措施和小型蓄水保土工程的保水、保土效益,保土耕作措施的增产效益,自实施之年开始计算;梯田的增产效益,在生土熟化后,确有增产效益时开始计算。植树、种草采用水平沟、水平阶、反坡梯田等整地工程的,其保水、保土效益,从实施之年开始计算;没有整地工程时,一般灌木从第三年起计算。乔木从第五年起计算,种草从第二年起计算。其经济效益应在开始有果品、枝条、饲草等收益时,才开始计算。封禁治理的保水、保土效益和经济效益,可从封禁后第三年计算。④对多个项目产生的综合效益,应根据水土保持措施的作用和效果确定其效益分摊系数。

(一) 蓄水保土效益估算

蓄水保土效益的分析计算,包括两个方面的内容,第一,单项措施的蓄水保土效益,如梯田、造林等单项措施实施后所取得的蓄水保土效益;第二,某一地区或某一流域实施治理措施后的总体蓄水保土效益。

蓄水保土效益的计算方法常用的有水保法、水文法、经验公式法、对比法和地质地貌法等。

1. 水保法

水保法是应用水土保持单项措施来综合计算全流域的蓄水保土效益的方法。该方法假定流域水土保持措施蓄水、减沙总量等于各单项水土保持措施蓄水、减沙量之和。它以试验和调查资料为依据,计算简单,应用方便。

1) 流域实施治理后减沙、蓄水量计算

$$W = W_1 + W_2 = \sum M_w \cdot A \cdot I_w + \sum V_w \cdot \alpha \tag{8-14}$$

$$M = M_1 + M_2 = \sum M_s \cdot A \cdot I_m + \sum V_m \cdot \alpha \tag{8-15}$$

式中,W、M 为流域实施治理后的蓄水总量(m^3)和减沙总量(t);W_1、M_1 为流域实施治理后坡面各种工程措施蓄水总量(m^3)和减沙总量(t);W_2、M_2 为流域实施治理后沟谷各种治理措施蓄水总量(m^3)和减沙总量(t);M_w、M_s 为坡面某项措施实施前的径流模数[$m^3/(km^2 \cdot a)$]和侵蚀模数[$t/(km^2 \cdot a)$];A 为坡面某项措施面积(km^2);I_w、I_m 为坡面某项措施的减流、减沙系数;V_w、V_m 为沟谷某项工程措施的平均蓄水拦淤体积(m^3);α 为沟谷某项工程措施的数量。

计算减流、减沙的关键是确定减流系数 I_w 和减沙系数 I_m,计算时必须根据当地试验研究资料认真分析确定。

2）流域实施治理前总径流量、产沙量计算　流域多年平均输沙量是通过对流域内或相似流域建成多年的坝库进行泥沙淤积量测定，用下式计算：

$$W_{sb}=\frac{V\cdot\gamma}{N}\times\frac{A}{A_0} \tag{8-16}$$

式中，V 为坝、库多年淤积总量（m^3）；γ 为淤积物的容重（t/m^3）；N 为淤积年限（a）；A 为流域面积（km^2）；A_0 为调查坝、库所在流域工程控制面积（km^2）。

当坝库有排沙情况时，可调查排沙量，计入坝库淤量内。

2. 水文法

水文法又称水文统计相关法，它是以水文站或径流站等实测的降雨、径流和泥沙资料为依据，用统计相关分析的方法来计算全流域实施水土保持治理后的蓄水、减沙效率。该方法以实测资料为基础，所以资料系列越长，分析精度越高。根据资料系列的长短，水文法又可有两种途径：即相关分析法（资料系列较长时）和水文系列对比法（资料系列较短时）。

3. 流域对比法

流域对比法是对两个相似流域进行横向分析对比，即对已实施治理的流域和邻近自然条件相似的未治理流域实测径流与输沙量进行对比计算，经过用两流域的面积和降雨校正，最后分析计算得出已治理流域的蓄水保土效益。

（二）经济效益估算

经济效益估算包括直接经济效益估算和间接经济效益估算。

直接经济效益的计算，以各项措施增产的产品的经济效益计算为基础，并以货币定量表示。各项治理措施的经济效益应根据每年实际生产效益的有效面积、单位面积增加的产品数量以及产品价格逐年计算，最后累计得到在效益计算期内的总效益。包括粮食和经济作物增产的效益、栽植经济果林（种草）的产品效益、增加木材蓄积量的效益、增加薪柴（枝条、秸秆）的效益等。

间接经济效益包括基本农田的间接经济效益、种草的间接经济效益和造林的间接经济效益等。

（三）社会效益估算

水土保持社会效益包括减轻自然灾害和促进社会进步两个方面带来的效益。有条件时应进行定量计算，以实物量或货币表示；不能作定量计算的，应根据实际情况作定性描述。

减轻自然灾害的效益包括保护耕地的效益、防洪效益和水土保持农业技术措施社会效益等。保护耕地的效益计算应在深入细致调查的基础上进行，防洪效益计算包括林草措施和工程措施的防洪效益计算，水土保持农业技术措施减沙效益计算，可以用当地小型水库或淤地坝每立方米土方的修筑费用等价折算。严格来说，应以小型水库或塘坝的清淤单价作为比价进行计算，但考虑到小型水库和塘坝的实际运行状况，可以粗略地把这些水利措施的土方建筑费用作为比价计算。

促进社会进步的效益包括提高土地生产率、提高劳动生产率、改善土地利用结构与农村产业结构、促进群众脱贫致富奔小康、提高环境容量及其他效益分析。

（四）生态效益估算

生态效益估算主要包括农田防护林效益、固沙林防护效益和林草措施改善水质的效益等。

农田防护林网可以降低风速，消除风对土壤的侵蚀和农作物的机械损伤。缩小防护区内农田的年、日温差，延长生物的生长期；它还可以减少蒸发量，增加空气和土壤湿度，形成一个有利于农作物生长发育的环境。其效益集中表现在农作物的增产和减少土壤风蚀的价值上。这部分价值属生态效益，同时防护林木的生物量价值可计入经济效益中。要确定防护林对农作物增产作用的大小、增产数量的多少，必须根据科学试验的要求。进行对比试验和观测，才能排除其他增产措施的影响，取得可靠的资料。

固沙林防护效益价值主要有两个方面，一方面固住沙源，避免流沙吞没农田、牧场、村庄，扩大耕地、草场的价值；另一方面促进防护范围内农田牧场的增产价值。

森林、牧草具有强大的水质净化作用，而纯净的工农业用水、生活用水可以带来多种生产效益和社会效益，所以，作为水土保持林草措施的水文效益之一，应该计算其净化水质的效益值。

林草措施改善水质的影响是多方面的，但是，为了使计算容易进行，只简单以工业和生活用水的处理费用作为计价标准，作为对林草措施改善水质的效益的经济价值粗略评价，在有可能的情况下，还应进行水质改善所带来的水生生物种类和产量的计算；进行水质改善工业品、食品工业品质的效益的计算；进行水质改善所带来的水力机械损耗减少的效益计算等。

思考题

1. 试述水土保持工程措施的蓄水保土机理。
2. 试述水土保持生物措施的蓄水保土机理。
3. 试述水土保持农业技术措施的蓄水保土机理。
4. 什么是水土保持农业耕作技术？水土保持农业耕作技术的主要类型有哪些？
5. 试述水土保持效益观测方法。

参考文献

包为民. 2006. 水文预报. 北京:中国水利水电出版社.

陈霁巍. 1998. 黄河治理与水资源开发利用. 郑州:黄河水利出版社.

陈家琦,王浩,杨小柳. 2002. 水资源学. 北京:科学出版社.

丁昆仑,M J Hann. 2000. 耕作措施对土壤特性及作物产量的影响. 农业工程学报,16(3): 28-31.

樊贵盛,李雪转,李红星. 2012. 非饱和土壤介质水分入渗问题的试验研究. 北京:中国水利水电出版社.

郭廷辅,段巧甫. 2004. 水土保持径流调控理论与实践. 北京:中国水利水电出版社.

华东水利学院. 1983. 水工设计手册. 北京:水利电力出版社.

姜翔程. 2011. 水文时间序列的混沌特性及预测方法. 北京:中国水利水电出版社.

雷志栋,杨诗秀,谢森传. 1988. 土壤水动力学. 北京:清华大学出版社.

李彦彬,黄强,徐建新,等. 2011. 河川径流混沌特征及预测理论与实践,北京:中国水利水电出版社.

刘昌红. 2009. 水土保持耕作措施在小流域综合治理中的作用. 中国水土保持. 9:29-30,38.

刘继龙,马孝义,汪可欣,等. 2012. 土壤特性的时空变异性及其应用研究. 北京:中国水利水电出版社.

刘俊民,余新晓. 1999. 水文与水资源学. 北京:中国林业出版社.

刘震. 2004. 水土保持监测技术. 北京:中国大地出版社.

娄中山,张伟,周桂霞. 2007. 不同耕作方式对土壤水土保持能力的影响. 黑龙江八一农垦大学学报,19(3): 43-46.

缪韧. 2007. 水文学原理. 北京:中国水利水电出版社.

钱宁. 1989. 高含沙水流运动. 北京:清华大学出版社.

芮孝芳. 1995. 产汇流理论. 北京:水利电力出版社.

芮孝芳. 2004. 径流形成原理. 南京:河海大学出版社.

芮孝芳. 2004. 水文学原理. 北京:中国水利水电出版社.

芮孝芳,陈界仁. 2003. 河流水文学. 南京:河海大学出版社.

水利电力部农村水利水保司. 1998. 水土保持试验规范. 北京:水利电力出版社.

王冬梅. 2002. 农地水土保持. 北京:中国林业出版社

王光谦,胡春宏. 2006. 泥沙研究进展. 北京:中国水利水电出版社.

王礼先. 1999. 流域管理学. 北京:中国林业出版社.

王秀茹. 2009. 水土保持工程学. 北京:中国林业出版社.

王瑄,李占斌. 2010. 坡面水蚀输沙动力过程试验研究. 北京:科学出版社.

吴发启. 2003. 水土保持学概论. 北京:中国农业出版社.

吴明远,詹道江,叶守泽. 1987. 工程水文学. 北京:水利电力出版社.

熊立华,郭生练. 2004. 分布式流域水文模型. 北京:中国水利水电出版社.

熊立华,郭生练,胡彩虹,等. 2002. TOPMODEL 在流域径流模拟中的应用研究. 水文,22(5):5-8.

徐宗学. 2009. 水文模型. 北京:科学出版社.

杨德军,张土桥,张科锋. 2011. 土壤水动力学模型及在 SPAC 系统建模中的应用. 杭州:浙江大学出版社.

杨胜天. 2012. 生态水文模型与应用. 北京:科学出版社.

姚文艺,汤立群. 2001. 水力侵蚀产沙过程及模拟. 郑州:黄河水利出版社.

叶守泽,夏军. 1989. 水文系统识别(原理与方法). 北京:水利电力出版社.

于维忠. 1988. 水文学原理(二). 北京:水利电力出版社.

余汉章. 1988. 水土保持水文. 西安:西北大学出版社.

袁作新. 1990. 流域水文模型. 北京:水利电力出版社.
詹道江,叶守泽. 2000. 工程水文学. 北京:中国水利水电出版社.
张洪江. 2008. 土壤侵蚀原理. 北京:中国林业出版社.
张济世,陈仁升,吕世华,等. 2007. 物理水文学——水循环物理过程. 郑州:黄河水利出版社.
张阳生. 1988. 水土保持径流实验. 西安:西北大学出版社.
张增哲. 1992. 流域水文学. 北京:中国林业出版社.
赵人俊. 1984. 流域水文模拟——新安江模型与陕北模型. 北京:水利电力出版社.
郑粉莉,张勋昌,王建勋. 2010. WEPP模型及其在黄土高原的应用研究. 北京:科学出版社.
郑子成,何淑勤,吴发启. 2003. 水土保持耕作措施强化入渗速率模型的探讨. 水土保持研究,10(2):103-105.
中国大百科全书. 1987. 水文科学部分. 北京:中国大百科全书出版社.
左其亭,王中根. 2002. 现代水文学. 郑州:黄河水利出版社.
左其亭,张云. 2009. 人水和谐量化研究方法及应用. 北京:中国水利水电出版社.
Elizabeth M S. 1994. Hydrology in Practice. UK: Chapman & Hall 2-6 Boundary Raw.
Kevin W K. 2001. Model Development and Data Collection for Whole Turfgrass Systems. Texas: Texas A&M University.
Kite G W. 1995. Computer Models of Watershed Hydrology. Colorado: Water Resources Publication.
Liu Z,Todini E. 2002. Towards a comprehensive physically-based rainfall-runoff model. Hydrology and Earth System Sciences. 6(5):859-881.
M J 柯克比. 1989. 山坡水文学(中译本). 哈尔滨:哈尔滨工业大学出版社.
Peter S E. 2008. 生态水文学. 杨大文,丛振涛译. 北京:中国水利水电出版社.
Vijay P S. 1999. 水文系统降雨径流模拟. 赵卫民,戴东,王玲等译. 郑州:黄河水利出版社.
Vijay P S. 2000. 水文系统流域模拟. 赵卫民,戴东,牛玉国等译. 郑州:黄河水利出版社.

附 表

附表 1 皮尔逊Ⅲ型频率曲线的离均系数 φ_p 值表

C_s \ P/%	0.01	0.1	0.2	0.33	0.5	1	2	5	10	20	50	75	90	95	99	P/% / C_s
0.0	3.72	3.09	2.88	2.71	2.58	2.33	2.05	1.64	1.28	0.84	0.00	−0.67	−1.28	−1.64	−2.33	0.0
0.1	3.94	3.23	3.00	2.82	2.67	2.40	2.11	1.67	1.29	0.84	−0.02	−0.68	−1.27	−1.62	−2.25	0.1
0.2	4.16	3.38	3.12	2.92	2.76	2.47	2.16	1.70	1.30	0.83	−0.03	−0.69	−1.26	−1.59	−2.18	0.2
0.3	4.38	3.52	3.24	3.03	2.86	2.54	2.21	1.73	1.31	0.82	−0.05	−0.70	−1.24	−1.55	−2.10	0.3
0.4	4.61	3.67	3.36	3.14	2.95	2.62	2.26	1.75	1.32	0.82	−0.07	−0.71	−1.23	−1.52	−2.03	0.4
0.5	4.83	3.81	3.48	3.25	3.04	2.68	2.31	1.77	1.32	0.81	−0.08	−0.71	−1.22	−1.49	−1.96	0.5
0.6	5.05	3.96	3.60	3.35	3.13	2.75	2.35	1.80	1.33	0.80	−0.10	−0.72	−1.20	−1.45	−1.88	0.6
0.7	5.28	4.10	3.72	3.45	3.22	2.82	2.40	1.82	1.33	0.79	−0.12	−0.72	−1.18	−1.42	−1.81	0.7
0.8	5.50	4.24	3.85	3.55	3.31	2.89	2.45	1.84	1.34	0.78	−0.13	−0.73	−1.17	−1.38	−1.74	0.8
0.9	5.73	4.39	3.97	3.65	3.40	2.96	2.50	1.86	1.34	0.77	−0.15	−0.73	−1.15	−1.35	−1.66	0.9
1.0	5.96	4.53	4.09	3.76	3.49	3.02	2.54	1.88	1.34	0.76	−0.16	−0.73	−1.13	−1.32	−1.59	1.0
1.1	6.18	4.67	4.20	3.86	3.58	3.09	2.58	1.89	1.34	0.74	−0.18	−0.74	−1.10	−1.28	−1.52	1.1
1.2	6.41	4.81	4.32	3.95	3.66	3.15	2.62	1.91	1.34	0.73	−0.19	−0.74	−1.08	−1.24	−1.45	1.2
1.3	6.64	4.95	4.44	4.05	3.74	3.21	2.67	1.92	1.34	0.72	−0.21	−0.74	−1.06	−1.20	−1.38	1.3
1.4	6.87	5.09	4.56	4.15	3.83	3.27	2.71	1.94	1.33	0.71	−0.22	−0.73	−1.04	−1.17	−1.32	1.4
1.5	7.09	5.23	4.68	4.24	3.91	3.33	2.74	1.95	1.33	0.69	−0.24	−0.73	−1.02	−1.13	−1.26	1.5
1.6	7.31	5.37	4.80	4.34	3.99	3.39	2.78	1.96	1.33	0.68	−0.25	−0.73	−0.99	−1.10	−1.20	1.6
1.7	7.54	5.50	4.91	4.43	4.07	3.44	2.82	1.97	1.32	0.66	−0.27	−0.72	−0.97	−1.06	−1.14	1.7
1.8	7.76	5.64	5.01	4.52	4.15	3.50	2.85	1.98	1.32	0.64	−0.28	−0.72	−0.94	−1.02	−1.09	1.8
1.9	7.98	5.77	5.12	4.61	4.23	3.55	2.88	1,99	1.31	0.63	−0.29	−0.72	−0.92	−0.98	−1.04	1.9
2.0	8.21	5.91	5.22	4.70	4.30	3.61	2.91	2.00	1.30	0.61	−0.31	−0.71	−0.895	−0.949	−0.989	2.0
2.1	8.43	6.04	5.33	4.79	4.37	3.66	2.93	2.00	1.29	0.59	−0.32	−0.71	−0.869	−0.914	−0.945	2.1

续表

C_s \ P/%	0.01	0.1	0.2	0.33	0.5	1	2	5	10	20	50	75	90	95	99	P/% / C_s
2.2	8.65	6.17	5.43	4.88	4.44	3.71	2.96	2.00	1.28	0.57	−0.33	−0.70	−0.844	−0.879	−0.905	2.2
2.3	8.87	6.30	5.53	4.97	4.51	3.76	2.99	2.00	1.27	0.55	−0.34	−0.69	−0.820	−0.849	−0.867	2.3
2.4	9.08	6.42	5.63	5.05	4.58	3.81	3.02	2.01	1.26	0.54	−0.35	−0.68	−0.795	−0.820	−0.831	2.4
2.5	9.30	6.55	5.73	5.13	4.65	3.85	3.04	2.01	1.25	0.52	−0.36	−0.67	−0.772	−0.791	−0.800	2.5
2.6	9.51	6.67	5.82	5.20	4.72	3.89	3.06	2.01	1.23	0.50	−0.37	−0.66	−0.748	−0.764	−0.769	2.6
2.7	9.72	6.79	5.92	5.28	4.78	3.93	3.09	2.01	1.22	0.48	−0.37	−0.65	−0.726	−0.736	−0.740	2.7
2.8	9.93	6.91	6.01	5.36	4.84	3.97	3.11	2.01	1.21	0.46	−0.38	−0.64	−0.702	−0.710	−0.714	2.8
2.9	10.14	7.03	6.10	5.44	4.90	4.01	3.13	2.01	1.20	0.44	−0.39	−0.63	−0.680	−0.687	−0.690	2.9
3.0	10.35	7.15	6.20	5.51	4.96	4.05	3.15	2.00	1.18	0.42	−0.39	−0.62	−0.658	−0.665	−0.667	3.0
3.1	10.56	7.26	6.30	5.59	5.02	4.08	3.17	2.00	1.16	0.40	−0.40	−0.60	−0.639	−0.644	−0.645	3.1
3.2	10.77	7.38	6.39	5.66	5.08	4.12	3.19	2.00	1.14	0.38	−0.40	−0.59	−0.621	−0.625	−0.625	3.2
3.3	10.97	7.49	6.48	5.74	5.14	4.15	3.21	1.99	1.12	0.36	−0.40	−0.58	−0.604	−0.606	−0.606	3.3
3.4	11.17	7.60	6.56	5.80	5.20	4.18	3.22	1.98	1.11	0.34	−0.41	−0.57	−0.587	−0.588	−0.588	3.4
3.5	11.37	7.72	6.65	5.86	5.25	4.22	3.23	1.97	1.09	0.32	−0.41	−0.55	−0.570	−0.571	−0.571	3.5
3.6	11.57	7.83	6.73	5.93	5.30	4.25	3.24	1.96	1.08	0.30	−0.41	−0.54	−0.555	−0.556	−0.556	3.6
3.7	11.77	7.94	6.81	5.99	5.35	4.28	3.25	1.95	1.06	0.28	−0.42	−0.53	−0.540	−0.541	−0.541	3.7
3.8	11.97	8.05	6.89	6.05	5.40	4.31	3.26	1.94	1.04	0.26	−0.42	−0.52	−0.525	−0.526	−0.526	3.8
3.9	12.16	8.15	6.97	6.11	5.45	4.34	3.27	1.93	1.02	0.24	−0.41	−0.506	−0.512	−0.513	−0.513	3.9
4.0	12.36	8.25	7.05	6.18	5.50	4.37	3.27	1.92	1.00	0.23	−0.41	−0.495	−0.500	−0.500	−0.500	4.0
4.1	12.55	8.35	7.13	6.24	5.54	4.39	3.28	1.91	0.98	0.21	−0.41	−0.484	−0.488	−0.488	−0.488	4.1
4.2	12.74	8.45	7.21	6.30	5.59	4.41	3.29	1.90	0.96	0.19	−0.41	−0.473	−0.476	−0.476	−0.476	4.2
4.3	12.93	8.55	7.29	6.36	5.63	4.44	3.29	1.88	0.94	0.17	−0.41	−0.462	−0.465	−0.465	−0.465	4.3
4.4	13.12	8.65	7.36	6.41	5.68	4.46	3.30	1.87	0.92	0.16	−0.40	−0.453	−0.455	−0.455	−0.455	4.4
4.5	13.30	8.75	7.43	6.46	5.72	4.48	3.30	1.85	0.90	0.14	−0.40	−0.444	−0.444	−0.444	−0.444	4.5
4.6	13.49	8.85	7.50	6.52	5.76	4.50	3.30	1.84	0.88	0.13	−0.40	−0.435	−0.435	−0.435	−0.435	4.6
4.7	13.67	8.95	7.56	6.57	5.80	4.52	3.30	1.82	0.86	0.11	−0.39	−0.426	−0.426	−0.426	−0.426	4.7

续表

C_s \ P/%	0.01	0.1	0.2	0.33	0.5	1	2	5	10	20	50	75	90	95	99	P/% \ C_s
4.8	13.85	9.04	7.63	6.63	5.84	4.54	3.30	1.80	0.84	0.09	−0.39	−0.417	−0.417	−0.417	−0.417	4.8
4.9	14.04	9.13	7.70	6.68	5.88	4.55	3.30	1.78	0.82	0.08	−0.38	−0.408	−0.408	−0.408	−0.408	4.9
5.0	14.22	9.22	7.77	6.73	5.92	4.57	3.30	1.77	0.80	0.06	−0.379	−0.400	−0.400	−0.400	−0.400	5.0
5.1	14.40	9.31	7.84	6.78	5.95	4.58	3.30	1.75	0.78	0.05	−0.374	−0.392	−0.392	−0.392	−0.392	5.1
5.2	14.57	9.40	7.90	6.83	5.99	4.59	3.30	1.73	0.76	0.03	−0.369	−0.385	−0.385	−0.385	−0.385	5.2
5.3	14.75	9.49	7.96	6.87	6.02	4.60	3.30	1.72	0.74	0.02	−0.363	−0.377	−0.377	−0.377	−0.377	5.3
5.4	14.92	9.57	8.02	6.91	6.05	4.62	3.29	1.70	0.72	0.00	−0.358	−0.370	−0.370	−0.370	−0.370	5.4
5.5	15.10	9.66	8.08	6.96	6.08	4.63	3.28	1.68	0.70	−0.01	−0.353	−0.364	−0.364	−0.364	−0.364	5.5
5.6	15.27	9.74	8.14	7.00	6.11	4.64	3.28	1.66	0.67	−0.03	−0.349	−0.357	−0.357	−0.357	−0.357	5.6
5.7	15.45	9.82	8.21	7.04	6.14	4.65	3.27	1.65	0.65	−0.04	−0.344	−0.351	−0.351	−0.351	−0.351	5.7
5.8	15.62	9.91	8.27	7.08	6.17	4.67	3.27	1.63	0.63	−0.05	−0.339	−0.345	−0.345	−0.345	−0.345	5.8
5.9	15.78	9.99	8.32	7.12	6.20	4.68	3.26	1.61	0.61	−0.06	−0.334	−0.339	−0.339	−0.339	−0.339	5.9
6.0	15.94	10.07	8.38	7.15	6.23	4.68	3.25	1.59	0.59	−0.07	−0.329	−0.333	−0.333	−0.333	−0.333	6.0
6.1	16.11	10.15	8.43	7.19	6.26	4.69	3.24	1.57	0.57	−0.08	−0.325	−0.328	−0.328	−0.328	−0.328	6.1
6.2	16.28	10.22	8.49	7.23	6.28	4.70	3.23	1.55	0.55	−0.09	−0.320	−0.323	−0.323	−0.323	−0.323	6.2
6.3	16.45	10.30	8.54	7.26	6.30	4.70	3.22	1.53	0.53	−0.10	−0.315	−0.317	−0.317	−0.317	−0.317	6.3
6.4	16.61	10.38	8.60	7.30	6.32	4.71	3.21	1.51	0.51	−0.11	−0.311	−0.313	−0.313	−0.313	−0.313	6.4

C_s 为偏态系数

附表 2　皮尔逊Ⅲ型频率曲线的模比系数 K_p 值表

(1) $C_s=2C_v$

C_v \ P/%	0.01	0.1	0.2	0.33	0.5	1	2	5	10	20	50	75	90	95	99	P/% / C_s
0.05	1.20	1.16	1.15	1.14	1.13	1.12	1.11	1.08	1.06	1.04	1.00	0.97	0.94	0.92	0.89	0.10
0.10	1.42	1.34	1.31	1.29	1.27	1.25	1.21	1.17	1.13	1.08	1.00	0.93	0.87	0.84	0.78	0.20
0.15	1.67	1.54	1.48	1.46	1.43	1.38	1.33	1.26	1.20	1.12	0.99	0.90	0.81	0.77	0.69	0.30
0.20	1.92	1.73	1.67	1.63	1.59	1.52	1.45	1.35	1.26	1.16	0.99	0.86	0.75	0.70	0.59	0.40
0.22	2.04	1.82	1.75	1.70	1.66	1.58	1.50	1.39	1.29	1.18	0.98	0.84	0.73	0.67	0.56	0.44
0.24	2.16	1.91	1.83	1.77	1.73	1.64	1.55	1.43	1.32	1.19	0.98	0.83	0.71	0.64	0.53	0.48
0.25	2.22	1.96	1.87	1.81	1.77	1.67	1.58	1.45	1.33	1.20	0.98	0.82	0.70	0.63	0.52	0.50
0.26	2.28	2.01	1.91	1.85	1.80	1.70	1.60	1.46	1.34	1.21	0.98	0.82	0.69	0.62	0.50	0.52
0.28	2.40	2.10	2.00	1.93	1.87	1.76	1.66	1.50	1.37	1.22	0.97	0.79	0.66	0.59	0.47	0.56
0.30	2.52	2.19	2.08	2.01	1.94	1.83	1.71	1.54	1.40	1.24	0.97	0.78	0.64	0.56	0.44	0.60
0.35	2.86	2.44	2.31	2.22	2.13	2.00	1.84	1.64	1.47	1.28	0.96	0.75	0.59	0.51	0.37	0.70
0.40	3.20	2.70	2.54	2.42	2.32	2.16	1.98	1.74	1.54	1.31	0.95	0.71	0.53	0.45	0.30	0.80
0.45	3.59	2.98	2.80	2.65	2.53	2.33	2.13	1.84	1.60	1.35	0.93	0.67	0.48	0.40	0.26	0.90
0.50	3.98	3.27	3.05	2.88	2.74	2.51	2.27	1.94	1.67	1.38	0.92	0.64	0.44	0.34	0.21	1.00
0.55	4.42	3.58	3.32	3.12	2.97	2.70	2.42	2.04	1.74	1.41	0.90	0.59	0.40	0.30	0.16	1.10
0.60	4.85	3.89	3.59	3.37	3.20	2.89	2.57	2.15	1.80	1.44	0.89	0.56	0.35	0.26	0.13	1.20
0.65	5.33	4.22	3.89	3.64	3.44	3.09	2.74	2.25	1.87	1.47	0.87	0.52	0.31	0.22	0.10	1.30
0.70	5.81	4.56	4.19	3.91	3.68	3.29	2.90	2.36	1.94	1.50	0.85	0.49	0.27	0.18	0.08	1.40
0.75	6.33	4.93	4.52	4.19	3.93	3.50	3.06	2.46	2.00	1.52	0.82	0.45	0.24	0.15	0.06	1.50
0.80	6.85	5.30	4.84	4.47	4.19	3.71	3.22	2.57	2.06	1.54	0.80	0.42	0.21	0.12	0.04	1.60
0.90	7.98	6.08	5.51	5.07	4.74	4.15	3.56	2.78	2.19	1.58	0.75	0.35	0.15	0.08	0.02	1.80

续表

(2) $C_s=3C_v$

P/% \ C_v	0.01	0.1	0.2	0.33	0.5	1	2	5	10	20	50	75	90	95	99	P/% \ C_s
0.20	2.02	1.79	1.72	1.67	1.63	1.55	1.47	1.36	1.27	1.16	0.98	0.86	0.76	0.71	0.62	0.60
0.25	2.35	2.05	1.95	1.88	1.82	1.72	1.61	1.46	1.34	1.20	0.97	0.82	0.71	0.65	0.56	0.75
0.30	2.72	2.32	2.19	2.10	2.02	1.89	1.75	1.56	1.40	1.23	0.96	0.78	0.66	0.60	0.50	0.90
0.35	3.12	2.61	2.46	2.33	2.24	2.07	1.90	1.66	1.47	1.26	0.94	0.74	0.61	0.55	0.46	1.05
0.40	3.56	2.92	2.73	2.58	2.46	2.26	2.05	1.76	1.54	1.29	0.92	0.70	0.57	0.50	0.42	1.20
0.42	3.75	3.06	2.85	2.69	2.56	2.34	2.11	1.81	1.56	1.31	0.91	0.69	0.55	0.49	0.41	1.26
0.44	3.94	3.19	2.97	2.80	2.65	2.42	2.17	1.85	1.59	1.32	0.91	0.67	0.54	0.47	0.40	1.32
0.45	4.04	3.26	3.03	2.85	2.70	2.46	2.21	1.87	1.60	1.32	0.90	0.67	0.53	0.47	0.39	1.35
0.46	4.14	3.33	3.09	2.90	2.75	2.50	2.24	1.89	1.61	1.33	0.90	0.66	0.52	0.46	0.39	1.38
0.48	4.34	3.47	3.21	3.01	2.85	2.58	2.31	1.93	1.65	1.34	0.89	0.65	0.51	0.45	0.38	1.44
0.50	4.55	3.62	3.34	3.12	2.96	2.67	2.37	1.98	1.67	1.35	0.88	0.64	0.49	0.44	0.37	1.50
0.52	4.76	3.76	3.46	3.24	3.06	2.75	2.44	2.02	1.69	1.36	0.87	0.62	0.48	0.42	0.36	1.56
0.54	4.98	3.91	3.60	3.36	3.16	2.84	2.51	2.06	1.72	1.36	0.86	0.61	0.47	0.41	0.36	1.62
0.55	5.09	3.99	3.66	3.42	3.21	2.88	2.54	2.08	1.73	1.36	0.86	0.60	0.46	0.41	0.36	1.65
0.56	5.20	4.07	3.73	3.48	3.27	2.93	2.57	2.10	1.74	1.37	0.85	0.59	0.46	0.40	0.35	1.68
0.58	5.43	4.23	3.86	3.59	3.38	3.01	2.64	2.14	1.77	1.38	0.84	0.58	0.45	0.40	0.35	1.74
0.60	5.66	4.38	4.01	3.71	3.49	3.10	2.71	2.19	1.79	1.38	0.83	0.57	0.44	0.39	0.35	1.80
0.65	6.26	4.81	4.36	4.03	3.77	3.33	2.88	2.29	1.85	1.40	0.80	0.53	0.41	0.37	0.34	1.95
0.70	6.90	5.23	4.73	4.35	4.06	3.56	3.05	2.40	1.90	1.41	0.78	0.50	0.39	0.36	0.34	2.10
0.75	7.57	5.68	5.12	4.69	4.36	3.80	3.24	2.50	1.96	1.42	0.76	0.48	0.38	0.35	0.34	2.25
0.80	8.26	6.14	5.50	5.04	4.66	4.05	3.42	2.61	2.01	1.43	0.72	0.46	0.36	0.34	0.34	2.40

续表

(3) $C_s=3.5C_v$

C_v \ $P/\%$	0.01	0.1	0.2	0.33	0.5	1	2	5	10	20	50	75	90	95	99	$P/\%$ / C_s
0.20	2.06	1.82	1.74	1.69	1.64	1.56	1.48	1.36	1.27	1.16	0.98	0.86	0.76	0.72	0.64	0.70
0.25	2.42	2.09	1.99	1.91	1.85	1.74	1.62	1.46	1.34	1.19	0.96	0.82	0.71	0.66	0.58	0.88
0.30	2.82	2.38	2.24	2.14	2.06	1.92	1.77	1.57	1.40	1.22	0.95	0.78	0.67	0.61	0.53	1.05
0.35	3.26	2.70	2.52	2.39	2.29	2.11	1.92	1.67	1.47	1.26	0.93	0.74	0.62	0.57	0.50	1.22
0.40	3.75	3.04	2.82	2.66	2.53	2.31	2.08	1.78	1.53	1.28	0.91	0.71	0.58	0.53	0.47	1.40
0.42	3.95	3.18	2.95	2.77	2.63	2.39	2.15	1.82	1.56	1.29	0.90	0.69	0.57	0.52	0.46	1.47
0.44	4.16	3.33	3.08	2.88	2.73	2.48	2.21	1.86	1.59	1.30	0.89	0.68	0.56	0.51	0.46	1.54
0.45	4.27	3.40	3.14	2.94	2.79	2.52	2.25	1.88	1.60	1.31	0.89	0.67	0.55	0.50	0.45	1.58
0.46	4.37	3.48	3.21	3.00	2.84	2.56	2.28	1.90	1.61	1.31	0.88	0.66	0.54	0.50	0.45	1.61
0.48	4.60	3.63	3.35	3.12	2.94	2.65	2.35	1.95	1.64	1.32	0.87	0.65	0.53	0.49	0.45	1.68
0.50	4.82	3.78	3.48	3.24	3.06	2.74	2.42	1.99	1.66	1.32	0.86	0.64	0.52	0.48	0.44	1.75
0.52	5.06	3.95	3.62	3.36	3.16	2.83	2.48	2.03	1.69	1.33	0.85	0.63	0.51	0.47	0.44	1.82
0.54	5.30	4.11	3.76	3.48	3.28	2.91	2.55	2.07	1.71	1.34	0.84	0.61	0.50	0.47	0.44	1.89
0.55	5.41	4.20	3.83	3.55	3.34	2.96	2.58	2.10	1.72	1.34	0.84	0.60	0.50	0.46	0.44	1.92
0.56	5.55	4.28	3.91	3.61	3.39	3.01	2.62	2.12	1.73	1.35	0.83	0.60	0.49	0.46	0.43	1.96
0.58	5.80	4.45	4.05	3.74	3.51	3.10	2.69	2.16	1.75	1.35	0.82	0.58	0.48	0.46	0.43	2.03
0.60	6.06	4.62	4.20	3.87	3.62	3.20	2.76	2.20	1.77	1.35	0.81	0.57	0.48	0.45	0.43	2.10
0.65	6.73	5.08	4.58	4.22	3.92	3.44	2.94	2.30	1.83	1.36	0.78	0.55	0.46	0.44	0.43	2.28
0.70	7.43	5.54	4.98	4.56	4.23	3.68	3.12	2.41	1.88	1.37	0.75	0.53	0.45	0.44	0.43	2.45
0.75	8.16	6.02	5.38	4.92	4.55	3.92	3.30	2.51	1.92	1.37	0.72	0.50	0.44	0.43	0.43	2.62
0.80	8.94	6.53	5.81	5.29	4.87	4.18	3.49	2.61	1.97	1.37	0.70	0.49	0.44	0.43	0.43	2.80

续表

(4) $C_s=4C_v$

P/% \ C_v	0.01	0.1	0.2	0.33	0.5	1	2	5	10	20	50	75	90	95	99	P/% \ C_s
0.20	2.10	1.85	1.77	1.71	1.66	1.58	1.49	1.37	1.27	1.16	0.97	0.85	0.77	0.72	0.65	0.80
0.25	2.49	2.13	2.02	1.94	1.87	1.76	1.64	1.47	1.34	1.19	0.96	0.82	0.72	0.67	0.60	1.00
0.30	2.92	2.44	2.30	2.18	2.10	1.94	1.79	1.57	1.40	1.22	0.94	0.78	0.68	0.63	0.56	1.20
0.35	3.40	2.78	2.60	2.45	2.34	2.14	1.95	1.68	1.47	1.25	0.92	0.74	0.64	0.59	0.54	1.40
0.40	3.92	3.15	2.92	2.74	2.60	2.36	2.11	1.78	1.53	1.27	0.90	0.71	0.60	0.56	0.52	1.60
0.42	4.15	3.30	3.05	2.86	2.70	2.44	2.18	1.83	1.56	1.28	0.89	0.70	0.59	0.55	0.52	1.68
0.44	4.38	3.46	3.19	2.98	2.81	2.53	2.25	1.87	1.58	1.29	0.88	0.68	0.58	0.55	0.51	1.76
0.45	4.49	3.54	3.25	3.03	2.87	2.58	2.28	1.89	1.59	1.29	0.87	0.68	0.58	0.54	0.51	1.80
0.46	4.62	3.62	3.32	3.10	2.92	2.62	2.32	1.91	1.61	1.29	0.87	0.67	0.57	0.54	0.51	1.84
0.48	4.86	3.79	3.47	3.22	3.04	2.71	2.39	1.96	1.63	1.30	0.86	0.66	0.56	0.53	0.51	1.92
0.50	5.10	3.96	3.61	3.35	3.15	2.80	2.45	2.00	1.65	1.31	0.84	0.64	0.55	0.53	0.50	2.00
0.52	5.36	4.12	3.76	3.48	3.27	2.90	2.52	2.04	1.67	1.31	0.83	0.63	0.55	0.52	0.50	2.08
0.54	5.62	4.30	3.91	3.61	3.38	2.99	2.59	2.08	1.69	1.31	0.82	0.62	0.54	0.52	0.50	2.16
0.55	5.76	4.39	3.99	3.68	3.44	3.03	2.63	2.10	1.70	1.31	0.82	0.62	0.54	0.52	0.50	2.20
0.56	5.90	4.48	4.06	3.75	3.50	3.09	2.66	2.12	1.71	1.31	0.81	0.61	0.53	0.51	0.50	2.24
0.58	6.18	4.67	4.22	3.89	3.62	3.19	2.74	2.16	1.74	1.32	0.80	0.60	0.53	0.51	0.50	2.32
0.60	6.45	4.85	4.38	4.03	3.75	3.29	2.81	2.21	1.76	1.32	0.79	0.59	0.52	0.51	0.50	2.40
0.65	7.18	5.34	4.78	4.38	4.07	3.53	2.99	2.31	1.80	1.32	0.76	0.57	0.51	0.50	0.50	2.60
0.70	7.95	5.84	5.21	4.75	4.39	3.78	3.18	2.41	1.85	1.32	0.73	0.55	0.51	0.50	0.50	2.80
0.75	8.76	6.36	5.65	5.13	4.72	4.03	3.36	2.50	1.88	1.32	0.71	0.54	0.51	0.50	0.50	3.00
0.80	9.62	6.90	6.11	5.53	5.06	4.30	3.55	2.60	1.91	1.30	0.68	0.53	0.50	0.50	0.50	3.20

C_v 为变差系数